高等院校经济学实验课程系列教材

应用经济学专业创业实验实训教程

万建伟　巩兴军　编著

南闲大學出版社

天　津

图书在版编目(CIP)数据

应用经济学专业创业实验实训教程 / 万建伟,巩兴军编著. —天津：南开大学出版社,2022.12

高等院校经济学实验课程系列教材

ISBN 978-7-310-06275-1

Ⅰ.①应… Ⅱ.①万… ②巩… Ⅲ.①经济学－高等学校－教材 Ⅳ.①F0

中国版本图书馆 CIP 数据核字(2022)第 009048 号

版权所有　侵权必究

应用经济学专业创业实验实训教程

YINGYONG JINGJIXUE ZHUANYE CHUANGYE SHIYAN SHIXUN JIAOCHENG

南开大学出版社出版发行

出版人:陈　敬

地址:天津市南开区卫津路 94 号　　邮政编码:300071

营销部电话:(022)23508339　营销部传真:(022)23508542

https://nkup.nankai.edu.cn

河北文曲印刷有限公司印刷　全国各地新华书店经销

2022 年 12 月第 1 版　　2022 年 12 月第 1 次印刷

260×185 毫米　16 开本　22.5 印张　547 千字

定价:80.00 元

如遇图书印装质量问题,请与本社营销部联系调换,电话:(022)23508339

总　序

2012 年 3 月 16 日，《教育部关于全面提高高等教育质量的若干意见》明确提出提升高等学校实验教学水平是提高高等教育质量的组成部分，同时教育部和各省市要把建设国家级和省级实验教学中心作为推动高等学校实验教学水平的重要举措，通过实验教学示范中心的建设促进高等学校实验教学的改革和创新，为高等教育质量的提升发挥积极作用。

天津商业大学经济与统计实验教学中心组建于 2011 年，其前身是 2006 年成立的经济学院经济学基础实验室和 2010 年成立的统计学实践基地。2011 年根据学科交叉、优势互补的原则，经学校主管部门批准，双方合作成立了跨学院的实验教学中心，2012 年，该中心获批为天津市高校实验教学示范中心。作为实验中心的依托主体——天津商业大学经济学院，现有金融学、经济学、国际经济与贸易、财政学、信用管理五个本科专业，应用经济学一级学科硕士点，产业经济学、国际贸易学、金融学、区域经济学、财政学、数量经济学等二级学科学术硕士点，以及国际商务专业硕士点。其中金融学为国家特色专业，2012 年被确定为天津市级综合改革试点专业，2013 年被确定为首批国家级专业综合改革试点专业，金融学专业教学团队于 2013 年获批为天津市级教学团队，国际经济与贸易、金融学专业为天津市品牌专业，应用经济学为天津市重点学科。隶属于理学院的统计学专业是 2009 年经教育部批准的新办专业，于 2010 年正式招收本科生。2011 年统计学专业（风险管理与精算学）成功申报天津市"战略性新兴产业相关专业"。2019 年国际经济与贸易专业获批国家级一流本科专业建设点，金融学、应用统计学两个专业获批天津市级一流本科专业建设点，2020 年金融学、应用统计学两个专业获批国家级一流本科专业建设点。这些专业建设和学科建设平台的成果为实验教学示范中心的建设打下了良好的基础。

天津商业大学是以培养复合型、创业型应用人才为目标的教学研究型大学，多年来一直重视实验教学，经济与统计实验教学中心作为经济学院和理学院统计学专业实验教学的主体，近年来以专业为依托，积极探索实验教学的改革与创新，根据人才培养目标和专业方向，在理论课教学的基础上，逐步凝练实验教学理念，改革创新实验教学内容，通过实验项目和实验课程的精心设计，开设了多门实验课程，在培养学生的创新精神和创新思维、提高学生的实践能力和创新能力中发挥了积极作用，取得了良好的效果。2012 年 11 月，经济与统计实验教学中心入选天津市普通高校实验教学示范中心建设单位，实验教学示范中心的评审工作有力地促进了中心实验教学工作的进一步发展，进一步提高和完善了中心的实验教学体系。我们在多年开设实验课程的基础上出版了首批系列实验教材，包括《国际贸易实务综合实验教程》《Excel 统计学基础实验教程》《金融投资开放实验教程》《期货交易实验教程》和《应用经济学专业创业实验实训教程》。我们在实验教程的编写过程中力求实现以下四点：第一，针对性。依据实际教学的需要，由浅入深，便于学生掌握。第二，操作性。依托实验中心软件资源，结合了国内当前广泛使用的实训软件，以便能够更好地提高学生的实验能力和操作能力。第三，生动性。实验前都有理论要点介绍，实验的每个步骤都有翔实的图片、数据和文字说明，方便使用者进行实际操作。第四，选择性。实验教程提供了丰富的实验课程，使用者可根据自身实际需要自由选择、组合，以满足教与学的需要。

　　本实验教程系列的出版是学科和专业改革的成果之一，得到了天津市高校"十二五"综合投资项目和天津市高校市级实验教学示范中心相关资金的支持，其中《期货交易实验教程》系天津商业大学金融学天津市一流本科专业建设点、金融学国家级一流本科专业建设点和金融学天津商业大学优势特色专业建设点的阶段性成果。本系列实验教程的出版还得到了南开大学出版社的大力支持。希望教程的出版能在我国应用性财经专业人才的培养中发挥积极作用。在实验教程的编写中由于水平能力所限，难免有疏漏甚至错误，敬请批评指正，以便我们进一步修正和改善。

刘小军　王常柏

2021 年 4 月

前　言

2015年2月10日，李克强总理邀请60余名外国专家举行新春座谈。会上，诺贝尔经济学奖得主埃德蒙德·菲尔普斯等专家就中国宏观经济走向、发展创新经济、国际人才合作等谈了看法和意见。李克强总理表示激发"大众创业，万众创新"活力，不仅可以应对当前经济下行压力，而且有助于增强经济持续发展动力。

为贯彻落实国务院《关于大力推进大众创业万众创新若干政策措施的意见》有关精神，共同推进大众创业、万众创新蓬勃发展，国务院同意建立由发展改革委牵头的推进大众创业、万众创新部际联席会议制度，国务院办公厅印发了《关于深化高等学校创新创业教育改革的实施意见》：

一、基本原则

坚持育人为本，提高培养质量。把深化高校创新创业教育改革作为推进高等教育综合改革的突破口，树立先进的创新创业教育理念，面向全体、分类施教、结合专业、强化实践，促进学生全面发展，提升人力资本素质，努力造就大众创业、万众创新的生力军。

坚持问题导向，补齐培养短板。把解决高校创新创业教育存在的突出问题作为深化高校创新创业教育改革的着力点，融入人才培养体系，丰富课程、创新教法、强化师资、改进帮扶，推进教学、科研、实践紧密结合，突破人才培养薄弱环节，增强学生的创新精神、创业意识和创新创业能力。

坚持协同推进，汇聚培养合力。把完善高校创新创业教育体制机制作为深化高校创新创业教育改革的支撑点，集聚创新创业教育要素与资源，统一领导、齐抓共管、开放合作、全员参与，形成全社会关心支持创新创业教育和学生创新创业的良好生态环境。

二、任务与措施（节选）

1. 健全创新创业教育课程体系

各高校要根据人才培养定位和创新创业教育目标要求，促进专业教育与创新创业教育有机融合，调整专业课程设置，挖掘和充实各类专业课程的创新创业教育资源，在传授专业知识过程中加强创新创业教育。面向全体学生开发开设研究方法、学科前沿、创业基础、就业创业指导等方面的必修课和选修课，纳入学分管理，建设依次递进、有机衔接、科学合理的创新创业教育专门课程群。各地区、各高校要加快创新创业教育优质课程信息化建设，推出一批资源共享的慕课、视频公开课等在线开放课程。建立在线开放课程学习认证和学分认定制度。组织学科带头人、行业企业优秀人才，联合编写具有科学性、先进性、适用性的创新创业教育重点教材。

2. 强化创新创业实践

各高校要加强专业实验室、虚拟仿真实验室、创业实验室和训练中心建设，促进实验教学平台共享。各地区、各高校科技创新资源原则上向全体在校学生开放，开放情况纳入各类研究基地、重点实验室、科技园评估标准。鼓励各地区、各高校充分利用各种资源建设大学科技园、大学生创业园、创业孵化基地和小微企业创业基地，作为创业教育实践平台，建好一批大学生校外实践教育基地、创业示范基地、科技创业实习基地和职业院校实训基地。完善国家、地方、高校三级创新创业实训教学体系，深入实施大学生创新创业训练计划，扩大覆盖面，促进项目落地转化。举办全国大学生创新创业大赛，办好全国职业院校技能大赛，支持举办各类科技创新、创意设计、创业计划等专题竞赛。支持高校学生成立创新创业协会、创业俱乐部等社团，举办创新创业讲座论坛，开展创新创业实践。

本书结合党的十八大以来的政策要求，与当前经济社会对创新创业人才的需求，依托北京方宇博业科技有限公司创业实训平台（书中实验项目及相关演示图例均来自其实训平台），是创业培训机构与高校创新创业教育合作的成果。本实验实训教程的特色主要体现在以下四个方面：

一、创业教育体系的搭建

创业教育体系要实现创业课程体系与创业实践体系的融合发展，做到知识体系和实践体系相融合。①创业课程体系实践化。在教学过程中，通过案例讨论、互动讨论、开放交流等多种组织方式，倡导模拟式、体验式、参与式的教学方法，增强学生对创业行为的体验和理解，保持对创业过程的全程感知，增强学生创业的实践技能及应对困难的方法，实现课程内容与教学方法的实践化。②创业实践体系普遍化。创业实践体系在科学规划的基础上，完善现有的体系，强化实践的育人，让学生人人根据自己所长，在不同领域开展专属的创业实践训练，将创业实践教育与专业实践实习相结合，使创业教育不偏离专业教育，教师应该做好全程跟踪与辅导；强化创业实践教育的考核机制，在考核过程中需要重视能力的养成，注重创业实践的实施过程，而不应该重视创业结果评比。

二、鲜明的特色教育模式

在"大众创业，万众创新"的时代背景下，应努力构建"创业基础教育＋创业模拟实验＋创业项目实践"的"三位一体"创业教育模式。这种教育模式以创业教育为基础，以创业模拟、创业思维训练、创业项目实战等为主要内容，通过创业理论课程教学，使学生积累创业所需的知识；以模拟实验为实践教学的主要手段，帮助学生了解创业过程；让学生在学校实施创业项目，创办企业，使学生的创业能力真正得到提升。

三、全面化的创业教育

创业教育是一种普遍化的教育形态，应该面向全校师生，致力于提升全校师生的创新能力与创业素养。教育部在创业教育政策文件中提出"创业教育是素质教育，是面向全体的素质教育形式""创业教育的发展需要与学校办学特色、专业教育相结合"。创业体系应从不同专业、学科的角度设计出创业教育的具体目标、内容与教育理念，而是面向全校师生和所有专业，从而提升各个专业的创业意识、知识与技能。

四、建立创业降落伞体系

著名心理学家勒温为代表的需要和紧张的心理系统理论认为，"个体的需要若得不到满足就会出现紧张、焦虑等心理状态从而使心理失去平稳产生失败的情绪体验，即挫折感""产生挫折心理的原因是指构成挫折情景的、使个体的动机性行为不能达到目标的障碍和干扰因素"。在国家"大众创业、万众创新"的政策引领下，青年学生作为大众创新、万众创业最强的生力军，肩负着重要的时代使命。由于大学生缺少社会经验及生活阅历，对创业道路上的艰辛缺乏明确认知，仅凭一时热情开始盲目创业，对创业的期望值过高，对市场及创业的风险缺乏必要的评估与考量，加之耐挫及心理承受能力低，一旦创业失败，就会产生巨大的心理落差，对创业前景从充满期望到悲观失望。因而，要建立创业降落伞保护体系，通过创业促进就业。

目　录

第一章　创业认知与能力建设

21 世纪是创新的世纪，随着社会经济的发展，创业活动越来越成为促进经济发展、推动就业的一项重要因素，特别是高校学生作为创业活动的主体，其创业活动是我国高等教育改革走向深化的必然趋势，是完成高校学生转型的重要途径，也是高校学生创业内在的本质与价值要求。基于此，高校学生更要正确认识创业，锻造自身能力素质，知晓自己是否适合创业，了解应该要掌握哪些法律法规。

第一节　能力自评：你适合创业吗

在"大众创业，万众创新"的大环境下，并不是每个人都适合创业，这主要是由于创业与每个人的自身能力素质有着莫大的关联。因此，如果你要创业，那么在创业前，有必要进行基于创业者核心素质模型的创业者素质测评，以及基于 RISKING 素质模型的创业者素质测评，来慎重地考虑自己是否真的适合创业。

一、成功创业者应具备的能力素质

成功创业者应具备大概二十项的能力素质，按照胜任素质理论模式，我们可以将二十项能力素质分为成就特征、服务与助人特征、管理特征、影响特征、认知特征、个人特征六大类。

成就特征主要包括成就导向/动力、竞争意识、冒险精神等能力要素。其中，成就导向/动力就是指有努力工作实现个人目标的渴望，并且表现得积极主动；竞争意识就是愿意参与竞争，主动接受挑战，并努力成为胜利者；冒险精神就是敢于冒险，又有勇气面对风险与失败。

服务与助人特征主要包括顾客服务力、人际理解与体谅等能力要素。其中，顾客服务能力就是能够与顾客发展稳定的相互信任的关系；人际理解与体谅就是要了解别人言行、态度的原因，善于倾听并帮助别人。

管理特征主要包括决策力/个人视野、组织能力及团队协作能力等能力要素。其中，决策力/个人视野就是具有广阔的视野，能够在复杂的、不确定的或极度危险的情况下及时做出决策，决策的结果从更深远或更长期的角度看有利于企业的成功；组织能力就是有能力安排好自己的工作与生活，且使工作任务与信息条理化、逻辑清晰；团队协作能力就是对于团队的冲突和问题，能够采取有效的解决方法。

影响特征主要包括价值观引领、说服能力与关系建立能力等能力因素。其中，价值观引领就是指通常以价值观来引导和影响团队，其行为方式也集中体现组织所倡导的价值观；说服能力就是能够通过劝服别人，让他人明白自己的观点，并使对方对自己的观点感兴趣；关系建立能力就是指保持经常的社会性接触，即在工作之外经常与同事或顾客发展友好的个人关系，甚至家庭接触，扩大关系网。

认知特征主要包括专业知识及学习能力、经验与技能、创新与变革能力、信息收集能力等能力因素。其中，专业知识及学习能力就是能够熟练掌握与运用自己的专业知识，且不断地主动更新知识；经验与技能就是在业内具有卓越的声望和极具权威的专业技术技能；创新与变革能力就是能够预测五年甚至十年后的形势并创造机会或避开问题，并总是能够创造性地解决各种问题；信息收集能力就是通过比较独特的途径系统及时获取有用的信息或资料，并善于发现机会、抓住机会。

个人特征主要包括诚信正直、自信心、纪律性、毅力和适应能力等能力因素。其中，诚信正直就是要诚实守信，并坚持实事求是，以诚待人，行为表现出高度的职业道德；自信心就是相信自己能够完成计划中的任务，能够通过分析自己的行为来看不足，并在工作中予以弥补；纪律性就是坚持自己的做事原则，严于律己，且表现出具有较强的自控能力；毅力就是明确自己的目标，并为之坚持不懈，即使遇到各种困难也不退缩；适应能力就是能够适应各种环境的变化，具备应付各种新情况的能力，且能够创造性地提出问题的解决方案。

二、基于创业者核心素质模型的创业者素质测评

素质模型就是为完成某项工作，达成某一绩效目标，所要求的一系列不同素质要素的组合素质。模型的形式简单易懂，通常由多项素质要素构成。通过素质模型可以判断并发现导致绩效好坏差异的关键驱动因素。基于创业者核心素质模型的创业者素质测评，我们主要设计了创业者素质自我测评表和第二次测评结果总分两大部分。

其中，创业者素质自我测评表的能力要素主要根据实践经验，选取了成就导向/动力、竞争意识、冒险精神、人际理解与体谅、价值观引领、说服能力、关系建立能力、决策力/个人视野、组织能力、创新与变革能力、诚信正直、自信心、纪律性、毅力和适应能力15项，分别针对创业者自身在不同能力要素上的表现，给出相应的1分、2分、3分、4分、5分。第二次测评结果总分主要是根据创业者素质自我测评表结果，确定自己已经具备了哪些能力素质，还没有具备哪些能力素质，以及自身提高能力素质的方案有哪些等。

三、基于 RISKING 素质模型的创业者素质测评

RISKING 素质模型主要包括资源（resources）、想法（ideas）、技能（skills）、知识（knowledge）、才智（intelligence）、关系网络（network）、目标（goal）等部分。

其中，资源主要指创业所必需的人力资源、物力资源和财力资源等，包括好的项目资源；想法主要是指具有市场价值的创业想法，能在一定时期产生利润，且应具有一定的创新性、可行性和持续开发与拓展性；技能主要指创业者所需要的专业技能、管理技能和行动能力等，如果个人不完全具备，但是团队之间能够形成技能互补，也是不错的技能组合；知识主要是指创业者所必需的行业知识、专业知识和创业相关知识，诸如法律、商业等知识，特别是良好的知识结构对创业者的开拓视野、发挥才智具有很高的价值；才智主要指创业者的智商与情商，具体表现为观察世界、分析问题、思考问题和解决问题的能力；关系网络主要是指创

业者要有良好的人际亲和力和关系网络，包括合作者、服务对象、新闻媒体，甚至还有竞争对手，通常只有善用资源者才能较强地调动资源的深度和广度；目标就是要明确创业方向和目标，精准的市场定位对于创业而言至关重要。

基于 RISKING 素质模型，我们要设计出专门用来测量创业者是否拥有充足的能力与素质去进行创业的成功创业者素质测评表，主要从 RISKING 素质模型的七要素，即资源（resources）、想法（ideas）、技能（skills）、知识（knowledge）、才智（intelligence）、关系网络（network）、目标（goal）7 个方面进行设计。测试过程中，创业者只需要根据自己的实际状况，选择最符合自己特征的描述，根据自己的第一印象，不要想太多；虽然没有速度上的硬性要求，但最好在 5 分钟内完成答题。每个评价题只有一个正确答案，请选择最符合自己实际状况的答案。

资源要素的评价题目主要包括：（1）我能够挖掘理想的合伙人或经理人，雇用理想的专业人员和员工；（2）我有雄厚的资金和稳定的财务系统，至少可以保证企业的正常运营；（3）我通过合理的途径以自己能够接受的成本募集资金，以获得充沛的资金流；（4）我可以获得对自己有利的物质来源的，如原材料等，能够很好地控制成本。

想法要素的评价题目主要包括：（1）具有丰富的想象力，并能把这些想法准确而生动地表达出来；（2）我的想法通常比别人有价值，更具有创造性；（3）我的想法通常并不是天马行空、泛泛而谈，而是切实可行的。

知识与技能要素的评价题目主要包括：（1）对即将涉及的领域，我有很好的专业背景和技术；（2）我了解该行业目前的市场运作和竞争水平，并熟悉相关的法律政策条文，做好了充好准备；（3）我具备管理经验，并擅长组织活动；（4）我眼光长远，更加看重持续发展而不是短期盈利。

才智要素的评价题目主要包括：（1）每天早晨我都是怀着积极的态度醒来，感觉今天又是崭新的一天；（2）我知道如何控制自己的生活、性情和脾气，并做到自律；（3）当我开始创业时，我的家人能够理解我的不自由状态并支持和鼓励我；（4）当我失望时，我能够处理问题而不是逃避放弃，并能以积极的状态重新投入到工作中去；（5）我留心观察周围的事物，注意细节性问题，把握身边的契机，并善于把不利局面转化为机会；（6）我更倾向于主动地去把握和解决问题，而不是陷入被动；（7）我不是一个风险规避者。

关系网络要素的评价题目主要包括：（1）我喜欢合作胜于凭一己之力完成工作；（2）别人认为我是一个值得信赖的人，并且充满活力、积极向上；（3）我善于和陌生人打交道，而不是仅局限于熟人圈内；（4）我具有影响他人的能力，并使人信服；（5）我善于向媒体公众推销自己的公司，吸引别人的注意力；（6）我能够和上下游行业保持紧密的合作关系，相互扶持，共同发展；（7）我能够同利益相关团体（如民间及政府机构、金融机构）形成良好的关系；（8）我同行业内的竞争者更容易实现竞合而非竞争。

目标要素的评价题目主要包括：（1）与为别人工作相比，我更渴望有一份属于自己的事业；（2）我有一个很明确的创业目标，并可以为实现这个目标而奋斗，即使需要付出一定的代价；（3）我有勇气和耐心去实现这个目标，即使需要承担风险；（4）我有信心最终完成这个目标。

第二节 零起步，正确认知创业

如果想创业，实现自我价值，你是否清楚创业的本质是什么？是否明白创业的价值所在？创业要面临哪些风险，以及应对策略是什么？如何一步步实现创业？创业都需要哪些条件？只有搞清楚这些内容，你才可以正确认知创业，为创业打下一定基础。

一、创业的本质

从广义上来说，创业是基于以创造自我人生价值为驱动的行为；从狭义上来说，创业就是包括创造价值在内的，创建并经营一家新的营利型企业的过程，通过个人或一个群体投资组建公司，来提供新产品或服务，以及有意识地创造价值的过程。究其本质，创业就是不拘泥于现有资源限制下对机会的追寻，将有价值的机会与富有创业精神的人相结合，为创业机会所驱动，通过思考、推理和行业方式等，用不同的资源组合利用和开发机会并创造价值，最终主动地把一件事从无到有做起来。从某种意义上来说，创业一定要能够抓住用户的需求。如果一个产品没有抓住用户的需求，这个产品肯定做不起来；如果抓住了用户的需求，又找到了销售方法，就可以把它做起来。需求不在小，而在强。如果大家都不太需要你的产品，你就不可能成功。多少人在多少情况下非用你的产品不可，这就是需求。这个需求是不是强烈的需求，直接决定了你能不能做起来。

> **知识小贴士：爱迪生是不是一位创业家？**
>
> 爱迪生一生拥有超过 1000 项的专利，包括电灯、胶卷等。爱迪生最大的成就是，他能够使一项发明，在技术上与商业上都可行，并且引发市场需求，为投资者创造丰厚的利润。以电灯发明为例，光在实验室内使一盏灯发亮，只能说是科学上的伟大发明。除非电灯大量生产，具有千小时以上发亮的产品可靠度，否则电灯就可能还只是实验室中的样品。而爱迪生的最大贡献就是，他为电灯的商业化应用建构整个配套系统，包括发展量产能力、提升产品的可靠度、设置发电厂、开发电力联网系统等。那么，我们是否可以说爱迪生不只是一位发明家，而且还是一位真正的创业家呢？

在此需要注意的是创业与就业的关系。首先，创业不等于就业。一方面，两者的定义不同；另一方面，两者的主体不同。创业的主体可以是个人或团队，而就业的主体就是个人。其次，创业与就业存在紧密联系。创业是推动社会进步的重要动力，创业主体在创业过程中，会对社会就业产生重大影响，即消灭旧的就业岗位，创造新的就业机会。最后，创业者不一定都是就业者，就业者也不一定是创业者。就业活动必然为就业者带来劳动报酬或经营收入，但创业则不一定。由于创业是一种创新的过程，具有一定风险性，因此创业者有可能创业失败而带来损失，也可能创业成功带来大大超过一般就业收入的风险收益。

当然，不同的创业类型，所面临的有利因素、不利因素、获取的资源、吸引顾客的途径、成功基本因素和创业的特点都是有所区别的，如表 1-1 所示。

表 1-1　不同创业类型的比照

因素	冒险性的创业	与风险投资融合的创业	大公司的内部创业	革命性的创业
创业的有利因素	创业的机会成本低；技术进步等因素使得创业机会增多	有竞争力的管理团队；清晰的创业计划	拥有大量的资金；创新绩效直接影响晋升；市场调研能力强；对 R&D 的大量投资	无与伦比的创业计划；财富与创业精神集于一身
创业的不利因素	缺乏信用，难以从外部筹措资金；缺乏技术管理和创业经验	尽力避免不确定性，又追求短期快速成长，市场机会有限；资源的限制	企业的控制系统不鼓励创新精神；缺乏对不确定机会的识别和把握能力	大量的资金需求；大量的前期投资
获取资源	固定成本低；竞争不是很激烈	个人的信誉；股票及多样化的激励措施	良好的信誉和承诺；资源提供者的转移成本低	富有野心的创业计划
吸引顾客的途径	上门销售和服务；了解顾客的真正需求；全力满足客户需要	目标市场清晰	信誉、广告宣传；关于质量服务等多方面的承诺	集中全力吸引少数的顾客
成功基本因素	企业家及其团队的智慧；面对面的销售技巧	企业家团队的创业计划和专业化的管理能力	组织能力、跨部门的协调及团队精神	创业者的超强能力；确保成功的创业计划
创业的特点	关注不确定性程度高但投资需求少的市场机会	关注不确定性程度低的、广阔而发展快速的市场和新的产品或技术	关注少量的经过认真评估的有丰厚利润的市场机会，回避不确定性程度大的市场利基	技术或生产经营过程方面实现巨大创新，向顾客提供超额价值的产品或服务

二、创业的价值

在"大众创业、万众创新"背景下，创业究竟会给我们带来什么样的价值呢？创业的价值主要包括宏观层面与微观层面两个部分。

（一）宏观层面

从大的方面来说，创业有利于推动经济金融转型。在经济转型期，创业创新是经济增长动能转换的关键。我国经济市场化和经济增长的历史，实际上也是经济结构多元化和大众创业的历史。正是人们摆脱了传统体制束缚走向市场、开拓创业，才使我国经济走出了体制性短缺和供给短缺的局面。

一是创造财富。企业存在的前提，就是要创造价值并获取合理的利润。因此，任何一个企业的成功发展，必然是为顾客创造价值，并为社会不断创造物质财富与精神财富。物质财富主要是指企业所提供的产品与服务，以及上缴的税收等；精神财富主要是指企业文化、企业家精神等。特别是，由于我国市场经济起步晚、经验少，与西方发达国家相比，我国企业的管理水平仍有很大的差距，企业经营者众多，但高素质的企业家却很少，因此，我国企业在激烈的国际市场竞争中往往处于不利地位。高校作为高级人才的培养和孵化基地，可以通过开设与创业相关的课程，开展创业教育和创业实践活动，提高大学生的创业能力，从而把学生培养成为具有创新能力、专业技能、经营管理能力和自我发展能力的企业管理者，为其将来成长为合格的企业家打下坚实的基础，并为中国经济的发展和社会主义现代化建设造就一批高素质高水平的企业家队伍。

二是促进就业。据有关研究表明，一个成功的创业者可以解决五个人的就业问题，因此以创业带动就业具有明显的就业倍增效应。众所周知，作为人口大国，劳动力过剩、就业难在我国一直是一个非常突出的问题，因此通过发展创业型经济来带动就业是扩大就业、缓解就业压力、促进劳动力转移的重要途径。特别是，随着高校的扩招，我国的就业形势越来越严峻。高校通过创业教育培养和提高大学生的创业能力，鼓励有能力的大学生自己创办企业，创业除了能够解决大学生自身的就业问题外，还可以创造一定的就业岗位，缓解高校毕业生的就业压力，这是减轻高校毕业生就业压力的一个重要举措。

三是提高自主创新能力。当前，全球经济社会格局正进入深度调整期，科学技术越来越成为推动经济社会发展的主要力量，新一轮科技革命和产业变革正在孕育兴起，创新驱动发展是大势所趋。在此背景下，创业就是要创造新价值，要求创业者要善于捉住新的商业机会，创新性整合各类资源，通过创办新企业或发展新事业，以新产品、新服务等为顾客创造新的更大的价值，即创业过程本身就具有极强创新精神与创新能力，并产生巨大创造价值的一项经济活动，因此创业经济就是提高自主创新能力的重要方式。

（二）微观层面

英国心理学家马斯洛在其动机形成理论中提出"人们具有自我实现的需要"，即人们希望充分发挥自己的潜能，实现自己的理想和抱负的需要，自我实现是人类最高级的需要。特别是，创业是高校学生实现其人生价值的主要途径。进入 21 世纪以来，高校学生对创新生活方式、创造属于自己的财富的愿望越来越强烈。他们想通过创业的形式充分展示自己的才华，体现自己的人生价值。高校学生创业活动的开展为他们实现这一人生目标提供了舞台。在创业活动中，他们通过对比和实践，选择适合自己发展的领域，以自己独特的经营方式和优势去超越、突破、创新，最终实现自己的人生价值。

一方面，实现"低层级、偏物质基础"的需要。通过创业，创业者可以通过辛苦劳动来取得尽可能大的财富回报，从而在一定程度上改善个人及家庭的生活质量，满足个人的生理需要、安全需要。同时，创业必然要通过"参与社交"活动来沟通实现，因此，通过创业，个人的社交需要也会在其过程中顺理成章地得到满足。

另一方面，实现"高层级、偏精神追求"的需要。创业过程中，个人可能获得尊重需要与自我实现需要。一是通过成功创业，有了稳定且丰厚的物质基础，创业者就可以在时间、工作规则和财务等方面获得相对的自由，而免受到他人的制约。二是通过创业，创业者可以将个人的知识产权、才华技能、兴趣爱好等转变为创业项目或所经营的业务，并在创业活动中继续发挥自己的知识与技能优势与特长等，从而获得很大的自我满足感，同时完成自己对人生的挑战。三是创业成功，无论是创业者个人对外展示的非凡能力和人格魅力，还是企业为顾客、社会等创造的价值，都会让创业者感觉到巨大的成就感，同时个人荣誉也就随之而来，使社会地位不断提升。四是在创业过程中，创业者的素质与能力将会得到充分的锻炼与大幅提升，这又进一步实现了创业者的自我价值。

三、创业的风险及其对策

众所周知，风险与回报是相伴相生的，创业者带着极大的创业激情，憧憬创业所带来的创业回报同时，也要警惕政策风险、经济风险、社会与文化风险等各种创业风险，并采取相应的对策，实现成功创业。

（一）创业的风险

通过大量创业案例总结，创业主要存在政策风险、经济风险、社会与文化风险、选择型风险、技能型风险、技术风险、融资风险、市场风险、管理风险、自我认识程度风险等十大风险。

一是政策风险。这是政府为了鼓励或规范创业而制定政策的不确定性，会导致创业者基于整个市场、行业、地域创业政策的变化而造成一定的利益得失：政策的不稳定出现变动而带来的风险；解读、领悟政策而带来的风险，能准确理解政策的创业者因其受益；不能及时掌握政策而失去机会的风险，最先领悟政策获得政策支持的创业者，可获得先动优势，而跟随者无法得到这样的优势。

二是经济风险。这是指因经济前景的不确定性，各创业经济实体在从事正常的经济活动时蒙受经济损失的可能性。因此，创业者必须要及时准确地了解国家的社会经济结构、经济发展水平、经济体制、宏观经济政策与当前的经济状况等因素。

三是社会与文化风险。这是由于整个社会发展趋势的不确定性会导致创业者经营损失，主要包括社会道德风尚、文化传统、人口变动趋势、文化教育、价值观念、社会结构等的不确定性。

四是选择型风险。这是指选择创业项目存在一定程度的盲目性，从而形成项目选择风险。选择性风险的特征是：缺乏前期市场调研和论证，很多创业者常常只凭兴趣或想象来决定投资方向、投资项目，有时甚至仅凭一时的心血来潮就盲目做决定。

五是技能型风险。这是指由于创业者缺乏创业技能而导致的创业实践风险。该风险具有缺乏相关的创业技能，如营销技能、沟通技能、谈判技能等特征。

六是技术风险。这是指社会技术总水平及变化趋势的不确定性，如技术变迁、技术突破对企业影响等，以及技术对政治、经济社会环境之间的相互作用的表现等技术变化快、变化大、影响面大等特点。

七是融资风险。这是指创业者会因融资渠道单一而陷入的风险。创业者刚开始创业时，可能会由于人脉资源相对比较集中，在融资过程中，一般缺乏相应的融资灵活性，融资渠道比较单一，常常导致融资风险。

八是市场风险。这是指在创业过程中获取资金、劳动力、土地和企业家才能等生产要素时面临供需的不确定性，如创业者在筹集资金时受到整个市场利率的影响，获取劳动力时受到工资的影响，获取土地受到租金的影响，获取企业家才能受到利润的影响。这种风险一般表现为：缺乏对企业的创建、市场的开拓、产品的推介等活动都需要调动的各种社会资源。

九是管理风险。这是指创业者在创办企业时因缺少管理知识、管理技能和不合时宜的管理理念而对所创企业的管理过于随意，缺乏原则性，引起的人、财、物的配置不当，最终导致管理陷阱。一般表现为创业者在创业管理中常常按照自己的个性随意指挥，没有原则或者规章。

十是自我认识程度风险。创业者对自己规避风险能力的认知，以及对自己创业信念的认知会影响创业的成功概率。不同的创业者对自身具备的创业能力认识不同，如果认知的创业能力比实际创业能力强，创业者会义无反顾，认为可以轻松驾驭创业活动，但这种认知太过强烈反而会盲目创业，从而加大风险。

（二）创业风险的应对

基于各种常见的创业风险的前提下，创业者还应该懂得如何面对创业风险所带来的种种不利结果。

一是失败的创业。这是很正常的事情。特别是，中国的创业成功率并不高，因此创业者必须要勇于面对。创业者要学习从跌倒中爬起来，特别要善于总结失败的经验与教训，并不断学习与改进，在逆境中成长。

二是不稳定的财富。创业者可以通过成功创业获取较为丰厚的财富回报，改善个人及家庭的生活质量。但是，创业过程中不可避免地会出现很多难以预测的困难，并给创业者带来巨大的财务压力。对此，创业者必须要稳健经营，积极面对这种不稳定的资金风险，想办法破解无法支付员工报酬等难题，尽量减少资金风险。

三是随时会出现的障碍。市场环境的不确定性、竞争的不确定性和生活中的不确定性等因素，都会给创业者的创业带来难以预测的困难与障碍。对此，创业者要积极承受，去面对并解决这些不确定的困难与阻碍，而不能选择当"逃兵"。

四是难耐的孤独历程。在创业失败过程中，创业者通常难以得到他人理解，从而感到特别孤独无助。对此，创业者要坚信，失败并不可怕，孤独更不可惧，关键在于是否能够学会在逆境中生存，从跌倒的地方爬起来，最终从孤独中走出来。

> **知识小贴士：大学生如何规避创业风险？**
>
> 针对选择型风险的规避，大学生需要在创业的初期做好市场调研；在了解市场需求的基础上进行创业项目选择。要规避技能型风险，大学生应去企业打工或实习，积累相关的管理和营销经验；积极参加创业培训，积累创业知识，接受专业指导，提高创业成功率。而融资型风险的规避，需要大学生创业者不仅能够利用传统的融资渠道，还要能够充分利用风险投资、创业基金等其他的融资渠道。市场型风险的规避，则需要大学生创业者平时要注重社交活动的开展，比如可以多参加各种相关的社会实践活动，通过社交活动扩大自己人际交往的范围。另外，在创业前，创业者可以有目的地先到相关的行业或领域工作或实践一段时间，通过这个途径，为自己日后创业积累人脉。要减小管理型风险，创业者可先从合伙创业、家庭创业或虚拟店铺开始做起，锻炼自己的创业能力，也可以聘用职业经理人负责企业管理。

五是辛劳的工作。创业是一项长期而艰苦的事业。创业者初期一定会比别人付出得更多，一定要竭尽所能地使企业走向正轨并保持持续的竞争优势。因此，对于每一个创业者而言，一定要做好打持久战的充分准备。

四、创业的步骤

任何事物的发展都是有规律的。创业也一样，就像你自己包饺子一样。首先，要你自己尽量学会包饺子，就像学一些创业经验一样。其次，要准备需要的东西，也就是尽量准备好创业技术、创业资金、人际关系等创业条件，这就像要准备好饺子的主馅、佐料一样，合理搭配好。然后，你还要寻找创业机会，也就像要准备好饺子皮，接下来就可以包了。包的过程有些像开张前，包好煮的过程有些像开张后，慢慢地，饺子越煮越熟，就如同创业走向成功。等到熟了时，就可以吃了，享受你的创业成果了。可能会好吃些，也可能会差些，那有没有更好的办法呢？那最好的办法就是能够和会包的人在一起包，你当帮手或你包他来指导，这样包的过程你会很顺利，包得也较快，味道也会更好些，这就如同自己独立创业前你跟别人学创业一样，需要按创业步骤一步一步来，不能好高骛远、拔苗助长，那么成功创业也就指日可待了。

奥利夫（Olive，2001）从创业者个人事业发展的角度出发，将创业流程分为 8 个步骤，即决定成为一位创业者、选择创业机会、进行创业机会评估、组成创业团队、研究拟定创业经营计划书、展开创业行动计划、早期的运营和自身管理、取得个人和企业的成功，如图 1-1 所示。奥利夫（Olive）主张，创业流程管理的重点在于创立新企业，只要创业取得获利回收，就算达到了预期目标，至于有关企业的永续经营，则不属于创业管理的范畴。

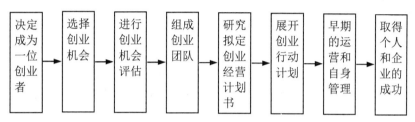

图 1-1 创业流程步骤

基于中国创业实践案例分析，创业者的创业活动应该历经创业准备，市场机会识别、评估与选择，创业经营计划书启动与拟定，资源确认、获取与整合，以及新创企业管理等五大步骤，如表 1-2 所示。

表 1-2 创业者的创业活动五大步骤

创业流程	分类	内容
步骤一	创业准备	创业心理准备，创业能力准备，创业基础知识学习
步骤二	市场机会识别、评估与选择	市场分析，机会评估，机会选择
步骤三	创业经营计划书启动与拟定	确定战略目标，组建创业团队，正式启动创业，拟定创业经营计划书
步骤四	资源确认、获取与整合	确认现有资源并加以充分利用，针对资源缺口通过一定渠道获取补充，对资源进行有效融合
步骤五	新创企业管理	明确管理方式，创建企业文化，把握关键成功因素，全面实施创业经营计划，实施创业管理，实施自我管理，实施创业风险与危机管理

当然，在实际创业进程中，创业者并没有必要完全按照以上步骤去实施，可以颠倒步骤或几个步骤同时进行。此外，创业流程步骤并不是孤立的，往往需要循环往复地实施。

五、创业需要的条件

创业必须是在自我认知、资金、技术、资源等各方面都已经充分准备的条件下，才有可能获得成功，切不可贸然行之。那么，创业需要什么基本条件呢？

（一）可行的创意

创意是一种思想、概念或想法，只有能够满足市场需求的并且拥有广阔市场和良好发展前景的创意才是可行的创意，才能加以实施，并且取得效益。创业者接受新事物，学习新事物的能力较强，接触新事物和新思维的机会较多，容易产生较多、较新鲜的创意。但是，需要注意的是，由于创业者可能接触的人群和知识比较单一，没有实际创业经营的经验，对市场需求和创意的发展前景不了解，导致产生的创意的质量不高，特别是其可行性有待接受检验和修正。

（二）创业团队

较为成熟的创业团队其成员的知识结构、专业技能需要有互补性，能够弥补其他成员的缺陷，同时又能够有较为统一的想法和抱负，能够协调好相互之间的关系，妥善处理好冲突和矛盾，朝着共同的目标努力奋斗。就高校学生而言，其经历过大学阶段的集体生活，比较容易与他人相处，且大学阶段部分课程的学习要求团队合作完成，所以高校学生一般都具备团队合作的素质和经验。

（三）技术或产品

技术和产品是创业的必备条件，只有满足现实市场或有市场潜力的技术和产品才是可行的。在科技日新月异发展、新旧交替飞速进行的今天，创业者要不断关注技术和产品的发展趋势，及时推陈出新，满足市场需求，最终实现盈利。就高校学生而言，其虽然接受过高等教育，但是绝大多数人还不具备研发新技术和新产品的能力，并且对于所掌握的技术如何转化和产品的可行性方面缺乏知识和经验，因此大多数会实施低水平、低技术含量的创业模式，再加上其所掌握的技术或产品往往是不完善的，更需要在生产和运营的过程中不断加以完善，才能适应市场的需求。

（四）资金

资金是所有创业活动必须具备的重要条件，资金的缺乏极有可能导致创业的失败。就高校学生而言，其创业所面临的最大问题就是资金短缺，而创业园多定位于高科技，并不适合高校学生的创业特点；社会资源由于缺乏对高校学生创业的信心，所以相应的支持力度不足；银行贷款有着严格的评审制度，对于高校学生来说较难实施。特别是，高校学生社会关系简单，创业资金主要来源于家庭和亲朋好友，这就会导致高校学生创业资金有限，并影响创业的成功进行。

（五）经验

创业者是否具备相关的经验对创业能否成功也有着重要影响。如果创业者具备相关的管理经验，能够有效地管理创业活动，那么在面对困难的时候就会彰显更加出色的处理能力。与社会上的成功人士相比，高校学生的人脉资源、行业经验都处于弱势。虽然现在高校都开始开设创业课程、举办相关活动、提供实践机会，但是高校学生毕竟没有实际的创业经历，对创业的认识和经验还都是处于理论阶段，这就成为高校学生创业成功的一大障碍。

（六）机遇

更多的情况下，创业是需要社会机遇的，很多伟大的公司都是历史机遇成就的。索尼（Sony）公司抓住了录放机的发展，一跃成为世界级的电子公司；苹果公司抓住了个人计算机发展的历史机遇，成就了今天的辉煌；滴滴打车，借助互联网经济的大势，以一个打车软件的力量转变了一个行业。就高校学生而言，其创业就是要找到细分领域的切入点，从小的机遇入手，不要求大，不要攀高，否则可能因为资源不足、能力不够而夭折。

第三节 锻造创业者能力素质

创业的过程会创造出新产品、新服务，或者新事业，或者在原有的基础上达到新的规模或新的层次。这是对创业者创新能力的要求，否则创业不会持久，对社会贡献会有限。例如，有一个高校毕业生，抓住手机销售这个市场机会，通过手机代理，将批发到的手机借助销售网络转销到各个县城，很快积累了一笔财富。但这个模式易被模仿，结果竞争者不断加入，再想获利就非常困难，最后只能转行做其他业务。在这个案例中，创业者通过新的销售模式和对销售量的追求取得了一定的成功，但没有持续的创新，也没有更核心的技术或能力，结果被后来者所追赶，失去了竞争力。

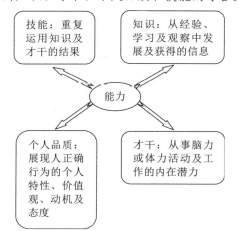

知识小贴士：能力是什么？

能力是指人能够有效地履行某一具体职位时所需具备的一系列基本特点和行为模式，其通过可观察及衡量的行为和结果进行表现，其实质就是实现业绩所需的知识、才干、个人品质和技能的综合。

技能：重复运用知识及才干的结果

知识：从经验、学习及观察中发展及获得的信息

能力

个人品质：展现人正确行为的个人特性、价值观、动机及态度

才干：从事脑力或体力活动及工作的内在潜力

一、拥有乐观自信的心态

成功的创业者，都具有非常乐观自信的心态。这是由于他们明白一个道理就是，人活着就是为了生活得更快乐、更幸福，而幸福的生活是自己努力争取来的。因此，在强烈的奋斗欲望下，他们会适时调控自己情绪，不断地变换思考方式，使自己心情开朗，情绪稳定，精力充沛，对生活充满热情和信心，从而形成了坚定的信念。此外，成功的创业者不仅相信自己，而且相信自己正在追求的事业，不仅能在失败之后振作起来，而且还能从失败中吸取教训，以增加下一次成功的机会。

一般来说，从创立企业到稳定发展，肯定会出现各种危机和困难，就需要付出热情和勇气，自我勉励，坚持下去。成功的创业者普遍都有很强的自信心，甚至有时会表现出咄咄逼人的气势。他们相信自己的判断，相信自己的决定，以自信顶住压力，坚持自己的目标，最终取得创业的成功。当然，成功的创业者在自信的同时也能够保持清醒，不会无休止地攻克某个困难和障碍以至于延误商业行动，而会采取十分现实的方法，积极寻求各种渠道来破解问题。

二、拥有强烈的创业欲望

欲望就是我们内心深处的目标，也可以理解成一个人的野心。而创业者的欲望往往超出他们的现实，往往需要打破他们现在的立足点。而且，他们的欲望和努力相互作用，欲望越强烈便越加努力，越努力他们想实现的目标越高，欲望也就更加强烈。欲望与努力就是一个

交替促进的作用，它促使创业者在不断地行动和牺牲中，实现自己的目标。

创业者的欲望，许多来自现实生活的刺激。基于现实刺激，创业者极力想改变自己，改变身份，提高地位，积聚财富，希望把事情做好。这主要不是为了获得社会承认或声望，而是为了达到个人内在自我实现的满足。创业者希望承担决策的个人责任，在解决问题、确立目标并通过个人的能力达到这些目标时负有责任；喜欢有一定风险的决策；对决策结果感兴趣，不喜欢单调的重复性工作，最终开启了人生的创业之门。

三、拥有高度的控制欲

成功的创业者，对资源高度的控制欲和占有欲是与生俱来的。控制欲是指他们相信自己能够控制自己人生的程度。创业者相信通过自己而不是他人来决定自己的命运，他们经常有很高的控制欲，总是希望把命运掌握在自己手中。和控制欲相关的是创业者的个人独立性。创业者往往喜欢独立思考和行动，渴望独立自主。创业者具有高度的控制欲，并不是说他们在人事上对他人的完全控制，不给他人以自由，而是他们对自己能够控制自如，相信自己的能力。

四、拥有坚韧不拔的毅力

创业者都有坚韧不拔的毅力，这也是他们的成功之道。在他们看来，只有正确地坚持方向，矢志不移地完成既定的目标，就可能实现成功。他们绝不会因为一时的困难而放弃，即使遇到许多常人难以忍受的困难和挫折，也总是坚持自己的理想和奋斗目标，勇往直前。很多失败者之所以失败，就是因为担负不起责任，缺乏毅力去坚持。所以，干事业一定要执着，不怕挫折，永不退缩。只有不畏劳苦的人，才有希望达到光辉的顶点，没有坚韧不拔的精神，是干不成一番事业的。

五、拥有过人的胆略

创业需要胆量，需要冒险。冒险精神是创业家精神的一个重要组成部分。所谓冒险精神，并非仅指跨入未知的土地、未知的领域。关心别人所不易注意的问题，以自己独特的思考力和方法去考虑和处理问题，才是冒险精神的重要因素。如果一个创业者没有雄心，不敢冒风险，怎能及时把握机遇，在竞争中取胜呢？任何决策只能见效于未来，因而都具有一定风险。如果创业者涉足一个新领域，那么所冒的风险就会更大。但是，风险是和利润密切相关的，风险大，参与竞争的人会比较少，一旦获胜就会取得比较可观的利润。反之，风险小，参与者多，那么每个创业者都分不到多大好处。

六、拥有团队合作精神

虽然创业者非常渴望独立自主和自治，但是这并不妨碍他们组建成功的团队。而且一个成功的创业者往往都是团队工作方式的倡导者。作为企业的高层领导人，创业者应该体现出团队领袖所具备的果敢和坚毅，尊敬每一个成员，团结每一个成员，始终保持在团队中的核心地位，还应该用平和的心态看待权利的得失，把团队的利益作为自己追求的最大目标。

七、拥有谋略策划智慧

创业是一个斗体力的活动，更是一个斗心力的活动。创业者的智谋，将在很大程度上决定其创业成败。尤其是在目前产品日益同质化、市场有限、竞争激烈的情况下，创业者不但要能够守正，更要有能力出奇。对于创业者来说，智慧是不分等级的，它没有好坏、高明不高明的区别，只有好用不好用、适用不适用的问题。我们归结创业者智慧：不拘一格，出奇制胜。作为创业者，思维一定不能依然因循守旧。

> **知识小贴士：丽华快餐成功之道是什么？**
>
> 吴敬琏写过文章《何处寻找大智慧》，对创业者来说，无所谓大智慧小智慧，能把事情做好，能赚到钱就是好智慧。丽华快餐由一个叫蒋建平的人创立，起家地是江苏常州，开始不过是常州丽华新村里的一个小作坊，在蒋建平的精心打理下，很快发展为常州第一快餐公司。几年前，当蒋建平决定进军北京时，北京快餐业市场已近饱和。蒋建平剑走偏锋，从承包中科院电子所的食堂做起，做职工餐兼做快餐，这样投入少而见效快。由此推而广之，好像星火燎原，迅速将丽华快餐打入了北京市。假如蒋建平当初进入北京，依循常规，租门面，招员工，拉开架式从头做起，恐怕丽华快餐不会有今天。

第四节　不可不读的法律法规

掌握一定的法律法规常识，熟悉常用的法律法规，可以帮助创业者在遵守法律法规的前提下，开展一切创业活动，并有效地防范创业过程中可能存在的法律风险，为企业后期可持续发展打下坚实的基础。

一、要了解的部分法律法规清单

在创业初期，创业者不仅要认真学习掌握法律法规，而且要时刻关注其更新与变化。这些法律法规主要包括《中华人民共和国公司法》《中华人民共和国合伙企业登记管理办法》《中华人民共和国合同法》《中华人民共和国劳动合同法》《中华人民共和国会计法》《中华人民共和国企业所得税法》《增值税暂行条例实施细则》《中华人民共和国个人所得税法》《中华人民共和国专利法》《中华人民共和国商标法》《中华人民共和国著作权法》等。此外，创业者还要关注财税、金融政策的支持，以及《中华人民共和国安全生产法》《中华人民共和国环境保护法》等与具体行业相关的重要法律法规，实现企业的可持续发展。

二、《中华人民共和国公司法》的修订说明、前后对照及解读

2013年12月28日十二届全国人大常委会第六次会议通过了《中华人民共和国公司法》修正案，这是自我国公司法颁布以来又一次重大的修改，修改涉及12处，条文顺序也做出相

应调整，并于 2014 年 3 月 1 日起施行。本次修改如表 1-3 所示，可归纳为三点。

表 1-3 2014 年公司法修订对照表及律师解读

修订前	修订后	解读
第七条 依法设立的公司，由公司登记机关发给公司营业执照。公司营业执照签发日期为公司成立日期。 公司营业执照应当载明公司的名称、住所、注册资本、实收资本、经营范围、法定代表人姓名等事项。 公司营业执照记载的事项发生变更的，公司应当依法办理变更登记，由公司登记机关换发营业执照。	第七条 依法设立的公司，由公司登记机关发给公司营业执照。公司营业执照签发日期为公司成立日期。 公司营业执照应当载明公司的名称、住所、注册资本、经营范围、法定代表人姓名等事项。 公司营业执照记载的事项发生变更的，公司应当依法办理变更登记，由公司登记机关换发营业执照。	实收资本不再是公司登记的记载事项，但是需要注意的是，有限公司的股东需要按照其认缴的出资额承担有限责任，即注册资本的大小依然从某个方面决定了这家公司的资金实力和可以对外承担民事责任的能力； 注册资本越大，股东在其认缴注册资本范围内承担的责任也越大； 所以不能因为有限公司注册资本改为认缴制，就不切实际任意认缴
第二十三条 设立有限责任公司，应当具备下列条件： （一）股东符合法定人数； （二）股东出资达到法定资本最低限额； （三）股东共同制定公司章程； （四）有公司名称，建立符合有限责任公司要求的组织机构； （五）有公司住所。	第二十三条 设立有限责任公司，应当具备下列条件： （一）股东符合法定人数； （二）有符合公司章程规定的全体股东认缴的出资额； （三）股东共同制定公司章程； （四）有公司名称，建立符合有限责任公司要求的组织机构； （五）有公司住所。	有限公司不再设法定最低注册资本，也就是说，现在可以一元钱注册一家有限公司，但并没有明确规定首次至少必须缴付 1 股
第二十六条 有限责任公司的注册资本为在公司登记机关登记的全体股东认缴的出资额。公司全体股东的首次出资额不得低于注册资本的百分之二十，也不得低于法定的注册资本最低限额，其余部分由股东自公司成立之日起两年内缴足；其中，投资公司可以在五年内缴足。 有限责任公司注册资本的最低限额为人民币三万元。法律、行政法规对有限责任公司注册资本的最低限额有较高规定的，从其规定。	第二十六条 有限责任公司的注册资本为在公司登记机关登记的全体股东认缴的出资额。 法律、行政法规以及国务院决定对有限责任公司注册资本实缴、注册资本最低限额另有规定的，从其规定。	主要是证券法对证券公司最低注册资本的规定、商业银行法对设立商业银行最低注册资本的规定、保险法对保险公司最低注册资本的要求、国际货物运输代理业管理规定有关设立国际货运代理公司最低注册资本的要求等

续表

修订前	修订后	解读
第二十七条　股东可以用货币出资，也可以用实物、知识产权、土地使用权等可以用货币估价并可以依法转让的非货币财产作价出资；但是，法律、行政法规规定不得作为出资的财产除外。 对作为出资的非货币财产应当评估作价，核实财产，不得高估或者低估作价。法律、行政法规对评估作价有规定的，从其规定。 全体股东的货币出资金额不得低于有限责任公司注册资本的百分之三十。	第二十七条　股东可以用货币出资，也可以用实物、知识产权、土地使用权等可以用货币估价并可以依法转让的非货币财产作价出资；但是，法律、行政法规规定不得作为出资的财产除外。 对作为出资的非货币财产应当评估作价，核实财产，不得高估或者低估作价。法律、行政法规对评估作价有规定的，从其规定。	因公司法本次修订取消最低注册资本的规定，货币出资百分三十也自然失去意义 一些有技术背景的创业人士不再为拿技术出资但是碍于需要百分之三十的现金配套而在设立公司上为难，修改后全部用技术出资或者其他可以评估的实物出资均可成为现实
第二十九条　股东缴纳出资后，必须经依法设立的验资机构验资并出具证明。	删去	公司设立出资必须经过会计师验资的规定将彻底成为历史，设立公司的费用大大减少，除了登记费用外，设立公司基本没什么其他费用
第三十三条　有限责任公司应当置备股东名册，记载下列事项： （一）股东的姓名或者名称及住所； （二）股东的出资额； （三）出资证明书编号。 记载于股东名册的股东，可以依股东名册主张行使股东权利。 公司应当将股东的姓名或者名称及其出资额向公司登记机关登记；登记事项发生变更的，应当办理变更登记。未经登记或者变更登记的，不得对抗第三人。	第三十二条　有限责任公司应当置备股东名册，记载下列事项： （一）股东的姓名或者名称及住所； （二）股东的出资额； （三）出资证明书编号。 记载于股东名册的股东，可以依股东名册主张行使股东权利。 公司应当将股东的姓名或者名称向公司登记机关登记；登记事项发生变更的，应当办理变更登记。未经登记或者变更登记的，不得对抗第三人。	股东出资将依照其认缴的出资额和出资时间进行登记，股东依据公司章程缴足认缴的出资后，直接由全体股东指定的代表或者共同委托的代理人申请登记即可，不需要进行验资 缴纳注册资本不需开户、验资，程序更为简单
第五十九条　一人有限责任公司的注册资本最低限额为人民币十万元。股东应当一次足额缴纳公司章程规定的出资额。 一个自然人只能投资设立一个一人有限责任公司。该一人有限责任公司不能投资设立新的一人有限责任公司。	第五十八条　一个自然人只能投资设立一个一人有限责任公司。该一人有限责任公司不能投资设立新的一人有限责任公司。	取消一人公司的最低注册资本，在一定程度上鼓励进行创业

修订前	修订后	解读
第七十七条 设立股份有限公司，应当具备下列条件： （一）发起人符合法定人数； （二）发起人认购和募集的股本达到法定资本最低限额； （三）股份发行、筹办事项符合法律规定； （四）发起人制订公司章程，采用募集方式设立的经创立大会通过； （五）有公司名称，建立符合股份有限公司要求的组织机构； （六）有公司住所。	第七十六条 设立股份有限公司，应当具备下列条件： （一）发起人符合法定人数； （二）有符合公司章程规定的全体发起人认购的股本总额或者募集的实收股本总额； （三）股份发行、筹办事项符合法律规定； （四）发起人制订公司章程，采用募集方式设立的经创立大会通过； （五）有公司名称，建立符合股份有限公司要求的组织机构； （六）有公司住所。	股份公司与有限公司原来主要区别之一是最低注册资本的不同，公司法修订后，有限公司和股份公司最主要的区别在于有限公司为人合性、股份公司为资合性，另外一个区别则是人数不同以及设立方式不同
第八十一条 股份有限公司采取发起设立方式设立的，注册资本为在公司登记机关登记的全体发起人认购的股本总额。公司全体发起人的首次出资额不得低于注册资本的百分之二十，其余部分由发起人自公司成立之日起两年内缴足；其中，投资公司可以在五年内缴足。在缴足前，不得向他人募集股份。 股份有限公司采取募集方式设立的，注册资本为在公司登记机关登记的实收股本总额。 股份有限公司注册资本的最低限额为人民币五百万元。法律、行政法规对股份有限公司注册资本的最低限额有较高规定的，从其规定。	第八十条 股份有限公司采取发起设立方式设立的，注册资本为在公司登记机关登记的全体发起人认购的股本总额。在发起人认购的股份缴足前，不得向他人募集股份。 股份有限公司采取募集方式设立的，注册资本为在公司登记机关登记的实收股本总额。 法律、行政法规以及国务院决定对股份有限公司注册资本实缴、注册资本最低限额另有规定的，从其规定。	股份公司发起设立时需要考虑后续融资的可能性，在发起人未缴足前不得再次募资，即不能引入其他股东

修订前	修订后	解读
第八十四条 以发起设立方式设立股份有限公司的，发起人应当书面认足公司章程规定其认购的股份；一次缴纳的，应即缴纳全部出资；分期缴纳的，应即缴纳首期出资。以非货币财产出资的，应当依法办理其财产权的转移手续。发起人不依照前款规定缴纳出资的，应当按照发起人协议承担违约责任。发起人首次缴纳出资后，应当选举董事会和监事会，由董事会向公司登记机关报送公司章程、由依法设定的验资机构出具的验资证明以及法律、行政法规规定的其他文件，申请设立登记。	第八十三条 以发起设立方式设立股份有限公司的，发起人应当书面认足公司章程规定其认购的股份，并按照公司章程规定缴纳出资。以非货币财产出资的，应当依法办理其财产权的转移手续。发起人不依照前款规定缴纳出资的，应当按照发起人协议承担违约责任。发起人认足公司章程规定的出资后，应当选举董事会和监事会，由董事会向公司登记机关报送公司章程以及法律、行政法规规定的其他文件，申请设立登记。	股东按照公司章程的约定缴纳出资，而不是原公司法规定以实际出资额要向其他已经出资的股东承担违约责任
第一百七十八条 公司需要减少注册资本时，必须编制资产负债表及财产清单。公司应当自做出减少注册资本决议之日起十日内通知债权人，并于三十日内在报纸上公告。债权人自接到通知书之日起三十日内，未接到通知书的自公告之日起四十五日内，有权要求公司清偿债务或者提供相应的担保。公司减资后的注册资本不得低于法定的最低限额。	第一百七十七条 公司需要减少注册资本时，必须编制资产负债表及财产清单。公司应当自做出减少注册资本决议之日起十日内通知债权人，并于三十日内在报纸上公告。债权人自接到通知书之日起三十日内，未接到通知书的自公告之日起四十五日内，有权要求公司清偿债务或者提供相应的担保。	公司法修订后不再设最低注册资本的规定，也同时取消法定分期付款的规定

一是完善公司的设立制度。通过降低公司设立注册资本的最低限额来降低门槛，股份有限公司取消了关于公司股东（发起人）应自公司成立之日起两年内缴足出资，投资公司在五年内缴足出资的规定；取消了一人有限责任公司股东应一次足额缴纳出资的规定，采取公司股东（发起人）自主约定认缴出资额、出资方式、出资期限等，并记载于公司章程的方式。

简化公司设立的程序实行准则主义，进一步明确公司设立的各项责任。

二是放宽注册资本登记条件。除对公司注册资本最低限额有另行规定的以外，取消了有限责任公司、一人有限责任公司、股份有限公司最低注册资本分别应达 3 万元、10 万元、500万元的限制；不再限制公司设立时股东（发起人）的首次出资比例和货币出资比例。

三是简化登记事项和登记文件。有限责任公司股东认缴出资额、公司实收资本不再作为登记事项。公司登记时，不需要提交验资报告。此次修法为推进注册资本登记制度改革提供了法制基础和保障。工商总局也将研究并提出修改公司登记管理条例等行政法规的建议，同时积极构建市场主体信用信息公示体系，并完善文书格式规范和登记管理信息化系统。

【实验项目】创业测评

【目的与要求】

通过人才能力测评方法，结合当代大学生的实际群体特征，根据冰山原理，对准创业者潜在能力的不同纬度进行分析和测定，力求测量出大学生是否具备创业的必备素质，给即将面临职业选择的大学生一个决策参考。

【项目类别】

流程操作类

【项目准备】

提供终端设备能连接到服务器的计算机；创业者实验平台。

【实验内容】

创业测评不同于实训过程中的创业能力测评，是在开展创业实训之前的一种测评，目的在于让受训者在企业经营之前对自己有一个自我认知的过程。如图 1-2、图 1-3、图 1-4 所示。

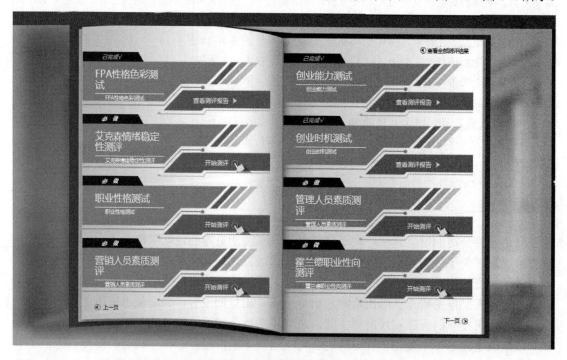

图 1-2　职业能力测评

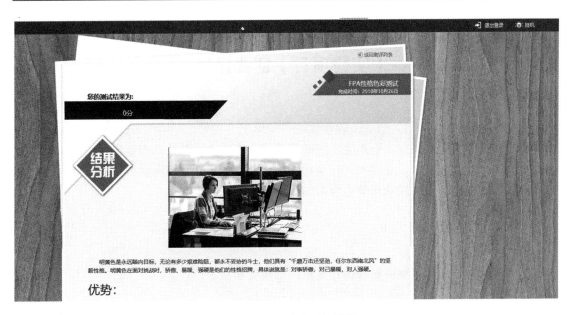

图 1-3　职业能力测评结果

缺陷：

　　明黄色都是骄傲的，他们的性格中永远没有他人的位置，"眼空四海，目空一切"就是他们的标志。进而，骄傲会衍生为暴躁，因为骄傲者都是不听劝告的，明黄色听到别人的忠告，第一反应往往是粗暴的回绝。虽然明黄色听不进别人的忠告，但他们会毫无顾忌地批评别人，而且要求对方必须服从，不允许讨价还价。他们的批评总是严肃而冷酷，旨在强调对方没有完成好任务，他们不会考虑对方的苦衷，表面上他们是不徇私情，其实质是冷酷无情。自恋也是明黄色的性格特点，他们的自恋不是针对外表，而是性格。明黄色认为自己的性格是完美的，是高人一等的，是不允许别人提出异议的，认为别人的异议就是对他们"完美"性格的玷污。

标签：

　骄傲自大，目中无人　　性格暴躁，缺乏耐心　　铁石心肠，冷酷无情　　心理阴暗，极度自恋

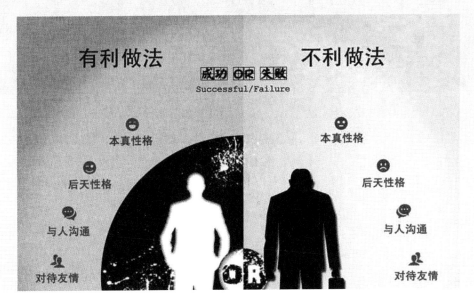

图 1-4　职业能力测评结果评价

【实验项目】创业课程

【目的与要求】

通过相关的课程体系整体提高大学生的素质和创业能力，使其具有首创、冒险精神、创业能力、独立工作能力，以及技术、社交和管理技能。让大学生适应区域经济发展，同时缓解就业压力，提高大学生就业竞争综合力的需要。

【项目类别】

流程操作类

【项目准备】

提供终端设备能连接到服务器的计算机；创业者实验平台。

【实验内容】

创业课堂在创业实训之前让受训者了解创业的一些基本理论、创业信息、创业政策等。如图 1-5、图 1-6、图 1-7、图 1-8 所示。

图 1-5　创业课程

图 1-6　创业课堂——创业政策

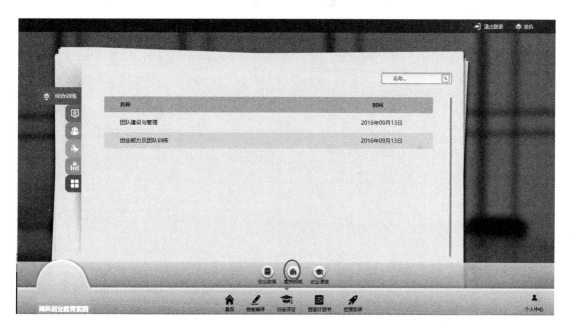

图 1-7　创业课堂——案例训练

图 1-8　创业课堂——创业讲座

第二章 创业准备

每个人都有自己的梦想，都渴望实现人生价值，因此无论我们从事什么行业及当前生活状况如何，内心深处可能都会有一个想法——自己创业吧！事实上，有创业想法的人不在少数，但真正能够成功的却是凤毛麟角。这是由于创业并不是有了想法就可以实现，而需要一定的创业准备，特别是对于高校学生来说，更需要做足创业之前的准备。创业准备是创业者叩响投资者大门的敲门砖，而充分的创业准备往往会使创业者达到事半功倍的效果。

第一节 创业机会——稍纵即逝

谁都明白，若要想创业成功，首当其冲是探寻到创业机会。那么，我们到哪里才可以寻找到机会呢？这是众多创业者备感头痛的问题。其实，创业机会就在我们身边。中国有句俗语说得好：做生不如做熟。可见，这句话充分体现出，要从我们身边寻找创业机会的道理。那么，如何认知创业机会呢？如何识别创业机会呢？如何评估创业机会呢？如何选择目标市场呢？有什么消费者分析工具呢？这是本部分所需要解决的问题。

一、认知创业机会

既然要创业，你就必须要及时抓住创业机会。那么，你明白创业机会是什么吗？又知道创业机会都有什么渠道吗？知道什么是创业机会之窗吗？了解创业机会类型吗？

（一）创业机会内涵

罗伯特·拜伦和斯科特·巴蒂尔（Robert A. Baron & Scott A. Shane）认为：创业机会是一个人能够开发具有利润潜力的新商业创意的情境。在该情境中，技术、经济、政治、社会和人口条件变化产生了创造新事物的潜力。创业机会可以通过新产品或服务的创造、新市场

> **知识小贴士：用积极的心态去发现创业机会**
>
> 牛仔裤发明人李维斯当初跟一大批人去西部淘金，途中一条大河拦住了去路，除李维斯认为棒极了外，其余人感到愤怒。李维斯设法租了一条船给想过河的人摆渡，赚了不少钱。不久摆渡的生意被人抢走了，李维斯又认为棒极了，因为采矿出汗很多，饮用水很紧张，于是别人采矿他卖水，又赚了不少钱。后来卖水的生意又被抢走了，李维斯又说棒极了，因为采矿时工人跪在地上，裤子的膝盖部分极易磨破，而矿区里却有许多被人丢弃的帆布帐篷，李维斯就把这些旧帐篷收集起来洗干净，做成裤子销量很好，自此诞生了"牛仔裤"。可见，李维斯将问题当作机会，最终实现了致富梦想，得益于他有一种乐观、开朗的积极心态。著名成功学大师拿破仑·希尔说："一切成功，一切财富，始于意念。"

的拓展、新组织方式的开发、新材料的使用或新生产过程的引入来加以利用。美国著名创业教育研究学者杰夫里·提蒙斯（Jeffry A. Timmons）认为，创业过程的核心是创业机会问题，创业过程是由机会驱动的。就高校学生而言，创业机会无疑就是要找到细分领域的切入点，从小的机遇入手，不要求大，不要攀高，否则可能因为资源不足、能力不够而夭折。

（二）创业机会的来源

哈佛大学的经济学家熊彼特（Joseph Schumpeter）认为，真正有价值的创业机会来源于外部变化，这些变化使人们可以做以前没有做过的事情，或使人们能够以更有价值的方式做事。他的追随者明确了三个主要创业机会来源：技术变革、政治与体制变革、社会与人口变化。

一是技术变革。技术变革是有价值创业机会的最重要来源，这些机会使人们创建新企业成为可能。技术变革之所以是创业机会的来源，是因为它们使人们能够以新的更有效率的方式做事。例如，在发明电子邮件以前人们通过传真、信件、电话和面对面的会议进行交流。尽管电子邮件不能完全代替其他交流方式，但精明的创业者注意到在某些事情上电子邮件比其他交流方式更好。也就是说，新技术发明使人们能够开发出更有效率的交流方式——电子邮件，因而成为一个有价值的机会来源。

二是政治与体制变革。这些变革使人们能够开发商业创意，从而用新的方法使用资源，这些方法或者更有效率，或者将财富从一个人重新分配给另一个人。例如，放松对电信业、银行业、运输业和铁路系统的管制使现存企业更难以阻止新竞争者的进入，并使创业者可以将更有效率的商业创意引入这些行业。

三是社会和人口变化，这也是创业机会的重要来源。一方面，社会和人口变化改变了人们对产品和服务的需求。由于创业者通过销售顾客需要的产品和服务来赚钱，因而需求的变化就产生了生产新事物的机会。另一方面，社会和人口变化使人们针对顾客需求所提出的解决方案，比目前能够获得的方案更有效率。

（三）创业机会之窗

一般来说，具体的创业机会存在的时间是非常短暂的。杰夫里·提蒙斯（Jeffry A. Timmons）在他著作里描述了一般化市场上的"机会之窗"。一个市场在不同时间阶段，其成长的速度是不同的。在市场快速发展的阶段，创业的机会随之增多；发展到一定阶段，形成一定结构后，机会之窗打开；市场发展成熟之后，机会之窗就开始关闭。选择那些机会之窗存在的时间长一些的市场机会，创业企业可获利的时间也会长一些，取得成功的概率就大一些。这样的机会，其期望价值自然高一些。当然，不同的创业机会，其生命周期长短也不相同。有的机会昙花一现，有的机会持续时间可以长一些。具体到机会的开发利用时，创业者当然希望机会之窗存在的时间长一些，可获得

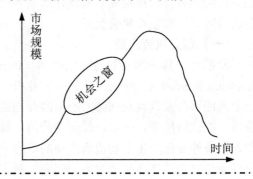

知识小贴士：国产移动电话发展的机会之窗

当国外移动电话生产巨头摩托罗拉、诺基亚、爱立信等跨国公司大举进入中国市场后，由于中国移动电话消费不同于国外消费者仅把移动电话当作通话工具的特点，机会之窗展现在国产移动电话厂商面前。当波导、TCL、海信等企业先后进入之后，经过几年的竞争，机会之窗逐渐闭拢，如下图所示。

的时间也长一些。这个周期的长短取决于以下因素：一是建立限制其他创业者模仿的机制，如商业秘密、专利保护或垄断合同，这些都可以延长机会的生命；二是减缓信息扩散的速度；三是如果其他人无法模仿、替代、交易或获得稀有的资源，也可以通过减少过剩，延长机会的持续时间。

产业创业机会之窗的原因主要有三点：首先，一些因不均衡冲击产生的机会常常被其他冲击带来的新机会所取代，而现有机会就会结束。其次，即使没有发生新的冲击，竞争也会耗尽机会的利润。带来机会的信息一开始不对称性显著，随着有关机会的信息逐步扩散，这种不对称性逐渐消失。当创业者开发机会时，他们将机会内容，以及如何追求机会的信息传递给其他人。尽管这样的模仿一开始使得机会得到承认，但也制造了竞争，使差异消失。当其他创业者进入达到一定的比例，新进入者的收益超过成本，创业利润被越来越多的人分享时，人们追求机会的刺激就会减少。最后，在机会开发的过程中，有关机会的信息在资源所有者之间扩散，资源所有者可以根据创业者提高资源价值的行动，提高资源的价格以分享一部分创业利润。总之，信息的扩散和利润诱惑的减少，将降低人们追求某具体机会的动力。

（四）创业机会类型

有研究表明，机会的类型也可能影响开发的过程和创业的成败。根据格策尔斯（Getzels）关于创造性的理论，可以按照机会的来源和发展程度对机会加以分类，如图2-1所示。市场需求表示存在的问题，可能是可识别的或未能识别的。资源和能力表示解决问题的方法，可能是确定的或未确定的。

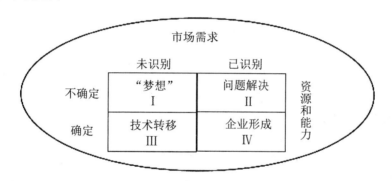

图2-1　机会的类型

机会类型Ⅰ——市场需求未得识别且资源和能力不确定（问题及其解决方法未知）——表现的是艺术家、梦想家、一些设计师和发明的创造性。他们感兴趣的是将知识的发展推向一个新方向和使技术突破现有的限制。

机会类型Ⅱ——市场需求已识别但资源和能力不确定（问题已知但其解决方法仍未知）——描述了有条理地搜集信息并解决问题的情况。在这种情况下，机会开发的目标往往是设计一个具体的产品/服务以适应市场需求。

机会类型Ⅲ——市场需求未得识别但资源和能力确定（问题未知但可获得解决方法）——包括我们常说的"技术转移的挑战"，如寻找应用领域和闲置的生产能力。这里的机会开发更多强调的是寻找应用的领域而不是产品/服务的开发。

机会类型Ⅳ——市场需求已经识别且资源和能力已确定（问题及其解决方法都已知）——这里机会的开发是将市场需求与现有资源匹配起来，形成可以创造并传递价值的新企业。

二、识别创业机会

我们经常遇到这样的问题，即同样的创业机会，为什么有的人能够注意到并抓住创业机会，而有的人则没有。这就是创业机会识别问题。

（一）创业机会的识别过程及其关键影响因素

好的创意是创业成功的关键因素，然而这并一定就会实现创业成功。从最初创意的酝酿，到最后创业决策的制定，创业者在此过程中不断地权衡创业机会的预期价值的实现的可能性。这一过程就是创业机会的识别过程，如图 2-2 所示。

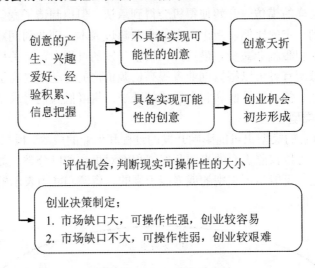

图 2-2　创业机会识别过程

由图 2-2 可以看出，出于满足创业者自身需求的创意，只有在与市场需求相契合时才有现实的实现可能性。因此，在创意产生后，我们必须要进行市场调研，收集数据信息，对创意进行识别分析，才能形成初步的创业机会。

可以说，机会识别是创业的开端，也是创业的前提。而正确地筛选与识别创业机会是成功创业者具体和重要素质之一。许多学者对此进行研究发现，一些影响创业机会识别的关键因素主要包括先前经验、认知因素、社会关系网络、创造性等。

先前经验。在特定产业中的先前经验有助于创业者识别出商业机会，这被称为走廊原理。它是指创业者一旦创建企业，他就开始了一段旅程，在这段旅程中，通向创业机会的"走廊"将变得清晰可见。这个原理提供的见解是，某个人一旦投身于某产业创业，这个人将比那些从产业外观察的人，更容易看到产业内的新机会。

认知因素。机会识别可能是一项先天技能或一种认知过程。有些人认为，创业者有"第六感"，使他们能看到别人错过的机会。多数创业者认可这种观点，认为他们比别人更"警觉"，警觉很大程度上是一种习得性技能。拥有某些领域更多知识的人，倾向于比其他人对该领域内的机会更警觉。

社会关系网络。社会关系网络能带来承载创业机会的有价值信息，个人社会关系网络的深度和广度影响着机会识别。研究已经发现，社会关系网络是个体识别创业机会的主要来源，与强关系相比，弱关系更有助于个体识别创业机会。

创造性。创造性是产生新奇或有用创意的过程。从某种程度上讲，机会识别是一个创造过程，是不断反复的创造性思维过程。对个人来说，创造过程可分为五个阶段，分别是准备、孵化、洞察、评价和阐述。

知识小贴士：从熟悉行业把握创业机会的要点

把握创业机会的要点	释义	分析说明	
变化就是机会	环境的变化，会给各行各业带来良机，人们透过这些变化，就会发现新的前景	产业结构的变化	
		科技进步	
		通信革新	
		政府放松管制经济信息化、服务化	
		价值观与生活形态变化	
		人口结构变化	为老年人提供的健康保障用品；为独生子女服务的业务项目；为年轻女性和上班女性提供的用品；为家庭提供文化娱乐用品
从"低科技"中把握机会	随着科技的发展，开发高科技领域是时下热门的课题	例如美国近年来设立的风险性公司，电脑占25%，医疗和遗传基因占16%，半导体和电子零件占13%，通信占9%	
		不过，机会并不只属于"高科技领域"，在运输、金融、保健、饮食、流通这些所谓的"低科技领域"也有机会，关键在于开发	
集中盯住某些顾客的需要	机会不能从所有顾客身上去找，因为共同需要容易认识，基本上已很难再找到突破口	每个人的需求都是有差异的，如果我们时常关注某些人的日常生活和工作，就会从中发现某些机会	
		在寻找机会时，应该习惯于把顾客目标分类，如政府职员、菜农、大学讲师、杂志编辑、小学生、单身女性、退休职工等	
追求"负面"就会找到机会	着眼于那些大家苦恼和困扰的事	因为是苦恼和困扰，人们总是迫切希望解决，如果能提供解决的办法，实际上就是找到了机会，例如双职工家庭，没有时间照顾小孩，于是有了家庭托儿所；没有时间买菜，就产生了送菜公司	

（二）创业机会的识别方法

创业机会的识别就是要了解某个机会的方方面面，发现其吸引人和不吸引人的地方；判断创业者利用某个特定机会的商业前景是什么，以便达到在众多的创业机会中，通过分析、判断和筛选，发现利己的、可以利用的创业机会的目的，具体的创业机会识别方法主要包括新眼光调查、通过系统分析发现机会、通过问题分析和顾客建议发现机会、通过创造获得机会等。

新眼光调查主要包括注重二级调查和开发初级调查两部分。前者就是阅读某人的发现和出版的作品、利用互联网搜索数据、浏览寻找包含你所需要信息的报纸文章等形式；后者就是通过与顾客、供应商、销售商交谈和采访他们，直接与这个世界互动，了解正在发生什么，以及将要发生什么。

通过系统分析发现机会就是人们从企业的宏观环境（政治、法律、技术、人口等）和微观环境（顾客、竞争对手、供应商等）的变化中发现机会。借助市场调研，从环境变化中发现机会，是机会发现的一般规律。

通过问题分析和顾客建议发现机会。问题分析从一开始就要找出个人或组织的需求和他们面临的问题，这些需求和问题可能很明确，也可能很含蓄。一个有效并有回报的解决方法对创业者来说是识别机会的基础。这个分析需要全面了解顾客的需求，以及可能用来满足这些需求的手段。此外，从顾客那里征求想法，就是说顾客会根据自身需求提出一些诸如"如果那样的话不是会很棒吗"这样的非正式建议，留意到这些，有助于你发现创业机会。

通过创造获得机会，这种方法在新技术行业中最为常见，它可能始于明确拟满足的市场需求，从而积极探索相应的新技术和新知识，也可能始于一项新技术发明，进而积极探索新技术的商业价值。

三、评估创业机会

评估这个术语通常与一项判断联系在一起，这个判断决定了正在开发的机会是否能得到物力、财力以进入下一阶段的发展。在开发过程的不同阶段，创业者很可能会对这一机会做出多次评估，这些评估会使创业者识别出其他的新机会或调整其最初的看法。尽管这种评估可能是非正式的甚至是不系统的。一般来说，那些决定资源分配的人（投资人）会对创业企业的商业计划进行全面评价，进行尽职调查。机会评价贯穿于整个创业机会的识别和开发的过程，如图2-3所示，具体的创业机会评估工具主要有蒂蒙斯的创业机会评估框架。

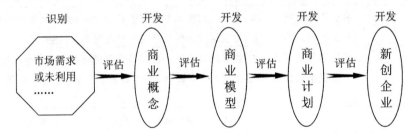

图 2-3　创业机会的识别和开发的过程

（一）评估工具 1：蒂蒙斯的创业机会评估框架
蒂蒙斯提出的七大类评估标准比较全面，如表 2-1 所示。

表 2-1　蒂蒙斯的创业机会评估标准

准则	吸引力	
	最高潜力	最低潜力
行业和市场	改变人们生活和工作的方式	只有不断提高
市场	市场驱动、市场识别、收入夹缝市场的不断再现	不集中，一次性收入
顾客	可以达到、订单	对其他品牌忠诚或无法达到
用户利益	小于 1 年的回收期	3 年以上的回收期

续表

准则	吸引力	
	最高潜力	最低潜力
增值	高，提前支付	低，对市场的影响力极小
产品生命	长久	不长久
市场结构	不完美的、分散的竞争或新兴的行业	高度集中或成熟或衰退的行业
市场规模	1亿～10亿美元的销售能力	不可知，少于2000万或几百万美元的销售潜力
成长率	以30%到50%的速度成长	收缩或少于10%
市场容量	达到或接近全容量	容量不足
可达的市场份额（5年内）	20%或更多，市场领导者	少于5%
成本结构	低成本的提供者，成本优势	不断下降的成本
经济性		
实现盈亏平衡/正现金流所需时间	1.5～2年以下	4年以上
投资报酬率潜力	每年25%以上，高价值	少于15%～20%，低价值
资本要求	低到中等，有资金基础	很高，没有资金基础
内部收益率潜力	每年25%或以上	每年少于15%
自有现金流的特征	有利，持久，占销售额20%～30%以上	少于销售额的10%
销售额增长	中等到高达（15%～20%）	少于10%
资产密集度	在销售额中所占比例低	高
正常运营资本	低，渐进性的要求	高要求
研发或资本开支	要求低	要求高
毛利	超过40%，可持久	低于20%
税后利润	高，超过10%，持久	低
达到盈亏平衡点所需的时间	少于2年，盈亏平衡点不会缓慢上升	大于4年，盈亏平衡点缓慢上升
收获问题		
附加值潜力	高战略价值	低战略价值
多重评估和比较评估	20倍的本益比（P/F），8～10倍的息前税前收入（EBIT），1.5～2倍的收入，8～10倍的自由现金流	小于5倍的本益比（P/F），3～4倍的息前税前收入（EBIT），小于4倍的收入
退出机制和战略	当前和未来的期权	未确定的，非流动投资
资本市场内容	有利的估价、时机、可获资本，可实现流动性	不利，信贷紧缩
竞争优势		
固定和可变成本	最低，高运营杠杆化	最高
对成本、价格和分销的控制力	适度到很强	弱
进入障碍		
产权保护	拥有或能够得到	没有

准则	吸引力	
	最高潜力	最低潜力
反应/领导时间	竞争迟缓	不能取得优势
法律、契约优势	产权所有或排他性的	没有
契约和网络	很发达，可进入	初级的，有限的
关键人物	最具才能人物，一流团队	二流或三流团队
管理团队		
创业团队	全明星组合，自由经纪人	弱的或单个创业者
产业和技术经验	领域内最顶尖的、有极佳的商业记录	不发达的
整合	高标准	有问题的
理性诚实	知道他们不知道什么	不知道他们不知道什么
致命缺陷的问题	不存在	一个或更多
个人标准		
目标和适配性	得到你想要得到的，但要想到你已经得到的	出人意料，如同在惊叫游戏中的一样
上升/下降趋势的问题	可实现的成功/有限的风险	线性的，在同一个连续体上
机会成本	可接受的工资缩减等	安于现状
愿望	与生活方式相适配	仅仅是追求挣大钱
风险/回报容忍度	周密计算的风险，低风险/回报率	风险规避或赌博者
压力承受力	在压力下繁荣成长	在压力下崩溃
战略差异化		
适合程度	高	低
团队	一流团队，优秀的免费经纪人	二流团队，无免费经纪人
服务管理	优异的服务概念	认为不重要
时机	顺流而行	逆流而行
技术	突破性的	有很多替代品或竞争者
灵活性	能够适应，能迅速执行或停止	缓慢，顽固
机会导向	总是寻找机会	运作不考虑环境，对商机木然无察
定价	处于或接近领先地位	存在低价出售产品竞争
分销渠道	可得到的，有分销网	未知；不可获得
错误容忍空间	宽容战略	不宽容、刚性战略

（二）评估工具 2：哈曼（Haman）的 Potentionmeter 法评估工具

哈曼（Haman）的 Potentionmeter 法可以通过让创业者填写针对不同因素的不同情况，通过已经设定好的权值选项式问卷方式，以便能够较快地得到特定创业机会的成功潜力指标。对于各个因素而言，不同选项得分控制在−2 到+2 分之间，通过对所有因素得分的加总得到最后的得分。当然，总分越高说明特定创业机会成功的潜力越高，并且设定只有那些最后得分高于 15 分的创业机会才值得创业者进行下一步策划，反之就应该被淘汰，如表 2-2 所示。

表 2-2　创业机会评估指标

名称	分值
税前投资回报率	
大于 35%	+2
25%～35%	+1
20%～25%	−1
小于 20%	−2
预期年销售额	
大于 2 亿元	+2
1 亿元～2 亿元	+1
5000 万～1 亿元	−1
小于 5000 万元	−2
投资回收期	
小于 6 个月	+2
6 个月～1 年	+1
1 年～2 年	−1
大于 2 年	−2
从创业到销售额高速增长的预期时间	
小于 6 个月	+2
6 个月～1 年	+1
1 年～2 年	−1
2 年以上	−2
……	……
总计	……

四、选择你的目标市场

能否正确选择目标市场对于创业者来说非常重要，正如阿里巴巴创始人马云曾说过：准确的市场定位是创业成功的关键。那么，作为创业者应该如何确定自己的目标市场呢？首当其冲就是要确认自己的创业机会有吸引力且具有持久性，而这个确认过程实质上就是要对行业及市场进行分析。完整的行业及市场分析主要包括：整个行业的发展现状及趋势分析；企业所在市场细分领域的发展现状及发展前景分析；竞争分析，即企业与同行业竞争者的优劣比较分析；项目发展 SWOT 分析（综合性分析），即项目发展优劣势、外部机会、威胁分析及针对关键成功因素应采取的可行性策略。

（一）行业及市场分析工具

行业及市场分析工具主要有 PEST 分析——战略外部环境分析的基本工具、SWOT 分析法——战略规划和竞争情报的经典分析工具、五力模型——行业竞争战略最流行的分析工具。

PEST 分析法，指宏观环境的分析，宏观环境又称一般环境，是指影响一切行业和企业的各种宏观力量。主要通过政治（Politics）、经济（Economic）、社会（Society）和技术（Technology）四个方面的因素分析从总体上把握宏观环境，并评价这些因素对企业战略目标和战略制定的影响，如图 2-4 所示。

P：政治要素 政治力量 法律与法规	S：社会要素 地区的文化水平　风俗习惯　审美观点　消费水平 人口流动
T：技术要素 引起革命变化性的发明 新技术、新工艺、新材料 发展趋势	E：经济要素 宏观：国民经济水平的发展水平和发展速度 微观：地区的收入水平、消费偏好、储蓄情况、就业程度

图 2-4　PEST 分析框架

SWOT 分析于 20 世纪 80 年代初提出来，常用来作企业市场竞争分析的方法，又叫态势分析。SWOT 四个英文字母分别代表优势（Strength）、劣势（Weakness）、机会（Opportunity）、威胁（Threat），就是将与研究对象密切相关的各种主要优势、劣势、机会和威胁，通过调查列举出来，并依照矩阵形式排列，然后动用系统分析的思想，把各种因素相互匹配起来加以分析，从中得出一系列相应的结论，而结论通常带有一定的策略性，如下图 2-5 所示。

S：优势 擅长什么？ 组织有什么新技术？ 能做什么别人做不到的？ 和别人有什么不同的？ 顾客为什么来？ 最近因何成功？	W：劣势 什么做不来？ 缺乏什么技术？ 别人有什么比我们好？ 不能够满足何种顾客？ 最近因何失败？ 什么做不来？
O：机会 市场有什么适合我们的机会？ 可以学什么技术？ 可以提供什么新的技术/服务？ 可以吸引什么新的顾客？ 怎样可以与众不同？ 组织在 5～10 年内会有何发展？	T：威胁 市场最近有什么改变？ 竞争者最近在做什么？ 是否赶不上顾客需求的改变？ 政治经济环境的改变是否会伤害组织？ 是否有什么可能会威胁到组织的生存？

图 2-5　SWOT 分析框架

五力分析模型是迈克尔·波特（Michael Porter）于 20 世纪 80 年代初提出，对企业战略制定产生全球性的深远影响，主要用于竞争战略的分析，可以有效地分析客户的竞争环境。五力分别是：供应商的讨价还价能力、购买者的讨价还价能力、潜在竞争者进入的能力、替代品的替代能力、行业内竞争者现在的竞争能力，如图 2-6 所示。

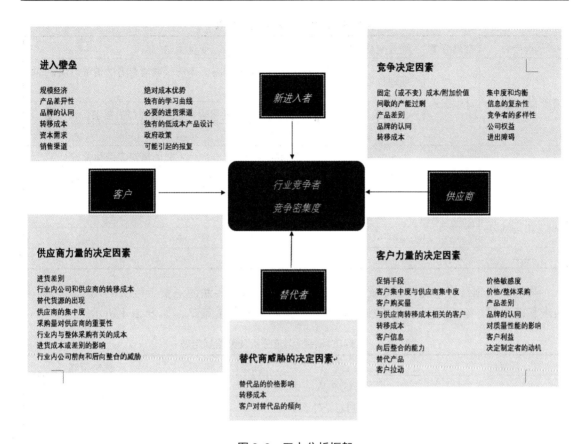

图 2-6 五力分析框架

（二）市场细分与产品定位分析工具

市场细分是指营销者通过市场调研，依据消费者的需要和欲望、购买行为和购买习惯等方面的差异，把某一产品的市场整体划分为若干消费者群的市场分类过程。每一个消费者群就是一个细分市场，每一个细分市场都是具有类似需求倾向的消费者构成的群体。精准的市场细分有利于企业迅速地选择自己的目标市场，制定正确的营销策略是企业快速有效获取营销成功的关键之一。市场细分包括以下步骤：选定产品市场范围，即公司应明确自己在某行业中的产品市场范围，并以此作为制定市场开拓战略的依据；列举潜在顾客的需求，即可从地理、人口、心理等方面列出影响产品市场需求和顾客购买行为的各项变数；分析潜在顾客的不同需求，即公司应对不同的潜在顾客进行抽样调查，并对所列出的需求变数进行评价，了解顾客的共同需求；制定相应的营销策略，即调查、分析、评估各细分市场，最终确定可进入的细分市场，并制定相应的营销策略。

首先，确定市场细分标准及变量。市场细分过程中的关键要素——市场细分标准及细分变量说明要明确出来，具体分为消费品市场细分和生产资料市场细分两大类，并列出各类细分变量的详细说明，可以帮助创业者精准、高效进行市场细分，如表 2-3 所示。

表2-3 市场细分标准及变量表

维度	变量分类	细分变量	变量说明
消费品市场细分	地理因素	地理位置	按照行政区域或者地区划分，不同区域消费者的消费习惯、偏好等存在差异
		人口密集度	不同区域的人口密集度通常会决定了消费口的需求量
		……	……
消费品市场细分	心理因素	生活方式	不同的生活方式会产生不同的消费需求与偏好
		个性特征	不同个性特征消费者的消费需求与偏好差异很大
		……	……
产业市场细分	……	……	……
……	……	……	……

其次，实施目标市场特征调查分析及策略制定。这主要涵盖消费者购买的动机、习惯、需求和能力等，在此基础上进行统计分析并制定相应的营销策略，如表2-4所示。

表2-4 目标市场特征调查分析及策略制定表

项目	问卷内容	回答结果统计	营销策略
消费者购买动机	需求什么样的产品		
	追求的价值和利益是什么		
	……		
消费者对产品的需求	对服务的要求		
	对产品性能的评价		
	对价格的评价		
	……		
……	……		

再次，市场定位产品差异分析。这主要针对竞争产品进行调查并与本公司产品进行对比分析，以此找出差异所在，主要包括产品性能分析、规格、价格、包装、营销力度、促销投入、广告投入、售后服务、品牌影响力、市场占有率等，如表2-5所示。

表2-5 市场定位产品差异分析表

项目	竞争产品1	竞争产品2	本公司产品	对比分析
产品性能分析				
产品规格				
营销力度				
……				

最后，细分市场可行性分析表。这主要从战略、市场需求及现状、竞争优势、资源、环境等几个方面进行综合评估和分析，有利于创业者全面了解项目未来进入细分市场可能面临的利与弊，从而准确判断开拓细分市场的可行性，如表2-6所示。

表2-6 细分市场可行性分析表

项目	问题	细分市场		
		细分市场A	细分市场B	细分市场C
战略	开发市场是否与总体目标一致			
	......			
市场需求	消费者分析			
	市场增长空间			
	......			
......	......			

（三）竞争对手分析工具

竞争对手是指生产或经营与自己相同、类似或可以相互替代的企业。明确自己的竞争对手之后，首先要收集目标对象的信息情报，如表2-7所示；其次要制定竞争对手调查与分析表，主要涵盖竞争对手的基本信息、产品、价格、渠道、促销、服务、人员素质等方面，并要列出重要的分析项目；再次要制定竞争产品调查与对比表，主要包括产品性能分析、规格、价格、包装、展示方式、展示数量、营销投入、产品成本、利润率等；最后要制定竞争产品形象对比分析表，主要包括外观、包装、价格、展示、规格、品质、性能等，具体对比分析中根据不同的产品特征进行适当调整。

表2-7 收集目标对象的信息情报

竞争信息获取渠道	渠道详细说明	情报信息要点
竞争对手的各种相关资料	公司公开出版的书籍或发表的重要文件、资料等	
行业内的各种相关资料	公司公开出版的书籍或发表的重要文件、资料等	
媒体内的各种相关资料	媒体发表的专题报道、人物访、新闻报道等	
......	......	

（四）消费者分析工具

消费者分析主要是指创业者对目标消费群体的结构、购买动机、消费观念与购买行为、消费需求、消费情况、消费者满意度等进行调查分析，从而精准地判断自己的顾客是谁，明确自己的顾客在哪里，并提出有效的客户获取策略。首先，要制定消费者调查问卷，主要包括消费者结构、购买动机、购买习惯（时间、地点等）、购买能力和购买频率、品牌态度（对产品和中间商的态度）、品牌偏好、品牌忠诚度、产品和服务满意度等。其次，要制定消费者购买偏好分析表，主要包括消费者结构分析、消费者观念与行为分析、消费者需求分析三部分内容。再次，要制定消费者结构分析表，主要用于消费者结构相关数据的统计和分析，多数是与消费者市场调查问卷配合作用，要根据需要就不同的细分项目进行调整。最后，要制定消费者情况统计与分析表，主要用于针对各种产品的销量和消费者消费情况进行统计与分析。

第二节 创意——创业的源泉

苹果的成功始于史蒂夫·乔布斯的创意——设计与营销的创新，当人们对于手机还停留在传统意义上的移动电话概念时，苹果已将移动互联、游戏、微博等功能完美地结合，创造了移动互联办公的生活与工作方式，彻底地改变了我们的生活方式，也改变了世界对手机的认识；法国人对于博若莱新酒的成功操作，同样始于一个大胆的创意，这让一个名不见经传的小村庄在全世界风光无限；江南春的成功仍然始于一个"创意"……

当今时代已进入创意经济时代，优秀的创意可以转化为巨大的生产力。比尔·盖茨曾说："最美好的财富人生始于个人敢于行动的气魄。"经营者只有同时具备这种气魄并且从事创意活动才能成为真正的企业家。但是，并不是所有的创意都能落地，有些创意只能当做美好的愿望。那么到底什么样的创意才能付诸实施并为企业创造价值呢？接下来就为大家详细地讲解如何评估你的创意是否可行。

一、评估你的创意想法

在商业发展中有太多的变数与风险，并非所有的创意都能带来财富，所以要在不抹煞创造力本质的状况下去衡量创意的质与量，与此同时仔细判断你的创意想法是否具有可行性。评估创意是否可行的方法有三种，分别是基于模式的定性分析法、财务模型法和角色扮演法。下面就为大家介绍如何分别利用这三种方法来评估你的创意是否可行、哪里可行、哪里不可行等一系列问题。

> **知识小贴士：创意与创新的区别**
>
> 创新：改变旧事物或发掘新事物，是创造新事物的方法或手段，偏重技术性。
>
> 创意：具有新颖性和创造性的想法，偏重思想性。

1. 基于模式的分析

这种方法主要是用来分析战略的不确定性，即通过这种模式的定性分析，可以让你知道你的创意有多大的可行性。其实此种分析主要是从三个点进行评估：

（1）创意的本质。创意的本质其实就是产生原创概念的思维活动。其特点是原创性、新颖性、可描述、可产生积极的效果。评估一项创意是否值得鼓励，首先要看其创意的本质是否具备解决真实问题、提升企业的市场地位、为客户和员工创造价值这三个条件，符合就暂时支持，不符合就直接否定。

（2）企业员工或团队。创意是思想，不管是否可行最终都要由企业员工来执行，所以评估第二项就是企业员工，也就是说在公司目前现有的物力、财力等资源的支撑下，现有员工是否具备执行该创意的能力。在这点上，内部员工之间的技能是否互补对公司未来发展来说就显得格外重要。

（3）盈利模式。即使通过前两点的评估，也不能说是一个好的创意，因为我们还要考虑你创意的盈利模式。如果你的创意采取违规违法、损人利己等的盈利模式，就算前两点处处符合，也是一个坏的创意。

具体分析内容我们通过下面一个工具表来进行详细说明，如表 2-8 所示。

表 2-8　创意评价

评估点	评估内容	是或否及否的原因
创意的本质	此项创意的目的明确	
	此项创意符合公司的战略规划的要求	
	此项创意符合公司的基本预算	
	此项创意能为公司带来乐观收益	
	此项创意符合现存市场的发展要求	
	此项创意具有长期性，能为公司带来长期收益	
	目标客户能在很大程度上受益	
员工	公司员工是否会因为此项创意有所争执或矛盾	
	公司现有员工能够有效执行这项创意	
	此项创意能够在员工的帮助下很快实施	
	公司员工能够在执行此项创意时克服一切困难	
盈利模式	此项创意增加了公司原有的盈利途径	
	此项创意能保证公司盈利途径合理合法	
	此项创意是否会损害顾客、供应商、竞争者等任何有关方的利益	

2. 财务模型

如果说上一种分析方法主要分析的是战略的不确定性，那么财务模型法分析的就是商业模式和操作上的不确定性。下面主要为大家详细介绍两种财务方法，进一步帮助你识别创意中的关键不确定性。

（1）计算创意的 4P。

4P 是指目标人群的总人数（target population），计划的价格（planned pricing），预期的购买频率（expected purchase frequency）和所需的渗透率（required penetration）。具体计算步骤为：

a. 根据你的创意，预期一个你想得到的结果。以 Innosight 公司为例，几年前，该公司打算为其他公司提供培训材料，该材料主要是培养中层和基层管理人员的创新技能。假设 Innosight 公司打算从这项创意中获得 600 万美元的收入。那么此时的 600 万美元就是预期想要得到的结果。我们接下来就以实现 600 万美元为目标考察该创意是否可行。

> **知识小贴士：严格定义**
>
> 对目标人群的总人数要严格定义，不能笼统地自以为是，要拿出实际调查数据证明你的目标顾客的人数。产品的计划价格也要有数据支撑，总之 4P 的计算中你所用到的每个数据都必须是经过严格考证的。

b. 确定目标人群的总人数。假设全国有 1000 家公司非常注重培养员工的创新能力，并且假定每家公司会培训 1000 个经理，那么此时的销售量就是 100 万份，也就是说此时目标人群的总人数为 100 万人。

c. 确定产品的计划价格。Innosight 公司假定每份培训材料的单价为 100 美元。

　　d. 预期的购买频率。就是说这 1000 家公司每隔多长时间会买一次培训材料，即每隔多长时间培训员工一次。在这里假定每家公司每隔三年购买一次，即平均每年购买 0.33 次。

　　e. 所需渗透率。渗透率指的是这个市场可能拥有的这个产品的份额，它是由上述四个指标计算来的，具体计算公式为：

$$所需渗透率 = \frac{预期的收入}{目标人群的总数 \times 产品的价格 \times 购买频率}$$

$$= \frac{\$6000000}{1000000 \times \$100 \times 0.33}$$

$$= 18\%$$

　　当我们计算出所需渗透率时，我们就可以判断我们创意的预期收入、计划价格等是否合理，也可以了解到此项创意是否存在预期收益过高或过低等问题。拿我们举的案例来说，渗透率为 18%，有些过高，所以肯定是我们的创意在某些方面存在问题。比如，收益估计得太高、计划价格制定得太低、目标人数预计得太少等。由此，你就需要返回起始点重新衡量创意到底是在哪些方面出了问题。

　　（2）创建一个逆向收益表

　　这种财务方法和我们管理学课本里的决策树的方法有些类似，这种方法是麦格拉斯和麦克米伦在《哈佛商业评论》中提出来。这种方法用利润作为逆向收益表的起点，此时的利润也是我们期望从此项创意中获得的利润。

　　我们假设的是此创意能获得 300 万美元的利润，并且按利润率 50% 来计算，我们至少收入 600 万才行，另外的 300 万（600 万—300 万）作为成本支出。那么此时采用逆向思维来推的话结果如下：还以 Innosight 培训材料来说，每份材料 100 元，每个公司培训 1000 个经理，那么材料收入是 10 万元，加上预定材料支付的预付费用 10 万元，那么收入将是 20 万元，这样算的话必须有 20 个公司有培训意向才能保证总收入达到 600 万元。支出部分假设代理经理支出的费用是 100 万，才能保证有 200 万的支出用于营销或其他费用。像这样，通过假定部分数据来分析其他各项指标是否与你预期值相等或相近，虽然感觉很复杂，但可以推测任何一项数据是否合理，也更加有助于我们找出不确定的因素。

　　3. 角色扮演

　　这种分析方法主要是站在与你创意有关的所有利益相关方的角度来考虑你创意的薄弱环节。相比上两种方法，角色扮演法简单好用。并且从他人的视角审视你的创意也有助于在早期就发现薄弱环节。具体步骤是如下：

　　（1）列出与此创意有关的所有利益相关方。还拿 Innosight 公司卖培训材料为例，它的利益相关方主要包括有培养创新意识的公司、公司中层和基层管理人员、Innosight 公司中为该创意投资的人等。

　　（2）站在利益相关方的角度体验创意。假如你作为被培训公司的中层管理人员，你对该培训材料的看法、意见、建议等。

二、聚焦你的创意想法

　　创意是创新的想法，既然是想法，尽管再深思熟虑，在执行过程中也会存在许多不确定因素，而且即使经验再丰富的创意者也不可能对不确定因素无轻重缓急地统一处理。所以要想增加创意实施的可能性，必须聚焦那些战略性的不确定因素率先处理。这一部分将按步骤地为大家展示如何聚焦创意想法。

1. 如何排出不确定性的优先等级

不确定性就是指事先不能准确地知道某个事件或某种决策的结果。或者说，只要事件或决策的可能性结果不止一种，就会产生不确定性。创意在实施过程中会面对很多的不确定性，如顾客偏好随时改变等，那怎样才能排出创意不确定性的优先等级呢？我们要按战略性要素的自信和影响力排序，让我们具体了解一下：

（1）评估自信

我们不得不承认人有时会过度自信，不管是出于自尊心还是出于好胜心，我们总会低估我们面对的风险，夸大我们的预期收益。举个简单例子，当有人步步紧逼，要求你用自己的寿命做担保时，我们瞬间就会感觉到此时我们的信心没有原来那么足了。下面我们通过三个方面来评估你对自己提出的创意是否有信心，有多大信心，即每一个战略性的问题上不确定性到底有多大：

A. 此创意是否存在市场需求？这个问题你要拿出市场调研数据来才行，但此数据必须来自 20%的初步了解产品者、20%的试用产品者、30%的产品购买者和 30%的重复购买产品者的综合调查。因为其实初步了解产品者和试用产品者的话没有多少可信度。举个例子，你所在的公司是一家建材公司，你准备引进高档装饰品，你问一个中等收入的消费者是否有室内重新装修高档饰品的需求，即使他回答一年内有这个打算，但是一年有很多变数，谁能保证他真的在一年内装修？所以你要把所有可能的目标人群全部调查，进而来综合分析。而且购买者和重复购买者的信息才是最有价值的。购买者的信息越少，说明不确定越大；重复购买的人越多，不确定性越小。

B. 你的创意能满足顾客的期望吗？根据调查中顾客反馈回来的意见，再一次评估你自己的创意能否满足顾客的期望。这里顾客的期望依然是 20%的初步了解产品者、20%的试用产品者、30%的产品购买者和 30%的重复购买产品者的综合当前期望和潜在期望。比如常见的有价格期望、质量期望等。创意满足期望的回馈数量越多，不确定性越小。

C. 你的努力是否值得？话说付出总是会有回报的，这里的回报我们用收益、利润等数字来衡量。当我们用创意尽量满足市场需求和顾客的一切要求时，还能保证收益大于成本，并且这种收益大于成本的盈利模式是长期的，那么我们做的一切就是值得的。盈利周期越长，不确定性就越小，此时我们对创意的自信也会是最足的。

（2）评估影响力

当一切条件允许并且相同的情况下，你应该把焦点放在最能影响你创意结果的不确定性因素上。吉尔伯特和艾伦在《哈佛商业评论》上发表过一篇文章，强调了对任何人的创意来说，以下两种因素都应该位于清单榜首：

A. "终极杀手"因素。即影响最后结果的不确定性因素，它能关系到整个创意的成功与否。比如食品、餐饮等行业的"终极杀手"因素就是卫生安全局的审批，即卫生安全局的审批是最能影响食品、餐饮等行业创意成功与否的因素。

B. "路径依赖性"因素。它是能影响后续战略选择的不确定性因素，一般与其他不确定性影响因素联系比较紧密。比如中等收入的目标顾客与高等收入的目标顾客所对应的产品定价、销售策略、销售渠道等完全不一样，所以这里目标顾客就是一个路径依赖性因素。

2. 成功的关键

对于创意来说，成功的关键要素有三个：

（1）聚焦少数。我很喜欢英语中的一句话："if you know everying, you know nothing."就是说如果你什么专业的知识都想知道，那你一定每个专业的知识都学不好。用到这里同样合适，如果所有的不确定因素你都想处理，那你每项因素都处理不好。所以要尽量聚焦少数，最好的情况是需要处理的不确定的因素不超过六项，只有这样才有可能一步步地促使创意成功。

（2）做足功课。为了不夸大收益、小觑风险，我们应该对我们说出的每个字，每项数据负责，即在你提出你的创意之前，一定要进行大量的市场调研，数据搜集，最后用数据说话会加大说服力，也会加大你创意成功的概率。

（3）邀请利益无关的局外人。话说"近朱者赤，近墨者黑"是有道理的，有时候精明的人也会绕到自己的思想里出不来，这时候不如找一个具有创新意识的、与你提出的创意利益无关的"局外人"来参评你的创意，这样不仅会带你跳出错误思想的束缚，还能让你快速了解其他人的想法，有利于完善创意的完整度。

三、根据市场调查测试，调整你的创意

以上两个部分是评估你创意的可行性，进而找出创意的几个关键性的不确定性因素，而这一部分主要是通过市场调查，设计实验来解决这些不确定因素。在解决不确定因素之前，先了解一下有关市场调查的内容，在充分了解市场调查之后，我们会带着你根据市场调查的步骤调整你的创意。

1. 市场调查的内容及重要性

所谓市场调查就是运用科学的方法，有目的、有计划地系统搜集、记录、整理和分析有关市场活动状况的完整资料，为企业预测提供资料数据，为制定经营决策和计划提供依据。它主要进行以下 5 个方面的调查：

（1）市场环境的调查。主要包括经济环境、政治环境、社会文化环境、科学环境和自然地理环境等。具体的调查内容可以是市场的购买力水平、经济结构、国家的方针、政策和法律法规、风俗习惯、科学发展动态、气候等各种影响市场营销的因素。

（2）市场需求调查。主要包括消费者对某一产品或服务的需求量调查、消费者收入调查、消费结构调查、消费者行为调查（包括消费者购买什么、为什么购买、购买数量、购买频率、购买时间、购买方式、购买习惯、购买偏好和购买后的评价等）。

（3）市场供给调查。主要包括产品生产能力调查、产品实体调查等。具体到某一产品市场可以是提供的产品数量、质量、功能、型号、品牌等，生产供应企业的具体情况等。

（4）市场营销因素调查。主要包括产品、价格、渠道和促销的调查。产品的调查主要有了解市场上新产品开发的情况、设计的情况、消费者使用的情况、消费者的评价、产品生命周期阶段、产品的组合情况等。产品的价格调查主要有了解消费者对价格的接受情况、对价格策略的反应等。渠道调查主要包括了解渠道的结构、中间商的情况、消费者对中间商的满意情况等。促销活动调查主要包括各种促销活动的效果，如广告实施的效果、人员推销的效果、营业推广的效果和对外宣传的市场反应等。

（5）市场竞争情况调查。主要包括对竞争企业的调查和分析，了解同类企业的产品、价

格等方面的情况，他们采取了什么竞争手段和策略等。

通过调查内容，我们会发现它的作用主要体现在以下4点：

（1）了解消费者当前需求，开发潜在需求。通过对消费者的消费态度、行为的调查研究，可以帮助我们了解消费者对某种产品或服务的需求，使企业在进行产品开发、设计和改进时，最大限度地满足消费者的需求。

（2）了解竞争产品的市场表现。企业要想提高市场竞争力，稳固地占领市场，就必须了解竞争对手目前的产品价格情况、营销策略等，然后才能分析细分市场状况，寻找适合本企业发展的目标市场，进行恰当的产品定位，做到知己知彼、百战不殆。

（3）评估、监测市场的运营状况。即使企业形成了营销决策方案，也需要不断地监控实施效果。营销人员通过市场调查获知市场经营状况，并反馈给公司领导，保证领导能在第一时间了解某种营销策略的执行情况，也能在第一时间对有问题的方案进行调整。

（4）发现市场空缺和市场机会。市场竞争环境下的企业，必须不断地寻找新的利润增长点，因此企业需要通过市场调查了解消费者现实需求与理想需求之间的差距，及时了解市场动态，发现市场空缺，准确把握市场机会。

2. 市场调查的方法

市场调查的方法主要有观察法、实验法、访问法和问卷法。下面我们分别了解一下：

（1）观察法。它是社会调查和市场调查研究的最基本的方法。它是由调查人员根据调查研究的对象，利用眼睛、耳朵等感官以直接观察的方式对其进行考察并搜集资料。例如，市场调查人员到被访问者的销售场所去观察商品的价格及售后服务情况。

（2）实验法。它是根据调查的要求，用实验的方式，对调查对象控制在特定的环境条件，对其进行观察以获得相应的信息。控制对象可以是产品的价格、品质、包装等，比如当价格一样的情况下，消费者对包装、服务等的要求。这种方法主要用于市场销售实验和消费者使用实验。

（3）访问法。可以分为结构式访问、无结构式访问和集体访问。结构式访问调查人员要按照事先设计好的调查表或访问提纲进行访问，要以相同的提问方式和记录方式进行访问，提问的语气和态度也要尽可能地保持一致。无结构式访问没有统一问卷，是调查人员与被访问者自由交谈的访问形式。它可以根据调查的内容，进行广泛的交流。例如，对商品的价格进行交谈，了解被调查者对价格的看法。集体访问是通过集体座谈的方式听取被访问者的想法，收集信息资料。

（4）问卷法。它是通过将调查的资料设计成问卷后，让被调查者把自己的意见或答案填入问卷中。在一般进行的实地调查中，以问答卷采用最广。

3. 跟着市场调查的步骤，调整你的创意

了解了市场调查的基本内容，下面我们就跟着市场调查的步骤调整你的创意。

（1）仔细设计测试

上面我们提到，人有时会过度自信，所以创意者最容易犯的错误就是自己认为好的，则不假思索地断定顾客也会认为好。"己所不欲，勿施于人"，然而"己所欲施于人"也不一定能奏效。所以要想真正确定顾客的偏好，通常采用市场测试的方法，将产品或服务拿到真实的市场中进行检验。

在设计测试之前你首先要想好三方面的内容：测试的假设、测试的目的和测试结果的预测。然后，按照这三方面进行你的测试设计，并且在这个过程中，你要仔细地设计测试的检验内容，保证测试的结果对你的创意有指导性的意义。要谨遵以下设计原则：可采取激励措施，吸引更多的人参与测试；声明对个人隐私进行保护；尽量降低样本分布不均衡的影响；尽量减少无效问卷；要采取多种调查方式相结合的原则。为大家举个简单例子，假如你打算在微博开发一项新功能，应根据表 2-9 设计市场调研内容。

表 2-9　市场调研设计内容

包含内容	问卷测试	注意事项
基本信息	1. 您的性别？	
	2. 您的年龄？	
	2. 您是学生还是上班族？	
	3. 目前为止您的最高学历？	要给出尽可能详细的选项：高中以下、高中、专科、本科及以上学历
	4. 您目前在哪里定居？	省市+农村（或城市），如河北农村或河北唐山市
微博使用情况	5. 您常用的社交软件有哪些？	不定项选择
	6. 你平均每天使用微博的次数？	
	7. 您认为微博有哪些过人之处？	
	8. 第一次使用微博的原因？	
	9. 您希望增加哪些微博功能？	自由回答
对微博态度	10. 相比其他社交软件，微博言论更自由？	
	11. 微博更能表现社会关注的问题？	

这里只是举了一个问卷简表，目的是让大家了解一个完整的测试内容应包括三个及三个以上的版块，以及在设列问题时应注意的事项。

（2）深入市场内部学习

市场测试可以说是一种比较特殊的市场调查，是创意者的必修课程。市场测试与市场调查不完全相同，询问一个消费者是否想购买和这位消费者实际是否购买很多时候是两回事。所以你要深入市场内部去学习，对他们进行测试，并与已有顾客和潜在顾客多沟通，聆听他们内心深处的需求，然后把你的创意原型或产品模型展示给他们，听取他们的意见或建议。意见或建议越多，对你创意的未来发展越有好处。拿上题为例，你可以把你设计的微博新功能展示给顾客，进而听取他们的意见。这个过程非常关键，像苹果公司，他们将移动互联、游戏、微博等功能结合的创意一定不是在办公室里讨论出来的，而一定是在做了大量的市场调查、分析之后才将此创意推向了成功。请记住，创意的成功=90%的市场调查+10%的内部会议分析。

（3）尽量增强灵活性

你拿着你的市场设计测试在市场中调查的时候会发现这么一种现象，你设计的测试越完美，就越会出现意料之外的情况。这些情况会强迫你不得不改变自己的测试内容，也许是容易解决的小变动，也许是不容易解决的大变动。所以在设计测试内容的时候，就要多增加一下灵活性，为以后的调整留存一定的空间。当然，增强灵活性是需要花费一些费用的，比如你可能会采取因人而异的策略，即针对不同的顾客采用不同的调查内容，此时当然会花费较多的人工成本。但这样得出的结果会提高创意成功的概率。记住，永远要用长远的目光看世界。

（4）品味意外

前三个技巧主要是帮助你更好地设计实验，接下来的两个技巧就是为了让你采取更正确的行动。"活到老学到老"，我们一生都要以学习为目的。当我们在分析实际调查结果的时候，通常有两种答案：一种是这个创意值得做，另一种是这个创意不值得做。其实在我们面对结果的时候更应该思考的是为什么，尤其对那些意料之外的因素，更应该细细品味。当然，这不是让你抓住意外事物不放，任何事都要适度，只有适当研究才会有想不到的收获。有两种方法可以帮助你适当品味意外：一是让局外人评论的调查结果，因为他全程不参与，只是单纯地根据结果分析，可以给你一个全新思考问题的思路；二是让决策者评价你的结果，因为他全程都参与，并且他有创意是去是留的决定权，所以让他点评结果可以让你知道创意的不足之处，以及为什么不足等一系列困扰你的问题。

（5）依据所学采取行动

测试我们设计了，市场也调查了，也知道怎样增加测试的灵活性了，结果也出了，接下来我们的工作就是根据我们所学采取行动。那我们通常会采取哪些行动呢？

① 经过大量的市场调查分析证明创意有长期性，且能不断地带来收益，此时就要想尽办法说服公司的决策者和投资者，让他们支持创意全面启动。

② 调查分析过程中发现了新的机遇。此时就要静下心来，想办法把创意和发现的机遇整合到一起，争取创造更大的收益。不过整合到一起之后，还是要按照上述的所有步骤重新评估新创意。

> **知识小贴士：**
>
> 　　这里的机遇包括市场机会、新的商业模式、未被满足的需求等。

③ 若经调查分析有大于 50%的数据表明创意存在问题，即 50%的不确定性，此时就要果断放弃，不要做无用功。

习题：

1. 简述创意 4P 的计算步骤。
2. 假如让你设计市场测试的内容，应怎样增加测试内容的灵活性？

第三节　组建创业团队——寻找合适的伙伴

国际著名时尚品牌飒拉（ZARA）的创始人罗萨莉娅·梅拉，她最重要的合作伙伴之一就是她的邻居；新东方的创始人俞敏洪，他的合作伙伴就是大学时期的几个同学；阿里巴巴集团主席马云，他的创业团队就是他曾任教学校里的同事、学生。那么你要问了，是不是和我关系好的就可以做我的合作伙伴？事情远没有那么简单！每一个想要创业的组织者必须得摸清这里面的规律和学问，才能找到真正适合一起打天下的创业伙伴！本节将带领大家一起寻找、判断到底什么样的人才是最适合自己的创业伙伴。

一、认知创业团队

第一个扛起创业大旗的人，一般来讲最大的优势是富于激情、组织协调能力强，而弱点往往是专业能力不足。所以，创业的首要前提是要有一个互补型很强的团队、基本开办企业或项目的架构。创业者，不但要做自己的老板，而且要作他人的老板。那什么样的团队才能称为创业团队？创业团队又要如何运作才能长久不衰？

1. 认识创业团队

有人这样问过：一滴水怎样做才能不干枯？——它只有融进大海。这里水代表个人，大海象征团队，世界上没有完美的个人，却有完美的团队。那么团队的定义是什么呢？

团队是指由少数有互补技能、意愿，为了共同的目的、业绩目标和方法而相互承担责任的人们组成的群体。

创业，不是为了发财，也不是为了论证事件成功与否，而是为了要去做一个事情，是一种生命的体验过程，是信任与格局的筹码。所以创业团队是指在创业初期（包括企业成立前和成立早期），由一群才能互补、责任共担、愿为共同的创业目标而奋斗的人所组成的特殊团体。

> **知识小贴士：团队与群体的区别**
>
> 1. 团队是有着特定的共同目标且成员之间的技能、贡献等相互补充，而群体没有特定的目标，且成员之间是相互作用。
> 2. 团队成员之间责任共担，风险共度，而群体只承担个人责任。
> 3. 团队绩效评估以整体表现为依据，而群体评估以个人表现为依据。

一般来说，形成创业团队的原则有 4 个，分别是合伙人原则、激情原则、团队原则和互补原则。怎么具体地理解这四个原则呢？创业，孤军奋战不行，必须合伙。合伙人首先要有创业激情，因为它是衡量一个人能否成功的基础标准。成员合伙之后，必须同甘共苦，经营成果公开且合理地分享，团队才会形成坚强的凝聚力与一体感，团队事业才会蒸蒸日上。而建立优势互补的团队是创业成功的关键。好的创业团队，成员间的能力、知识、经验等通常都能形成良好的互补，而这种能力互补对于强化团队成员间彼此的合作也是有帮助的。

我们不能说独立奋斗的创业者没有成功的可能，但其概率一定是远远小于团队创业成功的概率，团队的凝聚力、合作精神、立足长远目标的敬业精神会帮助新创企业渡过危难时刻，并且团队成员之间的互补、平衡能对新创企业起到降低管理风险、提高管理水平的作用。

2. 创业团队是如何运作的

优秀的创业团队是创业成功的基本保障，创业团队成功的运作则是创业团队堪称"良好"甚至"优秀"的重要前提，也是成功的前提。那么创业团队是如何运作的呢？我们来具体了解一下：

（1）制定计划。团队成员确定以后，就要一起规划企业未来，制定长远计划、拟定项目流程以及团队成员长期（1 年以上）的战略目标和近期（一年以内）的目标。

（2）建立团队组织架构。组织架构是职权、职责、任务的置留地，只有确定组织架构，才能更有利于团队成员完成任务。所以在团队成员确定以后，就要确定基本的组织架构。比如必要的机构包括人力资源部、技术部、财务部、市场部等。

（3）组织实施。任务分解以后，大家以战略目标为导向，努力完成自己的工作，各机构之间互相配合、互相监督，领导者要对任务完成情况进行适时考察与管理，避免出现偏离组织目标的情况发生。

（4）项目验收。对团队共同努力的成果进行验收，观察是否符合初期制定的目标要求，以及是否达到理想中的效果。

（5）成员考评。成员共同对项目的完成情况进行评价，提出改善意见或建议，适当调整组织架构和成员分工，直到调整为最合适企业的组织架构和成员分工为止。

（6）完善项目或进行下一阶段计划。见图2-7项目完善流程。

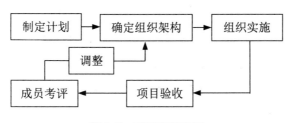

图2-7　项目完善流程

二、组建你的创业团队

拜尔斯公司合伙人约翰·都尔认为："当今世界拥有丰富的技术、大量的创业者和充裕的风险资本，而真正缺乏的是出色的创业团队。如何创建一个优秀的团队将会是你面临的最大挑战。"

1. 创业团队创建的基本步骤

如何创建一支创业团队？不管是公司层面、部门层面，还是项目层面？现实情况常常是，团队不缺方向、不缺机遇，缺的恰恰是一支又一支能把愿景落地变成现实的优秀的团队。那怎么才能把愿景落成现实地组建创业团队呢？

（1）制定战略目标与重点。创业不是仅凭热情和梦想就能成功的，创业者在创业前期需要通过大量的走访调查和资料参考，制定一份完整的、可执行的创业计划书，并根据计划书的分析制定出整体的战略目标与重点。

（2）选择创业合作者。一个好汉三个帮，一个人的能力毕竟有限。创业者要有一个团队新成员的入选标准、团队规模，应该尽可能把"主内"与"主外"的不同人才、耐心的"总管"和具有战略眼光的"领袖"、技术与市场等方面的人才都考虑进来，保证团队的异质性。而且要知道并不是人越多就越能成功，团队规模保持在4~10人才是最佳的。

（3）确定组织架构、职责与权力。成员之间应共同确定组织架构，明确各自的职责与权力（包括创业初期和发展阶段），职权划分应本着以下原则：一个是职权划分要明确，避免职权的交叉和重叠，也要避免无人承担造成工作上的疏漏；另一个是随着团队成员的变化，职权也要相应地进行调整。

（4）制定组织章程。目标是整个创业团队行动的方向，章程是整个组织的行为指南与约束。章程可以帮助团队成员在不同时期或有意见分歧时统一行动方向，达成一致行为，从而齐心协力获取竞争优势。

（5）团队的调度融合。完美的创业团队并非一蹴而就的，大部分都是随着企业的发展逐步形成的。随着团队的运作，团队组建时的人员匹配、制度设计、职权划分等方面的不合理之处会逐渐暴露出来，这时就需要对团队进行调整融合。团队调整融合应是一个动态持续的过程，见图 2-8 团队的调度融合。

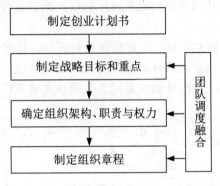

图 2-8　团队的调度融合

2. 创业团队的创建技巧

要想让一个团队一直昂首向前，且经久不衰，领导者就要掌握一些必要的管理技巧，同理，创业者要想有一个优质的团队，也要掌握一些必要的创建技巧。那么都有哪些创建技巧呢？

（1）选择合适的创业合作者

为了合作能更加长久、实现更长远的发展目标，我们选择合作伙伴时需要考虑以下的几点：为什么选择他进行合作？我们选择合作的目的和目标是什么？怎样分工才能有利于团队发展？我与他都要规定哪些合作规则？合作过程的投入及利润如何分配？只有这些问题考虑清楚了，我们的创业合作者才是最合适的。比如，我们团队缺少一个管账人员，而对方除了

> **知识小贴士：合作规则都包括什么呢？**
>
> 合作规则对创业团队来说相当重要，值得创业者好好研究，为大家提供一个讲团队合作规则比较好的文章，值得你一看：http://form.mikecrm.com/9vZKiw。

有创业激情和良好的素质外，还熟懂财务知识，那么对方可能就是我们创业团队所需要的。

（2）创建企业文化和远景

团队成员一旦确定，就要创建有熏陶性质的企业文化，创业过程非常艰辛，团队成员需要有共同的约定和文化理念的引领，企业文化一旦烙印在团队成员心中，远景能够激发员工的干劲，二者一结合就会降低领导者的管理成本，提高管理效率，增加成功的可能。

（3）减少团队成员之间冲突

创业需要承担一定的风险，团队成员之间或多或少地也会发生冲突矛盾，为了避免这种情况发生，就要在团队形成之初达成基本共识，要有一个基本的预案。预案主要包括绩效的考核方式、利润的分配方式、企业在不同的发展阶段各成员的分工情况、权限设置情况等，要做到防冲突于未然。

3. 常见创业团队问题的解决方案

（1）团队成员之间发生矛盾：领导者先要理清楚问题出现在哪里，并通过各种途径保证双方进行积极的沟通，把自己的理解和观点清楚地展示给对方，双方从对方的立场想一下，矛盾的许多问题就能迎刃而解。作为团队领导者和中间协调人员，除了仔细地与矛盾当事人

沟通，分析矛盾的原因和根源以外，还要根据原因和根源来制定相应的解决方案，避免同样问题再次发生，尽量在兼顾双方利益的情况下选择最佳方案化解冲突。典型冲突有必要将解决方案写进章程，如各部门之间相应的权限、盈利之后的分红顺序和原则等。

（2）团队纪律松散：只要是人，都会有一定的惰性。当团队成员出现失误、偷懒等现象时，首先应该反思的是领导者，是什么原因给了员工犯错的机会？然后，用制度来约束成员，奖惩双管齐下。第一，让成员养成规律的习惯，制定好计划表，什么时间该做什么事都有一个明确的定义。第二，领导者应熟悉每位团队成员的工作内容和容易出现的漏洞，形成日常业务管理初步思路，并在实践中不断修正。第三，提升员工的责任心，这是应对组织纪律松散的根本方法。

三、如何塑造一个高效的创业团队

团队虽然是一种行之有效的群体运作方式，但是其形式本身并不能自动保证高效率的运作，况且在实际运营中还会碰到很多的困难和问题，所以团队组建成功并不意味着高绩效的产生。团队要想真正发挥作用，达到组织愿望，就必须塑造高效的创业团队。那么问题来了，怎样才能塑造一个高效的创业团队呢？高效的创业团队有哪些特征呢？

1. 高效团队的20个特征

（1）清晰明确的目标：高效团队的目标清晰明了，不会让人产生任何误解，每个人都清楚地知道组织希望他们做什么工作，以及他们怎样共同工作完成任务。整体目标还能激励团队成员把个人目标升华到团队目标中去。比如，阿里巴巴的目标之一就是成为全球最大的电子商务服务提供商。

（2）互补的相关的技能：高校的团队具备实现理想目标所必需的技术和能力，比如团队内包括财务、市场、人力等各方面的精英人才，并且相互之间能够进行良好的合作。

（3）各负其责。成功团队的每一位伙伴都清楚地了解个人所扮演的角色是什么，每位成员在自己的岗位上都能兢兢业业地工作，因为他们知道个人行动对目标的达成会产生什么样的贡献。比如，财务细心谨慎、合理合法。

（4）相互协作：高效团队的成员间都积极主动地相互合作与协调、支持，团队成员之间共同成长。

（5）合理的人数构成：4～10人。

（6）高度的忠诚、承诺：高效团队成员对团队表现出高度的忠诚和承诺，为了能使团队获得成功并且合法，他们愿意去做任何事情。比如不会因为利益去出卖团队；会通过各种人际关系帮助团队成功等。

（7）强烈参与：成功团队的成员身上总是散发着挡不住参与的狂热，他们相当积极、相当主动，一得到机会就参与组织的各项活动。

（8）相互的信任。成员间相互信任是高效团队的显著特征，就是说，每个成员对其他人的行为和能力都深信不疑。

（9）良好的沟通：这是高效团队一个必不可少的特点。群体成员通过畅通的渠道交换信息，包括各种言语和非言语信息。此外，管理层与团队成员之间健康的信息反馈也是良好沟通的重要特征，有助于管理者知道团队成员的行动，消除误解。高效团队中的成员总是能迅速准确地了解一致的想法和情感。

（10）适当的领导：团队领导人对于照顾团队任务的达成与人员情感的凝聚要保有高度的弹性，要能在不同的情境中做出适当的领导行为，即不偏不倚、大公无私。

（11）最佳绩效：能够在有限的资源之下，创造出最佳的绩效，即团队能够做出当时的最佳决策并有效执行。

（12）肯定与欣赏：成员间能够真诚地赞赏，这是帮助团队成长向前的动力。

（13）士气：个人自身都以团队的一分子为荣，个人受到鼓舞并拥有自信自尊，有着强烈的向心力和团队精神。

（14）注重团队的学习：当今时代是急剧变革的时代，科技发展日新月异，信息量、知识量快速增长。高效团队总是能快速适应这种速变环境，并不断补充新知识，学习新的观念和思维模式。壳牌石油公司企划部主任穗捃斯曾说，唯一持久的竞争优势，或许是具备比竞争对手学习得更快的能力。

（15）独立地思考：团队的领导者，不要总是安排下属工作，否则很难做到高效合作。高效合作的团队，一定要有独立思考性，也就是说，所有的团队成员都能够积极地去思考自己的工作，思考自己企业的发展。

（16）真诚共享：打造高绩效团队还需要团队中有共享机制和氛围。共享在团队中十分重要，它可以迅速提高团队中新进员工的经验和技能，使其迅速融入新的团队中。还可以增进员工间的情感，减少摩擦，这样有利于团队和谐，使团队中的成员能团结一致地完成团队目标。团队分享中，最主要的是经验分享和信息分享。

（17）流程清晰制度规范：为了维护大多数人的利益，一旦有人越轨，就可能受到相应的惩罚。社会如此，高效团队亦如此。对于团队而言，规章制度的建立对团队的运行和发展起到了规范化的作用，使事情有据可查，使之良性循环。

（18）凝聚力：得人心者得天下，在世界经济和文化高度发展的现代社会，一个创业团队要想长久发展，员工的人心向背与凝聚力就变得越来越重要。

（19）有效授权：授权是高效团队的秘诀之一，妥善地分派工作有利于提高工作效率，从而创造出更大得价值。

（20）共同的价值观：共同的价值观像电脑的操作系统一样，为不同的团队成员提供共同的、可兼容的统一平台，否则就像电脑无法操作一样，团队成员之间根本无法合作与沟通。

2. 高效创业团队塑造的七大策略

为了塑造高效的创业团队，以下 7 种策略可以助你一臂之力：

（1）与热爱事业的人一起工作，而不是爱钱的人。为什么要说热爱"事业"？因为团队成员是一群有共同事业追求的人——为提高组织质量而努力。所以你首先要定义自己所做的事业，然后吸引那些跟你志同道合的人。

（2）推动团队行动整齐一致。虽然彼此相信各自都在完成着同样的目标，但这并不意味着团队成员不打算从不同的方向来完成这些相同的目标。正因如此，团队内成员行动就需要保持一致，并且从一个单一的方向入手。几个人一起工作，向同一个方向共同努力就会比各自为政更容易成功。

（3）减少不必要的繁文缛节。如果你们是一个由几个人组成的创业公司，扪心自问一下，你们有没有不必要的繁琐程序？如果有的话，尽量减少它。一个高效的创业团队一定是程序简明扼要，通俗易懂。

（4）确保团队向你坦诚地反馈，且提出富有建设性的建议。如果你正在扼杀创造力和创新性，抑或是你刚愎自用，你将不会有一个高效的创业团队。作为领导者，你需要鼓励多元性的思维和方法，尤其是那些富有经验并有娴熟技能的员工。只要他们的反馈是专业的，并经过深思熟虑，且有利于创业团队，你就要说，来向我"招呼"吧！

（5）领导你的团队要集中目标，抓大放小。在设定目标时应把精力集中在不多的几项工作上，而不应该撒大网捞小鱼。如果你为团队制定了合理目标，你的团队成员就不需要做过多判断，就可以少走弯路。这样你就有精力着手处理手上的其他事物。

（6）保持稳定而集中的沟通。对于一个团队来说，一个很重要的元素就是稳定的沟通。不管是电子邮件、电话会议、面对面会议，还是网络会议，有开放的沟通渠道对创业团队的成功至关重要。

（7）交叉训练员工。当员工明白团队中的其他成员的领域是如何运营的，他们就更易于做那些让公司整体都受益的决定，而非只关注他们自己的部门或群组。

四、创业团队的组建工具

创业团队要想提高工作效率，借助一些适合自己团队的协作类工具是非常必要的。下面就为大家提供 5 种常用的组建工具。

（1）团队组建工作表。如表 2-10 所示，主要列示的是团队在创建过程中的关键工作项目及其具体的内容要求。建立此表的目的是高效地组建团队。

表 2-10　团队组建工作表

工作项目		具体内容
制定目标	长期目标（1 年以上）	
	短期目标（6 个月～1 年）	
	近期目标（0～6 个月）	
能力分析	仔细分析每位员工所具备能力，包括知识、技术等	
职权确立	确定每位员工在企业发展过程中的职责与权力（随着企业的不断发展可适当调整）	
明确权限	规定每位员工的权限，不得僭越（随着企业的不断发展可适当调整）	
结果预测	员工完成工作情况	
	团队完成工作情况	
风险分析	个人风险分析	
	团队风险分析	
制定章程	若上述分工与目标预计可行，可制定公司章程，规范员工行为	

（2）团队角色分工讨论表。如表 2-11 所示，为了方便员工间的角色讨论。每位员工填制一份自己认为自己、他人应分别承担的角色和对应角色的责任，然后上交管理者。管理者就此表进行分析，最后对全员进行分工。建立此表有利于团队管理者快速地了解每个人的想法，也能高效率地对员工进行分工。

表2-11 团队角色分工讨论表

姓名（所有员工）	职务	工作内容详细描述	应承担的责任

（3）团队是否成型评估表。如表2-12所示，用于评估团队的各项是否已经成型。

表2-12 团队是否成型评估表

评估内容	是或否及否的原因
目标是否清晰明确？	
是否形成企业文化与一致的价值观？	
分工是否符合互补原则？	
权责是否符合大多数人的利益？	
权限是否一致赞成？	
团队之间能否成果共享、风险共担？	
风险分析是否到位？	

（4）目标评估表。如表2-13所示，主要是用来评估团队目标的合理性和可操作性。

表2-13 目标评估表

评估内容	是或否及否的原因
目标制定是否合理？	
短期目标与近期目标是否为长期目标服务的？	
三种目标是否得到大家一致认同？	
短/近期目标是否具体、可衡量、可操作？	

（5）团队绩效评估表。如表2-14所示，主要是用于对员工所完成工作的评估。

表2-14 团队绩效评估表

评估内容	是或否及否的原因
每位成员是否达成任务？	
达成任务的质量是否符合制定的要求？	
团队的整体任务是否完成？	
整体任务质量是否符合制定的要求？	
是否离总体目标又进一步？	
是否整个运行过程都是整齐划一？	
团队之间的默契与配合是否更进一步？	
为实现总体目标，是否有必要对员工进行培训？	

习题：

　　1. 创业团队的定义是什么？

　　2. 优秀的创业团队应该具备哪些特征？

　　3. 如果你是一个具有创业热情的人，你准备在哪方面进行创业？说说你的创业构想以及你准备采用的组建工具。

第四节　商业模式——设计与打磨

　　"当今企业之间的竞争是商业模式和商业模式的竞争！"这是彼得·德鲁克在他有生之年留给企业家的最后一个忠告。如今，事实证明了这句话，企业要想在快速变化的商业环境中存活和发展，就必须转变经营方式，不断改革现有的商业模式来实现企业持续的经营和保持企业的创新能力。那么，到底什么是商业模式呢？成功的商业模式又有哪些特点呢？

一、商业模式认知

　　商业模式就是说为实现客户价值最大化，把能使企业运行的内外各要素全部整合起来，形成一个完整的高效率的具有独特核心竞争力的运行系统，并通过最优的实现形式来满足客户需求，实现客户价值，同时使系统达成持续盈利目标的整体解决方案。这里需要注意的是：商业模式是个系统，不是一个单体的变化，它的目标是持续盈利，所以评价是不是一个必胜的商业模式，标准就是能否帮助企业实现持续盈利。

　　成功的商业模式有三个特点：

　　第一，能提供独特价值，有时候这个独特的价值可能是新的思想；而更多时候，它往往是产品和服务独特性的组合。比如相比其他的快捷酒店，如家的独特价值在于便捷、便宜、干净，几乎每座城市都有如家的连锁酒店。

　　第二，有商业壁垒，即不容易被别人复制与模仿。企业通过确立自己的与众不同，如对客户的悉心照顾、无与伦比的实施能力等，来提高行业的进入门槛，从而保证利润来源不受侵犯。比如如家的扩张速度与规模，从2002年6月创建到2014年在全国300个城市拥有近3000家酒店，这是其他快捷酒店所望尘莫及的。

　　第三，脚踏实地。企业要做到量入为出、

> **知识小贴士：商业模式与战略的关系**
>
> 　　战略是最大化的创造价值，属于同一领域内的竞争层面；商业模式是创造客户价值，属于超越同一水平领域的竞争。
>
> 　　完整的商业模式概念包含企业的运营逻辑、经济逻辑、战略方向，其本质是对具有竞争优势的价值创造活动的描述或设计；战略的本质是为创建竞争优势而对价值创造活动的规划。可见，两者本质相同。商业模式通过可视的价值活动方式实现了对战略内容的解读，无论基于构成要素还是基于逻辑结构的对比分析，商业模式与战略高度一致。战略理论侧重于对战略制定方法及战略形成的过程的研究；而商业模式理论侧重于对具体的战略措施体系所具有的内在联系的研究。

收支平衡，踏踏实实赚钱，本本分分经营。例如，如家的 3000 多家连锁店严格执行统一标准：没有桑拿，没有 KTV，没有酒吧，只有全国一样干净的房间、卫生间，能看电视、能睡觉、能上网。

我们细数几家成功企业的商业模式，比如华为、联想、巨人等，会发现这样一个规律：成功的商业模式非常一样而又非常不一样。非常一样的是创新性地将内部资源、外部环境、盈利模式与经营机制等有机结合，不断提升自身的盈利性、协调性、价值、风险控制能力、持续发展能力与行业地位等。非常不一样的是在一定条件、一定环境下的成功，更多的具有个性，而不是简单地拷贝或复制，而且必须通过不断修正才能保持企业持久的生命力。

借鉴基础上的创新才是商业模式中商业智慧的核心价值。史玉柱曾经说过，创业成功的关键是商业模式和激情。只有企业对商业模式实行设计—实践—再设计—再实践的循环打磨过程，我们才能见证一个企业的成功。

二、描述企业商业模式假设

奥斯特瓦尔德（Osterwalder）提出了公司的商业模式应该包含四大支柱——产品或服务、资产管理、客户和财务，这些支柱下包含九个构成要素——价值主张、目标消费群体、分销渠道、客户关系、资源配置、核心竞争力、合作伙伴网络、成本结构、盈利模式。他还给出了各要素的内涵、之间的联系及每个要素的内在含义。这些要素之间的关系所建立的商业模式关系如图 2-9 所示。

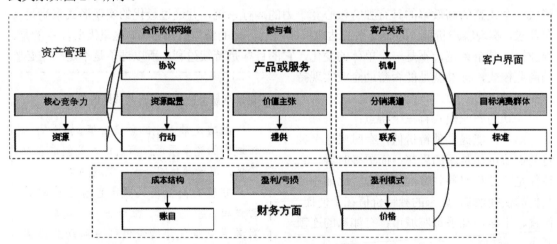

图 2-9　商业模式关系

其中，箭头指向的部分是表示分析时需要考虑的子要素。对消费者分析时应该明确其分类标准，如收入标准、地区标准等，按照标准寻找时才能找到目标客户；对渠道讨论时要分析公司与消费者如何建立联系等。实线表示要素间存在的联系，对一个要素分析时应该连带考虑与之相连的要素。对渠道进行讨论时，应该结合价值建议和消费者的情况来考虑，他们会对渠道产生影响；对价格进行研究时，应该考虑产品或服务能为消费者提供什么，其在渠道链中处于什么位置，这些都对价格的制定产生影响。虚线框表示四大支柱各包含的要素。消费者界面包括：渠道和消费者分析。四大支柱和九大构成要素的含义如表 2-15 所示。

表 2-15　商业模式构架图

四大支柱	构成要素	含义
产品或服务 （Product/Service）	价值主张 （Value Proposition）	公司通过其产品和服务所能向消费者提供的价值，价值主张体现了公司相对于消费者的实际应用价值
客户界面 （Customer Interface）	目标消费群体 （Target Customer Segments）	公司所瞄准的消费者群体，这些群体具有某些共性，从而使公司能够（针对这些共性）创造相应的价值
	分销渠道 （Distribution Channels）	公司用来接触消费者的各种途径，分销渠道涉及公司如何拓展市场和实施营销策略等诸多问题
	客户关系 （Customer Relationships）	公司同其消费者群体之间所建立的联系，客户关系管理（Customer Relationship Management）与此相关
资产管理 （Infrastructure Management）	资源配置 （Value Configurations）	为消费者创造价值时如何安排行动和资源
	核心竞争力 （Core Capabilities）	公司执行其商业模式所需的能力
	合作伙伴网络 （Partner Network）	公司同其他公司之间为有效地提供价值并实现其商业目标而形成的合作关系网络，这也描述了公司商业联盟（Business Alliances）的范围
财务方面 （Finance aspects）	成本结构（Cost Structure）	公司所使用工具和方法的货币描述
	盈利模式（Revenue Model）	公司通过各种收入流（Revenue Flow）来创造财富的途径

　　一个企业设计的商业模式若想包含上述的四大支柱、九大构成要素，必须是建立在一定的假设基础之上，这些假设条件构成了商业模式设计的合理性。

　　（1）拥有网络及 IT 系统的力量。最近两年的经典商业模式中，无一例外地与网络有关。比如：腾讯、盛大、携程、百度是直接经营互联网领域，新东方、如家和顺驰采用了网络式的连锁经营，九钻通过互联网进行零售，PPG、ITAT 等都是利用了信息系统来整合资源。究其原因，主要在于网络的低成本和近乎于 0 的边际成本，使得其与传统企业相比占尽了成本上的优势。

　　（2）拥有足够的资本。很多企业能够取得成功都离不开资本的力量。很多是依靠风险投资发展起来的企业，最终的成长也离不开资本市场。所以一个好的商业模式一定是在产品市场和资本市场都取得成功。

　　（3）掌握公司的"主导权"。这些成功的公司还有一个共同的特点，就是善于借用外力的同时也绝不丧失企业发展的主导权。如果丧失了主导权，事实上也就是失去了对自身企业核心竞争力的控制，这些公司也决不会取得现在的成就。大量的案例证明，创新商业模式公司成长的必要条件是，公司必须是"自己"的。

　　（4）经营环境的延续性。从管理者角度来说，经营环境的延续性不仅代表了在可预见的未来企业不会面临破产、倒闭、清算等事项，还代表了企业的自生能力和竞争优势。只有在这样的前提下设计出来的商业模式才有可能是富有远见的模式，才可能是促进企业持续盈利的商业模式。

　　（5）市场和需求属性在某个时期的相对稳定性。只有假定市场和需求属性在一定时期不变，企业才能更好地知道未来的走向。由此设计出来的商业模式才更有竞争优势，才更能满足市场与顾客需求。

（6）竞争态势。假定竞争态势不变，才更有利于企业分析竞争对手，分析多变的外部与内部环境，由此才能设计出超越竞争对手的、更具竞争优势的商业模式。

三、走出办公室检验问题——客户是否关注

商业模式是企业经营的基础和根本。它能直接决定一个企业的成败。对于如何检验一个商业模式是否有效、它能否帮助企业获得成功等一系列疑问，最简单的解决办法就是走出办公室，走出企业，让顾客回答！

在企业中，负责探索商业模式的应当是管理者而非员工。而最好的探索方式就是管理者亲自走出办公室，从潜在客户那里了解深刻的、个性化的、第一手的需求信息，而不是在此之前就急于确定明确的发展方向和具体的产品方案。越早走出办公室、频繁和客户沟通的管理者，其公司开发的产品越有可能获得成功。而那些急于把产品交给只会吹嘘新产品开发的销售和营销机构的企业，往往会落得一败涂地的下场。因为"走出办公室"意味着深入了解客户需求，并将其和增量迭代式产品开发相结合，能够减少前期现金的需求，也避免浪费时间、精力、金钱和付出，能够稳准狠地设计出促进企业成功的商业模式。

"走出办公室"验证"客户是否关注"的商业模式一般有客户探索、客户验证、客户生成和企业建设这四个步骤，前两个属于调查客户需求阶段，后两个属于企业执行需求阶段。

1. 客户探索。这是户外商业模式的第一个阶段。在此阶段探索客户需求要始终坚持三个原则：为客户着想、了解客户期望、积极聆听。在企业信念中，要时时把客户放在第一位，客户的位置应该高于利润，为客户服务和赚取利润的因果关系不同，以赚取利润为目的而为客户服务和以为客户服务为目的赚取利润这两种心态探索设计出来的商业模式也不会引导企业成功，即使成功也只是暂时的。在探索顾客需求和期望过程中，要学会"望闻问切"，即要学

> **知识小贴士：**
>
> 　客户探索包括两个室外调查阶段：第一个阶段测试客户对问题的了解，以及对问题解决的需求；第二个阶段首次向客户展示产品，确保产品（此时通常是最小可行产品）能出色地解决问题或满足客户需求，以便说服大量客户购买。在客户探索阶段，调整过程有可能出现。

会从表面的需求和期望中了解潜在的需求和期望；要了解客户真正需要的是什么；这样在探索阶段完成后我们才能超越客户期望设计产品和服务。

2. 客户验证。在我们了解客户需求与期望后，我们就用最简单的产品方案原型去验证自己的产品是否解决了客户的需求。此阶段我们要持续跟踪查看用户是怎样看待和使用产品的，以及时刻关注用户用我们的产品与竞争对手的产品的次数之比，并站在客户的立场上询问原因，以便进一步改善产品或服务。客户验证阶段用于证明，经客户探索阶段测试和迭代过的业务是具备可重复和可升级性的商业模式，企业可以提供大量客户所需要的商品，企业具有盈利能力。

3. 客户生成。客户生成建立在企业首次成功销售的基础上。它指的是企业加速发展，花费重金进行扩张业务，创造终端用户需求和推动销售渠道的阶段。通过客户验证环节，我们能了解我们产品或服务的足与不足之处，我们在此阶段根据客户反馈和探索阶段的综合信息，来生成客户满意的产品或服务，并同时进行业务扩展，扩大销售渠道，逐渐在市场中打

造我们的目标群体。

4. 企业建设。企业建设过程应当关注的是把团队精力从"调查"模块转移到"执行"模块，把非正式的以学习和探索为导向的客户开发团队转变成正式的结构化部门，如销售部、营销部、商业开发部等，并为每个部门招聘副总监。这些部门主管要关注的是组建各自部门，以实现公司业务规模的扩展。最终根据目标顾客的反馈和潜在顾客的需求，逐渐形成有建设性的商业模式。

四、走出办公室检验产品解决方案

经过上述的过程，你应该对你公司未来的走向有一个大致的了解，即是转变原有的商业模式还是创新一套商业模式？那么针对两种不同的方式，有两种不同的解决方案：

1. 在原来的商业模式基础上进行改革。如果你的公司已经有了一个特定的商业模式，通过市场验证，你决定要改革原有的商业模式，那么不妨稍微前卫一点。例如，玩具公司乐高提出了乐高工厂的概念，让用户在公司的网站上自己设计并上传与众不同的玩具。这是一种非常好的创新，但却不需要对现有的商业模式进行太大的改变。按照其品牌经理的说法，这只不过是重新安排了一下生产和包装的流程而已。

2. 创新一套新的商业模式。商业模式的创新和转变需要大量的时间。为了能够保证公司新的商业模式能够健康发展，需要花费大量时间来改变组织结构、流程、思维和公司的信息系统。换句话说，如果你的公司希望应用新的商业模式，从选定商业模式到新的商业模式的正常运行需要大量的时间。比如要重新做市场调查、组织人力、物力资源进行培训等，从某种程度上说，相当于新创立一个公司，从起步到运营的过程。当然，这个时间取决于转变程度的大小，当然还有一些其他的因素比如财务保障、人力资源、创新的动力等，这些都是在进行商业模式创新的原型选择阶段应该注意的问题。如表2-16所示，不同的方案，需要经过相同步骤，有着不同的内容。

表 2-16　商业模式设计因素

各项	改革角度	创新设计角度
解决问题的途径	确定理论，建立在求证的基础上	交互和迭代式，建立在反复试验和修正错误的基础上
确认方法	客户的意见：定性和定量相结合	客户的行为：通过直接观察或可用性测试
获取信息的方法	市场和用户行为的分析	直接观察并分析用户行为
阶段性	战略阶段的完成意味着产品设计阶段的开始	持续改进
关注的焦点	用户行为的结果	用户行为本身
沟通战略远景的工具	电子表格或幻灯片	原型、影片或行为
描述工具	文字	用图片解释或直接让受测者体验原型
团队成员及合作方式	各领域的专业人士，各司其职（如财务、人力）	"T型"专家，一种主要能力和其他次要能力，重视团队合作
工作模式	稳定的工作，流程式，朝九晚五式	为项目而组成的团队，灵活机动的工作时间
业绩考核方式	从公司财务角度出发	从方案质量角度出发

五、验证商业模式，调整或继续

成功＝商业模式的设计＋执行，很多商业模式看起来可行，但是实际上有些商业模式的可持续性是有问题的。比如团购网，团购的初衷是想帮助商家有更多的消费者来消费，通过团购网，一方面商家可以搞促销，增加品牌知名度；另一方面团购可以为商家带来更多的、可以按原价消费的潜在客户。现在团购的活动一结束，人气就没有了，原因是那些人一看到价格恢复原价，消费者就有了这么个心理：如果不降价我就不买！所以问题就出现了，商家本身的意愿只是靠团购去增加用户数量和营业额，但是他发现自己的毛利在不断降低，而且还养成了"团购依赖症"，也就是说一个商家和一个团购网合作快结束时候或结束之后，然后又和另一个团购网开始合作，以维持所谓的人气和营业额，然而这在长期上却损伤了商家。所以这种商业模式的可持续能力是较差的。

所以商业模式设计出来后，必须将原型放到市场中进行运行，观察市场动态、顾客反馈与竞争者的反映等来判断是否要对商业模式进行调整或继续。

商业模式在执行时会发现情况不断，总结一下大体有四种，如图2-10所示。

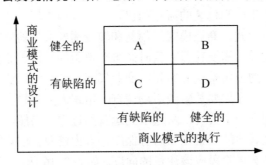

图2-10　商业模式调整

其中，A区域是一个公司拥有较好的商业模式却不能很好地执行并取得成功。这个问题有很多方面的原因，如经验不足、资源不足、领导力不足等，在这种情况下公司应该尽可能找到执行方面的问题并解决，努力从A区域向B区域转移。

D区域的情况是商业模式本身有缺陷，但是公司的执行力非常强，这种情况可能看起来很奇怪，但是这种情况是存在的，这种情况一般是由行业内创新型公司的崛起而引起的，当一个公司发现自己处于D区域的时候，应该首先重新设计商业模式。

C区域的公司没有健全的商业模式，也没有很好的执行力，这类公司要想成功应该重新设计自己的商业模式并提高自己的执行能力。

那么具体评判自己公司到底处于哪个区域，应从以下4个方面入手：

（1）是否有独特的、持久的盈利模式。商业模式最为关注的不是交易的内容而是方式，其目的在于实现营收与利润，所以具备一定价值主张和运营机制的导向与支撑的盈利模式是判断是否为成功商业模式的核心要素。当公司在市场中运行时，要观察能否持久地盈利，若能，则继续观察市场；若能短暂盈利，则要适当调整商业模式使其能持久盈利；若根本不能为企业盈利，则直接否掉，按上述过程重新设计商业模式。

（2）是否为原创或有较强的创新性。创新是一种商业模式形成的逻辑起点与原动力，也是一种商业模式区别于另一种商业模式的决定性因素，因而创新性成为成功的商业模式的灵魂与价值所在。消费者的需求、渠道（代理或经销）的需求，供应商的需求都是不断变化的。如果你的商业模式不能区别于其他竞争者，最好直接调整或重新设计。

（3）是否在原目标群体的基础上增加了大量的潜在顾客。增加潜在顾客意味着市场默认企业商业模式的成功。

（4）是否存在本企业模式的效仿与复制者。对本企业的效仿和复制与商业模式的成功成正比，效仿的企业越多，说明本企业的商业模式越成功。

习题：

1. 商业模式是如何定义的？
2. 成功的商业模式应具备哪些因素？

第五节　商业计划——创业愿景和行动路线

有的公司靠一份成功商业计划书，获得风险投资数十亿；有的公司的商业计划书却被随手去进了垃圾桶。是什么造成了如此巨大的差异？如何撰写一份"迷人"的商业计划书，既成为公司发展前程漫漫的指路明灯，又成为让投资人痛快掏钱的融资文件？这是我们本节学习的重点。

任务场景：

亲爱的创业者，很高兴你能成功步入商业计划书的编写过程，在之前我们模拟经历过了选定创业项目、制定商业模式、组建及招募你自己创业的团队等创业筹备阶段；也通过了企业注册的一系列手续，成功注册成立了你自己的创业公司，成功开始了创业。接下来，我们要做的就是仔细地制定好公司的商业计划，把公司的整体发展战略想清楚，写成一套完善的商业计划书。

请你为你创办的企业按如下模板撰写一份商业计划书吧。

摘　要

1. 公司基本情况
2. 管理层
　　2.1 公司董事会
　　2.2 高管层简介
3. 产品与服务
　　3.1 产品/服务描述
　　3.2 目标市场
　　3.3 产品更新换代周期
　　3.4 产品标准
　　3.5 产品/服务的竞争优势
4. 研究与开发
　　4.1 公司的研发成果及客观评价
　　4.2 主要技术竞争对手

一、一份缜密的商业计划书是良好的开端

你了解什么是商业计划书吗？其作用是什么呢？商业计划书是公司或项目开展融资、寻求合作、指导运营的必备工具，是全面展示公司和项目状况、未来发展潜力、执行策略的书面材料，要求体现项目的核心竞争力、市场机会、成长性、发展前景、盈利水平、抗风险能力、回报等。

商业计划书是创业者手中的武器，是公司融资必备的敲门砖，好的商业计划书会为公司融资顺利铺路，而编撰商业计划书的过程也是创业者对公司进行自我审视、分析自身及产品的好机会。

商业计划书一般具有以下两个方面作用：一是沟通。商业计划书可作为沟通工具吸引各方利益相关者，是公司融资成功的重要因素之一。二是管理。商业计划书是公司的行动纲领和执行方案，可以使公司有计划地开展商业活动，增加成功的可能性。

这一节，我们要学习的就是如何写出一份打动人心的商业计划书，让创业不再只是想法，让创业往落实成公司的进程上迈进一步。你要记住：商业计划的过程，是一个严格训练的过程，它培养的严谨态度，能帮助你评估商业机会的性质，培养你的能力。借助于这种能力，你能塑造有效的商业模式，从而充分实现这个商业机会的潜力。公司正式开张以后你的商业模式还会发生改变吗？很可能会。构思商业计划会让你重新审视自己的创业思路，从而在开办公司前就对最初设想的经营模式做出调整。商业计划的构思与撰写绝对有必要，能为你节约大量时间和金钱，能提前预测到公司创办时所需的资源和可能遇到的问题。

> **知识小贴士：去哪里看商业计划书呢？**
>
> 现在有很多吸引投融资的网站，都会展示出一些成熟的商业计划书，用以吸引投资。比如，https://www.vc.cn，http://www.zhongchou.com/，http://www.wjtr.com/。
>
> 快去看一看吧！

二、商业计划书类型

商业计划书根据其目的不同有不同的形式。不同商业计划类型之间最大的差异是长度和详细程度。如果需要外部资金，商业计划书的对象就是股权投资者或贷款人，其长度一般为25～40页。这类计划书也适用于对新员工的吸引与招募，也有助于向新供货商、新客户等利益相关方宣传你的公司价值。创业者需要认识到这些利益相关方，尤其是像风险资本家和专业贷款人这类的专业股权投资人，不可能从头到尾读完计划书。既然如此，创业者就需要将计划书写得易于他们方便快速地查阅。本部分研究商业计划书的各个重要部分。我们的总体经验法则是：精巧凝练为美。

第二类商业计划书是操作计划书，主要针对创业者和整个团队，用于引导项目的筹备、启动和初期增长。这类计划书没有页数的特别规定，但通常都要超过 80 页。这两类计划书的基本组织格式相同，不同的是操作计划书要更为详细。通过这些详尽的筹划，创业者才能真正深入理解问题的方方面面，而这种深入的理解对如何打造、经营其公司是非常重要的。

最后一种计划书类型被称为"商业计划执行摘要"。这种计划书比前两种都短很多，一般 10 页左右。执行摘要是商业计划书的浓缩精华，要涵盖 BP 的要点，以求一目了然，这是

对创业者描述自己的公司和笔杆子工夫的最高挑战。如果创业者了解他自己所做的事情，执行摘要通常用两页纸的篇幅、6～8 个段落就足够了。执行摘要就好比是让投资者在第一眼、用最短的时间将"珍珠从沙粒中挑出来"，然后再比较"珍珠"质量的高低。

本节将讲授第一种商业计划书的撰写方式，这种计划书能用于筹集资金，为其他利益相关者提供信息。我们要强调：商业计划过程是动态的。它的最初成品是书面计划，但这个计划从打印出来那一刻起就可能已经"过时"了。商业计划是一份活的文件，你需要经常回头看看、改改，用不断优化的商业计划书引导公司持续发展。

三、商业计划书的逻辑

任何一次创业都是将市场、创始人、投资人三者相关联，它体现着四种核心关系：

（1）创始人用产品回应市场机会；

（2）投资人要求创始人设计商业模式；

（3）市场给予投资人回报；

（4）为使得创始人能够运行产品、产生商业模式、最终从市场中获得回报，投资人需要投资。

因此对这四种核心关系的解答就是一个商业计划书的精要，如图 2-11 所示，它分作以下 7 个步骤。

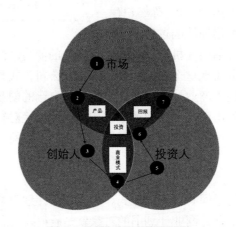

图 2-11　商业计划书的逻辑

（1）市场：你面对怎样一个市场？包括趋势、用户、习惯、需求、竞争、技术等。社会为什么需要你这类项目的存在（刚需）。

（2）产品：你的产品形态如何？包括目标用户、场景、功能、定位、竞品、模式、技术等。

（3）创始人：为什么你和你的团队可以规划、创造、运营这个产品？包括经验、能力、资源、性格等。为什么是你而不是别人（竞争壁垒）？或者为什么有了别人，还可以有你的存在（市场容量）？

（4）商业模式：凭什么说这个产品可以带来商业价值？包括公司结构和治理、收入结构、支出结构、财务预测等。所有的商业模式，不外乎两点，"卖东西给用户，或者把用户卖掉"，前者是做交易，后者是做媒体（信息）。但无论如何，好的商业模式，其投资逻辑最基本的要点还是"干柴烈火"的逻辑，即市场上要有海量的"干柴（刚需）"，而团队拥有可以燎原的

"烈火（产品）"。

（5）投资人：为什么我要投你？包括投资组合、优势、战略、互补等。简单地理解，"跑道足够长、引擎足够强大、团队足够厉害、产品足够尖叫、燃料足够充足"，其中前面四个条件是创业团队要搞定的，最后一个是资本市场可以提供的。

（6）投资：你需要投资多少？包括投资形式、合作方式等。

（7）回报：我可预期的回报是什么？包括回报形式、时间、风险等。

事实上，一个短时间的商业计划书不可能完整回答以上所有这些问题，但是一个好的逻辑顺序会引领投资人朝你所期待的方向前进，并帮助你或和你共同回答商业模式、投资、和回报三个问题。一个好的商业计划书永远是故事，你的听众是投资人，创业者通过商业计划书向投资人路演时，无非是想要传递如下这个三段式逻辑：市场很大，我们很牛，我们能帮你赚很多钱。因此，商业计划书的内容应尽量围绕这个逻辑来展开具体内容，以达到将投资人拉入你和市场的这个环中的目的。

四、让金点子变为金子：学会撰写极具魅力的商业计划书

为融资而撰写的商业计划书是创业者在自我包装的情况下对公司的画像，通常而言，商业计划书中需要包括九个方面的内容，这些内容结合在一起，可以完整地给潜在投资人讲一个故事：有这样一家公司，它想成哪个领域一家伟大的公司？它是在什么情况下创建的，已取得了哪些成绩，它是由一帮具有什么能力的团队创立和管理？它要为用户解决什么样的问题，这个问题有多严重，它的产品和服务是什么，怎样解决用户的问题？已经有哪些用户使用了它的产品和服务？它如何跟合作伙伴合作，如何从客户那里赚到钱？公司是通过哪些渠道和手段将产品和服务推广，让用户了解和购买？公司所做的事情有可能做多大，有多大的市场机会和发展潜力，又有哪些竞争对手跟它抢夺这些机会，公司与他们相比的优势在哪里？公司未来有什么样的发展目标和计划？公司的经营历史及未来发展用财务数据来表现的话是怎么样的？要实现预计的发展目标，公司当前还需要多少外部资金支持，这些资金主要是做哪些事情就能保证公司按预定目标发展？当然，商业计划书的各项内容，前后次序可以不变，也可以稍作调整。下面我们将讲解商业计划书中比较重要的内容。

（一）公司介绍及长远目标

介绍公司过去的发展历史、现在的情况和未来的规划。主要有：

（1）公司概述。包括公司名称、地址、联系方法、注册时间、注册资本、公司性质、技术力量、规模、员工人数、员工素质等。

（2）公司的发展历史。公司的发展速度、成绩、荣誉称号等，要明确列举公司发展的各个里程碑。

（3）公司文化。公司的目标、理念、宗旨、使命、愿景、寄语等。

（4）公司主要产品。性能、特色、创新、超前度等，突出体现本公司与众不同的竞争优势或独特性。

（5）销售业绩及网络。销售量、各地销售点等。

（6）对公司未来发展的预测。

同时，商业计划书的一个非常重要的目标就是要吸引各种各样的利益相关人，说服他们相信你的公司所包含的潜力。每个优秀的商业计划书就是一个吸引人的故事，都会有情节主

线和副线，即能把人物和事件结合起来的线索。公司介绍中非常重要的一项内容是凝练公司口号。环视国际现今最成功的各大公司，你就会发现它们都有广为人知的"故事"，即常说的"公司口号"。例如，当听到"纵享丝滑"，大多数人都会想到德芙巧克力的美妙口感。同样，当听到"做我所想"会让人马上联想到耐克和运动场上的辉煌。公司口号充分体现了公司的精华。商业计划书中的每个句子、每个段落、每一页、每一幅插图等都要围绕这一精华展开情节线索。建议在商业计划书的每一页页眉或页脚，都写入公司口号，吸引投资人注意力。

（二）管理团队的介绍

美国风险资本之父乔治·多里奥特教授有句名言："如果一个创业者及其团队属于 A 级，他们的项目属于 B 级；另一个创业者及其团队属于 B 级，他们的项目属于 A 级，我愿意选择前者。"风险资本家约翰·多尔的观点肯定了多里奥特的偏爱，他说："当今世界上，不缺技术，不缺创业者，不缺资金，更不缺风险资本，最缺的就是优秀团队。"既然团队如此重要，我们该在商业计划书中如何展现我们的团队呢？通常而言，如表 2-17 所示，具备特质的创业团队更能吸引到投资资本。

表 2-17　团队成员应具备的特质

创业发起人	团队素质	
· 更快、更好地学习和传授	· 相关经验和记录	· 追求卓越
· 应对逆境，有韧性	· 忠诚、坚决、毅力	· 对风险、模糊性和不确定性有耐受力
· 彰显健全、可靠、诚实的品性	· 创造性	· 适应能力
· 建立公司文化和组织	· 领导能力	· 沟通能力
	· 团队控制力	· 对本次商机着迷

这部分要讲述你的管理团队有谁？管理团队成员间有什么关系，是同学、朋友、亲戚，还是其他关系？他们有什么经验？欠缺哪些环节？有什么计划去弥补？建议一开始就明确创始团队成员和每一个人的头衔。一般来说，主要创始人会担任总经理一职。创业领头人是先导者，又是公司文化的创造者，所以他应该是团队的核心，既是"运动员"也要做"教练"。吸引其他关键管理成员与构建团队的能力和技巧，是投资商最为看重的一种能力。公司创立者通过在团队中培养英雄而成为领袖。但如果你还很年轻且商业经验有限，可以阐明公司将在发展的过程中寻找更合适的总经理。在这种情况下，主要创业者可能是技术总监、市场总监等其他身份，但千万别让这些身份限制了你。关键是要使投资者相信，你已经尽可能打造了最好的团队，能够执行你提出的绝妙理念。

确定责任和头衔后，应该填写姓名和简介。简介应包括成员的经验和成就，在这些成就中要突出展示上表中谈到的创业团队应具备的素质。同时，还有些技巧可以参考，在简介中以数字的方式展示以往成功经验，比如"经过一年努力，部门销售额增加 20%"等类似的公司发展纪录。

要提升团队的可信度，许多创业者发现如果他们有强大的咨询委员会，投资者会很感兴趣。在创建咨询委员会时，建议部分委员有行业内相关经验，部分委员有其他专业技能，如金融、法律等。此外，如果你的公司有战略供应商或重点客户，邀请他们加入咨询委员会也是符合逻辑的。对这些人的回报方式通常是小份股权和专家费。建立咨询委员会的关键在于确实能够帮助公司抵达一个个里程碑。

从法律上讲，许多组织类型都要求有董事会，这与咨询委员会不同。董事会的主要责任是代表投资者监督公司。这种委托责任包含了法定权利、义务和责任（风险）。如果已经有了董事会，商业计划书需要简单描述董事会的规模、其在公司内部的职责及现有董事会成员。许多大投资者，如风险资本家，会要求在董事会有自己的席位。首席创始人和公司内部一个或多个成员（如首席财务官、副总经理等）一般也在董事会有席位。

战略合作伙伴不一定是你的咨询委员会或董事会成员，但他们对提高公司可信度也有帮助，如果有战略合作伙伴也会加分，可以突出他们在你公司成就中的贡献。商业计划书通常还会列出外部团队成员，如与公司合作的律师事务所、会计师事务所等专业组织。如果你的公司有战略合作伙伴，应在商业计划中突出他们的优势。

（三）产品或服务介绍

此部分主要是对公司现有产品和服务的性能、技术特点、典型客户，以及未来产品研发计划的介绍。应该利用图表这种强大的工具。结合前文的"竞争态势矩阵"，阐明你的产品如何能符合客户价值主张；你的产品内含什么价值？能给客户带来什么附加值？清晰有力地明确你公司产品的竞争优势，阐明产品的特殊性，如质量更好、价格更低、配送更快等。你的优势或许得益于某项自有技术、专利产品和分销方式，事实是强劲的竞争力源于一系列因素的综合优势，使得它不可能被简单复制，要将这一切阐述清晰、透彻。

商业计划书中最常见的问题就是对于产品技术的介绍过于专业和生僻，占用了过多的篇幅。在大多数情况下，商业计划书的执笔者就是创业者本身，很多创业者是技术出身，对于自有产品和技术有着一种自然而然的自豪和亲近，所以经常进入"情不自禁"和"滔滔不绝"的情绪之中。另外，投资人本质上是极为看重收益和回报的商人，又多是经济或金融背景，对于技术介绍并不专业，并且更加认同市场对于公司产品的反映。因此，建议在产品和服务部分只须讲清楚公司的产品体系，向投资人展示公司产品线的完整和可持续发展，而将更多的笔墨放置在产品的盈利能力、典型客户、同类产品比较等内容的介绍上。

（四）商业模式

商业模式可以参考理查德·戴尔提出的商业模式画布进行详细阐述。商业模式画布是会议和头脑风暴的工具，如图 2-12 所示，从四个视角剖析商业模式。

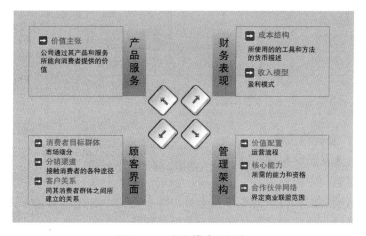

图 2-12　商业模式四视角

资料来源：http://www.mianfeiwendang.com/doc/849b813c65ab23f810e8e8af

基于此，商业模式画布按照一定的顺序被分成九个方格，方格的内容如图 2-13 所示。

（1）客户群体分类——你的目标用户群，一个或多个集合。

（2）价值主张——客户需要的产品或服务，商业上的痛点。

（3）渠道道路——你和客户如何产生联系？不管是你找到他们还是他们找到你，如实体店、网店、中介等。

（4）客户关系——客户接触到你的产品后，你们之间应建立怎样的关系？一锤子买卖抑或长期合作。

（5）收入分析——你将怎样从你提供的价值中取得收益。

（6）核心资源——为了提供并销售这些价值，你必须拥有的资源，如资金、技术、人才等。

（7）关键业务——商业运作中必须要从事的具体业务。

（8）重要伙伴——哪些人或机构可以给予战略支持？

（9）成本分析——你需要在哪些项目付出成本？

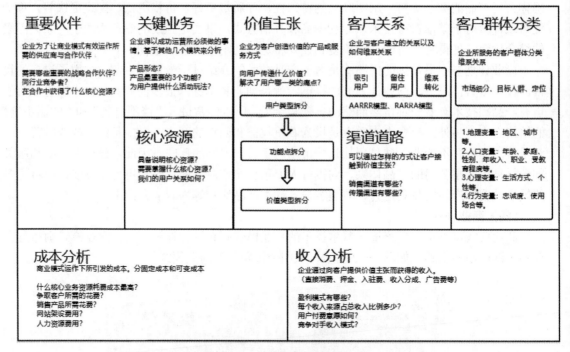

图 2-13　商业模式九格画布

图片资料来源：https://www.processon.com/view/602354efe0b34d208a6eaec6

（五）市场推广及营销策略

在当今这个飞速发展的市场经济时代，任何一个公司要满足顾客，实现经营目标，获得发展，决不能孤立地只考虑使用某一因素和手段进行市场竞争，必须从目标市场需求和市场营销环境的特点出发，根据公司的资源和优势，综合运用各种市场营销手段，形成统一的、配套的市场营销战略，使之发挥整体效应，才能争取最佳效果。从最初提出的 4P 策略起，在市场营销不断发展的过程中，又逐渐提出了 4C、4R 和 4S 等一系列理论。要达到市场营销的成功应该采用 4P、4C、4R、4S 策略的有机结合。

市场推广及营销策略推广要阐述清楚：如何吸引客户，争取让每个客户花费多少钱？在不同时期这个费用是否不同及原因？客户的永久价值什么？潜在客户变为真正客户的关键节点是什么？客户服务程序是什么？销售程序是什么？周期有多长？销售和市场方针是什么？价格策略是什么？包括基本价格、折扣价格、付款时间、借贷条件等。地点策略是如何安排的？包括分销渠道、储存设施、运输设施、存货控制等。促销手段是什么？包括广告、人员推销、营业推广与公共关系等等。

（六）市场分析及竞争分析

市场分析是对市场规模、位置、性质、特点、市场容量及吸引范围等调查资料所进行的经济分析。市场分析的主要目的是研究商品的潜在销售量，开拓潜在市场，安排好商品地区之间的合理分配，以及公司经营商品的地区市场占有率。通过市场分析，可以更好地认识市场的商品供应和需求的比例关系，采取正确的经营战略，满足市场需要，提高公司经营活动的经济效益。往往可以采用 PEST 分析和行业分析相结合的方法进行阐述。

公司在对市场竞争形势做出正确评价，明确谁是市场上的主要竞争者，以及竞争者拥有什么优势和劣势、竞争反应模式是何种类型等的基础上，就可以制定和选择自己的市场竞争策略：是进攻，防御，还是回避；明确谁是合适的进攻对手，谁是主要的威胁者，应当采取什么样的竞争手段，如何选择合话的竞争市场和出击时机。在进行市场分析的基础上，公司必须明确自己在同行业竞争中所处的位置，结合公司的经营目标、资源和环境，以及公司在目标市场上预期的位置，制定正确的市场竞争策略。根据市场上的竞争地位不同，公司的市场竞争定位可以分为四种类型：市场领先者、市场挑战者、市场跟随者、市场补缺者。竞争分析往往采用 SWOT 分析和波特五力模型相结合的方法进行分析。这些分析方法在后面的章节将详细阐述。

这部分要阐明如下问题：产品所处市场现状分析，有多成熟，或多不成熟？你的目标市场有多大？预测未来 3～5 年，发展将达到多大市场？如果获得资本，你是否会成为这个市场前两三位？谁是你当前和潜在的竞争对手？谁有可能和你继续竞争，谁有可能和你合作？与竞争对手相比，你的优势和弱点是什么？公司计划采取的市场定位策略。

（七）公司发展规划

这部分要介绍清楚公司短期、中长期的发展方向及目标。例如远期目标，通常是指公司的愿景与使命；近期目标，通常是指近 3～5 年的财务目标或业绩目标，关键指标包括销售额、利润增长率、产品创新、市场占有率、行业地位、品牌影响力、上市规划等。

注意内容的逻辑性，切忌随意罗列各类职能性的战略目标。例如，提出明确的阶段性业绩目标（财务目标），再阐述支撑业绩目标的关键职能（能力）战略目标，如研发、生产、财务（资本市场）、营销、品牌、人才、企业文化、社会责任等方面的战略目标，最后提出具体的实施进度规划。在战略规划描述中，突出项目的关键成功要素，如研发方面的技术创新、生产能力的保障、产品质量的保障、市场占有率的发展、营销渠道的拓展、组织能力的提升等。

值得特别说明的是，详细的财务规划、研发与生产规划、营销规划、经营管理规划（包括盈亏平衡点控制、组织结构管理、人才规划、知识产权管理、企业文化管理、生产质量管理、成本控制管理等），通常以独立篇章的形式出现在商业计划书中。

（八）财务状况及财务预测

这一部分要说明财务预测数据编制的依据，在此依据下预测未来 3 年或 5 年平均每年净资产收益率。提供未来 3～5 年的项目盈亏平衡表、项目资产负债表、项目损益表、项目现金流量表、项目销售计划表和项目产品成本表。同时说明与公司业务有关的税种和税率，以及公司可以享受的优惠政策。

这一部分需要阐明如下问题：历史财务状况，对公司未来财务进行预测，对盈亏平衡点和投资效益进行分析。要说明财务预测数据编制的依据，例如，数据是来自行业统计、经济预测、调查研究，还是根据自己的理性判断得来的。特别注意有关现金的计划方案。尽管利润与投资回报非常重要，但是对于一个创业公司而言，现金流也非常重要。

创业者应亲自完成与财务相关的数字工作，对财务数据做到"心中有数"。即使你在财务方面不专业并且可能还有专家给你提供指导，也不能不闻不问，或者对专家形成依赖，必须亲自动手去编制利润表、现金流量表、资产负债表等，并完成有关财务计划方面的枯燥工作。当然也可以向有关专家请教，了解一些基本的财务知识，学会读懂有关财务数据。

切忌选择过度负债经营的方式，即债务负担不宜过重。因为一旦负债累累、经营不善，将会给公司造成致命的打击，这也是投资人最不愿意看到的。做出详细的结论性财务分析说明，应该给出未来 3～5 年的财务数据预测。

要注意整个商业计划书中数据的一致性。例如，战略目标与规划、营销计划中涉及的财务目标数据，应与财务计划中相关数据保持一致；同时要注意附件中不同类别财务数据表格中相同项目数据的一致性。

（九）融资需求及资金用途

明确你的读者对象所关注的关键点：资金需求与使用计划、融资前后资本情况、投资回报与投资退出说明、投管理参与权限等。在融资需求中明确你的需求数量、需求时限、贷款方式和资金用途，而且在资金使用计划说明中，最好明确近一年的使用规划，即这一年项目要达成什么目标，达成这个目标需要多少资金，如何合理分配你的资金。

在资本结构设计方面，把握好股份稀释的比例（最好不要超过 30%），追求公司与投资人的双赢，并兼顾后期融资及可持续成长。在投资回报说明中，明确投资回报的方式、投资回报期，让投资人清楚自己投入的价值回报。投资退出说明中，明确投资退出的方式与时机，并就相关利益做出说明，便于投资人清楚自己退出的时机和退出时的利益保障。关于投资人管理参与权限的说明，要明确投资人拥有的重要决策权、管理监督权与参与权，让投资人清楚自己作为股东的管理角色职责与权利。

注意与财务计划中相关内容的协调，尤其在融资需求、投资回报等说明中，一些财务数据、财务预测、投资分析结论，都应该来自财务计划中的"财务预测"与"投资分析"部分。

习题：

1. 商业计划书的作用是什么？

2. 一份完整的商业计划书应至少包括哪些内容？

3. 请列举至少一家目前已经获得大额融资的企业，你能获取他们的商业计划书，并列举出其优点和缺点吗？

第六节 融资技巧助力资金来源拓宽

资金是企业经济活动的第一推动力，也是持续推动力。企业能否获得稳定的资金来源、及时足额筹集到生产要素组合所需要的资金，对企业的经营和发展起到至关重要的作用。但是越来越多的企业表现出融资难、贷款难、担保难等问题，其中既有企业自身的原因，又有银行和国家政策的原因。如企业资信状况不佳、规模偏小、经济效益较低等问题就在一定程度上限制了其融资渠道，使其无法利用传统的融资方式进行有效筹资，最终将严重阻碍企业的健康发展。其实，企业融资是有技巧可言的，你知道有哪些技巧吗？本节将为大家讲述几种融资技巧，帮助企业拓宽资金来源。

一、创业融资概述

对创业者来说，能否快速、高效地筹集资金，是创业企业站稳脚跟的关键，更是实现二次创业的动力。那么，你知道什么是创业融资吗？你知道有哪些常见的融资吗？

1. 融资内涵

融资是以一定的渠道为某种特定活动筹集所需资金的各种活动的总称。从某种意义上讲，融资是一个企业资金筹集的行为与过程，是公司根据自身的生产经营状况、资金拥有状况和公司未来经营发展的需要，通过科学的预测和决策，采用一定的方式从一定的渠道向公司的投资者和债权人筹集资金，组织资金的供应，以保证公司正常生产需要、经营管理活动需要的理财行为。

2. 常见创业融资渠道

任何创业都是要成本的，就算启动最少的资金，也要包含一些最基本的开支。目前国内创业者的企业融资渠道较为单一，主要依靠银行等金融机构来实现。其实，创业企业融资，要多管齐下，千万别吊死在一棵树上，这样才能多多益善。常见的创业渠道有：

（1）银行贷款。这种融资方式被誉为创业企业融资的"蓄水池"，由于银行财力雄厚，而且大多具有政府背景，因此在创业者中很有"群众基础"。从目前的情况看，银行贷款方式有以下4种：第一，抵押贷款，是指借款人向银行提供一定的财产作为信贷抵押的贷款方式；第二，信用贷款，指银行仅凭对借款人资信的信

> **知识小贴士：企业申请银行贷款的条件**
>
> 1. 须经国家工商行政管理部门批准设立，登记注册，持有营业执照；2. 实行独立经济核算，自主经营、自负盈亏，即企业有独立从事生产、商品流通和其他经营活动的权利，有独立的经营资金、独立的财务计划与会计报表，依靠本身的收入来补偿支出，独立地计划盈亏，独立对外签订购销合同；3. 有一定的自有资金；4. 遵守政策法令和银行信贷、结算管理制度，并按规定在银行开立基本账户和一般存款账户；5. 产品有市场；6. 生产经营要有效益；7. 不挤占挪用信贷资金；8. 恪守信用等十余项内容；9. 有按期还本付息的能力，即原应付贷款本金及利息已偿还，没有偿还的已经做了银行认可的偿还计划；10. 经工商行政管理部门办理了年检手续；11. 资产负债率符合银行的要求等。

任而发放的贷款，借款人无须向银行提供抵押物；第三，担保贷款，指以担保人的信用为担保而发放的贷款；第四，贴现贷款，指借款人在急需资金时，以未到期的票据向银行申请贴现而融通资金的贷款方式。

提醒创业者从申请银行贷款起，就要做好打"持久战"的准备，因为申请贷款并非与银行一家打交道，而是需要经过工商管理部门、税务部门、中介机构等一道道"门坎"。而且，手续繁琐，任何一个环节都不能出问题。

（2）风险投资。在许多人眼里，风险投资家手里都有一个神奇的"钱袋子"，从那个"钱袋子"里掉出来的钱能让创业者坐上"阿拉丁的神毯"一飞冲天。风险投资是一种高风险高回报的投资，风险投资家以参股的形式进入创业企业，为降低风险，在实现增值目的后会退出投资，而不会永远与创业企业捆绑在一起。而且，风险投资家比较青睐于高科技创业企业。

风险投资家虽然关心创业者手中的技术，但他们更关注创业企业未来的盈利模式和创业者本人。他们在面对创业者时重点考察的是他的商业能力与商业潜质，其中包括性格优势（如自信、成熟、有条理性、务实性、责任心、商业经验等）和项目优势（项目前景、项目竞争优势、项目回报等）。而判断性格优势和项目优势最好的方法，就是在项目说明会上演示创业计划书时考察。因此，学会写好一份创业计划书，对于创业者能否成功融资的意义重大。这不仅有助于创业者控制风险，而且有助于创业者提高融资的成功率。

（3）民间资本。随着我国政府对民间投资的鼓励与引导，以及国民经济市场化程度的提高，民间资本正在获得越来越大的发展空间。目前，我国民间投资不再局限于传统的制造业和服务业领域，而是向基础设施、科教文卫、金融保险等领域"全面开花"，对正在为"找钱"发愁的创业者来说，这无疑是"利好消息"。而且，民间资本的投资操作程序较为简单，企业融资速度快，门槛也较低。

很多民间投资者在投资的时候总想控股，因此容易与创业者发生一些矛盾。为避免矛盾，双方应把所有问题摆在桌面上谈，并清清楚楚地用书面形式表达出来。此外，对创业者来说，对民间资本进行调研，是企业融资前的"必修课"。

（4）融资租赁。这是一种以融资为直接目的的信用方式，表面上看是借物，而实质上是借资，以租金的方式分期偿还。该融资方式具有以下优势：不占用创业企业的银行信用额度，创业者支付第一笔租金后即可使用设备，而不必在购买设备上大量投资，这样资金就可调往最急需用钱的地方。融资租赁这种筹资方式，比较适合需要购买大件设备的初创企业，但在选择时要挑那些实力强、资信度高的租赁公司，且租赁形式越灵活越好。

二、创业融资的攻略与技巧

拜尔斯公司合伙人约翰·都尔认为："当今世界拥有丰富的技术、大量的创业者和充裕的风险资本，而真正缺乏的是出色的创业团队。如何创建一个优秀的团队将会是你面临的最大挑战。"因为优秀的创业团队必然懂得融资技巧。那么你知道都有哪些融资技巧吗？

1. 选择股权融资，还是选择债权融资

在过去的半个世纪里，工业发达国家的股票市场虽然不断发展，但总的趋势是股票发行额的增长速度慢于债券发行额的增长速度，即公司债权融资呈上升趋势而股权融资不断下降。究其原因，主要是这两种融资在以下方面存在差异。

（1）风险不同

对于公司而言，股权融资的风险小于债权融资的风险，股票投资者的股息收入通常随着公司盈利水平和发展需要而定，与发展公司债券相比，公司没有固定付息的压力，且普通股也没有固定的到期日，因而也就不存在还本付息的融资风险。而发行公司债券，必须承担按期付息和到期还本的义务，此种偿债义务不受公司经营状况和盈利水平的影响。当公司经营不景气时，盈利水平下降会给公司带来巨大的财务压力，甚至可能导致公司无力偿还到期债务而破产，因经发行公司债券的公司，财务风险较高。

（2）融资成本不同

从理论上讲，债权融资成本低于股权融资成本，其原因有二：第一，债券利息在税前支付，可以抵减一部分所得税；第二，债券投资风险小于股票投资，持有人要求的收益率低于股票持有者。

债券和股票相比，是一种低风险、低收益的证券，这种性质使债权融资的成本本身就具有一定的应变能力。越是在市场不稳定的情况下，债权融资成本的相对稳定性就越突出，它和股权融资成本的差距也就越大。经济不稳定会使一部分投资者从需求股票转而需求债券，这种需求的转化也十分有利于维持债权融资成本的稳定和保持相对较低的水平。因此，在经济形势恶化时，两个市场上的融资成本都会相应上升，但债权融资成本的上升要大大慢于股权融资成本的上升。

（3）对控制权的影响

不同公司举债融资，虽然会增加公司的财务风险，但有利于保持现有股东控制公司的能力。如果通过增募股本方式筹措资金，现有股东的控制权就有可能被稀释，因此股东一般不愿意发行新股融资。而且，随着新股的发生，流通在外的普通股股数必将增加，最终将导致普通股每股收益和每股市价的下跌，从而对现有股东产生不利的影响。

（4）信息不对称的影响

不同融资中的信息不对称表现在资金的供应者和需求者之间。一般认为资金需求者拥有更多关于所投资项目的信息，而资金供应者则处于相关信息的劣势地位。资金供应者会在成本与收益比较可以接受的情况下，尽量搜集信息，而当信息不可得或需要花费较大代价才能取得时，资金供应者就会放弃投资。由于信息不对称，投资者一般认为发行债权融资公司的经营能力和发展前景好，而发行股权融资的公司经济前景暗淡。

（5）对公司的作用不同

发行普通股筹集的是一种永久性资本，是公司正常经营和抵御风险的基础，主权资本增多有利于提高公司的信用价值，有利增强公司的信誉，可以为公司吸收更多的债务资金提供强有力的支持。发行公司债券可以使公司获得财务杠杆利益，无论公司盈利多少，债券持有人通常只能得到固定利息，而且债券利息可以作为成本费用在税前列支，具有抵税作用，在盈利增加时，利用发行公司债券筹资，就可获得更多的财务杠杆利益。另外，公司还可以根据需要选择发行可转换债券或可赎回债券，以便主动、灵活地调整公司资本结构，使公司资本结构趋于合理。

2. 如何有效进行股权融资

股权融资作为企业的主要融资方式，在资本市场中起着举足轻重的作用；它同样也是企业快速发展应采取的重要手段。较之债权融资，股权融资的优势主要表现在：股权融资吸纳的是权益资本。因此，公司股本返还甚至股息支出压力小，增强了公司抗风险的能力。企业进行股权融资需要有一定的方式与策略。而从融资方式角度来看，股权融资主要表现为吸收风险资本、私募融资、上市前融资和管理层收购等方式。

（1）吸收风险投资

风险投资是一种无担保、有高风险的投资。其主要用于支持刚刚起步或尚未起步的高技术企业或高技术产品。一方面，没有固定资产或资金作为贷款的抵押和担保，因此无法从传统融资渠道获取资金，只能开辟新的渠道；另一方面，技术、管理、市场、政策等风险都非常大，即使在发达国家高技术企业的成功率也只有 20%～30%，但由于成功的项目回报率很高，故仍能吸引一批投资人进行投机。

2005 年是风险投资（VC）抢滩中国的一年，各地 VC 机构纷纷在华撒下银子。2005 年以来，各大 VC 机构动作频频：软银亚洲成立一个 6.43 亿美元的基金，IDG 在国内新设立了两笔总金额约为 5 亿美元的风险投资基金；Kleiner Perkins Caufield & Byers KPCB、Accel Partner、MatrixPartner 三家国际风险投资也于 2005 年底进驻中国。据清科创业推出的"2005 中国创业投资中期调查报告"显示：2005 年上半年共有 7 家企业完成新的募资，募资基金合计为 16.51 亿美元，为 2004 年募资额 6.99 亿美元的两倍多。从行业上看，信息技术（IT）企业仍然是最能吸引风险投资的行业，占到总数量的 63%。2005 年最活跃的是互联网，但是从金额来看还是通信业最大。

（2）私募融资

这是相对于公募融资而言更快捷有效的一种融资方式，通过非公开宣传，私下向特定少数投资者募集资金，它的销售与赎回都是通过资金管理人私下与投资者协商而进行的。虽然这种在限定条件下"准公开发行"的证券至今仍无法走到阳光下，但是不计其数的成功私募昭示着其渐趋合法化。并且，较之公募融资，私募融资有着不可替代的优势，由此成为众多企业成功上市的一条理想之路。一份研究报告显示，目前私募基金占投资者交易资金的比重达到 30%～35%，资金总规模在 6000 亿～7000 亿元之间，整体规模超过公募基金一倍。地区分布上，我国的私募资金又主要集中在北京、

> **知识小贴士：公募融资**
>
> 公募融资是指以社会公开方式，向公众投资人出售股权或债权进行的融资。
>
> 优点是可以利用证卷市场向公众直接融资，取得大量资金。
>
> 缺点是公司必须通过证券交易所和公告声明等向公众提供全部信息。不仅乏味、耗时、成本高，公募融资的公司还要承受来自证券分析师和大型机构投资者的巨大的短期经营业绩报告的压力。

上海、广州、辽宁和江苏等地，但主体地域却在动态演变。从 2001 年 11 月起，广州地区的交易量攀升很快，并已经超过上海、北京，形成"南强北弱"的格局。

案例：私募融资

2005 年 3 月，东软金算盘公司成功获得由英国联合利丰和另外一家国际金融集团联合投资的 760 万美元资金，并成立"金算盘软件（集团）有限公司"。自此，金算盘拥有超过 70% 的绝对控股权，而英国联合利丰公司和另一家金融集团则持有剩余的股份。双方签订的投资协议中指出，英国联合利丰将帮助金算盘优化企业治理结构，健全财务制度，改善企业管理，

打造国际化的商业模式，拓展海外市场，并在未来一到两年内实现海外上市；金算盘将借助海外资本优势实现"在行业内做深，在地域上做广"的发展构想，借助合作伙伴逐步向国际市场渗透，在市场定位、渠道拓展、品牌提升、盈利增加、提高知名度、寻求更好的商业模式方面做大做强，依托国内外强大的人才资源与成本优势，以中低端管理软件为突破口，逐步占领国际市场，在未来使自己成为中低端管理软件的世界性领先品牌。

审视金算盘的成功，不难发现，成功的私募并不是一蹴而就的，其偶然中存在着一定的必然性，独有的技术优势和稳定而成熟的盈利模式是获得私募的先决条件。并且，企业要根据融资需求寻找合适的投资者。外资往往更看重行业的发展前景和企业在行业中的地位，喜欢追求长期回报，投资往往是战略性的。

案例来源：https://www.xuexila.com/chuangye/rongzi/2416111.html

（3）上市融资

广义的上市融资不仅包括首次公开上市之前的准备工作，而且还特别强调对企业管理、生产、营销、财务、技术等方面的辅导和改造。相比之下，狭义的上市融资目的仅在于使企业能够顺利地融资。风险资本市场的出现使得企业获得外部权益资本的时间大大提前了，在企业生命周期的开始，如果有足够的成长潜力就有可能获得外部的权益性资本，这种附带增值服务的融资伴随企业经历初创期、扩张期，然后由投资银行接手进入狭义的上市融资，逐步稳固地建立良好的运行机制，积累经营业绩，成为合格的公众公司。这对提高上市公司整体质量，降低公开市场的风险乃至经济的增长都具有重要的意义。

2005 年上市成功的案例不胜枚举，从 IT 业巨头百度成功登陆纳斯达克募集资金 1.09 亿美元，缔造了首日市值就已接近 40 亿美元、远远超过四大门户网站的股市神话；到交行香港 B 股市场成功上市，揭开其他国有商业银行纷纷登陆股票市场的序幕。这些无不昭示着上市融资依然是股权市场融资最有效的方式，同时也是投资者退出的最常见方式。而这些案例的成功，上市前融资的作用不可磨灭。

3. 如何成功获得贷款

银行贷款是目前中小企业主要的融资渠道。要想在机会均等和其他条件相同的情况下顺利地从银行获得贷款，借款技巧便显得重要了。因此，我们总结了 4 点建议。

（1）建立良好的银企关系

与银行建立良好的关系，是企业能否顺利取得银行贷款的关键。企业可以在以下六方面与银行建立良好关系。

第一，注重培育企业信誉。首先，企业要注意抓好资金的日常管理。银行对企业的具体生产经营活动不可能有透彻的了解，因此企业的财会人员素质和企业财务管理状况是银行衡量企业管理水平的重要标准。其次，企业应经常主动地向银行汇报公司的经营情况。银行会从中感受到公司的尊重，并从与企业经常性的联系和沟通中，加强对企业的信任度，改变对中小企业的种种偏见和不信任，逐步建立起与企业的良好关系。最后，还应真正提高企业的经营管理水平，用实际行动建立良好的信誉。企业的经济效益是信誉的基础，而经济效益在很大程度上取决于企业的经营管理水平。

第二，支持与配合银行开展各项工作。银企双方相互帮助、相互支持，有利于双方友谊的加深。例如，严格按借款合同规定使用贷款，主动配合银行检查企业贷款的使用情况；贷款到期主动按时履行还款或展期手续，以取得银行对中小企业的信任等。

第三，健身强体自身硬。有人戏称"银行是在艳阳高照时给你送伞，天下雨时又收回雨伞"。此话虽然刻薄，但也道出了银行发放贷款中存在的不足。一般来说，银行贷款注重"锦上添花"，而不愿"雪中送炭"。企业融资问题能否解决还得靠企业自身不懈的努力，只要管理规范，组织健全，经营效益良好，企业就完全可以以自身的花团锦簇的优势吸引银行贷款来增光添彩。

第四，在资金充裕时与银行交往。在一般情况下，企业总是在资金紧张时才想到银行，求助银行放贷以解燃眉之急，而在资金充裕时，则忘了银行，与银行断绝来往。殊不知，此种形式犯了大忌。

第五，尽量避免在多个银行开立账户。有的企业将资金分散于多家银行的多个账户，这样不利于放贷银行了解其资金状况。同时，多账户导致分散资金与结算，也就分散了对银行的贡献率。

第六，主动追加企业主个人担保。许多小企业主将法人资产与企业主私人资产混在一起，易使银行产生企业主抽逃资产的担心。另外，企业股东的实力、信誉、素质等，普遍受到放贷银行的关注。当企业申请贷款又无法找到有效的担保时，一些银行的信贷业务人员可能会建议企业主以个人名义，对贷款进行担保。此时若企业主表现出积极主动的姿态，将大大提高银行对自己企业的信任度。

（2）写好投资项目可行性研究报告

这对于争取项目贷款的规模大小和银行贷款的优先支持，具有十分重要的作用。因此，企业在撰写报告时，要注意解决好以下问题：报告的项目应重点论证在技术上的先进性、经济上的合理性和实际上的可行性等，突出项目重点，把经济效益作为可行性的出发点和落脚点。

（3）选择合适的贷款时机

银行信贷规模是年初一次性下达，分季安排使用，不允许擅自突破。因此，企业如要申请较大金额的贷款，不宜安排在年末和每季季末，而应提早将本企业的用款计划告诉银行，以免银行在信贷规模和资金安排上被动。

（4）争取中小企业担保机构的支持

商业银行出于对自身信贷资金的安全性的考虑，在贷款项目的选择上往往要求企业提供良好的贷款担保或抵押。因此，如果能得到中小企业担保机构这些专门机构的支持，向商业银行贷款就要容易得多。

三、融资谈判必备技能

融资谈判虽然不同于外交谈判，但也要求参与者有很高的政治业务素质。一是要熟悉政策法规；二是要了解投资环境；三是要清楚项目状况；四是要具备谈判所需要的策略与艺术。因此，谈判无论规模大小、层次高低，参与者都要严肃认真对待，绝不允许草率从事。因为协约合同是项目（企业）的生死状，一旦失误就会带来难以挽回的经济损失和不良的政治影响。

（一）确定谈判原则

一切融资活动都是以项目为基础，以谈判、签约为先导的。谈判、签约的水平，关系经济利益也关系政治影响，所以一些起码的原则必须坚持：

1. 有备而谈的原则。凡事预则立不预则废，招商谈判也是如此，事先要做好充分准备。一是谈判人员的组成，谁主谈，谁配合，谁翻译，谁做顾问，各色人等要齐备，并且事先要有明确的分工和职责；二是方案准备，包括政策法规，投资环境概况，项目的具体情况，合作条件；三是合同、协约文本及相关的资料文件准备；四是承诺与保证措施。有备无患，才会赢得谈判的主动权，达到预期的效果。

2. 利益原则。融资合作的目的是促进企业发展，所以必须根据实际计算核定合理的利益标准。互惠互利可以说是融资的主旋律。

3. 平等对等原则。投资者可以是不同国度、地区、不同制度、体制下背景来的人，意识形态有差别，贫富有差距，但作为合作者，双方在法律地位上是平等的，对谈判要不卑不亢，进退自如，有理有节。

4. 政策策略原则。融资不是乞讨、求人，与资金方打交道也不仅仅是个资金技术问题，所以不仅要讲政策，而且还要讲策略。在谈判中，谈判的策略是原则性和灵活性相统一的表现。事先要筹谋，遇事要随机应变，注意方式、方法，做到有利有理有节，这才是谈判的最高水准。

（二）选择引入时机

很多企业都急于寻找战略投资者，急于向资金方推销自己的项目和商业计划，但引资有个时机选择问题。如何选择时机，具体阐述如下：

第一，政策利益出现，即新出台的政策给企业带来重大商机。比如，身份证统一更换政策的出台；医疗垃圾集中处理政策；国家鼓励节能的小排量汽车；国家鼓励农业产业化龙头企业的发展；国家鼓励企业信息化水平的提高等。凡与这些政策有关的企业在融资过程中比较有利。

第二，企业获得重大订单。在资金市场上，上市公司经常会发布获得政府采购或中标消息，会对股价有一定的刺激作用。同样对于非上市企业，获得订单对未来现金流有很大的说服力，在此时引资对企业比较有利。

第三，企业获得专利证书或重要不动产的产权证。

第四，融资资料已经齐备，在融资资料，特别是融资计划书资金积累完善以后，才是与资金方接触的良机。

（三）维护企业的利益

主要通过以下方式：一是商业秘密的保护。在企业提供商业计划书和沟通的过程中，肯定会涉及企业的商业计划、市场、技术和策略等。这主要取决于企业对计划书资料分寸的把握，以及对投资者身份的判断，也可以用保密协议等方式来制约。二是事先确定融资方式与策略，有备则无患，这样可以避免在谈判过程中没有准备，仓促决策。三是无形资产价值的合理确定。很多中小企业，尤其是技术密集型企业，在引资过程中会面临这一问题，这主要取决于企业和资金方的协商定价能力。四是请外部专家提供支持。对很多企业来说，还没有认识这一问题的重要性。企业一般重视实物投资的价值，对智力和外部专家的价值不太重视。这是很多中小企业应该改善的地方。当然，对外部专家的利用也需要具有一定的分辨能力。

习题：

　　1. 如何有效地进行股权融资？

　　2. 常见的创业融资渠道有哪些？

【实验项目】创业计划书

【目的与要求】

　　真实的创业中，创业计划书是创业者的敲门砖，作为理论与实践连接的一个实训系统，我们希望受训者既要大概了解真实的创业过程，又能通过实训系统避免真实创业过程中高风险、不可及、不可逆的创业现状。

【项目类别】

　　流程操作类

【项目准备】

　　提供终端设备能连接到服务器的计算机；创业者实验平台。

【实验内容】

　　通过创业计划书的训练，帮助受训者形成一个基本的创业思想，并将这种思想贯穿在企业模拟经营实训过程中。其流程如图 2-14、图 2-15、图 2-16 所示。

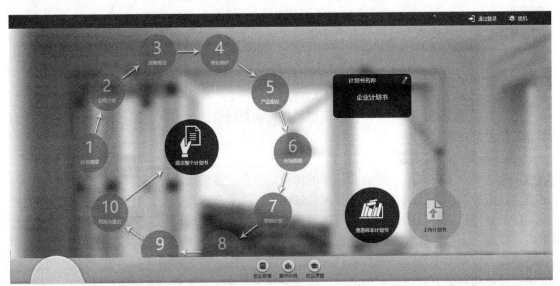

图 2-14　商业计划书训练

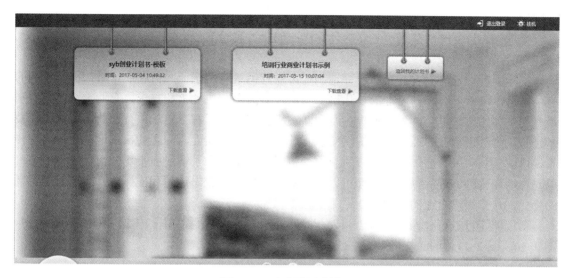

图 2-15　商业计划书模板

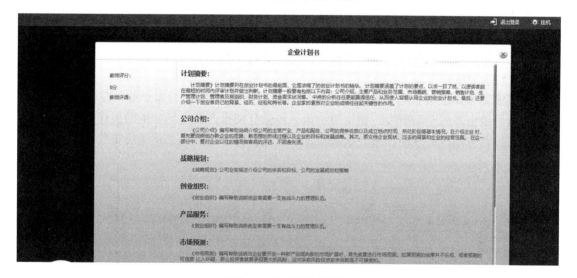

图 2-16　商业计划书展示

【实验项目】市场调研

【目的与要求】

通过市场调研报告了解、分析、提供市场信息，可以避免企业在制定营销策略时发生错误，或者可以帮助营销决策者了解当前营销策略和营销活动的得失。

【项目类别】

流程操作类

【项目准备】

提供终端设备能连接到服务器的计算机；创业者实验平台。

【实验内容】

实际了解市场情况才能有针对性地制定市场营销策略和企业经营发展策略。提供正确的市场信息，可以了解市场可能的变化趋势与消费者潜在购买动机和需求，有助于营销者识别最有利可图的市场机会，为企业提供发展新契机。有助于了解当前相关行业的发展状况和技术经验，为改进企业的经营活动提供信息。整体宣传策略需要，为企业市场地位和产品宣传等提供信息和支持。通过市场调查所获得的资料，除了可供了解目前市场的情况之外，还可以对市场变化趋势进行预测，从而可以提前对企业的应变做出计划和安排，充分地利用市场的变化，从中谋求企业的利益。

市场调查报告可分为市场调查报告和经营分析报告，其流程如图 2-17、图 2-18、图 2-19、图 2-20、图 2-21、图 2-22 和图 2-23 所示。

（1）市场调查报告

购买市场调查报告策略：通过分析《市场调查报告》，能获得行业发展、区域的人口数量占比等相关信息做出对应选址、选经理、原材料购买、生产计划等决策。市场调查报告在市场营销购买获得。

购买市场调查报告规则：市场调查报告信息是固定的。

（2）经营分析报告

购买经营分期报告策略：通过分析《经营分期报告》，能获得本企业与友商企业净资产等相关信息做出对应产品研发、定价等决策。经营分期报告在市场营销购买获得。

购买经营分期报告规则：本轮次购买，本轮次获得，报告为上轮次历史数据。

> 购买市场调查报告策略：通过分析《市场调查报告》，能获得行业发展、区域的人口数量占比等相关信息做出对应选址、选经理、原材料购买、生产计划等决策。市场调查报告在市场营销购买获得。
>
> 购买市场调查报告规则：市场调查报告信息是固定的
>
> 购买经营分期报告策略：通过分析《经营分期报告》，能获得本企业与友商企业净资产等相关信息做出对应产品研发、定价等决策。经营分期报告在市场营销购买获得。
>
> 购买经营分期报告规则：本轮次购买，本轮次获得，报告为上轮次历史数据

市场调查报告
费用：¥10000元

经营分期报告
费用：¥20000元

图 2-17　市场调查报告类型

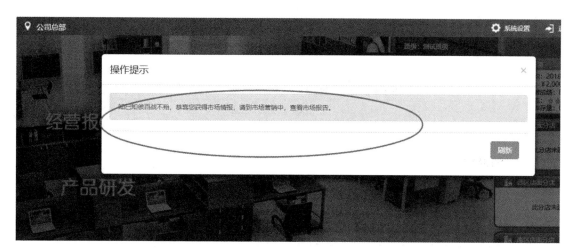

图 2-18　市场调查

购买完的市场报告到市场营销中查看。

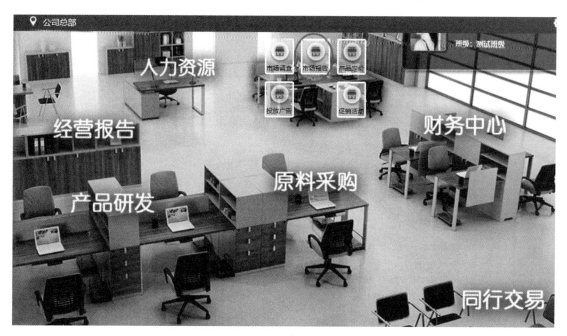

图 2-19　市场调查部门

市场报告 ✕

报告名称 市场调查报告 ▼

行业及区域特征

近年来，居民消费心理和消费行为都在发生变化，转向休闲享受型消费，我国冷饮消费处于快速发展期。有数据显示 2009 年，我国市场规模达到 193 亿元。与世界人均消费量相比，我国人均消费量还处于较低水平，悬殊的差距表明中国消费市场发展潜力巨大。我国居民消费意识的转变及消费容量的激增将成为企业的巨大机遇。正是由于国内市场的巨大机遇，跨国品牌纷纷布局国内市场，加剧了行业竞争的激烈程度。但是，一路走来，行业的整体发展趋势仍旧不断攀升，创造了新的行业奇迹！

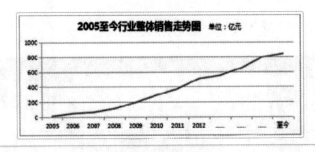

图 2-20　市场调查结果 1

市场报告 ✕

报告名称 市场调查报告 ▼

人口数量占比

当然，根据城市和区域不同，即使是相同的产品在不同市场内的表现也不尽相同，它受到各种条件的正负影响或者制约；您所在城市内，相关信息如下：

不同区域的人口数量占比：

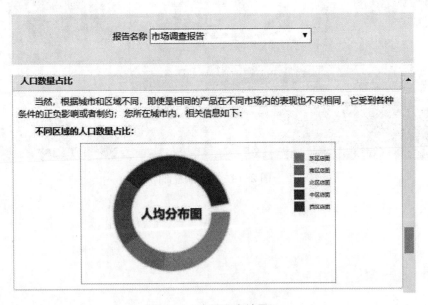

图 2-21　市场调查结果 2

市场报告　　　　　　　　　　　　　　　　　　　　　　　　　　×

报告名称　市场调查报告　　　　　　　　　▼

产品销售的相关因素特性

不同区域影响产品销售的相关因素特性如下：

区域名称	价格敏感度	广告敏感度	促销敏感度	服务敏感度	社会事件敏感度
东区1店	★★★	★★★	★★	★★	★★
东区2店	★★★	★★	★★★	★★	★★
东区3店	★	★★	★★	★★★	★★
西区1店	★★	★★	★★	★★★	★★★
西区2店	★★	★★★	★★	★★	★★★
西区3店	★★	★★	★★★	★★	★★★
南区1店	★★★	★★★	★★★	★	★★★
南区2店	★★★	★★★	★★	★	★★★
南区3店	★★	★	★	★	★★★

图 2-22　市场调查结果 3

市场报告　　　　　　　　　　　　　　　　　　　　　　　　　　×

报告名称　市场调查报告　　　　　　　　　▼

中区3店	★★	★	★★	★★	★★★

说明：★的个数代表在相应区域内该因素对销售影响的敏感度。★越多，影响越大。

城市各区人均可支配收入

城市各区人均可支配收入：

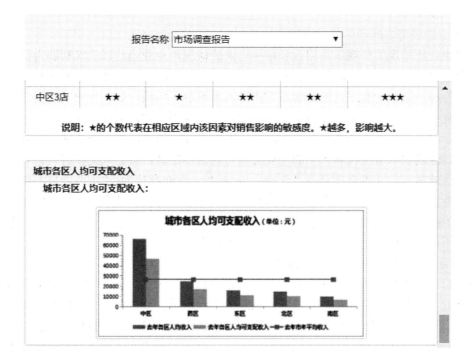

图 2-23　市场调查结果 4

第三章　创办你的企业

第一节　理想企业的合理规划

凡事预则立不预则废，合理规划、确定目标是创业的第一步，打造一个属于你自己的企业，最为重要的是理性看待自己擅长的商业领域，有针对性地确定起步阶段的创业目标，并形成完善的创业规划方案，做到有的放矢。切记！良好的开端是成功的一半！

一、描述你的企业想法

通用电气原董事长兼 CEO 杰克·韦尔奇曾说过："有想法的人就是英雄。我主要的工作就是去发掘下属的一些很棒的想法，扩张它们，并且以光速般的迅捷将它们扩展到企业的每个角落。我坚信自己的工作是一手拿着水罐，一手带着化肥，让所有的地方变得枝繁叶茂。"你的企业想法是什么？这个问题将决定你企业的未来。不论你的想法如何，它都会从本质上展示你的经营理念，体现你是否具有企业领导者的能力。现在的创业者，不论创业起点的高低，都应当具有工匠精神和世界眼光，如果只是将眼光局限于当下和周围，那么这样的企业永远不会"长大"。

1. 企业想法需要展示你的经营理念

现代企业所呈现的外观就是创业者精神追求的体现，企业当然以追求利润为目的，因为利润决定生存，但是企业家的精神境界决定企业发展的层次。由于创业者本人在创业起步阶段拥有的各种资源极为有限，因此容易直接进入市场准入门槛较低的行业。然而，低水平的模仿型、复制型创业在这个以创新求发展的时代早已是明日黄花。同质性越高，可替代性就越大，行业收益就越差，市场存活率就越低。据权威部门调查，中小企业的存活时间平均是一到两年。这就意味着当代和未来的创业必须与创新相结合，做到人无我有、人有我优、人优我精！这就需要创业者必须具备"创造力"，对此，乔布斯认为："创造力只不过是连接某些东西的能力。如果你问一个有创造力的人，他们如何'创造'某个东西，他们会觉得有点委屈，因为他们不是真的在'创造'东西，他们只是看到了某种东西。因为，他们能够把曾经见过的不同体验连接在一起，然后综合成某种新东西。"

2. 企业想法必然体现你的领导能力

科学合理的企业经营建立在对企业自身的定位和对市场的充分认知的基础上。这可以直接判明创业者是否具有高超的商业头脑，以及对政府政策动向、市场变化和消费者心理的敏锐洞察力。在目前的市场经济条件下，吃透和把握政府的政策将使你的企业发展得如鱼得水。政府政策是国家对于整个国民经济的风向标，顺应市场本身的变化和政府的政策调控，有助于企业的长足发展。但是这种能力的获得，不是一朝一夕之事，需要企业领导者长期的经验积累和能力发挥。日本京瓷创始人稻盛和夫曾说过："所谓领导者，就是能够对自己的任务描绘出宏伟前景的人。描绘得出未来蓝图，就会有千方百计去实现的信念。就算是下刀子也要会把自己的信念坚持到底，有丢掉性命也在所不惜的坚强意志。换言之，就是顽固。陈述自己的愿景，即使得不到赞成，也不会说'那就算了吧'而放弃，领导者是有敢自作主张并坚持到底的有意志的人。如果没有人格上的问题，员工肯定会追随这样的领导者。"

二、确定你的企业性质

　　企业的目标规模在起步阶段不可能太大，必须有一个长期的应对策略，来逐步适应市场的变化，并有充足的时间去累积资金和磨炼技术。很多人在初次创业时都满怀着远大理想，因此制定发展战略时，忽视了企业的性质，把目标定得过高。因而，必须满足市场上有限的用户群体的需求，在使企业近期发展与长远战略相结合的前提下，将长远战略融入近期发展中，保证发展的可持续性，应当极力避免急功近利和好大喜功。一旦在一个相对短的时间内——资本还贷周期——未能完成相应的利润指标，就会直接导致资金链紧绷甚至断裂，造成难以逆转的后果。因此，企业的目标规模必须在创业伊始直接瞄准市场上的直接消费者，而不是潜在消费者，以期在起步阶段迅速地收回投资成本，并根据前期发展经验，适当调整企业发展目标，而不是单纯地"赚取第一桶金"。

　　从融资的角度看，对企业性质的定位还必须考虑到二级市场的作用。二级市场的核心功能，在于实现资本的供给端与需求端的有机对接。资金对企业的发展，正如血液对于人体。因此，对二级市场的准确评估，即对企业资金流状态的评估。二级市场上，优质企业和具有巨大发展潜力的企业，将获得有效的资金供给，而资金本身也会反映出正确、合理的价格信息。不能因为融资而推高企业的贷款成本或债务风险。那么企业在二级市场中，最为关切的就是资本获得和运用的稳定性、有效性和流动性——这三者缺一不可。因此对于初次创业而言，必须意识到资本在创业阶段的决定性作用，由此必须全面关注企业的特性与二级市场是否能够有效耦合。在没有对二级市场进行准确评估的前提下，贸然进行融资，必然会隐藏巨大的债务风险。而债务风险一旦发生，将成为施加在企业发展上的沉重枷锁，使得后续融资举步维艰。

三、制定切实的营销计划

　　制定切实的营销计划，就是对企业当下生存的发展规划。营销的本质就是推销，但低端企业推销的是产品，高端企业推销的是品牌。从对象上看推销是一对一，而营销是一对多。那么营销不是推销的简单扩大，而是在明确营销目标的基础上，通过运用有力的营销策略大规模推销企业的产品或服务。创业者的营销能力是他的核心竞争力，没有营销就没有收益，没有收益就没有利润。一般来讲，完善的营销计划可能包括：营销战略制定、产品全市场推广、营销团队建设、促销政策制定、专卖体系等特殊销售模式打造、终端销售业绩提升、样板市场打造、分销体系建立、渠道建设、直营体系建设、价格体系建设、招商策划、新产品上市策划、产品规划、市场定位、营销诊断等方方面面的内容。对于初次创业者来说，他不可能在经验有限、资金有限和人手有限的情况下，将上述各项纳入到他的营销计划中去。实际上，作为初次创业者，他的营销计划最重要的是下述两项。

　　1. 明确营销目标。所有营销的终极目标都是利润，没有利润就没有生存。然而这种目标必须切合实际。只有在基于对市场变化的掌握，对消费者品位的了解，以及对自身特有的营销手段不断精益求精的基础上才能制定出适度的营销目标。而营销目标本身包括三个层次：一是质量营销。消费者购买的不是产品或服务本身，而是产品或服务能够满足消费者的特定需求。这种需求被满足的层次则直接取决于产品或服务的质量高低。二是品牌营销。优质的产品或服务，就会在消费者心目中形成品牌意识，他将持续关注或向其他消费者推介这个产品或服务的品牌，这样就形成了品牌效应。三是理念营销。决定消费者该买什么或不买什么，就是主导了消费者的消费理念，如果一个产品具有的绿色、生态、健康、高效、持久等特质，就自然会成为消费者的购买某种产品或服务的重要参照指标。

2. 运用营销策略，即营销手段。门庭若市与门可罗雀之间的差别就是营销策略的差异。因此同样的外部市场环境和本身营销目标之下，营销策略所起到作用就是杠杆作用，企业营销目标的实现，就是依靠营销策略的四两拨千斤。随着时代的发展和市场经济发展的深化，当代企业的营销策略多达七八十种，如战略营销、文化营销、切割营销、娱乐营销、直复营销、水平营销、插位营销、公益营销、会议营销、公关营销，等等。那么对于初次创业者来说，哪种营销策略最为实用，这不是一个简单的选择问题。对于不同行业而言，因为其提供的产品和服务不同，营销策略自然因人而异。

四、合理的前景预测

对于企业的发展前景，必须充分适应不断变化的市场状况。抱最好之希望，做最坏之打算，使你的企业在激烈残酷的市场竞争中永远立足于不败之地！对于企业的前景预测，其合理性基础主要集中在两个方面，即对企业成长的外部宏观环境和微观环境。对这两种环境因素进行正确的判断，是决定企业未来发展正确与否的重要基础。

企业的前景预测要立足于宏观环境分析，即政治（Politics）、经济（Economy）、社会（Society）、技术（Technology）四个方面，简称 PEST 分析。宏观政治、经济环境直接决定了企业发展的长期稳定性，良好的政治经济环境有助于保持长期投资的安全性，提高投资的回报预期。而社会和技术环境决定企业的长期发展质量的高低。社会环境中最为重要的是消费者的需求心理与整体的消费理念，当时代观念发生变化时，消费者作为社会的成员必然产生新的消费心理，那么把握这种心理变化实际上就是把握了市场发展的前沿动态。而技术的升级将决定产品的生产与销售成本，新技术的出现直接导致了产品的生产方式发生革命性的变化，那么运用最新技术的企业将会在行业中最先降低生产成本，以取得成本优势。我们这个时代最为典型的技术改变市场的例子就是信息技术的迅猛发展，极大地冲击乃至颠覆了传统的市场生产、销售、物流模式。一个当代的创业者如果不能顺应信息化的潮流，必然会被市场无情地淘汰。

企业发展前景预测的微观环境分析则主要是对顾客需求发展分析、供应者供应能力分析、竞争对手的竞争能力分析、潜在进入者分析、现有替代品分析等波特五动力模型的分析应用。1979 年哈佛大学商学院教授米歇尔·波特创立了用于行业分析和商业战略研究的理论模型，被称为"波特五力模型"。该模型通过对产业组织经济学相关原理的演绎，推导出决定行业竞争强度和市场吸引力的五大主要力量。此处的市场吸引力也就是行业总体利润水平。前述五种力量最后要通过"增强市场吸引力"来提升行业整体利润水平，换言之，在一个处于完全竞争市场条件下的行业，即被认为是极度缺乏市场吸引力的行业，那么该行业中的企业利润率将无限趋近于 0。

因此，对企业的前景预测，其合理性主要体现在企业决策者或创业人对企业发展的宏观环境与微观环境的深刻把握。企业的成长环境决定了企业的成长状况，越是希望长期健康发展的企业，越是需要创业者在企业的发展前景上做出具有针对性、前瞻性和创造性的预测。那么结合上述两种企业发展的外部环境指标，形成合力的前景预测结论，为企业的进一步发展指明方向，就是必不可少的了。

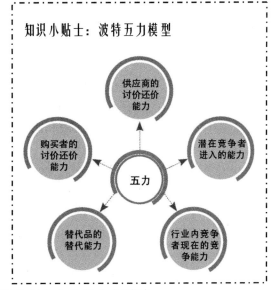

习题：

1. 理想的企业规划包含哪些要素？结合自身创业实际，谈谈你对这些要素的看法。

2. 请结合你自己希望从事的行业，谈谈你准备创办企业的企业精神。

3. 企业发展外部环境中的要素有哪些？在企业发展的起步阶段，你会怎样应对这类要素的各种变化？

第二节　筹备企业的必备要素

一、组织结构的设计

根据《中华人民共和国公司法》，虽然企业的组织架构需因人而异且因地制宜，但是基本原则不得与国家现行法律相抵触。那么在这一前提下，以常见的有限责任公司（或股份有限公司）为例，其组织机构结构如下。

（一）有限责任公司的组织结构

1. 股东会

有限责任公司股东会由全体股东组成。股东会是公司的权力机构。一般来讲，股东会行使下列职权：（1）决定公司的经营方针和投资计划；（2）选举和更换非由职工代表担任的董事、监事，决定有关董事、监事的报酬事项；（3）审议批准董事会的报告；（4）审议批准监事会或监事的报告；（5）审议批准公司的年度财务预算方案、决算方案；（6）审议批准公司的利润分配方案和弥补亏损方案；（7）对公司增加或减少注册资本作出决议；（8）对发行公司债券作出决议；（9）对公司合并、分立、解散、清算或变更公司形式作出决议；（10）修改公司章程；（11）公司章程规定的其他职权，等等。

2. 董事会

有限责任公司设立董事会的，股东会会议由董事会召集，董事长主持；董事长不能履行职务或不履行职务的，由副董事长主持；副董事长不能履行职务或不履行职务的，由半数以上董事共同推举一名董事主持。有限责任公司不设董事会的，股东会会议由执行董事召集和主持。董事会或执行董事不能履行或不履行召集股东会会议职责的，由监事会或者不设监事会的公司的监事召集和主持；监事会或监事不召集和主持的，代表 1/10 以上表决权的股东可以自行召集和主持。

董事会对股东会负责，行使下列职权：（1）召集股东会会议，并向股东会报告工作；（2）执行股东会的决议；（3）决定公司的经营计划和投资方案；（4）制定公司的年度财务预算方案、决算方案；（5）制定公司的利润分配方案和弥补亏损方案；（6）制定公司增加或减少注册资本，以及发行公司债券的方案；（7）制定公司合并、分立、解散或变更公司形式的方案；（8）决定公司内部管理机构的设置；（9）决定聘任或解聘公司经理及其报酬事项，并根据经理的提名决定聘任或解聘公司副经理、财务负责人及其报酬事项；（10）制定公司的基本管理制度；（11）公司章程规定的其他职权。此外，董事会会议由董事长召集和主持；董事长不能履行职务或不履行职务的，由副董事长召集和主持；副董事长不能履行职务或不履行职务的，由半数以上董事共同推举一名董事召集和主持。董事会的议事方式和表决程序，除公司法有规定的外，由公司章程规定。董事会应当对所议事项的决定作成会议记录，出席会议的董事应当在会议记录上签名。董事会决议的表决，实行一人一票。

3. 经理

有限责任公司可以设经理，由董事会决定聘任或解聘。经理对董事会负责，行使下列职权：（1）主持公司的生产经营管理工作，组织实施董事会决议；（2）组织实施公司年度经营计划和投资方案；（3）拟订公司内部管理机构设置方案；（4）拟订公司的基本管理制度；（5）制定公司的具体规章；（6）提请聘任或解聘公司副经理、财务负责人；（7）决定聘任或解聘除应由董事会决定聘任或解聘以外的负责管理人员；（8）董事会授予的其他职权。公司章程对经理职权另有规定的，从其规定。经理列席董事会会议。此外，股东人数较少或规模较小的有限责任公司，可以设一名执行董事，不设董事会。执行董事可以兼任公司经理。执行董事的职权由公司章程规定。

4. 监事会

有限责任公司设监事会，其成员不得少于三人。股东人数较少或规模较小的有限责任公司，可以设一至二名监事，不设监事会。监事会应当包括股东代表和适当比例的公司职工代表，其中职工代表的比例不得低于 1/3，具体比例由公司章程规定。监事会中的职工代表由公司职工通过职工代表大会、职工大会或其他形式民主选举产生。监事会设主席一人，由全体监事过半数选举产生。监事会主席召集和主持监事会会议；监事会主席不能履行职务或不履行职务的，由半数以上监事共同推举一名监事召集和主持监事会会议。董事、高级管理人员不得兼任监事。监事的任期每届为三年。监事任期届满，连选可以连任。监事任期届满未及时改选，或者监事在任期内辞职导致监事会成员低于法定人数的，在改选出的监事就任前，原监事仍应当依照法律、行政法规和公司章程的规定，履行监事职务。

监事会、不设监事会的公司的监事行使下列职权：（1）检查公司财务；（2）对董事、高级管理人员执行公司职务的行为进行监督，对违反法律、行政法规、公司章程或股东会决议的董事、高级管理人员提出罢免的建议；（3）当董事、高级管理人员的行为损害公司的利益时，要求董事、高级管理人员予以纠正；（4）提议召开临时股东会会议，在董事会不履行公司法规定的召集和主持股东会会议职责时召集和主持股东会会议；（5）向股东会会议提出提案；（6）依照公司法第一百五十二条的规定，对董事、高级管理人员提起诉讼；（7）公司章程规定的其他职权。此外，监事可以列席董事会会议，并对董事会决议事项提出质询或者建议。监事会、不设监事会的公司的监事发现公司经营情况异常，可以进行调查；必要时，可以聘请会计师事务所等协助其工作，费用由公司承担。监事会每年度至少召开一次会议，监事可以提议召开临时监事会会议。监事会的议事方式和表决程序，除公司法有规定的外，由公司章程规定。监事会决议应当经半数以上监事通过。监事会应当对所议事项的决定作成会议记录，出席会议的监事应当在会议记录上签名。监事会、不设监事会的公司的监事行使职权所必需的费用，由公司承担。公司法关于有限责任公司的组织结构及职权对于股份有限公司同样适用。

（二）个人独资企业与合伙企业

除了有限责任公司外，大学生创业最为常见的形式为个人独资企业（无限责任）与合伙企业。这两种企业其实就是个人或少数人创建的企业形式，这类企业的人数较少，岗位设置层次较少，一般采用扁平化的组织架构。投资人或企业创办者就是企业的员工，因此这类企业的组织架构的设置较为自由。

二、分工与岗位设定

就岗位而言，不论企业大小都应有综合岗、财务岗、业务岗三类必备岗。对于大学生而言，其创业起步阶段，企业或公司的岗位也对应上述三类。那么一般来说，这三类岗位根据企业的经营范围其主要的工作任务如下。

（一）综合岗

综合岗一般是指负责文秘、人事等行政类事务的岗位。行政类岗位的具体职责如下：

①负责公司后勤事务的管理，并协调公司各部门的有效运行；②协助总经理做好公司总规划，为总经理提供有效的意见或建议；③完成总经理交给的各项工作与任务；④制定公司各项规章制度，以规范公司管理，提高工作效率；⑤负责公司文件收发，人事档案管理，相关客户档案管理；⑥负责公司邮件分发，电话接听、记录及客户接待；⑦负责协调公司与外部单位（政府、企业、事业单位）的关系；⑧规划、指导、协调部门内人员的工作，使部门工作高效运行；⑨对员工及其他相关部门进行行政监督，并考核其工作质量及数量；⑩根据公司实际情况引入适合可行的管理模式，使公司实现总体战略目标；⑪负责公司人力资源的规划，并进行人员招聘、面试、培训、考核；⑫做好公司 CIS 的相关工作，并为其提供持续改进方法。

文秘类岗位具体职责如下：

①协助综合办公室主任做好公司后勤事务，包括文件处理、接听并记录电话、接待来访顾客或潜在顾客、维护保养电脑与打印和复印等办公设备；②协助上级主管做好人力资源规划、需求预测、人事档案、文档管理等工作；③管理公司内部相关的文件；④分析管理体系实际中存在的问题，并提出或改进原有的管理工作流程或管理制度及管理模式，使公司管理体系处于高效运行中；⑤传达、贯彻、执行公司的管理制度并进行监督；⑥会务安排或做好会议记录；⑦改进管理手段、优化工作流程、简化汇报程序、提高工作效率；⑧完成上级领导下达的其他工作任务。

（二）财务岗

财务岗主要负责企业的会计与出纳工作，其具体职责如下：

1. 全面负责公司日常财务的管理工作，包括出纳的相关工作，即做好公司现金、票据及银行存款的保管出纳和记录；建立现金日记账、银行存款日记账、审核现金收付单据；积极配合公司开户行做好对账、报账工作；配合各部门办理电汇、信汇等有关手续；销售发票的开具及保管；协助会计做好各种账务处理工作；办理公司有关税款申报及缴纳；编制有关税务报表及统计报表；办理与税务有关的其他事务；2. 协助综合办制定财务方面的相关管理制度及有关规定，并监督执行；3. 负责公司资金调配、成本核算、会计核算和分析工作；4. 负责资金、资产的管理工作；5. 预测、监控可能会对公司造成经济损失的重大经济活动。

三、人员招聘计划

根据公司人员需求状况，按照轻重缓急列出招聘岗位清单，制定人员招聘计划，明确各岗位需求人数、责任人、监督者、完成时间等事项，并报请领导审批，人力资源部门按计划落实，以确保找到与公司发展相适应的人才。

（一）招聘渠道选择

针对公司招聘岗位类型需求和人员招聘紧急程度，可以综合考虑以下 6 种招聘渠道。

1. 网络招聘：拿智联招聘举例，作为一个招聘人员，首先要熟悉当地人才市场情况，另外如果想找到足够的优秀人才，网络招聘也不能守株待兔，要主动搜索网络上合适的人才，每日或每周二和周四组织相应数量的候选人参加面试，在此我们可以根据岗位需求状况，安排各岗位候选人的比例，或在某一天专项安排一个岗位面试，并找出最合适的人员，予以录用。另外招聘人员要对候选人的成功率负责，避免出现费时费力最终无功的事情发生。同时如果公司招聘需求较多，还可考虑选择更多的合适招聘网络渠道，比如智联招聘、乐职网等，具体要选择哪个网络，需要对公司需求进行一个分析才可决定。

2. 人才招聘会：人才招聘会举办得比较频繁，特别是金三银四的火爆场面让人难忘，所以作为人员招聘的重要渠道，招聘会可以根据人才类型、举办地、举办者等的综合考虑，参加部分大型招聘会。另外，参加招聘会也是公司宣传的一种重要手段，可以说是一举两得。

3. 员工介绍：公司很多岗位专业性很强，如美工、网页设计、网络推广等，就需要寻找对口人员，在此，公司的在岗员工的同学、朋友或以前的同事都可以成为候选人，可以通过多种激励手段（如现金奖励）鼓励员工向公司推荐人才，这种方式有很多好处，一方面，员工推荐的候选人会因与在岗员工有某些相似，所以适合公司的可能性更大；另一方面，朋友之间介绍的方式也更易形成一种和谐的工作氛围，更易做到公司提倡的"合作、共享"，实现和谐共赢。

4. 公司内部招聘选拔：这种方法最大的好处是能够更好地激励优秀的员工，我们给优秀的员工一个崭新的发展平台，能够进一步激发他的创造精神，从而为公司创造更大的效益。同时，这还可以为公司保留更多的优秀员工，提高公司员工稳定性，这也为公司避免出现人才离职频繁带来的恶性循环提供一种解决方法。这种方法可以促使我们去不断地开发员工的才智，培养员工一专多能，也是公司出现人员紧缺时的一个缓解之措。

5. 校园招聘：每年年初，也是大学生毕业前的半年，所以上半年会有大量的大学生进入人才市场，这时可以主动出击，联系部分学校组织开展校园招聘。这种方法成本低，针对性强，对公司补充新鲜血液、培养自己的人才非常有效，针对这种渠道招聘来的员工更需要系统地提升培训体系，给他量身定做职业发展规划，这种方式与内部提拔相结合甚为有效，从而为来年人员流动高峰期做足准备工作。

6. 人事代理：如果公司的人员招聘工作比较频繁，我们可以考虑与人事代理公司联系，代理部分岗位招聘业务，可以使人力资源部有更多的精力做好人员激励工作，保证公司人员合理流动比率，这种方法在特殊岗位常年保证不了时可以考虑。

以上只是几种常用的招聘渠道，我们平时更多的是将几种方法综合起来以确保人员需要，如网络招聘和招聘会招聘的结合，但是最主要的是要有一个强大执行力的招聘团队去落实到位，所以在特殊时期有必要把招聘工作作为一个项目来对待，这样可以有以下好处：更加明确的权责；期限规定更加明确；招聘人员工作能力快速提升。

（二）招聘组织

一个有效的招聘团队组织应该有以下 3 个角色划分：1. 组长，主要是监督招聘工作的进度，确保任务保质保量完成。2. 副组长，严格按照招聘计划方案合理分配招聘任务，并带领团队按计划予以落实，确保完成任务。3. 招聘项目专员，严格按照计划推进招聘工作的进度，如期完成招聘任务。招聘组织人员要对招聘最终结果负相应的责任，并按照完成情况给予相应的考评，并作为月度考评的重要依据，从而给招聘组织的执行力加一个保险。

（三）相应的支持工作

招聘工作作为人力资源管理工作的重要组成部分，不仅关系到培训、薪资、绩效等模块的开展，而且对公司的发展也起到关键性作用。一个快速发展的企业需要稳定、高效的人才队伍支持，这就需要强大的培训机制来提升员工的素质能力，需要公平合理的绩效考评机制来衡量员工的业绩，让员工拿到满意的薪酬。通过企业文化建设，开展员工思想工作，从而为公司的发展提供一个最关键的保障。

习题：

1. 根据你所掌握的知识，请你谈谈股份有限公司、有限责任公司和个人独资企业之间的异同点。

2. 创办企业时，你认为最重要的岗位有哪些？该如何设置？

3. 根据自己希望创办的企业，拟定一份人才招聘计划。

第三节　成立企业的主要步骤

一、企业法律形态的选择

大学生自主创立企业的成功率非常低，而大学生自主创业要成功首要的考虑因素就是选择合适的企业形态。

（一）个人独资企业

依据《中华人民共和国个人独资企业法》规定：个人独资企业是指依照本法在中国境内

设立，由一个自然人投资，财产为投资人个人所有，投资人以其个人财产对企业债务承担无限责任的经营实体。设立个人独资企业应当具备的条件为：（1）投资人为一个自然人；（2）有合法的企业名称；（3）有投资人申报的出资；（4）有固定的生产经营场所和必要的生产经营条件；（5）有必要的从业人员。从上述法律规定可知，设立个人独资企业没有最低注册资本金的要求，并且其设立条件要比其他形态的企业简单得多。从现实状况看，大学生创业遇到的最大瓶颈之一就是没有启动资金。从而，结合个人的创业条件，设立个人独资企业是大学生创业的最佳选择之一。特别是这类个人独资企业是将投资人本人作为个人所得税纳税的对象，不存在企业性纳税，这就从根本上减轻了创业者个人的税务负担。从这个意义上说对降低创业期的启动成本，缓解创业初期的资金压力是具有很大作用的。然而，该法同时规定了个人独资企业，投资人须对外承担无限责任。也就说，如果出现了企业债务，投资人本人需用个人的财产承担无限清偿责任。如此一来，作为个人独资企业的投资人，需要承担很大的债务风险，这种风险可能导致投资人的私人财产成为消化风险的本金。那么对于刚刚踏入社会的大学生而言，这就是用私人财产承受企业的运营风险。如果没有充分的心理准备和资金准备，选择个人独资企业就会在企业产生运营风险时，因资金链断裂而导致投资失败。

（二）合伙企业

合伙企业，是指自然人、法人和其他组织依照《中华人民共和国合伙企业法》在中国境内设立的普通合伙企业和有限合伙企业。普通合伙企业由普通合伙人组成，合伙人对合伙企业债务承担无限连带责任。有限合伙企业由普通合伙人和有限合伙人组成，普通合伙人对合伙企业债务承担无限连带责任，有限合伙人以其认缴的出资额为限对合伙企业债务承担责任。设立合伙企业，应当具备下列条件：（1）有两个以上合伙人。合伙人为自然人的，应当具有完全民事行为能力；（2）有书面合伙协议；（3）有合伙人认缴或实际缴付的出资；（4）有合伙企业的名称和生产经营场所；（5）法律、行政法规规定的其他条件。

有限合伙企业由两个以上、五十个以下合伙人设立，但是法律另有规定的除外。有限合伙企业至少应当有一个普通合伙人。有限合伙企业名称中应当标明"有限合伙"字样。合伙协议除符合该法第十八条的规定外，还应当载明下列事项：（1）普通合伙人和有限合伙人的姓名或名称、住所；（2）执行事务合伙人应具备的条件和选择程序；（3）执行事务合伙人权限与违约处理办法；（4）执行事务合伙人的除名条件和更换程序；（5）有限合伙人入伙、退伙的条件、程序和相关责任；（6）有限合伙人和普通合伙人相互转变程序。

（三）公司

与有限责任公司相比，股份有限公司无论是从注册资本还是从设立的条件、程序上都比有限责任公司要严格得多，所以在实践中，大学生创业时更多考虑的公司形态是有限责任公司。在我国公司法中，不论是有限责任公司还是股份有限责任公司，股东承担的都是有限责任。这样投资者的责任就大大减轻了，投资的风险也减少了。在旧公司法的规定下，如果要设立有限责任公司至少需要10万元的注册资本才可以开设科技开发咨询类的企业，商品零售型企业需要30万，而商品批发和生产型企业则至少需要50万的注册资本，给投资人设立公司增加了资金难度。而新的公司法则将有限责任公司的最低注册资本统一规定为3万元，同时规定允许分期缴付注册资本，大大降低了设立公司的难度，对于目前处于"我国的资本市场落后，创业投资处于起步阶段，二级市场尚在酝酿之中，融资相当困难"境况中的大学生创业者来说相当于雪中送炭。新公司法还增加了一人有限公司的内容，对于有一些资金想独立创业而又怕承担无限责任的大学生创业者而言，一人有限公司是一个最佳选择。但是同时一人有限公司的一些规定又相当严格，一人有限责任公司的注册资本最少是 10 万元，且要求一次性付清。新的公司法还规定：一人有限责任公司的股东不能证明公司财产独立于股东自己财产的，应当对公司债务承担连带责任。这样能保护公司债权人的利益，避免投资人滥用公司法人的独立地位和股东有限责任，逃避责任。

（四）比较以上三种形态的启示

相对于个人独资企业和合伙企业而言，公司的设立条件和程序要严格得多。虽然新的公司法已经降低了注册资本的要求，但是仍然让许多缺乏资金的大学生创业者望而却步。而且公司除要缴纳企业所得税之外，作为公司的股东还要缴纳个人所得税，相比较个人独资企业和合伙企业来说，税收负担要重得多。还有相当一部分的大学生之所以要自主创业而不是选择去企业就业是不想受别人的指挥，而要自己做自己的主，而在有限责任公司中股东对自己的出资和公司的财产并不享有绝对控制权，由公司统一进行管理和使用，这会让很多希望自己做主的大学生创业者觉得仍是在给别人打工而不能自己独立做主，从而失去了当初想自己创业的激情与兴致。刚出校门的大学生一般缺少资金支持再加上缺乏社会经验，因此要考虑到他们的责任与风险的承受力。综合这两个方面因素的考虑，笔者认为合伙企业是大学生创业者的最佳选择。

二、企业文化（软实力）的设计

企业文化显示企业发展的品味与档次，它主要包含企业价值观、企业的经营理念、企业内部的行为准则等。

1. 企业价值观

企业的价值观实际上就是企业领导者本人的价值观，他是在企业的层面将个人价值观付诸企业的具体运营中。一般来讲，企业的价值观必然反映了企业本身的对待社会的基本态度，展示了企业领导者的理想与抱负，代表企业对于各种经济和社会规则的价值判断标准与基本原则。提出企业的价值观是确立企业发展根本目标的前提之一，对于增强企业凝聚力、向心力和战斗力具有无可替代的精神作用。因此企业的核心价值观必然是企业经营理念、行为准则的基础。

2. 企业的经营理念

在企业的价值观之下，企业的经营理念直接表现为对企业发展前景的基本认识。企业的经营理念将无时无刻贯穿于企业的经营活动之中。它将企业的领导者与企业的管理层和企业员工的基本工作态度联系在一次，成为企业对外展示的主要精神风貌。主要阐明企业愿景、企业使命和企业精神。企业愿景是企业未来可以成就的具有挑战性的远景描绘，是一个可能和希望实现的未来蓝图。企业使命是企业业务、服务目标或企业存在的目的和意义，有些企业的使命陈述还包括对企业优势的说明。企业精神是企业的灵魂和精神支柱，是根据核心价值观营造的企业员工共同的内心态度、意志状况、思想境界和理想追求，及相应的精神氛围。例如，苹果公司的经营理念如下——与竞争对手合作；开发亮丽性感的产品；变革原始的商业规划，树立新的发展蓝图；开创新的解决方案来逾越看似不可逾越的障碍；主动告诉消费者他们需要什么，不能消极地等待消费者的信息回馈；连点成面；员工雇佣标准不能千篇一律；鼓励别人以不同的方式思考；使产品简单化；销售的是梦想，而不仅仅是产品。

3. 企业行为准则

行为准则设计是以价值观体系为基础，结合经营理念的提炼设计、描述、界定企业成员基本行为的规范。员工的行为方式具有行业和企业的特点，也代表着一个企业的精神面貌。规范的员工行为不仅有助于协调企业上下的步伐，更有助于贯彻企业领导层的意旨，强化企业管理。设计行为准则，要充分考虑行业和企业的特点，也要按不同岗位进行划分，最忌千篇一律。比如，决策层、经理层、科研开发、市场营销、生产、财务人员等，这些岗位的职能特点各不相同，设计行为准则时都要考虑到。

4. 企业形象与 CI 设计

企业形象是一个企业在社会公众及消费者心目中的总体印象，由 MI、BI、VI 组成。MI 是企业理念形象，主要包括企业愿景、使命、精神、道德、作风，以及经营战略、发展目标等要素。BI 是企业行为形象，主要包括企业行为规范、基本政策和制度等。VI 是企业视觉形象，主要包括企业标志、标准字、标准色等基本要素，以及办公、交通、制服、环境、包装设计等应用要素。MI 是企业识别的核心，BI、VI 是 MI 的具体体现。近几年来，随着企业改革的深入，企业参与国内外市场竞争的频繁，企业形象受到了企业内外的普遍关注，一个良好的形象是企业的无形资产，是企业竞争取胜的利器。但是企业形象的塑造不是一朝一夕的事，涉及企业的许多方面。因此在进行企业的 CI 策划时，一定要全面考虑，精心设计，为企业形象的具体塑造打下一个好的基础。CI 设计特别是 VI 带有一定的专业性，有条件的企业请专业咨询公司帮助支持，会取得更好的效果。

习题：

1. 企业的法律形态是如何决定企业性质的？这些不同类型的企业，你认为最符合你个人创业实际的是哪种？为什么？

2. 企业文化的具体内容有哪些？你认为一个企业最重要的文化（企业价值观）应当是什么？

第四节　注册企业的具体流程

一、实体业务部分（选址、租赁等）

租房后要签订租房合同，并且一般要求必须用工商局的同一制式租房协议，并让房东提供房产证的复印件和房东身份证复印件。房屋提供者应根据房屋权属情况，分别出具以下证明：（1）房屋提供者如有房产证应另附房产证复印件并在复印件上加盖产权单位公章或由产权人签字。（2）无产权证的由产权单位的上级或房产证发放单位在"需要证明情况"栏内说明情况并盖章确认；地处农村地区的也可由当地政府在"需要证明情况"栏内签署同意在该地点从事经营的意见，并加盖公章。（3）房屋为新购置的商品房又未办理产权登记的，应提交由购房人签字或购房单位盖章的购房合同复印件及加盖房地产开发商公章的预售房许可证、房屋竣工验收证明的复印件。（4）房屋提供者为经工商行政管理机关核准具有出租经营权的企业，可直接在"房屋提供者证明"栏内加盖公章，同时应出具加盖本企业公章的营业执照复印件，不再要求提供产权证。(5) 将住宅改变为经营性用房的，属城镇房屋的，还应提交《登记附表－住所（经营场所）登记表》及所在地居民委员会（或业主委员会）出具的有利害关系的业主同意将住宅改变为经营性用房的证明文件；属非城镇房屋的，提交当地政府规定的相关证明。

二、经济业务部分（银行、会计师事务所）

凭会计师事务所出具的"银行征询函"选择银行开立公司验资户。所有股东携带出资比例等额资金、工商核名通知书、法人代表和其他股东的私章、身份证、空白征询函表格，到银行去开立公司验资账户。银行会发给每个股东缴款单，并在征询函上盖银行的章。注意：公司法规定，注册公司时，投资人（股东）必须缴纳足额的资本，可以以货币形式（也就是人民币）出资，也可以以实物（如汽车）、房产、知识产权等出资。到银行办的只是货币出资这一部分，如果你有实物、房产等作为出资的，需要到资产评估机构鉴定其价值后出具评估报告再以其实际价值出资，比较麻烦，因此建议直接货币出资。银行出具的股东投资的现金缴款单（或进账单）、银行对账单、银行盖章后的征询函由银行寄至会计师事务所，携带公司章程、名称预先核准通知书、房租合同、房产证复印件送到会计师事务所办理验资报告。

三、行政业务部分（政府部门）

办理企业注册相关业务涉及的政府部门主要有：工商行政管理局、公安局、税务局、质量技术监督局。

1. 申请公司营业执照

向工商行政管理部门申请公司营业执照，时限为受理后 5 个工作日可领取执照。企业法人营业执照有限责任公司设立登记应提交的文件、证件：(1)《企业设立登记申请书》，其中包含《企业设立登记申请表》《单位投资者（单位股东、发起人）名录》《自然人股东（发起人）、个人独资企业投资人、合伙企业合伙人名录》《投资者注册资本（注册资金、出资额）缴付情况》《法定代表人登记表》《董事会成员、经理、监事任职证明》《企业住所证明》等表格；(2) 公司章程，提交打印件一份，请全体股东亲笔签字；有法人股东的，要加盖该法人单位公章；(3) 法定验资机构出具的验资报告；(4)《企业名称预先核准通知书》及《预核准名称投资人名录表》；(5) 股东资格证明；(6)《指定（委托）书》；(7) 经营范围涉及前置许可项目的，应提交有关审批部门的批准文件。

2. 刻公章

凭营业执照，到公安局指定的刻章社，去刻公章、合同章、财务章。后面步骤中，均需要用到公章或财务章。

3. 办理代码证

在质量技术监督局进行企业法人代码登记,时限为受理后 4 个工作日需要提供材料如下：(1) 营业执照副本原件及复印件；(2) 单位公章；(3) 法人代表身份证原件及复印件（非法人单位提交负责人身份证原件及复印件）；(4) 集体、全民所有制单位和非法人单位提交上级主管部门代码证书复印件；(5) 单位邮编、电话、正式职工人数；(6) 经办人身份证原件及复印件。

4. 税务登记证书

在税务机关办理税务登记证书提供材料："个体经济"可不报送以下的（2）（4）（5）项材料：（1）营业执照副本原件及复印件；（2）企业法人组织机构代码证书原件及复印件；（3）法人代表身份证原件及复印件；（4）财务人员身份证复印件；（5）公司或企业章程原件及复印件；（6）房产证明或租赁协议复印件；（7）印章；（8）从外区转入的企业，必须提供原登记机关完税证明（纳税清算表）；（9）税务机关要求提供的其他有关材料。

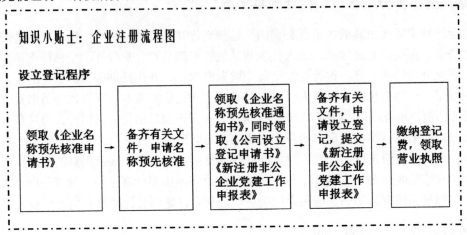

习题：

1. 注册企业时，需要经历哪些法定程序？

2. 结合你周围创业者的创业状况，调查一下他们在注册企业过程中遇到的最大的困难有哪些？他们是怎样应对的？

第五节　企业创办完成时的注意事项

一、开业仪式及其计划

开业仪式是现代商务活动中，各类公司、商场、酒店等企业在正式营业活动开张时，经过周密策划，精心安排，按一定程式专门举行的一种热闹庆典，是企业在社会公众面前的第一次亮相。宣传企业特色，扩大传播范围，塑造良好形象，争取更多客户是举办开业仪式的目的，因此要按照礼仪要求，搞好这个"第一次"。

（一）开业仪式前的准备工作

开业仪式的准备工作是极其重要的，它关系到开业仪式的成功，进而关系到企业开张的顺利，以及企业业务的开展和企业的社会形象，这是一项重要的基础性工作。深圳礼仪公司深韵文化在准备中要注意下列4个方面的工作：

1. 做好宣传工作。开业仪式前深圳礼仪公司深韵文化会通过传媒多作报道，发布广告，也可派人在公众场合发宣传品，造成一定的声势，引起公众的广泛关注。公关活动及宣传广告等活动宜安排在开业仪式前三至五天进行，最多不过一周，过早和过迟都难以收到良好效果。同时还应提前向媒体记者发出邀请，届时现场采访并报道，以便于进一步扩大影响。

2. 拟出宾客人员名单。除上述媒体记者外，参加开业仪式的人员应包括：政府相关部门领导，主要是表达企业对上级机关的感谢及希望能继续得到支持；社会知名人士，通过他们的名人效应，更好地提升企业的形象层次；同行业代表，希望能同舟共济、彼此合作、促进友谊、共谋发展；社区负责人及客户代表，搞好企业的社区公关，求得社区的共同繁荣，表明企业与客户的亲密合作关系，同时也应列出本企业参加开业仪式的领导、员工代表、服务人员名单。深圳礼仪公司深韵文化会在开业仪式前一段时间给这些重要嘉宾发出邀请函。

3. 布置开业仪式现场。开业仪式的现场一般选在企业、商场、酒店的正前门。现场布置要突出喜庆、隆重的气氛，标语彩旗、横幅、气球大多必有。此外，有的企业还准备鼓乐、飞鸽等加以烘托渲染。要注意的几点是：现场应有开业仪式的主横幅，如"深圳礼仪公司深韵文化隆重开业"等字样；现场需有摆放来宾赠礼的位置，如花篮、花牌等；遵守城市管理规定，在不允许放鞭炮的城市里，开业仪式时应自觉不鸣放，或改用环保型的电子鞭炮；音响或鼓乐声在节奏上和音量上要加以控制，不可因此引起邻里的反感及社区群众的投诉；预见开业仪式的场面规模，若可能会妨碍交通正常运转，应约请交通部门来人协调指挥。

4. 具体事项不可忽视。在准备工作中，上述大的方面落实后，还有不少具体事务要做，各方面分工到位后应认真落实，不可忽视。任何一个环节的具体工做出了差错，都会影响到开业仪式的整体效果。比如，请柬的准备和发送务必落实到被邀请人，并有确切的回复；贺词的撰写、讨论和审定要慎重，字体要大，内容要简练，话语要热情；现场接待人员应年轻、精干且形象要好，佩戴的标志（工作证、绷带等）要突出，贵宾到场时应由企业主要负责人亲自相迎；工作人员事前要调整好设备，千万不可临场出错；还有来宾的胸花、桌卡、饮品、礼物等都要一一准备好。

（二）开幕式的程序

开幕当天，主办单位的主要领导者，男性要身着深色西装，穿黑色皮鞋；女性宜穿着西装或套裙，在场依照身份站成迎宾线，微笑迎候客人并与之热情握手，表示感谢。各界参加者以及政府官员在开幕当天一般都要携带包装精美、饰以红绸的书画及其他装饰品等作为馈赠礼品，由主要参加者到场，双手呈交给揭幕单位，并表示祝贺。来宾抵达后，应由服务人员引入休息室或会场，依次签到。揭幕人（或剪彩人）要身着正规服装，提早熟知各项程序，并按主人的要求准时到达。具体程序如下：

1. 入场、奏乐。主席、剪彩人、来宾依次到位。主持者宣布开幕式开始，宣读主要来宾的名单。主席致词（介绍建筑情况）。各界代表致辞。揭幕（或剪彩）。主持人宣布揭幕或剪彩人的领导或来宾的名单。揭幕的方法是：揭幕人走到彩幕前恭立，礼仪小姐双手将开启彩幕的彩索递给对方，揭幕人目视彩幕，双手拉动彩索，使之开启。全场目视彩幕，鼓掌、奏乐。

2. 剪彩

剪彩者的人数不宜过多，通常以一至三人为佳。剪彩人员一般应由客人中地位最高人士及知名人士或主管部门负责人、上级领导担任为宜。剪彩者一定要提前确定、尽早相告。助剪人员由剪彩单位的负责人与礼仪小姐一同担任。助剪人员分为引导者、拉彩者、捧花者与托盘者。引导者可以为一人，也可以替每一位剪彩者配一名引导者。拉彩者应有两名。捧花者的人数则应视花数而定，一般应当一人一花。托盘者可以是一人，也可以为一名剪彩者配一名托盘者。在一般情况下，助剪人员由经过训练、形象较好的礼仪小姐担任。有时，为了表示重视或对剪彩者的重视，捧花者可以由剪彩单位的主要负责人亲自担任。礼仪小姐应穿着统一式样、统一面料、统一色彩的礼服，本单位的负责人，则应穿深色西装套装或西装套裙。

剪彩开始前，助剪人员应各就各位。拉彩者与捧花者应当面含微笑，在既定位置上拉直缎带，捧好花朵。主席台上的人员一般要跟随于剪彩者之后1～2米处。当司仪宣布剪彩开始，引导者应带领剪彩者走到红色缎带之前，面向全体出席者站好，然后引导者从剪彩者身后退下。接着，托盘者从左后侧上场，依次为剪彩者送上剪刀与手套，当剪彩者剪彩时，应在其左后侧约一米处恭候。在剪彩时，剪彩者应同时行动。剪彩之前，剪彩者应先向拉彩者与捧花者示意，随后动手剪彩，动作利索，要"一刀两断"。捧花者要注意，不要让花朵掉落在地。这时，司仪带领全体来宾鼓掌，乐队奏乐。剪彩完毕，剪彩者脱下手套，将它与剪刀一起放进托盘里。托盘者与拉彩者、捧花者后退两步，然后一起依次列队从左侧退下。剪彩者在此之后，应向全体出席者鼓掌，并与司仪和其他主人一一握手，以示祝贺。然后紧随引导者依次退场。

揭幕或剪彩结束后，进入店（馆、场、院等），主人表示感谢并备茶点招待来宾。主人引导来宾参观，并详细介绍情况，来宾随同主人认真听取，点头称道。主人分发小纪念品，来宾双手接过，表示谢意。来宾告辞，主人送至门外，宾主握手话别。从即日起，正式开店（或营业）。

二、企业开业的社会效应

（一）确定开业庆典举行的目的

（1）塑造企业形象；（2）吸引更多的目标客户；（3）扩大企业的知名度。企业开业庆典的目的是由企业的性质、企业发展的方向、企业的目标客户而定的，或者根据企业产品或服务对象来确定企业开业庆典目的，进而确定企业开业庆典形式和前期准备。

（二）企业开业庆典的前期宣传

（1）可以派发传单；（2）可以利用媒体，如平面媒体、电视、网络、广播等进行宣传；（3）也可以利用手机短信、邮件群发等方式进行传播公司开业庆典的信息宣传。

企业开业庆典的前期宣传是聚集人气，营造开业庆典气氛的重要手段和重要步骤，对于提升企业形象、扩大企业影响力具有重要的作用。新颖的开业方式给客户留下良好印象，有助于提升黏合度、销售量和服务满意度。这就要求企业根据产品定位和具体的商业环境及地理位置进行有针对性的开业典礼策划。

（三）企业开业庆典的正式举行

要根据企业的性质、企业所面对的客户等进行布置，进行不同的开业庆典场景的，如具有政府性质的企业需要有政府领导出场等。

习题：

1. 拟定一份开业仪式策划书。
2. 怎样利用开业仪式来扩大企业的影响力？
3. 开业仪式的各种要素中，哪些程序是必备的，哪些是可以省略的？

【实验项目】企业工商注册

【目的与要求】

让学生能够了解工商注册的流程，以及相关单据的填写规范。

【项目类别】

流程岗位作业

【项目准备】

知识准备：了解工商注册相关规定。

物品准备：本人身份证及其复印件。

设备准备：提供终端设备能连接到服务器的计算机；创业者实验平台。

【实验内容】

设立公司的第一步，就是要进行工商注册，如图 3-1、图 3-2 所示，企业通过系统进入到工商局窗口界面，首先要进行企业名称预先核准，就是审核企业申请的公司名称是否有重名，如果有重名，企业必须重新为公司起一个名字。如果名称通过审核，企业就可以进行企业设立登记了。企业填写并提交企业设立登记申请书、公司章程、法人代表登记、注册资本缴付情况、董事会成员经理监事任职情况、住所营业场所使用证明、单位投资人名录，经工商局审核通后，发放营业执照，工商注册完成。

图 3-1 企业设立登记

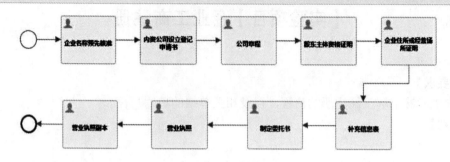

图 3-2　企业设立登记流程

1. 办理"企业名称预先核准"（详见图 3-3）

企业名称预先核准是企业名称登记的特殊程序，指的是设立公司应当申请名称预先核准，这样可以使企业避免在筹组过程中因名称的不确定性而带来的登记申请文件、材料使用名称杂乱，并减少因此引起的重复劳动、重复报批现象。

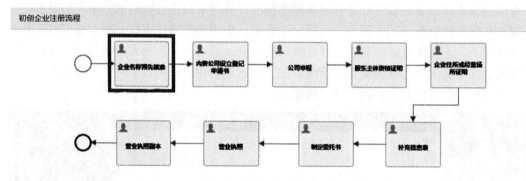

图 3-3　企业名称预先核准流程图

（1）企业办理名称预先核准的条件

①企业名称一般应当由以下部分依次组成：北京（市）+字号（商号）+行业（或者行业特点）+组织形式。

②所用商号不得与其他已核准或注册的相同行业或无标明行业的企业名称中的字号（商号）相同，但有投资关系的除外。

③不得与其他企业变更名称未满 1 年的原名称相同。

④不得与已注销登记或被吊销营业执照未满 3 年的企业名称相同。

⑤企业名称冠"中国""中华""全国""国家""国际"等字样的，或者在名称中间使用"中国""中华""全国""国家"等字样的，或名称不含行政区划的，需符合《企业名称登记管理实施办法》第五条、第十条的规定，如深圳多有米网络技术有限公司。

⑥企业名称中不得含有另一个企业名称。企业分支机构名称应当冠以其所从属企业的名称。

⑦企业名称应当使用符合国家规范的汉字，不得使用汉语拼音字母、阿拉伯数字等。

⑧企业名称中的字号应当由两个以上的字组成。行政区划不得用作字号，但县级以上行

政区划的地名具有其他含义的除外。

⑨ 企业名称不应当明示或暗示有超越其经营范围的业务。

（2）企业名称预先核准申请书

M01	名称预先核准申请书

敬　告

1. 请您认真阅读本表内容和有关注解事项。在申办登记过程中如有疑问，请您登录"北京工商"网站（http://scjgj.beijing.gov.cn/）—"网上办事"—"登记注册"模块查询相关内容，或直接到工商部门现场咨询。

2. 提交申请前，请您了解相关法律、法规，确知所享有的权利和应承担的义务。

3. 请您如实反映情况，确保申请材料的真实性。

4. 本申请书的电子版可通过上述网址获取。

5. 本申请书请使用正楷字体手填或打印填写。选择手工填写的，请您使用蓝黑或黑色墨水，保持字迹工整，避免涂改。选择打印填写的，请您填好后使用 A4 纸打印，按申请书完整页码顺序装订成册。

北京市 市场监督管理局

BEIJING ADMINISTRATION FOR INDUSTRY AND COMMERCE

　本人　_张三_　，接受投资人（合伙人）委托，现向登记机关申请名称预先核准，并郑重承诺：如实向登记机关提交有关材料，反映真实情况，并对申请材料实质内容的真实性负责。

委托人（投资人或合伙人之一）①　　　　申请人（被委托人）②

（签字或盖章）　_李四_　　　　　（签字）　_张三_

申请人身份证明复印件粘贴处
（身份证明包括：中华人民共和国居民身份证（正反面）、护照（限外籍人士）、长期居留证明（限外籍人士）、港澳永久性居民身份证或特别行政区护照、中国台湾地区永久性居民身份证或护照、台胞证、军官退休证等。）

　联系电话：　_12345678900_　邮政编码：　_123456_

　通信地址：　_××省/市××区/市××区/县××街道××号_

申请日期：2019 年 7 月 1 日

　注：① 委托人可以是本申请书第 3 页"投资人（合伙人）名录"表中载明的任一投资人（合伙人）。委托人是自然人的，由本人亲笔签字；委托人为非自然人的，加盖其公章；委托人为外方非自然人的，由其法定代表人签字。

　② 申请人（被委托人）是指受投资人委托到登记机关办理名称预先核准的自然人，也可以是投资人（合伙人）中的自然人，由后者亲自办理的，无须委托人签字。

名称预先核准申请表

申请名称	北京阳光科技有限公司		
集团名称		集团简称	
备选字号	1		4
	2		5
	3		6
主营业务①			
企业类型②	内资： 公司制：□有限责任公司　□股份有限公司 非公司制：□全民所有制企业□集体所有制企业 □合伙企业（□普通合伙□有限合伙□特殊普通合伙） □个人独资企业□农民专业合作组织□个体工商户		
	外资：□外资企业（全部由外国投资者投资） □合资经营企业□合作经营企业　□股份有限公司 □合伙企业（□普通合伙　□有限合伙　□特殊普通合伙） □港澳台个体工商户		
	□分支机构		
字号许可方式 （无此项可不填写）	□投资人字号/姓名许可 □商标授权许可 □非投资人字号许可	许可方名称（姓名） 及证照或证件号码	李四 123456789123456789
注册资本（金）或 资金数额或出资额 （营运资金）	（小写）200 万元（如为外币请注明币种）		
备注说明			

注：①"主营业务"是指企业所从事的主要经营项目，例如信息咨询、科技开发等。企业名称中的行业用语表述应当与其"主营业务"一致。主营业务包括两项及以上的，以第一项主营业务确定行业用语。

② 填写"企业类型"栏目时，请在相应选项对应的"□"内打"√"。"√"选"分支机构"类型的，请对其所从属企业的类型也进行"√"选。例如，北京华达贸易有限公司分公司的"企业类型"请选择有限责任公司和分支机构两种类型。

③ 本申请表中所称企业均包括个体工商户。

④ 本页填写不下的可另复印填写。

投资人（合伙人）名录①

序号	投资人（合伙人）② 名称或姓名	投资人（合伙人）证照 或身份证件号码	投资人③ （合伙人）类型	拟投资额 （出资额/万元）	国别④（地区） 或省市（县）
1					
2					
3					
4					
5					
6					

注：

① 请您认真阅读《投资办照通用指南及风险提示》中有关投资人资格的说明，避免后期更换投资人给您带来不便。

② 投资人（合伙人）名称或姓名应当与资格证明文件上的名称或身份证明文件的姓名一致，境外投资人（合伙人）名称或姓名应翻译成中文，填写准确无误。申请设立分支机构，请在"投资人（合伙人）名称或姓名"栏目中填写所隶属企业名称。

③ "投资人（合伙人）类型"栏，填自然人、企业法人、事业法人、社团法人或其他经济组织。

④ "国别（地区）或省市（县）"栏内，外资企业的投资人（合伙人）填写其所在国别（地区），内资企业投资人（合伙人）填写证照核发机关所在省、市（县）。

⑤ 本页填写不下的可另复印填写。

一次性告知记录

您提交的文件、证件还需要进一步修改或补充，请您按照第_____号一次性告知单中的提示部分准备相应文件，此外，还应提交下列文件：

被委托人：　　　　　　受理人：　　　　　　年　月　日

2. 办理"内资公司设立登记"（详见图3-4）

公司设立登记是指公司设立人按法定程序向公司登记机关申请，经公司登记机关审核并记录在案，以供公众查阅的行为。

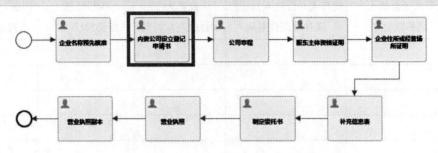

图 3-4　内资公司设立登记申请书流程图

图片来源：根据 https://dahsg.com/相关资料加工整理

（1）公司类型选择

① 有限责任公司

由 50 个以下的股东出资设立，每个股东以其所认缴的出资额对公司承担有限责任，公司法人以其全部资产对公司债务承担全部责任的经济组织。

适用情况：适合创业的企业类型，大部分的投融资方案、VIE 架构等都是基于有限责任公司进行设计的。

② 股份有限公司

由 2 人以上 200 人以下的发起人组成，公司全部资本为等额股份，股东以其所持股份为限对公司承担责任。

适用情况：适用于成熟、大规模类型公司，如中国石油天然气股份有限公司（中石油）。设立程序较为严格和复杂，不太适用于初创型和中小微企业。

③ 有限合伙企业

由普通合伙人和有限合伙人组成，普通合伙人对合伙企业债务承担无限连带责任，有限合伙人以其认缴的出资额为限对合伙企业债务承担有限责任。

适用情况：适用于风险投资基金、公司股权激励平台（员工持股平台）。

④ 外商独资公司

外国的公司、企业、其他经济组织或个人，依照中国法律在中国境内设立的全部资本由外国投资者投资的企业。

适用情况：股东为外国人或外国公司的企业，流程相对内资公司更复杂，监管更严格。在名称上与有限责任公司一致。

⑤ 个人独资企业

个人出资经营、归个人所有和控制、由个人承担经营风险和享有全部经营收益的企业。投资人以其个人财产对企业债务承担无限责任。

适用情况：适用于个人小规模的小作坊、小饭店等，常见于对名称有特殊要求的企业，如××中心、××社、××部等。

⑥ 国有独资公司

是指国家单独出资、由国务院或地方人民政府授权本级人民政府国有资产监督管理机构履行出资人职责的有限责任公司。

⑦ 其他

非公司企业：具有投资资格的法人、其他经济组织。

外资企业：外方为公司、法人、其他经济组织和自然人，中方为公司、法人及其他经济组织。

（2）经营范围

经营范围是企业可以从事的生产经营与服务项目。它反映的是企业业务活动的内容和生产经营方向，是企业业务活动范围的法律界限。

初次注册公司，不知道如何确定经营范围时，可以直接参考行业内同类公司。

以互联网科技公司为例，其经营范围如下：

网络通信科技产品领域内的技术开发、技术咨询、技术转让、技术服务，计算机网络工程，计算机软件开发及维护，计算机辅助设备的安装及维修，电子产品的安装和销售，计算机及相关产品（除计算机信息系统安全专用产品）、办公用品的销售，企业管理咨询（除经纪）。

（3）注册资本

注册资本是全体股东出于公司经营需要，提供或承诺提供给公司的资金总数。

需要注意的是，大部分的公司叫"××有限公司"或"××有限责任公司"。这里的有限责任公司的股东对公司的债务只承担有限的责任，而承担的最高额度就是公司的注册资本。

① 注册资本并不需要一次缴清

我国目前实行注册资本认缴制，认缴制的意思就是：注册资本不用在一开始就全部缴纳完成，而是只要在承诺的时限内（一般为 10—20 年）缴完即可，这极大地降低了公司注册时的资金压力。

② 何为验资报告

之前在实缴制的时候，注册资本是需要验资报告的。现在认缴制已经基本不需要验资报告了，只有少数情况会用到。例如，参加招投标项目，招标方要求出具验资报告；跟规模比较大的企业合作，对方为了确认你的公司实力，也会要求出具验资报告。如果需要用到验资报告，可以在注册资本实缴完成后，找会计师事务所来出具。

③ 公司注册资本的增减

根据我国公司法的有关规定，我国按照资本确定、资本维持、资本不变三原则，要求公司必须保持注册资本的相对稳定，同时对公司增加或减少注册资本规定了具体的条件和程序。

④ 公司增加注册资本

公司增加注册资本是指在公司成立后，经权力机构决议，依法定程序在原有注册资本的基础上予以扩大，增加公司实有资本总额的法律行为。

（4）注册地址

注册地址就是在公司营业执照上登记的"住址"，不同的城市对注册地址的要求也不一样，具体应以当地工商局要求为准。

各地对注册地址的要求，主要分为以下 4 类：

① 北京等地只允许写字楼、商铺等商业地产注册公司。

② 深圳、广州等一些沿海经济比较发达的地方民居也可以进行注册。

③ 上海等地居于两种之间。上海虽然只允许商业地产注册公司，但实质上政府作为第三方特批了很多经济园区、开发区，这些开发区能够为公司提供合法注册地址。

④ 备注。

创业初期如果资金紧张，可以选择入驻创业孵化器（集中办公区），使用它们的注册地址。

公司注册地址是可以变更的，但跨城区的税务变更会比较麻烦，所以在选择注册地址时，最好先确定好城区。

内资公司设立登记申请书

公司名称： <u>北京阳光有限责任公司</u>

敬　告

1. 请您认真阅读本表内容和有关注解事项。在申办登记过程中如有疑问，请您登录"北京工商"网站（gsj.beijing.gov.cn）—"网上办事"—"登记注册"模块查询相关内容，或直接到工商部门现场咨询。

2. 提交申请前，请您了解相关法律、法规，确知所享有的权利和应承担的义务。

3. 请您如实反映情况，确保申请材料的真实性。

4. 本申请书的电子版可通过上述网址获取。

5. 本申请书请使用正楷字体手填或打印填写。选择手工填写的，请您使用蓝黑或黑色墨水，保持字迹工整，避免涂改。选择打印填写的，请您填好后使用 A4 纸打印，按申请书完整页码顺序装订成册。

北京市工商管理局

（2018 第一版）

郑重承诺

本人 <u>张三</u> 拟任 <u>北京阳光有限责任公司</u> （公司名称）的法定代表人，现向登记机关提出公司设立申请，并就如下内容郑重承诺：

（1）如实向登记机关提交有关材料，反映真实情况，并对申请材料实质内容的真实性负责。

（2）经营范围涉及照后审批事项的，在领取营业执照后，将及时到相关审批部门办理审批手续，在取得审批前不从事相关经营活动。需要开展未经登记的后置审批事项经营的，将在完成经营范围变更登记后，及时办理相应审批手续，未取得审批前不从事相关经营活动。不从事本市产业政策禁止和限制类项目的经营活动。

（3）本人不存在《中华人民共和国公司法》第一百四十六条所规定的不得担任法定代表人的情形。

（4）本公司一经设立将自觉参加年度报告，依法主动公示信息，对报送和公示信息的真实性、及时性负责。

（5）本公司一经设立将依法纳税，依法缴纳社会保险费，自觉履行法定统计义务，严格遵守有关法律法规的规定，诚实守信经营。

法定代表人签字： <u>张三</u>

<u>2020</u> 年 <u>9</u> 月 <u>3</u> 日

登记基本信息表

名　　称	北京阳光有限责任公司		
	集团名称① ：		集团简称：
住　所②	北京　市　海淀区　区　　信息路3号　　（门牌号）		
生产经营地③	北京　市　海淀区　区　　信息路3号　　（门牌号）		
法定代表人	张三	注册资本④	200万元
公司类型	有限责任公司		
经营范围	信息咨询、科技开发、研发、生产、销售等		
营业期限	长期/10年	营业期限	长期/　　年
股东（发起人）名称或姓名	张三		

注：①公司为集团母公司的填写集团名称及集团简称。

②填写住所时请列明详细地址，精确到门牌号或房间号，如"北京市××区××路（街）××号××室"。

③生产经营地用于核实税源，请如实填写详细地址；如不填写，视为与住所一致。发生变化的，由企业向税务主管机关申请变更。

④"注册资本"有限责任公司为在公司登记机关登记的全体股东认缴的出资额；发起设立的股份有限公司为在公司登记机关登记的全体发起人认购的股本总额；募集设立的股份有限公司为在公司登记机关登记的实收股本总额。

⑤本页不够填的，可复印续填。

3．办理"股东主体资格证明"

法定代表人、董事、经理、监事信息表①

股东在本表的盖章或签字视为对下列人员职务的确认。如可另行提交下列人员的任职文件，则无须股东在本表盖章或签字。

姓名	现居所②	职务信息			是否为法定代表人⑤	法定代表人移动电话
		职务③	任职期限	产生方式④		
张三	北京市海淀区	总经理	长期	聘任	是	
全体股东盖章（签字）⑥：张三						

注：① 本页不够填的，可复印续填。

②"现居所"栏，中国公民填写户籍登记住址，非中国公民填写居住地址。

③"职务"指董事长（执行董事）、副董事长、董事、经理、监事会主席、监事。上市股份有限公司设置独立董事的应在"职务"栏内注明。

④"产生方式"按照章程规定填写，董事、监事一般应为"选举"或"委派"；经理一般应为"聘任"。

⑤ 担任公司法定代表人的人员，请在对应的"是否为法定代表人"栏内填"√"，其他人员勿填此栏。

⑥"全体股东盖章（签字）"处，股东为自然人的，由股东签字；股东为非自然人的，加盖股东单位公章。不能在此页盖章（签字）的，应另行提交有关选举、聘用的证明文件。

4．办理"企业住所或经营场所证明"（详见图3-5）

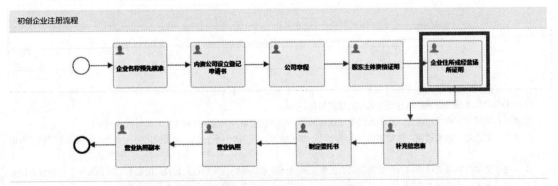

图3-5 住所或经营场所使用证明流程图

图片来源：根据 https://dahsg.com/相关资料加工整理

住所（经营场所）证明

企业名称	北京阳光有限责任公司
住　所① （经营场所）	北京　市　海淀　区　信息路3号　（门牌号）
产权人证明②	同意将上述地址提供给该企业使用。 产权人盖章（签字）：北京阳光有限责任公司 2020年9月3日
需要 证明 情况③	上述住所产权人为_____北京阳光有限责任公司_____，房屋用途为_企业商业运营_。 　　特此证明。 证明单位公章：土地规划管理局 证明单位负责人签字：小黄 2020年9月3日

注：① 请在"住所"一栏写清详细地址，精确到门牌号或房间号，如"北京市××区××路（街）××号××室"。
② 产权人为单位的，应在"产权人证明"一栏内加盖公章；产权人为自然人的，由产权人亲笔签字。同时需提交由产权人盖章或签字的《房屋所有权证》复印件。
③ 若住所暂未取得《房屋所有权证》，可由有关部门在"需要证明情况"一栏盖章，视为对该房屋权属、用途合法性的确认。具体可出证的情况请参见《投资办照通用指南及风险提示》。

5.办理"补充信息表"（详见图3-6）

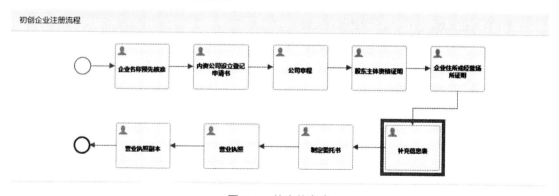

图3-6　补充信息表

图片来源：根据 https://dahsg.com/相关资料加工整理

补充信息表

申请人：您好！请如实填写本表内容。属于选择填写的，**请在对应的□处打"√"。**

企业（个体工商户）名称： <u>北京阳光有限责任公司</u>

名称预核准号或营业执照注册号或统一社会信用代码：_____

一、企业是否属于以下类型：

☑总部企业　□研发中心　□投资人为上年度世界 500 强企业　□其他

二、投资人中是否含中央单位：

☑否

□是（选择"是"请继续填写，投资人性质：　□中央企业

□中央国家机关或事业单位　□驻京部队　□其他中央单位）

三、经营面积：（此处信息简写填写）

使用面积<u>1000</u> m²，提供方式<u>租赁/购买</u>，使用期限<u>租赁（加年限）/购买（长期）</u>年。

四、党员（含预备党员）人数：<u>0</u>**人（自由选择填写）**

法定代表人（负责人、执行合伙事务人、投资人）是否党员：□是　☑否

（注："法定代表人"指代表企业法人行使职权的主要负责人，公司为依据章程确定的董事长（执行董事或经理）；全民、集体企业的厂长（经理）；集体所有制（股份合作）企业的董（理）事长（执行董事）；"负责人"指各类企业分支机构的负责人；"执行事务合伙人"指合伙企业的执行事务合伙人；"投资人"指个人独资企业的投资人）

是否建立党组织：□是　☑**否（选择"是"请继续填写下列党建情况）**

党组织建制：　□党委　　　□党总支　　　□党支部　□其他

党组织组建方式：□单独组建　□联合组建　□挂靠　□其他

党组织是否本年度组建：□是　　□否

法定代表人（负责人、执行合伙事务人、投资人、经营者）是否担任党组织书记：

□是　☑否

五、是否建立团组织：□是　☑否　团员人数：_____人

是否建立工会组织：□是　☑否　工会会员人数：_____人

六、从业人数：<u>5</u>**人：（根据小组人数填写）**

其中，本市人数：<u>1</u>人　外地人数：<u>4</u>人

安置下岗失业人数：<u>0</u>人　女性从业人数：<u>3</u>人

七、投资人中是否有本年度应届高校毕业生：

□否　☑是（选择"是"请继续填写：该毕业生是否为安徽生源：☑是　□否）

八、企业是否实施股权激励：

☑否　　　　　□是（选择"是"请继续填写：

股权激励方式：□科技成果入股　□科技成果折股　□股权奖励　□股权出售　□股票期权

股权激励金额：_____万元）

九、以下仅由个体工商户填写：

经营地所处地域：□城镇地区　　□农村地区

经营地与经营者户籍地关系：□同一区（县）　　□本市其他区（县）

　　　　　　　　　　　　　　□其他省（区、市）　□境外

十、以下仅由外国（地区）企业在中国境内从事生产经营活动企业填写：

境外住所：＿＿＿＿＿＿＿＿＿＿＿＿＿＿＿＿＿＿＿＿＿＿＿＿＿＿＿

境外注册资本：＿＿＿＿＿＿＿＿万美元（折合）

境外经营范围：＿＿＿＿＿＿＿＿＿＿＿＿＿＿＿＿＿＿＿＿＿＿＿＿＿＿＿

6. 办理"指定委托书"（详见图3-7）

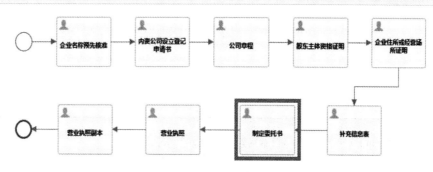

图 3-7　指定委托书流程图

图片来源：根据 https://dahsg.com/相关资料加工整理

提请注意：填写本文件之前，请您仔细阅读背面"注意事项"。

指定委托书

兹指定（委托）＿＿李四＿＿（代表或代理人姓名[①②]）向工商行政管理机关办理＿＿北京阳光有限责任公司＿＿（单位名称）的登记注册（备案）手续。

委托期限自 2020 年 9 月 3 日至 2020 年 9 月 5 日。

委托事项：（请在以下选项□划"√"）

☑报送登记文件☑领取营业执照和有关文书□其他事项：＿＿＿＿＿＿＿

请确认代表或代理人更正下列内容的权限：（请在以下选项□内划"√"）

1. 修改文件材料中的文字错误：　　　同意☑　不同意□

2. 修改表格的填写错误：　　　　　　同意☑　不同意□

指定（委托）人签字或加盖公章[③]：＿＿张三＿＿＿＿＿＿＿＿＿＿＿＿

代表或代理人郑重承诺：本人了解办理工商登记的相关法律、政策及规定，确认本次申请中所提交申请材料真实，有关证件、签字、盖章属实，不存在协助申请人伪造或出具虚假文件、证件，提供非法或虚假住所（经营场所）等违法行为，否则将依法承担相应责任。

代表或代理人签字：＿＿＿李四＿＿＿＿＿

2020 年 9 月 3 日

北京市工商行政管理局

（2018 第一版）

代表或代理人身份证复印件（正、反面）粘贴处

（外国企业常驻代表机构登记注册手续的代表或代理人应粘贴本人代表证或在有效期内的雇员证复印件）

注意事项：

1. 代表或代理人是指受申请人指定（委托）到工商机关办理工商登记手续的自然人。

2. 办理外国企业常驻代表机构登记注册手续的代表或代理人应当是机构代表或雇员。

3. **"指定（委托）人签字或加盖公章"** 处，按以下要求填写：

（1）办理**内资企业（股份有限公司除外）** 设立登记的，由全体股东（投资人、合伙人）签字或盖章，其中自然人股东（自然人投资者、合伙人）由本人签字，法人股东（法人投资者）加盖本单位公章。

（2）办理**股份有限公司设立登记**的，由董事会成员签字。

（3）办理**外商投资企业设立**的，自然人投资者由本人签字，中方法人投资者加盖单位公章，外方法人投资者由其法定代表人签字。

（4）办理**外国企业常驻代表机构设立**的，由首席代表签字。

（5）办理**个体工商户开业**的，由经营者或主持经营者签字。

（6）办理**农民专业合作社设立**的，由全体设立人签字或盖章。

（7）办理**各类企业分支机构设立**的，加盖所属企业公章。

（8）办理**变更登记、注销登记**或**申请备案**的，可加盖本单位公章或由法定代表人（投资人、执行事务合伙人或委派代表、个体工商户经营者）亲笔签字。

4. 委托登记注册代理机构办理登记注册的，不使用本委托书，应提交代理机构专用委托书。

7. 办理"营业执照"及"营业执照副本"（详见图3-8）

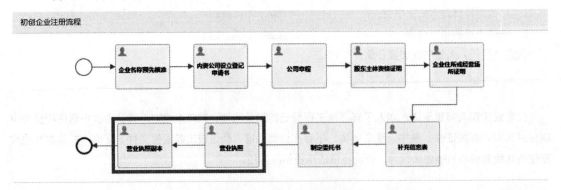

图3-8 营业执照流程图

图片来源：根据 https://dahsg.com/相关资料加工整理

【实验项目】店铺选址

【目的与要求】

店址的选择是前期必须考虑的重要因素之一，它是以商圈分析为基础的。店铺的开设地点被视为开业前所需的三大主要资源之一。

【项目类别】

流程岗位作业

【项目准备】

提供终端设备能连接到服务器的计算机；创业者实验平台。

【实验内容】

店铺选址对于店铺经营的重要性主要表现为：

1. 店址选择关系店铺的前景

店铺的店址不管是租借还是购建，都关系着店铺自身的发展前途。一经确定，就需要投入大量的资金去营建店铺。当外部环境发生变化时，它不像人、财、物等经营要素可以做相应调整，因其具有长期性、固定性特点，所以在确定店址之前，必须进行带有预见性的考虑。

2. 店址是制定经营策略的依据

不同的地区有不同的社会环境、人口状况、地理环境、交通条件、市政规划等特点，它们分别制约着其所在地区的店铺顾客来源及特点和店铺对经营的商品种类、价格制定、经营策略选择等多方面的因素。

3. 店址影响店铺的经营效益

店址选择得当，就意味着店铺享有"地利"优势。在同行业店铺之间，如果在规模相当、商品构成、经营服务水平基本相同的情况下，店址的重要性就显得尤为明显。

4. 好的店址能吸引更多顾客

店址选择要坚持"方便顾客"的原则，以节省顾客的购买时间，并满足顾客的需要。如果不能达到上述要求，则对顾客的吸引力将减弱，这对店铺的生存和发展都是不利的。

5. 业务流程

系统设置的选店规则与店铺附近的人均消费、用户对各事件的敏感度有关，规则如表3-1和图3-9所示（每个店的装修周期为1个月）。

表3-1　分店费用表

各店	中		西		东		北		南	
1店	13万元/月	商务区	11万元/月	商务区	10万元/月	商务区	10万元/月	商务区	8万元/月	商务区
2店	12万元/月	商业街	10万元/月	商业街	9万元/月	商业街	9万元/月	商业街	7万元/月	商业街
3店	11万元/月	居民小区	9万元/月	居民小区	7万元/月	居民小区	7万元/月	居民小区	4万元/月	居民小区

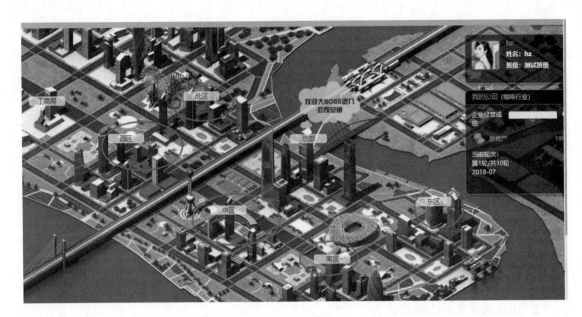

图 3-9　企业选址

由于店面选址不同，店的房租和对价格、服务、广告、促销各项的敏感度也不同，如表 3-2 和图 3-10、图 3-11、图 3-12、图 3-13、图 3-14 所示。

表 3-2　分店因素表

区域名称	人口数量	价格敏感度	服务敏感度	广告敏感度	促销敏感度	社会事件敏感度
中区 1 店	22%	中	高	中	中	
中区 2 店	22%	中	中	中	低	高
中区 3 店	22%	中	中	低	中	
西区 1 店	15%	中	高	中	中	
西区 2 店	15%	中	中	高	中	高
西区 3 店	15%	中	中	中	高	
东区 1 店	28%	中	中	高	中	
东区 2 店	28%	高	中	中	高	中
东区 3 店	28%	低	高	中	中	
北区 1 店	21%	高	中	中	高	
北区 2 店	21%	高	中	低	高	低
北区 3 店	21%	低	中	中	中	
南区 1 店	14%	高	低	高	高	
南区 2 店	14%	高	低	高	中	高
南区 3 店	14%	中	低	低	低	

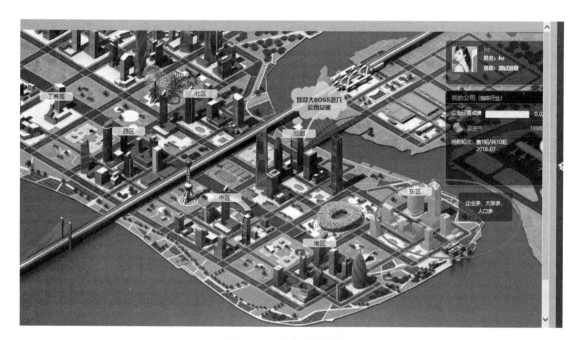

图 3-10　企业选址分店 1

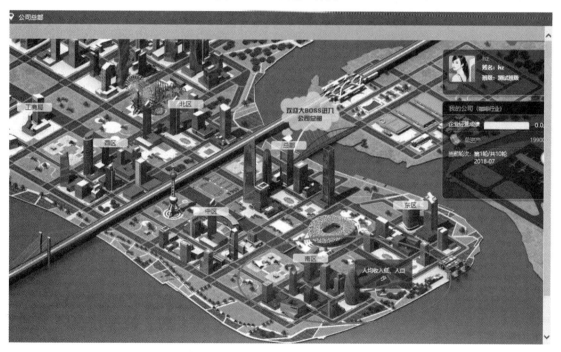

图 3-11　企业选址分店 2

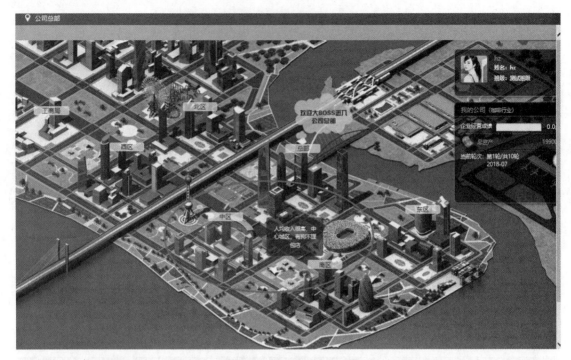

图 3-12　企业选址分店 3

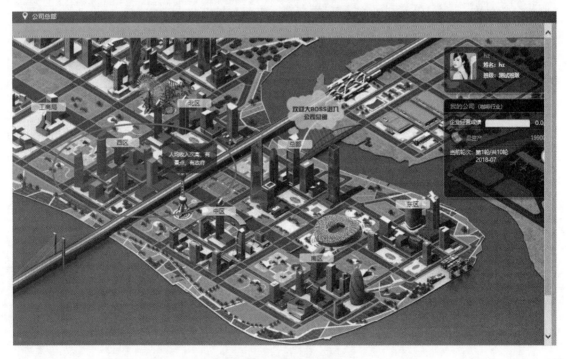

图 3-13　企业选址分店 4

图 3-14　企业选址分店 5

选址策略如图 3-15 所示，通过分析调查报告里人口占比率、价格敏感度、广告敏感度、促销敏感度、服务敏感度、社会事件敏感度（价格敏感度指：当价格降低或上涨时对销量产生的影响，★越多，影响越大）、房租等确定选址，调查报告市场营销购买获得。

选址规则如图 3-16 所示，可以在每个区域进行设立分店，每个区域有三种店面可供租赁，每个区域只能租赁一种店面，并且不能更换店面。每个店的装修周期为 1 个轮次，装修期间可招聘门店经理和员工，但不可营业。

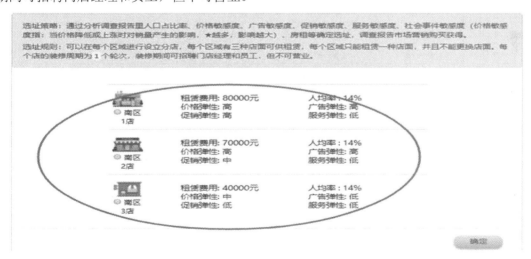

图 3-15　店铺影响因素 1

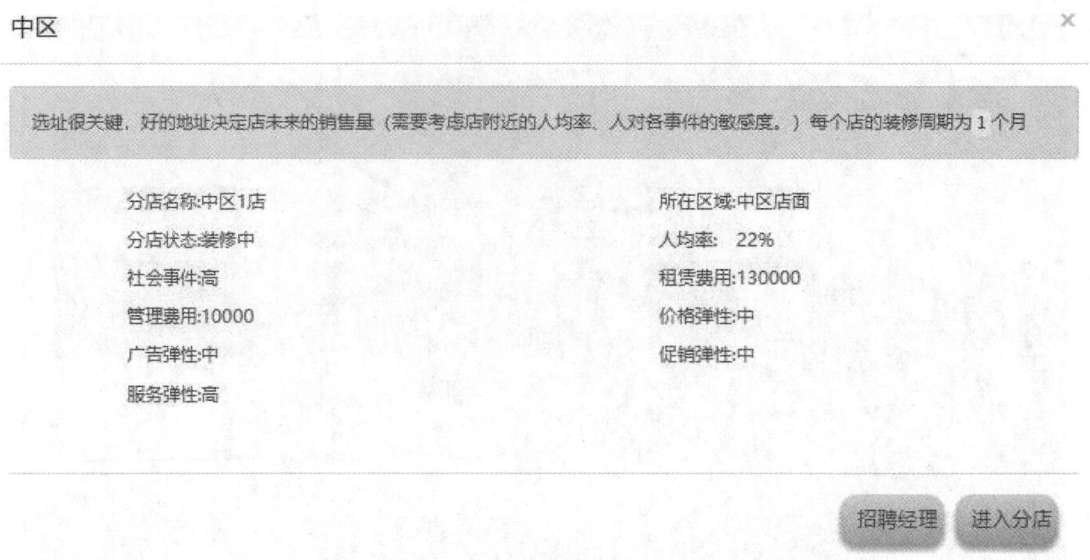

中区 ✕

选址很关键，好的地址决定店未来的销售量（需要考虑店附近的人均率、人对各事件的敏感度。）每个店的装修周期为1个月

分店名称:中区1店   所在区域:中区店面

分店状态:装修中   人均率： 22%

社会事件:高   租赁费用:130000

管理费用:10000   价格弹性:中

广告弹性:中   促销弹性:中

服务弹性:高

招聘经理   进入分店

图 3-16 店铺影响因素 2

不同区域影响产品销售的相关因素特性如表 3-3 和图 3-17 所示。

表 3-3 区域对产品销售的影响因素

区域名称	价格敏感度	广告敏感度	促销敏感度	服务敏感度	社会事件敏感度
东区 1 店	★★★	★★★	★★	★★	★★
东区 2 店	★★★	★★	★★★	★★	★★
东区 3 店	★	★★	★★	★★★	★★
西区 1 店	★★	★★	★★	★★★	★★★
西区 2 店	★★	★★★	★★	★★	★★★
西区 3 店	★★	★★	★★★	★★	★★★
南区 1 店	★★★	★★★	★★★	★	★★★
南区 2 店	★★★	★★★	★★	★	★★★
南区 3 店	★★	★	★	★	★★★
北区 1 店	★★★	★★	★★★	★★	★
北区 2 店	★★★	★	★★★	★★	★
北区 3 店	★	★★	★★	★★	★
中区 1 店	★★	★★	★★	★★★	★★★
中区 2 店	★★	★★	★	★★	★★★
中区 3 店	★★	★	★★	★★	★★★

说明：★的个数代表在相应区域内该因素对销售影响的敏感度，★越多，影响越大。

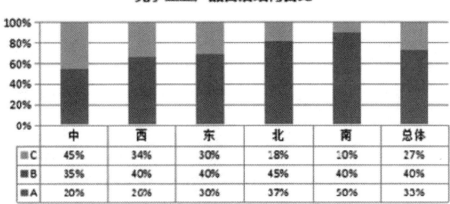

图 3-17 竞争企业市场及产品信息

　　当然，根据城市和区域不同，即使相同的产品在不同市场内的表现也不尽相同，它受到各种条件的正负影响或制约，相关信息如图 3-20 所示。

图 3-18 人口数量占比

　　当然，根据城市和区域不同，人口收入水平存在差距，产品的销售同样存在销售制约，根据城市区域人均可支配收入对产品的影响，相关信息如图 3-19 所示。

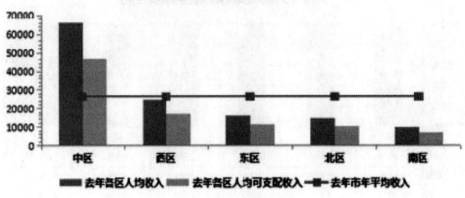

图 3-19　城市各区人均可支配收入

第四章　初创企业人力资源

第一节　初识人力资源

我们经常在电视上看到或现实生活中听到 HR 这个词，其实 HR 就是 Human Resource，即人力资源的简称。那什么是人力资源呢？它就是说在一定时期内组织中的人所拥有的、能够被企业所用的、对企业创造价值起贡献作用的教育、能力、技能、经验、体力等的总称。总结来说就是人身上可开发的、对企业发展有利的资源。把具备这些特点的人招募到公司中，就必然得出现一个甚至多个管理者来管理这些资源，即对人力资源的管理。那么人力资源管理到底是如何定义的？它又是如何产生、如何发展的呢？它对人力资源又是怎样管理的？这一节就为大家解答这些疑问。

一、什么是人力资源管理

管理，最通俗的解释就是督促人把事做好。所以人力资源管理就是管理者对企业内部员工进行管理，同时结合企业发展的战略要求，有计划地对人力资源进行合理配置的过程。

人力资源管理是随着现代化企业制度的产生而产生的，并且随着社会和企业的发展，人力资源管理已渐成体系。当前的人力资源管理不仅包括对企业中员工的招聘、培训、使用、考核、激励、调整等一系列过程，同时还包括对人的思想、心理和行为进行恰当的诱导、控制和协调，进而调动员工的积极性，不断地为企业创造价值、带来经济效益，最终确保企业战略目标的实现。因此人力资源管理表面上是对人的管理，但本质上却是为企业的现代化发展服务的。

二、人力资源管理方面的一些重要发展趋势

人力资源管理从 20 世纪 80 年代开始确立，到目前为止已经经历了 20 余年的发展。这20 年间，全球的社会经济环境发生了巨大的变化，特别是以计算机技术和现代通信技术为代表的信息科技正在改变我们生活、工作的方方面面。企业赖以生存的外部环境和竞争方式也在进行着深入的变革，所以企业的各种管理职能只有适应潮流、改变自身才能应对不断改变着的世界。那么，人力资源管理将以怎样的趋势发展呢？

（一）人力资源管理进入战略管理阶段

随着企业间竞争方式的不断变革，人才竞争逐渐成为企业间竞争的核心。这使得企业的人力资源管理面临着前所未有的挑战。如何使人力资源发展战略与企业发展战略更好地配合，使人力资源更好地服务于企业的整体战略，是人力资源管理者必须思考的问题。

（二）人才本土化

随着经济全球化的发展，跨国公司迅速崛起，从而对技术人才和管理人才的需求大幅度增加，随之出现了雇佣本国还是本土人才的选择问题。由于本土人才的雇佣费用往往不到本国管理人员成本的一半，并且本土人才同样具有良好的技术，所以出于对战略成本的考虑，使得越来越多的跨国公司倾向于实施人才本土化战略。

（三）人力资源管理边界呈日益模糊状态

随着信息技术的广泛应用，人们的生活、工作和思维方式都发生了改变，同时也改变了人力资源管理职能的工作方式。随着业务外包、战略联盟、虚拟企业等各种形式的网络企业的出现，使人力资源管理边界日益模糊，它已跨越组织边界，不再仅仅局限于企业内部的管理事务，而是面向更为广阔的管理空间。

（四）人力资源管理的职业化和专业化进一步加强

人力资源管理者将是具备人力资源专业知识和经营管理知识的通才，人力资源的经理职位也将成为通向人力资源总监的重要渠道。因此，未来的人力资源管理者必须了解企业的财务知识、经营理念、核心技术等基本情况，才能享有担任本职位的权力。

（五）培训进一步深化

培训是企业所有投资中风险最小、收益最大的战略性投资。从企业的角度看，培训是企业储备和提升人才队伍素质的过程，企业能通过员工技能的提高而得到发展，也能留住优秀的人才。从员工角度看，培训是继续学习的过程，是为了提高自身价值而进行的投资，员工能通过企业的发展和自身努力获得收益。

（六）管理制度的趋向——以人为本

管理的目的是通过有效的激励手段使员工完成各项任务，从而使组织目标得以实现。大部分企业制定的管理制度都是对员工的约束，忽略了对员工的激励与引导。这些企业管理者信奉"人性本恶"的假设，认为员工工作的目的是获取报酬，工作过程中只有监督、约束、要求才能完成自己的工作。这种假设片面地强调了制度的监督与约束作用，忽略了人性需求的复杂性、多样性，抑制了人性发展中积极的因素。随着企业人才竞争的不断加剧，大部分企业意识到为员工创造宽松、方便的办公环境是企业的责任，只有在宽松和谐的环境中工作，员工才能够创造更大的价值。

案例分析：从宝洁公司看招聘细节

宝洁公司始创于 1837 年，是世界最大的日用消费品公司之一。宝洁公司全球雇员近 10 万，在全球 80 多个国家设有工厂及分公司，这个产品行销 160 多个国家和地区的日化帝国，面对不同的种族和文化，是如何找到开启不同市场的金钥匙的？究竟是什么能使宝洁百年常青？探求宝洁在人力资源管理上的特色或许能揭开它常青的奥秘。

宝洁公司认为"人才是宝洁最宝贵的财富"。重视人才并重视培养和发展人才，是宝洁为全世界同行所尊敬的主要原因之一。公司每年都要从全国一流大学招聘许多优秀的大学毕业生，在整个招聘过程中，他们特别留意应聘者以下 5 种品质：优秀的合作精神、良好的表达交流能力、出色的分析能力、创造力和领导才能。

招聘这一环节在宝洁的人力资源工作中占据非常重要的分量，宝洁的前任首席执行官曾经说过，在公司内部，他看不到比招聘更重要的事了。在美国，如果时间允许，他甚至会亲自参加一些比较重要的面试。可以说，招聘是整个人力资源工作的起点，如果起点的质量不高，那么不仅后续的许多培训等会事倍功半，而且会影响公司各项决策的执行情况。因此，宝洁一向是非常看重招聘环节的。

宝洁在世界范围内招聘时都遵循同一条准则，即根据本人能力和表现，来招聘宝洁所能找到的最优秀的人才。宝洁公司招聘员工时重视的是员工本身的素质，这些素质包括：诚实正直、领导能力、勇于承担风险、积极创新、团结合作能力、不断进取，以及发现问题和解决问题的能力。有些部门如产品供应部、研究开发部、信息技术部和财务部，要求应聘者最好有一些基本的专业背景，但并不要求必须专业对口。

1. 很少采用试用期这种方法

尽管国家法律规定，企业可以对员工有一个试用期。一些公司会利用试用期招聘大大超出用人指标的试用者，然后让他们互相竞争甚至"自相残杀"，这些在宝洁是不会发生的。宝洁认为与员工的合同就像一纸婚书，宝洁希望是像婚姻的关系，而不是随时可以互相不负责任地"分手"。

2. 高度重视人才培养

宝洁高度重视人才培养，向员工提供了独具特色的培训计划。公司的目标是尽快实现员工本地化计划，在不远的将来逐渐由国内员工取代外籍人员担当公司的中高级领导职位。

3. 内部培养、内部提拔，尽量不用"空降兵"

160 多年来宝洁公司成功的其中一个秘诀是从内部提升，也就是说所有的高级员工都是从内部提升的。宝洁不会从外面招入一个人作上司。公司提升员工的唯一标准是员工的能力和贡献，同时员工的国籍也不会影响提升。宝洁很少请猎头公司而是坚持内部培养、内部提拔的传统。这是基于以下原因：首先宝洁相信自己招聘的质量，相信公司内部是有大量人才的；其次，宝洁希望每个员工都能看到自己的上升空间，而不要一有职位空缺，就由"空降兵"占领了。这样员工可能对公司没有归属感。

> **知识小贴士：免费招聘网站列表**
>
> 赶集网　www.ganji.com
> 百姓网　www.baixing.com
> 智联人才招聘　http:/:gz.zhaopin.hk
> 第一英才网　http://www.00105.net/
> 好喇叭网　http://www.haolaba.com
> 易登网　http://www.edeng.cn
> 58 同城　www.58.com
> 中国 HR 网　http://www.ch—hr.com
> HR 快乐网　www.hrcool.cn

4. 有负面信息，第一时间告诉员工

随着生意的发展变化，每一家企业都不可避免地会裁员。宝洁如果有任何负面信息，一定会第一时间告诉员工。科学、艺术地让员工知道负面消息，尊重他们的知情权是必须的。这样做有三个好处：一是避免突然裁员对员工的心理伤害；二是给出一段时间让员工安排好自己的家庭，减少对员工家庭的伤害；三是宝洁坚信，尽管他们无法给员工承诺，但却可以给他们一个终身受用的能力。

案例来源：张鹏彪. 人力资源管理实操从新手到高手[M]. 北京：中国铁道出版社，2015.

习题：

1. 什么是人力资源管理？
2. 你从宝洁公司的案例中学习到了哪些人力资源管理的内容？

第二节　员工招募与配置

吸引、选择、保留高素质的人力资源是企业赖以生存和发展的基础，寻觅到合适的员工并吸纳到企业中来，是企业不懈的追求目标。而企业对人力资源的获取，则需要通过员工的招聘、选择和录用程序来实现。那么对员工进行招聘，都需要哪些程序呢？

一、职位分析

职位分析是员工招聘的第一个环节，也是人力资源管理的基石之一，更是开展人力资源工作的基础。

（一）职位分析基础知识

职位分析就是对组织中某个特定工作职务的目的、任务、职责、权利、隶属关系、工作条件、任职资格等相关信息进行收集与分析，以便对工作做出明确的规定，并确定完成该工作所需要的行为、条件、人员的过程。

它的成果如图 4-1 所示，主要包括职位说明书和职位分析报告。

职位说明书，也称职务说明书，是对企业岗位的任职条件、岗位目的、指挥关系、沟通关系、职责范围、负责程度和考核评价内容给予的定义性说明。职位说明书主要包括两个部分：一是职位描述，主要对职位的工作内容进行概括，包括职位设置的目的、基本职责、组织图、业绩标准、工作权限等内容；二是职位的任职资格要求，主要对任职人员的标准和规范进行概括，包括该职位的行为标准，胜任职位所需的知识、技能、个性特征和对人员的培训需求等内容。

职位分析报告是对职位分析过程中所发现的组织与管理上的问题和矛盾的阐述，以及为这些矛盾和问题提供的解决方案。具体包括：组织结构与职位设置中的问题和解决方案、流程设计与流程运行中的问题和解决方案、组织权责体系中的问题和解决方案、工作方式与方法中的问题和解决方案、人力资源管理中的问题和解决方案。

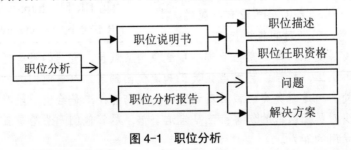

图 4-1　职位分析

（二）收集职位分析信息的方法

职位分析信息的方法有很多，主要有以下 5 种：

工作实践法，又称参与法，是指分析者参与某一职位或从事所研究岗位的工作从而收集信息的方法。这种方法可以准确了解工作的实际任务和对体力、环境、社会方面的要求，使获得的数据资料更真实可靠，适合那些短期内可以掌握的工作，不适用于对操作技术难度、工作频率、质量要求高及有危险性的职务。

观察法，是指有关人员直接到现场，亲自对一个或多个工作人员的操作进行观察，来获得工作信息的过程。如保洁员，他的工作基本上是以一天为一个周期，职位分析人员可以一整天跟随着保洁员进行直接工作观察。这种方法所用时间短，得到的信息比较直接，但是要求观察者有足够的实际操作经验，不适用于循环周期长、脑力劳动的工作，偶然、突发性的工作也不易观察。

访谈法，是通过个别谈话或小组访谈的形式获取工作信息。适合工作复杂、无法直接观察和亲身实践的工作，能够直接迅速地收集大量工作分析资料。但在这过程中，员工容易夸大承担的责任和工作难度，导致工作分析资料不能反映真实情况。

问卷调查法，是以书面形式收集工作信息的方法。它的效果取决于问卷的结构化程度。最好有结构化问题，也有开放式问题。这种方法费用低、速度快、调查范围广，但是问卷需要复杂设计，在调查时还需要调查人员说明，否则被调查者可能扭曲信息，这样会浪费较多的人力成本和时间成本。

关键事件法。分析人员将工作过程中的"关键事件"加以详细记录，在收集大量信息后，对岗位特征和要求进行分析。它为向下属解释绩效评价结果提供了确切的事实证据，同时缺点是调查费时、过程较长，只有在关键事件到达一定数量后才能满足要求。

（三）编写职位描述

职位描述又称职位界定，是经过职位分析后得到的关于某一特定职位的职责和工作内容进行的一种书面记录，其成果是工作说明书。表4-1为工作说明书中的职业描述。

表4-1　职业描述

职位名称	招聘专员	所属部门	人力资源部	岗位编码	00000
职位描述：（按重要程度一次排列）			任职要求：（按重要程度一次排列）		
1. 负责某地区的人员招聘			1. 两年以上经验		
			2. 本科以上学历，人力相关专业		
工作条件	良好	工作程序	各部门招聘计划—本部门制定计划—招聘		

二、人员规划与招募

人员规划就是确定哪些工作岗位需要填充和如何填充的过程。进行人员规划之后，就开始对内部候选人和外部候选人进行招募。企业在员工招募前必须明确以下问题：确实需要招人吗？确实需要招固定职位的人吗？什么时候需要新人？有什么要求？同时在招募过程中必须公平、公正、公开，在对应聘者全面考察的基础上，择优录取。

（一）招募的程序

1. 制定招募计划。制定人员招募计划时应该完成以下任务：明确人力资源需求，即目前公司各岗位人数、各岗位需招募人数、招募人才的质量等；要对时间、成本和人员进行估算，即组织一次招募大概要花费多少成本，包括时间、人员等各项成本之和；进行内、外部的信息分析，包括环境、市场情况等；挑选和培训招募人员；确定招募的范围和渠道，即在全国还是本市招募，是通过网上招募还是校园招聘等。

2. 招募计划的实施。招募计划的实施包括以下步骤：发布招募消息、应征者受理、初步筛选、初步面试。

3. 评价和控制。如图 4-2 所示，在招募工作进行中如果发现问题应随时修改实施方案。

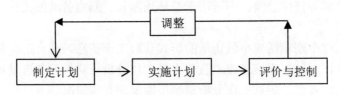

图 4-2 人员招募评价和控制

（二）甄选的步骤

甄选作为企业获得优秀人才的重要途径，是获得人力资本的关键步骤，对整个企业人力资源建设和管理起着至关重要的作用。甄选的步骤主要包括：

（1）初步筛选。剔除求职材料不实者和明显不合格者。

（2）初步面试。根据经验和岗位要求剔除明显不合格者。

（3）心理和能力测试。根据测试结果剔除心理健康程度和能力明显不合格者。

（4）诊断性面试。整个甄选的关键，为最后决策提出决定性的参考意见。

（5）背景材料的收集和核对。根据核对结果剔除资料不真实者或品行不良者。

（6）能岗匹配分析。根据具体岗位需求剔除明显不匹配者。

（7）体检。剔除身体状态不符合岗位要求者。

（8）决策和录用。如图 4-3 所示，根据招聘职位的高低而在不同层次的决策层中进行，决策之后就交给相关部门做录用处理。

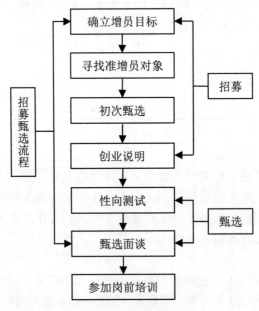

图 4-3 甄选的决策和录用

（三）人员规划和预测

人员规划是一个预测和分析的过程，是指根据组织的发展战略与目标的要求，科学地预测、分析组织在变化的环境中的人员的供给和需求状况，制定必要的政策和措施，以确保组织在需要的时间和需要的岗位上获得各种需要的人力资源，并使组织和个人得到长期的利益。一般包括内容如图4-4所示。

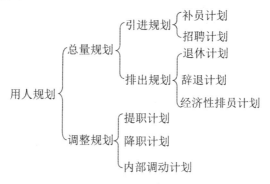

图 4-4　用人规划

企业怎样进行合理的人力资源规划？进行人力资源规划时要注意什么问题？这是大多数企业面临的难题。下面就这些问题分别进行论述。

企业进行人力资源规划时一般要经过以下4步。

（1）信息的收集、整理。收集和整理的内容包括：① 企业自身整体状况及发展规划，如产品结构、市场占有率、技术设备、资金情况、经营战略等。② 人力资源管理的外部环境，包括政策环境和劳动力市场环境，政策环境是指国家和地方的劳动保障法规政策。企业人力资源规划如与国家政策相抵触则无效。劳动力市场环境包括各职种的工资市场价位，供求情况等。③ 企业现有人力资源状况，包括各部门人数情况、人员空缺或超编、岗位与人员之间的配置是否合理，以及各部门员工的教育程度、经验程度、培训情况等。

（2）决定规划期限。如表4-2所示，根据收集企业经营管理状况和外部市场环境的信息分析，确定人力资源规划期限。

表 4-2　规划期限

短期规划 不确定/不稳定	长期规划 确定/稳定
组织面对诸多竞争者	组织居于强有力的市场竞争地位
飞速变化的社会、经济环境	渐进的社会、经济环境
不稳定的产品/劳动需求	稳定的产品/劳动需求
政治法律环境经常变化	政治法律环境较稳定
管理信息系统不完善	完善的管理信息系统
组织规模小	组织规模大
管理混乱	规范化、科学化的管理

（3）根据企业整体发展规划，运用各种科学方法，制定出人力资源管理的总体规划和各项目的计划。

（4）对其过程及结果必须进行监控。评估过程要重视信息反馈，不断调整企业人力资源的整体规划和各项计划，使其更切合实际，更好地促进企业目标的实现。

究竟一个企业的人力资源规划应包括哪些项目，按什么样的程序规划工作，要依企业的具体情况而定。但一般情况下可按图 4-5 所示步骤进行。

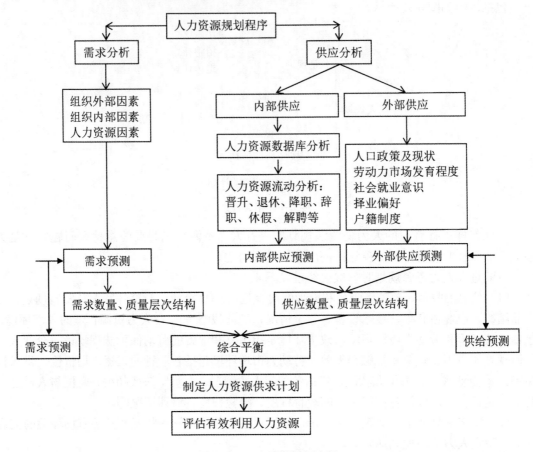

图 4-5　人力资源规划流程

如图 4-5 所示，人力资源预测包括需求预测和供给预测，下面就这两部分进行讲解。

人力资源需求预测主要是根据组织战略规划和组织的内外条件选择预测技术，然后对人力资源需求的结构、质量和数量进行的预测。其主要任务是分析组织需要什么样的人及需要多少人。需求预测的方法主要包括以下 6 种。

（1）经验预测法。这种方法就是利用现有的情报和资料，结合以往的经验和本企业的实际特点来预测，适用于稳定的小型企业、短期预测。预测结果受经验的影响较大，而且不同的管理人员经验不同。可以通过保持历史档案，查阅历史资料和多个人综合预测的方法来提高预测准确度。

经验估计法可以采用"自下而上"和"自上而下"两种方式。"自下而上"就是由一线部门的经理向自己的上级主管提出用人要求和建议，征得上级主管的同意；"自上而下"的预测方式就是由公司经理先拟定公司总体的用人目标和建议，然后由各级部门自行确定用人计划。最好的方法是将"自下而上"与"自上而下"两种方式结合起来运用：先由公司提出员工需求的指导性建议，再由各部门按公司指导性建议的要求，会同人事技术部门、工艺技术部门、员工培训部门确定具体用人需求；同时，由人事部门汇总确定全公司的用人需求，最后将形成的员工需求预测交由公司经理审批。

（2）情景描述法。人力资源部门对组织未来的战略目标进行假设性描述和分析，并制定出多种人力资源需求的备选方案，来适应环境和因素变化。常用于环境变化或组织变革时的人力资源需求预测，适用于结构比较简单、职责清晰的企业。

（3）德尔菲法。这是邀请在某领域的一些专家或有经验的管理人员采用问卷调查或小组面谈的形式对企业未来的人力资源需求量进行预测，在互不通气的情况下写出自己的意见，然后由管理者综合意见后再次返给专家，进行再次预测，几次循环之后达成一致意见。适用于长期预测，专家人数一般不少于 30 人，问卷反馈率不低于 60%，需要高层支持并提供充分的信息和资料，预测过程中，专家不可相互交流。

（4）工作负荷。根据历史数据，先计算出某一特定工作单位（日、时等）的每人工作的负荷（如产量），再根据未来的总产量目标计算出所完成的总工作量，最后折算出所需的人力资源总数。

（5）趋势预测法。通过分析企业过去一定时期的就业需求情况来预测未来需求的方法，一般分析的年限为 5～10 年。例如，你可以计算过去 5 年来企业每年年末的雇员人数，当然，只有在你假设过去的趋势会延续到未来的时候，这种方法才有意义。

（6）比率分析法，是一种利用销售量和需要雇员数量之间的比率来预测未来企业人力资源需求的方法。例如，你发现一个销售人员一般年销售额为 50 万元，而过去两年企业的销售额为 500 万元，企业为此雇佣了 10 名销售人员。假设明年你的企业需要将销售额增加到 800 万元，后年增加到 1000 万元。那么，如果销售收入与销售人员比率不变，则明年你需要 6 名新的销售人员（他们每个人年销售额仍为 50 万元），而后年你还需要 4 名新的销售人员，以完成再增加 200 万的销售额。

企业的人力资源需求情况受以下因素影响：（1）企业外部环境因素，包括经济、政治、法律、社会等。这部分因素是企业的不可控因素，对企业人力资源需求影响较大，如工业革命，大大提高了劳动生产率，但使对人力资源的需求锐减。（2）内部因素影响。企业的战略目标规划决定了其发展速度、企业新产品开发和试制、产品市场覆盖率等，它是企业内部影响人力资源需求的最重要因素，如企业需重建新的部门或分公司等，其人力资源也要相应变化。（3）人力资源自身因素的影响，如退休、辞职、辞退人员的多寡，合同期满后终止合同人员数量，死亡、休假人数等都直接影响人力资源需求量。所以企业在进行需求预测分析时，要综合考虑多方面信息，来帮助企业制定最合适的人力资源规划。

人力资源供给预测是预测在某一未来时期内，组织内部所能供应的（或经由培训可能补充的）和外部劳动市场所能提供的一定数量、质量和结构的人员，以满足企业为达成目标而产生的人员需求。内部人力资源拥有量预测是根据现有人力资源及其未来变动情况，预测出规划各点上的人员供应量。它预测的主要方法如下：

（1）人员核查法。这是对组织现有人力资源数量、质量、结构和在各职位上的分布状况进行核查的一种方法，用于掌握组织拥有的人力资源状况。因此，在日常的人力资源管理中，要做好员工的工作能力记录。首先要对组织的工作职位进行分类，划分级别，然后确定每一职位每一级别的人数。

（2）管理人员替代法。这是一种专门对企业的中高层管理人员的供给进行有效预测的方法。通过对企业中管理人员的绩效考核及晋升可能性的分析，确定企业中各关键职位的接替人员，然后评价接替人选目前的工作情况及潜质，考察其个人职业目标与组织目标的契合度。最终目的是确保供给组织未来足够的、合格的管理人员。

（3）马尔科夫预测法。它是一种运用统计学原理预测组织内部人力资源供给的方法。基本思路是通过历史的数据收集，找出组织过去人事变动的规律，由此推测未来的人事变动趋势。具体步骤为：根据组织的历史资料，计算出每一类的每一名员工流向另一类或另一级别的平均概率，然后根据每一类员工的每一级别流向其他类或级别的概率，建立一个人员变动矩阵表，最后根据组织年底的种类人数和步骤二中人员变动矩阵表预测第二年组织可供给的人数。

外部人力资源供给量预测是指对外部人力资源供给量进行预测，确定在规划各时间点上的人员可供量。主要方法包括：

（1）查阅资料。企业可以通过互联网与国家和地区的统计部门、劳动和人事部门发布的一些统计数据，及时了解人才市场信息，另外，也应及时关注国家和地区的政策法律变化。

（2）直接调查相关信息。企业可以就自己所关注的人力资源状况进行调查，除了与猎头公司、人才中介等专门机构保持长期、紧密的联系外，企业还可以与高校保持长期的合作关系，以便密切跟踪目标生源的情况，及时了解可能为企业提供的目标状况。

（3）对雇佣人员的应聘人员的分析。如表 4-3 所示，企业通过对应聘人员和已经雇佣的人员进行分析，也会得出未来人力资源供给状况的估计。

表 4-3　应聘人员分析

影响供给的因素		
地区性因素	1. 公司所在地和附近地区的人口密度	2. 其他公司对劳动力的需求状况
	3. 公司当地的就业水平、就业观念	4. 公司当地的科技文化水平
	5. 公司所在地对人们的吸引力	6. 公司本身对人们的吸引力
	7. 公司当地临时工人的供给状况	8. 公司当地住房、交通、生活条件
全国性因素	1. 全国劳动人口增长趋势	2. 全国对各类人员的需求程度
	3. 各类学校的毕业生规模与结构	4. 教育制度变革产生的影响
	5. 国家就业法规、政策的影响	

（四）招聘渠道

招聘渠道是组织招聘行为的辅助之一。一个好的招聘渠道应该具备以下特征：招聘渠道的目的性，即招聘渠道的选择是否能够达到招聘的要求；招聘渠道的经济性，即在招聘到合适人员情况下所花费的成本最小；招聘渠道的可行性，即选择的招聘渠道符合现实情况，具有可操作性。招聘的渠道主要有两种：外部招聘和内部招聘。

1. 外部招聘，顾名思义，是从公司以外的人才中进行选拔，包括人才交流中心的人才招聘会、媒体广告、网上招聘、校园招聘、猎头公司等。外部招聘的招聘范围广，可能招聘到一流人才，还能避免"近亲繁殖"，给组织注入新鲜血液，同时还能避免内部人员因嫉妒引起的情绪不快和不团结，但是它又影响内部人员士气，而且由于对外部人员不够了解，可能招聘到不合格员工。企业应综合利弊，选择对企业最有利的方式进行招聘。下面就 4 种常见的招聘方式进行讲解。

（1）网络招聘。一是在企业自身网站上发布招聘信息，搭建招聘系统；二是与专业招聘网站合作，如中华英才网、前程无忧、智联招聘等，通过这些网站发布招聘信息，利用专业网站已有的系统进行招聘活动。

（2）校园招聘。这是许多企业采用的一种招聘渠道，企业到学校张贴海报，进行宣讲会，吸引即将毕业的学生前来应聘，对于部分优秀的学生可以由学校推荐，对于一些较为特殊的职位也可通过学校委托培养后由企业直接录用。

（3）媒体广告。在报纸杂志、电视和电台等载体上刊登、播放招聘信息受众面广，收效快，过程简单，一般会收到较多的应聘资料，同时也对企业起了一定的宣传作用。

（4）猎头公司。通常采取隐蔽猎取、快速出击的主动竞争方式，为需要高级人才的客户猎取公司人才市场得不到的高级人才。猎头公司的猎物对象是高级管理人才。

以上 4 种招聘方式的优缺点如表 4-4 所示。

表 4-4 应聘方式

招聘方式	优点	缺点
网络招聘	没有地域限制，受众人数大，覆盖面广，时效长，可在较短时间内获得大量应聘者信息	虚假信息、无用信息
校园招聘	招聘的学生可塑性较强，干劲充足	学生没有实际工作经验，需要培训，且学生刚步入社会，对自己定位不清，流动性较大
猎头公司	1. 按企业需求推荐人才 2. 效率高，节约时间成本 3. 从业素质较高，职业道德有保障 4. 为企业推荐不同的人才 5. 对推荐的人才进行初步的资格审查和技术技能测评	1. 招聘成本高 2. 服务质量参差不齐
媒体广告	1. 企业选择余地大 2. 信息丰富，有大量人才信息 3. 提高企业知名度	1. 招聘成本较高 2. 面试人员多，工作量大

2. 内部招聘，是将招聘信息公布给公司内部员工，员工自己来参加应聘。许多组织都赞成从内部选拔提升人员，因为他们认为，从内部提升有许多优点，有利于组织目标的实现。这些优点主要是：

（1）组织中人员有比较充实和可靠的资料供分析比较，候选人的长处和弱点都看得比较清楚，因此，一般来说，人选比较准确；

（2）被提升的组织内成员对组织的历史、现状、目标和现存的问题比较了解，能较快地胜任工作；

（3）可激励组织成员的上进心，努力充实提高其本身的知识和技能；

（4）使组织成员感到有提升的可能，工作有变换的机会，可提高员工的兴趣和士气，使其有一个良好的工作情绪；

（5）组织通过对其成员的培训投资获得更多的培训投资效益。

尽管"内升制"有许多优点，但它也存在一些不可忽视的缺点。

（1）当组织存在较多的主管空缺职位时，组织内部的主管人才储备或在量上不能满足需要，或在质上不符合职务要求时，如果仍坚持从内部提升，就将会使组织既失去得到一流人才的机会，又使不称职的人占据主管职位，这对组织活动的正常进行和组织的发展是极为不利的。

（2）容易造成"近亲繁殖"。由于组织成员习惯了组织内的一些既定的做法，不易带来新的观念，而不断创新则是组织生存与发展不可缺少的因素。

（3）因为提升的人员数量毕竟有限，若有些人条件大体相当，如果有的被提升，而有的仍在原来的岗位，这样没有被提升的人的积极性将会受到一定程度的挫伤。

案例：本田妙用"鲶鱼效应"

如何才能使自己的企业充满活力、永葆青春呢？日本本田公司总经理本田先生陷入了沉思：上次自己对欧美企业进行考察，发现许多企业的人员基本上由三种类型组成：一是不可缺少的干才，约占二成；二是以公司为家的勤劳人才，约占六成；三是终日东游西荡，拖企业后腿的蠢才，占二成。而自己公司的人员中，缺乏进取心和敬业精神的人员也许还要多些。那么如何使前两种人增多，使其更具有敬业精神，而使第三种人减少呢？如果对第三类型的人员实行完全的淘汰，一方面会受到工会方面的压力，另一方面又会使企业蒙受损失。其实，这些人也能完成工作，只是与公司的要求与发展相距远一些，全部淘汰显然行不通。

于是他找来了自己的得力助手、副总裁宫泽。宫泽先生认为，企业的活力根本上取决于企业全体员工的进取心和敬业精神，取决于全体员工的活力，特别是企业各级管理人员的活力。公司必须想办法使各级管理人员充满活力，即让他们有敬业精神和进取心。

宫泽给本田讲了一个挪威人捕沙丁鱼的故事，引起了本田极大的兴趣。故事讲的是：挪威渔民出海捕沙丁鱼，如果抵港时鱼仍活着，卖价要比死鱼高出许多倍。因此，渔民们千方百计想法让鱼活着返港。但种种努力都失败了。只有一艘渔船却总能带着活鱼回到港内，收入丰厚，但原因一直未明，直到这艘船的船长死后，人们才揭开了这个谜。原来这艘船捕了沙丁鱼，在返港之前，每次都要在鱼槽里放一条大鲶鱼，放鲶鱼有什么用呢？原来鲶鱼进入鱼槽后由于环境陌生，自然向四处游动，到处挑起摩擦，而大量沙丁鱼发现多了一个"异己分子"，自然也会紧张起来，加速游动。这样一来，就一条条活蹦乱跳地回到了渔港。本田听完了宫泽的故事，豁然开朗，连声称赞这是个好办法。

宫泽说道："其实人也一样，一个公司如果人员长期固定不变，就会缺乏新鲜感和活力，容易养成惰性，缺乏竞争力。只有外有压力，存在竞争气氛，员工才会有紧迫感，才能激发进取心，企业才有活力。"这时本田接着说："那我们就找一些外来的'鲶鱼'加入公司的员工队伍，制造一种紧张气氛，发挥鲶鱼效应。"

于是，本田先生进行人事方面的改革，特别是销售部经理的观念离公司的精神相距太远，而且他的守旧思想已经严重影响了他的下属。必须找一条"鲶鱼"来，尽早打破销售部只会维持现状的沉闷气氛，否则公司的发展将会受到严重影响。经过周密的计划和努力，终于把松和公司销售部副经理、年仅35岁的武太郎挖了过来。武太郎接任本田公司销售部经理后，武太郎凭着自己丰富的市场营销经验和过人的学识，以及惊人的毅力和工作热情，受到了销售部全体员工的好评，员工的工作热情被极大地调动起来，活力大为增强。公司的销售出现了转机，月销售额直线上升，公司在欧美及欧洲市场的知名度不断提高。本田先生对武太郎上任以来的工作非常满意，这不仅在于他的工作表现，而且销售部作为企业的龙头部门带动了其他部门经理人员的工作热情和活力。本田深为自己有效地利用"鲶鱼效应"的作用而得意。

从此，本田公司每年重点从外部"中途聘用"一些精干利索、思维敏捷的 30 岁左右的生力军，有时甚至聘请常务董事一级的"大鲶鱼"，这样一来，公司上下的"沙丁鱼"都有了触电式的感觉。

把忧患意识注入竞争机制之中，使组织保持恒久的活力，这是日本本田公司取得成功的关键。本田先生营造了一种充满忧患意识的竞争环境，激发起每一个人的进取心、荣誉感，调动了员工的工作热情，使得本田公司又重新充满了活力。本田先生的高明之处在于巧妙地运用了"鲶鱼效应"，牵一发而动全身，在公司上下形成了百舸争流、万马奔腾的局面，达到了"不待扬鞭自奋蹄"的理想效果。

案例来源：https://doc.mbalib.com/view/4a804d0b8fc26c369535ce7b89f8cff4.html

习题：

1. 职位分析有哪几种方法？
2. 招募和甄选的程序是什么？

第三节　员工测试与甄选

人力是企业最珍贵的资产，组织在决定人力需求时，即应对所需员工进行最有效的测试和甄选。所谓测试与甄选，是指企业机构为了寻找符合待补所需条件的人员，吸引他们前来应征，并从中挑选出适合人员，且加以任用的过程。有效的员工测试与甄选，必须是符合工作要求的员工，而且能满足组织当前与未来持续发展的需要。

一、各种类型的测试

人员素质测评的类型按不同的标准可划分为不同的种类，如图 4-6 所示。

本节主要讲述按人员素质的性质划分的测试。它是一种常用的分类方法，与人员素质结构有关，具体有以下 3 种测评类型。

1. 生理素质测评。这主要是指对体质、体力及精力的测评，多数以借用医学仪器设备测量为主。但有些生理素质（如心理健康状况）测评，也可以运用观察、自评、笔试等方式来完成。

2. 心理素质测评。这是对个体心理特征及其倾向性的测评，按人员素质结构又可细分为能力测评和人格测评。其中，能力测评包括一般智力测评、职业能力测评和创造能力测评。

人才心理测评试题——心理素质

（1）你何时感觉最好？（A. 2；B. 4；C. 6）

A. 早晨　B. 下午及傍晚　C. 夜里

（2）你走路时是？（A. 6；B. 4；C. 7；D. 2；E. 1）

A. 大步快走　　B. 小步快走　　C. 不快，仰着头面对着世界　　D. 不快，低着头　　E. 很慢

（3）和人说话时，你……（A. 4 B. 2；C. 5；D. 7；E. 6）

A. 手臂交叠地站着　　B. 双手紧握着　　C. 一只手或双手放在臀部　　D. 碰着或推着与你说话的人　　E. 玩着你的耳朵、摸着你的下巴，或用手整理头发

（4）坐着休息时，你的……（A. 4；B. 6；C. 2；D. 1）

A. 两膝并拢　　B. 两腿交叉　　C. 两腿伸直　　D. 一腿蜷在身下

（5）碰到你感到发笑的事时，你的反应是……（A. 6；B. 4；C. 3；D. 5）

A 一个欣赏地大笑　　B. 笑着，但不大声　　C. 轻声地笑　　D. 羞怯地微笑

（6）当你去一个派对或社交场合时，你……（A. 6；B. 4；C. 2）

A. 很大声地入场以引起注意　　B. 安静地入场，找你认识的人　　C. 非常安静地入场，尽量保持不被注意

（7）当你非常专心工作时，有人打断你，你会……（A. 6；B. 2；C. 4）

A. 欢迎他　　B. 感到非常恼怒　　C. 在两者之间

（8）下列颜色中，你最喜欢哪一种颜色？（A. 6；B. 7；C. 5；D. 4；E. 3；F. 2；G. 1）

A. 红或橘色　　B. 黑色　　C. 黄或浅蓝色　　D. 绿色　　E. 深蓝或紫色　　F. 白色　　G. 棕或灰色

（9）临入睡的前几分钟，你在床上的姿势是……（A. 7；B. 6；C. 4；D. 2；E. 1）

A. 仰躺，伸直　　B. 俯躺，伸直　　C. 侧躺，微卷　　D. 头睡在一手臂上　　E. 被盖过头

（10）你经常梦到你在……（A. 4；B. 2；C. 3；D. 5；E. 6；F. 1）

A. 下落　　B. 打架或挣扎　　C. 找东西或人　　D. 飞或漂浮　　E. 你平常不做梦　　F. 你的梦都是愉快的

现在将所有分数相加，再对照后面的分析得出你的测评结果。

职业心理测试的分析结果：

0～21 分：内向的悲观者，人们认为你是一个害羞的、神经质的、优柔寡断的、需要人照顾的、永远要别人为你做决定的、不想与任何事或任何人有关的人。只有那些深知你的人知道不是这样的。

21～30 分：缺乏信心的挑剔者

你的朋友认为你是一个谨慎的、十分小心的人，一个缓慢而稳定辛勤工作的人。如果你做任何冲动或无准备的事，你会令他们大吃一惊。

31～40 分：以牙还牙的自我保护者

别人认为你是一个明智、谨慎、注重实效的人，也认为你是一个伶俐、有天赋、有才干且谦虚的人。你不会很快、很容易和人成为朋友，但如果你是一个对朋友非常忠诚的人，同时要求朋友对你也有忠诚的回报。那些真正有机会了解你的人会知道要动摇你对朋友的信任是很难的，但一旦这信任被破坏，会使你很难过。

41～50 分：富有活力的完善者

别人认为你是一个有活力的、有魅力的、好玩的、讲究实际的、永远有趣的人。经常成为群众注意力的焦点，但你是一个足够平衡的人，不至于因此而昏了头。他们也认为你亲切、和蔼、体贴、能谅解人，是一个永远会使人高兴起来并会帮助别人的人。

51～60 分：吸引人的冒险家

别人认为你有一个令人兴奋的、高度活泼的、相当易冲动的个性。你是一个天生的领袖、一个做决定会很快的人，虽然你的决定不总是对的。别人认为你是大胆的和冒险的，会愿意让你尝试做任何事情，是一个愿意尝试机会而欣赏冒险的人。

60分以上：傲慢的孤独者

在别人的眼中，你是自负的、自我的，是个极端有支配欲、统治欲的人。别人可能钦佩你，但不会永远相信你，会对与你更深入的来往有所踌躇及犹豫。

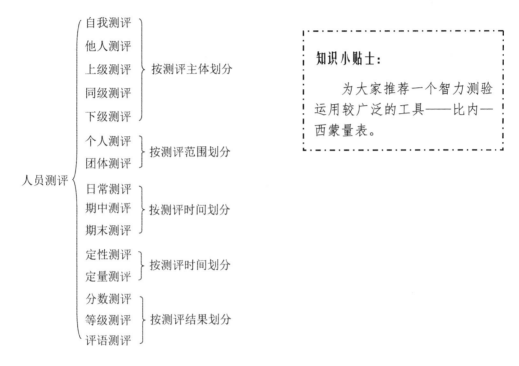

> **知识小贴士：**
>
> 　为大家推荐一个智力测验运用较广泛的工具——比内—西蒙量表。

图 4-6　人员素质测评

3. 知识素质测评

知识素质测评是对人员已掌握知识的测评，包括测评对知识掌握的深度、广度，以及灵活运用的程度。在实际工作中，要想初步、大体地了解员工的知识素质，可以通过查阅学籍档案或面试；若要深入地了解员工的知识素质，则可以运用笔试或实际操作等方式。

二、工作样本与工作模拟

（一）工作样本

工作样本是指具有明确目的的操作性活动，活动的内容可模拟一个或一群真实工作里所用到的工具、材料和作业步骤。其目的是要评估个案的职业性向、工人特质、工作习惯与行为、学习模式、了解指令（口头或书面）的能力与职业兴趣。工作样本的种类可分为：单一特质（只评量一种工作特质，如手指灵巧度）和多重性质（测量一群工作特质，如力量、耐力、关节活动度、速度与灵巧度等）。手功能测验是最常见的单一特质的工作样本，它借着小零件或小工具的操作来评量手指灵巧度和手眼协调度。

工作样本的优点有如下五项：第一，由于其内容和真实工作相近，因此较能提高个案的受测动机；第二，因为实际操作，所以更了解本身的技能与兴趣；第三，评估者能观察到员工的实际工作行为；第四，许多项目能同时被检测，如工作技巧、兴趣、体能和工作行为；第五，真正的兴趣和兴趣测验的分数可实际操作得到验证。

当然，工作样本方法的缺点也有很多，比如评估过程较为耗时；可能会遭遇工作样本有内容过时之问题，不符合目前的工作现况；只从工作样本的结果，较难有效地预估员工日后在正式工作的表现，因为真实的工作是日常性的；工作环境和工作样本的环境有极大的不同。

（二）工作模拟

工作模拟是典型的侧重于衡量学习结果的测试技术，该方法针对具体培训内容，在现实任务背景下，有技巧性地转换为模拟工作场景，并要求受训学员通过问题的解决展示其培训收获。

三、背景调查和其他甄选方法

（一）背景调查

背景调查是指通过从外部求职者提供的证明或以前工作单位那里搜集资料，来核实求职者的个人资料的行为，是一种能直接证明求职者情况的有效方法。

通过背景调查，可以证实求职者的教育和工作经历、个人品质、交往能力、工作能力等信息。

其中背景调查的资料来源主要有：来自校方的推荐材料、有关原来工作情况的介绍材料、关于申请人财务状况的证明信、关于申请人所受法律强制方面的记录、来自推荐人的推荐材料等。

（二）其他甄选方法

现代人力资源管理中，招聘时所采用的甄选方法主要有三大类：笔试法、面试法和测评法。下面逐一为大家讲解。

1. 笔试法。笔试法的考核较全面，可对应聘者的多种知识进行测量。用时较少，效率较高，成绩评定也比较客观。但是不能考察应试者的工作态度、品德修行和组织管理能力、口头表达能力和操作技能等。一般来说，专业知识考试和一般知识测试可采用笔试法。

2. 面试法。面试法是由一个或多个人发起的搜集信息和评价求职者是否具备被雇佣资格而进行的一个对话过程。程序依次如下：确定面试成员、制定面试提纲、确定面试的时间和地点、制定面试评价表。

3. 测评法。它包括能力测评、人格测评、工作情景模拟测试等。能力测评是指身体能力测试、认知能力测试、言语理解和表达测验、数量关系测验、判断推理测验。人格测评的目的是按照人的性格对人进行分类。掌握员工的个性，有利于良才使用，用其所长，避其所短。工作情景模拟测评是指把被测者置于其未来可能任职的模拟工作情景中，对他的实际工作能力进行全面观察、分析、判断和评价。

习题：

1. 员工测试的类型有哪几种？

2. 什么是工作模拟？你能举个现实生活中的例子吗？

第四节　培训与开发

培训与开发两个词经常被混用,实际上两者是有差异的。员工培训是指企业有计划地实施有助于员工学习与工作相关能力的活动。这些能力包括知识、技能和对工作绩效起关键作用的行为。员工开发是指为员工未来发展而开展的正规教育、在职实践、人际互动,以及个性和能力的测评活动。开发活动以未来为导向,要求员工学习与当前从事的工作不直接相关的内容。

一、分析培训需求并设计培训项目

企业在面临全球化、高质量的工作系统挑战中,员工培训显得越来越重要。有些企业的员工也体现出被培训的需求,此时企业就要做好培训需求分析,帮助企业和员工共同发展。

培训需求分析是由有关企业人员收集有关组织和个人的各种信息,找出实际工作绩效与绩效标准之间的差距,分析产生差距的原因,以确定是否需要培训、谁需要培训等。培训需求的原因主要有:需要了解相关法规、制度,基本技能欠缺,工作业绩差,新技术的应用,客户要求和高绩效标准等。在对培训需求分析之后,就要评估需求结果,比如是否需要培训、在哪些方面需要培训、谁接受培训、受训者要学到什么、培训的类型和次数等,然后根据分析结果设计培训方案。设计培训方案的过程如图4-7所示。

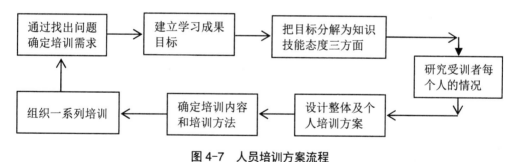

图4-7　人员培训方案流程

二、实施培训

案例:培训的关键之培训机制的建立

狮子让豹子去管理十匹狼,去分发食物。豹子领到肉之后,把肉分成了十一份,自己要了一份,给其他狼是十份,但是每只狼都觉得少,于是合起来反对豹子。虽然一只狼打不过豹子,但是十只狼豹子却没办法应对。豹子没有办法,就去找狮子,狮子说:“你看我的。”

狮子把肉又分成了是十一份,大小不一,自己先挑了最大的一份,对狼说:“其他的怎么分你们看着办吧。”为了争取大一点的肉呢,狼群就沸腾了,恶狠狠地相互攻击,狮子微微一笑说:“你知道这就是‘绩效工资’么?”

第二天,狮子依然把肉分成了十一份,自己却挑走了两份,剩下九份,对狼说:“怎么分你们自己讨论吧。"十只狼看到只有九块肉，就更加凶狠地抢夺起来，一口肉一口自己的同伴，最后最弱的狼倒在了地上，狮子说这就是"末位淘汰"。

第三天，狮子把肉只分成了两块，跟狼说："你们看着办吧。"最后，一只最强壮的狼得到了战利品，其他狼只能吃残羹冷炙。从此这个狮子只需要管理一只狼，不用费心其他的事情，豹子问狮子这是什么办法，狮子说："你听过'竞聘上岗'么？"

最后一天，狮子把肉全占了，让狼去吃草，由于之前的竞争，狼已经没有力气再战了，于是只好逆来顺受。

这个故事告诉我们：一个好的机制的建立，胜过十个培训的说教。就培训本身的机制而言，培训跟晋级挂钩、跟人才培养结合，都是很好的机制。虽然我们认识到了，但是始终没有很好地推进和执行。

我们更多的是期望设计一个好的培训产品，吸引学员来学习。但是却忽略了：人都是懒惰的，总是想着有那个时间去看看电影、逛逛街多好。

所以激发学员的学员动机必须有有效的学习机制，否则就是一厢情愿罢了。

三、实施培训方案

（一）前期准备阶段

前期准备阶段主要分为两个步骤：培训需求分析和确立目标。

1. 培训需求分析。培训需求分析是企业培训的出发点，也是最重要的一步工作。如果需求分析不准确，就会让接下来的培训偏离轨道，做无用功，浪费企业的人力、物力和财力，却收不到应有的效果。培训需求分析是指了解员工需要参加何种培训的过程，这里的需要包括企业的需要和员工本人的需要。

2. 确立目标，是指确立培训目标。可以根据培训需求分析来确立目标，确立目标时应注意以下 3 点：要和组织长远目标相吻合；一次培训的目标不要太多；目标应订得具体，可操作性强。

知识小贴士：培训需求分析

企业要进行有效的需求分析，就必须采取合适方法和工具。需求分析的方法包括：

问卷调查法，是最普遍也最有效的收集资料和数据的方法之一。一般由培训部门设计一系列培训需求相关问题，以书面问卷的形式发放给培训对象，待培训对象填写之后再收回进行分析，获取培训需求的信息和数据。

访谈法，也是数据收集的一种重要方法。它是指为了得到培训需求的数据和信息，与访谈对象进行面对面交流的活动过程。这个过程不只是收集硬性数据，比如事实、数据等，还包括印象、观点、判断等信息。

现场取样法一般较多使用于服务性行业的培训需求调查（如饭店、卖场等），是通过选取培训对象现场实际工作的部分片段进行分析，以确定培训需求的一种分析方法。现场取样法主要包括两种形式：拍摄和取样。

观察法，多用于生产型或服务型行业，是指到培训对象的实际工作岗位上去了解其工作技能、态度、表现，以及在工作中遇到的主要问题等具体情况的一种方法。

档案资料法，即利用现有的有关企业发展、组织目标、岗位工作、人员分析等方面的文件资料，对培训需求进行综合分析的方法。由于档案资料信息纷杂，通常需要利用表格工具进行提炼归纳。

（二）培训实施阶段

培训实施阶段主要可以分为两个步骤：设计培训计划和实施培训。

1. 设计培训计划。培训计划也可以是长期的计划，例如年度培训计划，但这里主要指一次具体的培训计划，其主要包括以下6个方面：希望达到的结果；学习的原则，例如脱产、不脱产等；组织的制约，例如部门经理必须参加等；受训者的特点，例如新进员工、大学刚毕业、年龄在30岁以下等；具体的方法，这里要包括时间、地点、培训教材、培训的方法（如讲授、个案讨论、角色扮演等）；预算，要根据培训的种类，内容等各方面因素，每人每天的预算可从100元至5000元不等。

2. 实施培训，这是整个实施模型中的关键步骤。实施培训主要涉及以下6个方面：

（1）确定培训师。虽然企业培养一位合格的培训师成本很高，但培训师的好坏直接影响到培训的效果。所以此时企业要站在长远的角度考虑成本问题。

（2）确定教材。一般由培训师确定教材，教材来源主要有四种，即外面公开出售的教材、企业内部的教材、培训公司开发的教材和培训师编写的教材。

（3）确定培训地点。培训地点的优劣也会影响到培训的效果。培训地点一般有以下3种，即企业内部的会议室、企业外部的会议室、宾馆内的会议室。要根据培训的内容来布置培训场所。

（4）备好培训设备。例如电视机、投影仪、屏幕等。

（5）决定培训时间。要考虑是白天还是晚上，工作日还是周末，旺季还是淡季，何时开始，何时结束等。

（6）发通知。要确保每一个应该来的人都收到通知，因此最后有一次追踪，使每一个人都确知时间、地点与培训基本内容。

3. 评价培训阶段，主要可以分为五个步骤：确定标准、受训者测试、培训控制、针对标准评价培训结果和评价结果的转移。

（1）确定标准的原则。要以目标为基础；要与培训计划相匹配；要具体、要可操作。

（2）受训者测试。指让受训者在培训以前先进行一次相关的测试，以了解受训者原有的水平。

（3）培训控制要注意。要注意观察，要善于观察；要与培训师进行沟通；要抓住培训目标的大方向；要与受训者及时交流，了解真实反应；要运用适当的方式。

（4）针对标准评价培训结果。经常用的方法是请受训者在培训结束后填写一份培训评价表，培训评价表应该具有以下特点：与培训目标紧密联系的；以标准为基础的；与受训者先测内容有关的；培训结果、受训者得益等。

（5）评价结果的转移。这是最重要的步骤，也是许多培训项目忽视的步骤。结果的转移是指把培训的效果转移到工作实践中去，即用工作效率提高多少等来评价培训效果。

案例：联邦快递让员工与企业一起成长

每一位进入联邦快递的员工都会发现：培训是生活和工作中不可缺少的一部分——你的笑容、仪表、举止，说话的轻重急缓都会得到专门的训练。另外，在道德操行方面，公司也有一整套培训测评。

受训员工被要求递送一件客人急需的物品，途中目睹了一桩"车祸"（事先设计的）。先去送物品，还是先把受伤者送往医院？如果简单地选择了前者而置受伤者不顾，你可能会"不及格"甚至"下课"。如果你妥善处理了受伤者，又想别的办法把物品及时送到客户手中，你就可能得"满分"——这是联邦快递人力资源主管告诉我们的一个关于培训的小故事。

培训是没有贵贱的。即使最普通的员工每年都能得到 2500 美元去念书，每个速递员在递送第一件物品前，都要接受 40 个小时的"刚性"培训。

联邦快递亚太区副总裁陈嘉良先生说，速递行业的饭不好吃——全球快递业的前 15 名已有 13 个进驻中国，中国邮政手里还捏着"特快专递"这张王牌，中国递送业的开放之门还半开半掩。市场竞争如此白热化，而联邦快递却能业绩骄人，成为"领跑者"，靠的就是"人性化服务"。

"服务人性化，靠的就是人和其心智，而这些很大程度是能通过培训得到的。"

联邦快递公司在中国的本土化程度相当高，在中国 600 名员工中，外籍人员不足 10 人。陈先生感慨，在服务化程度不算太高的中国，让中国员工真正懂得"服务"还真不是件容易事。为此，公司花费了大量的培训成本。陈先生用他的港式普通话很认真地强调：服务是重要的，但人性少不了，而且，人性是服务的定语。

培训前，员工没有归属感，感觉是"铁打的营盘，流水的兵"，没有人把公司看作"家"：下班时，不记得关灯、关空调，办公室的电话随便打，办公用品随便用，因为在他们看来，那是"公家"的。

培训后，员工把个人的命运与公司的发展紧密联系起来，办公室成了另一个"家"，既然是"家"，过日子就得算计，能省的省，该节约的就节约。"对员工进行培训非常重要，但与工作联系不是非常紧密的脱产培训并不一定是提高工作效率最有效的方式。"日本 NEC 人力资源主管认为，现在社会上有不少讲座，非常有助于知识的积累，但对 NEC 员工的帮助可能不是最大的。

他说，NEC 不搞那一套。NEC 也对员工进行培训，但这是基于公司业务内容交流的"内训"，即 NEC 的员工总结自己的工作经验，再传递给同事，同时也增加了自己的经验。给员工一个教别人的机会，可以激励他勤奋工作，也有助于他学习，这可能比让员工参加社会上的培训更有效。

在 NEC，老员工把自己的知识、经验言传身教给新员工，这对新员工来说，也是一种培训。这位主管告诉记者："其实培训的方式和途径有许多，关键是企业要把培训看作发展中必不可少的一项战略，让员工和企业一起成长。"

案例来源：https://www.docin.com/p-2466374306.html

四、培训效果评估

培训效果评估是对整个培训活动及其成果的评价和总结。如表4-5所示，评估的内容主要有：对整个培训活动的评估，即从培训需求分析、方案设计，到培训活动的组织实施的整体效果的评估；检验培训活动的成果，即经过培训，受训者获得的知识、技能和能力及其应用于工作的程度和效果。

培训效果的量化测定方法较多，其中运用较广泛的是下列公式：

$$TE = (E2 - E1) \times TS \times T - C$$

其中，TE＝培训效益，E1＝培训前每个受训者一年产生的效益，E2＝培训后每个受训者一年产生的效益，TS＝培训的人数，T＝培训效益可持续的年限，C＝培训成本。

表 4-5　新员工培训成果检测表

新员工培训成果检测表		
公司的经营理念	第一次评价	第二次评价
1. 了解公司的经营理念		
2. 随口能背出经营理念		
3. 以经营理念为荣		
公司存在意义		
1. 了解企业的社会存在意义		
2. 了解本公司的社会使命		
3. 了解创造利益的重要		
公司的组织、特征		
1. 了解各部门的主要业务		
2. 了解公司产品		
3. 能说出公司产品的特征		
热爱公司精神		
1. 了解公司的历史概况		
2. 了解公司传统		
3. 喜欢公司的代表颜色或标志		
上下班规则		
1. 比上班时间更早到公司		
2. 整理收拾桌上或周围东西后才下班		
3. 早晨的问候很清脆、有精神		
对工作的态度		
1. 充满干劲		
2. 表现出对新工作的关心与兴趣		
3. 有时间观念		

习题：

1. 为什么要进行培训需求分析？
2. 你能设计一个销售人员的培训方案吗？

第五节 绩效管理

所谓绩效管理，是指各级管理者和员工为了达到组织目标，共同参与的绩效计划制定、绩效辅导沟通、绩效考核评价、绩效结果应用、绩效目标提升的持续循环过程。它的目的是持续提升个人、部门和组织的绩效。员工绩效考核是公司人力资源管理的重要一环，它是对员工进行任用、晋升、调薪、奖惩、培训的客观依据。

案例：

位于上海市的光明公司是一家 IT 企业，公司的主要产品是管理软件。小王与小谢是光明公司的技术骨干，两个人以前是大学同学，后来又一起进入光明公司工作，技术水准一样。

小王和小谢分别负责不同的产品研发，小王负责 A 产品，小谢负责 B 产品。经过一年的艰苦努力，A、B 两个产品同时完成推向市场，但市场的表现却完全不同。A 产品很快被市场所接受，为公司带来很大的经济效益；而 B 产品却表现平平。

由于 A 产品带来了经济效益，年底公司决定为小王加工资；而小谢负责的产品表现不好，没有增加工资。公司的决定迅速在员工中流传，很快传到了小谢的耳朵里。于是，小谢找公司领导谈话，

他认为自己受到不公正的评价，因为 B 产品表现不好，不是产品本身的原因，而是 B 产品被市场接受需要一定的时间。公司只给小王增加工资，小谢觉得自己的工作没有得到公司的认可，而公司领导认为市场可以评价一切，没有接受小谢的意见。

很快，小谢离开了光明公司加入了竞争对手 Y 公司，依然负责与 B 产品类似的产品。半年后，市场开始接受该产品，Y 公司在该产品上取得了良好的经济效益。

案例来源：https://ishare.iask.sina.com.cn/f/aO8PA5iQAV.html

一、绩效管理流程

绩效管理流程是一个完整的系统，它由绩效计划、绩效管理、绩效评估、绩效反馈、绩效改进 5 个环节构成。绩效管理的具体流程如图 4-8 所示。

（1）制订考核计划。该计划中应明确考核的目的和对象、考核内容和方法，以及确定考核时间。

（2）进行技术准备。绩效考核是一项技术性很强的工作，其技术准备主要包括确定考核标准、选择或设计考核方法，以及培训考核人员。

（3）选拔考核人员。

（4）收集资料信息，考核相关人员。收集资料信息要建立一套与考核指标体系有关的制度，并采取各种有效的方法来达到。

（5）做出分析评价。此评价中要确定单项的等级和分值，然后对同一项目的各考核来源的结果进行综合，最后对不同项目考核结果进行综合。

（6）考核结果反馈。将结果公开地反馈给被考核者，允许提出异议和改进意见，或重新

进行考核，或为下一次的考核办法的改进做铺垫。

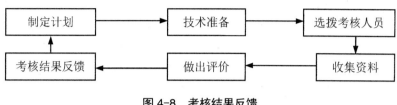

图 4-8　考核结果反馈

二、目标管理法

案例：爱丽丝和猫的对话

"请你告诉我，我该走哪条路？"爱丽丝说。

"那要看你想去哪里？"猫说。

"去哪儿无所谓。"爱丽丝说。

"那么走哪条路也就无所谓了。"猫说。

——摘自刘易斯·卡罗尔的《爱丽丝漫游奇境记》

这个故事告诉我们，一个人，无论做什么事情，都要一个目标。有目标，你才知道自己想要到哪里去，有目标你才能获得别人的帮助。如果一个人连自己想要去哪里都搞不清楚，那么再高明的人也无法给你指出出路。

天助先要自助，当一个人没有清晰的目标方向的时候，别人说的建议再好也是别人的观点，不能转化为自己的有效行动。企业也是如此。企业要生存、要发展，首先要制定组织的目标，用组织的目标指导员工制定自己的个人目标，并把个人目标和组织目标结合起来，然后在目标的指引下统一员工的思想和行动。如果没有目标或目标不清晰，员工即便想努力，也会有无从下手的无力感。

目标管理源于美国管理专家德鲁克，他在 1954 年出版的《管理的实践》一书中，首先提出了"目标管理和自我控制的主张"，认为企业的目的和任务必须转化为目标。目标管理法的一般步骤如图 4-9 所示，为制定目标、实施目标、信息反馈处理、检查实施结果及奖惩。其中制定目标里包括了制定目标的依据、对目标进行分类、符合 SMART 原则、目标须沟通一致等。

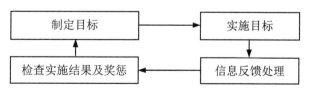

图 4-9　目标管理

案例：

一家大的快餐连锁店总部决定要对每个分店经理实行目标管理法，给各分店经理都制定了一个目标，要比上一年销售额增加某个固定的值。

尽管每个分店经理同意了这个固定的目标，可是到了年底，这一方案却引起了许多分店经理的强烈不满和工作积极性的下降。原因在于这些经理们抱怨单一的衡量指标（增加销售额）并不是他们直接凭努力就能达到的。会有很多外在的客观因素影响了目标的达成，比如附近其他餐馆的状况、肉的价格、市场情况和总部的广告水平等。所有这样漫无目的地追求销售量的增加，只能导致这样的后果：有一些经理费了很大力气，却未达到目标，相反有些人未付出很大努力，却轻易地实现了这一目标。

为了解决这一问题，一位管理顾问建议应把销售额同其他与个人技术、知识、能力相关的指标结合起来作为评估标准（其他指标包括人事管理方面、快餐店的卫生环境等）。

案例来源：https://wenku.baidu.com/view/9eb4c8cb11a6f524ccbff121dd36a32d7275c763.html

这一案例说明了目标管理法尽管在理论上听起来很合情理，但在实施过程中会面临很多具体的操作问题。

三、关键绩效指标（KPI）考核法

企业关键绩效指标（KPI：Key Performance Indicator）是通过对组织内部流程的输入端、输出端的关键参数进行设置、取样、计算、分析，是衡量流程绩效的一种目标式量化管理指标。KPI 可以使部门主管明确部门的主要责任，并以此为基础，明确部门人员的业绩衡量指标。建立明确、切实可行的 KPI 体系，是做好绩效管理的关键。

KPI 法符合一个重要的管理原理——"八二原理"。在一个企业的价值创造过程中，存在着"80/20"的规律，即 20%的骨干人员创造企业 80%的价值；而且在每一位员工身上"八二原理"同样适用，即 80%的工作任务是由 20%的关键行为完成的。因此，必须抓住 20%的关键行为，对之进行分析和衡量，这样才能抓住业绩评价的重心。

1. 建立评价指标体系

如图 4-10、图 4-11、图 4-12 所示，可按照从宏观到微观的顺序，依次建立各级的指标体系。首先明确企业的战略目标，找出企业的业务重点，并确定这些关键业务领域的关键业绩指标（KPI），从而建立企业级 KPI。接下来，各部门的主管需要依据企业级 KPI 建立部门级 KPI。然后，各部门的主管和部门的 KPI 人员一起再将 KPI 进一步分解为更细的 KPI。这些业绩衡量指标就是员工考核的要素和依据。

2. 设定评价标准

标准指的是在各个指标上分别应达到什么样的水平。指标解决的是我们需要评价"什么"的问题，标准解决的是要求被评价者做得"怎样"、完成"多少"的问题。

3. 审核关键绩效指标

对关键绩效指标进行审核的目的主要是确认这些关键绩效指标是否能够全面、客观地反映被评价对象的工作绩效，以及是否适合于评价操作。

确定关键绩效指标有一个重要的 SMART 原则。SMART 是 5 个英文单词首字母的缩写：S 代表具体（Specific），指绩效考核要切中特定的工作指标，如销售业绩、完成任务量情况等；M 代表可度量（Measurable），指绩效指标是数量化或者行为化的，验证这些绩效指标的数据或信息是可以获得的；A 代表可实现（Attainable），是指绩效指标在付出努力的情况下可以实现，避免设立过高或过低的目标；R 代表关联性（Relevant），指绩效指标是与上级目标具有明确的关联性，最终与公司目标相结合；T 代表有时限（Time bound），注重完成绩效指标的特定期限。

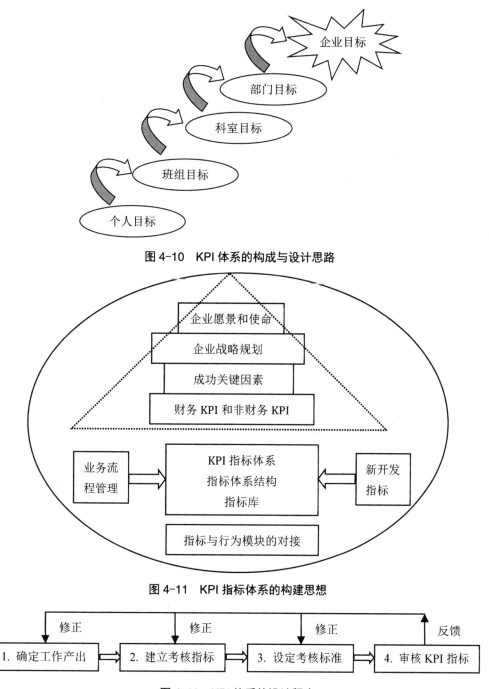

图 4-10　KPI 体系的构成与设计思路

图 4-11　KPI 指标体系的构建思想

图 4-12　KPI 体系的设计程序

四、360 度考核法

360 度考核法又称为全方位考核法，最早被英特尔公司提出并加以实施运用。该方法是指通过员工自己、上司、同事、下属、顾客等不同主体来了解自己的工作绩效，通过评论知晓各方面的意见，清楚自己的长处和短处，来达到提高自己的目的。设计出 360 度，是为了避免在考核中出现人为因素的影响。这种考核是背对背的，强调这只是一种方式，最终结果重在自己的提高。

360 度考核法共分为被考核员工有联系的上级、同级、下级、服务的客户这四组，每组至少选择 6 个人，然后公司用外部的顾问公司来做分析、出报告交给被考核人。比如员工如果想知道别人对自己是怎么评价的，就可以提出来作一个 360 度考核。当然这种考核并不是每个员工都必须要做的，一般是工作时间较长的员工和骨干员工。考核的内容主要是跟公司的价值观有关的各项内容。四组人员根据对被考核人的了解来看他符合不符合价值观的相关内容，除了画圈外，再给出被考核人三项最强的方面。分析表是很细的，每一项同级、上级、下级会有不同的评价，通过这些由专门顾问公司分析，从而得到对被考核人的评价结果。被考核人如果发现在任一点上有的组比同级给的评价较低，他都可以找到这个组的几个人进行沟通，提出"希望帮助我"，大家敞开交换意见。这就起到帮助员工提高的效果。实施步骤如下：

1. 确定 360 度考核法的使用范围。只有确定了 360 度考核法的使用范围，才能将这有限的资源在已经确定的范围内发挥出最大的作用，如员工、经理等。

2. 设计考核问卷，主要通过三个步骤完成。

（1）评价者提供 5 分等级或 7 分等级的量表（称之为等级量表），由主评价者选择相应的分值。

等级量表举例如表 4-6 所示，按下列评定为教师对班级的态度打分。

表 4-6　考核问卷评定

非常好	大部分时间很好	不好不坏	偶尔不好	很不好
5	4	3	2	1

（2）让评价者写出自己的评价意见（称之为开放式问题）。

（3）综合以上两种形式。

3. 确定由谁来实施评价。一般情况下，企业在采用 360 度考核法进行考核时，大都由多个评价者匿名进行评价。比如，通用公司在实施 360 度考核法时，将与被考核员工有联系的人分成四组，每组至少选择 6 个人。采用多名评价者参与对被考核者的评价，扩大了信息搜集的范围。

> **知识小贴士：**
>
> 　　这里给大家介绍一款好用的评估软件——Beisen360 评估软件，希望对大家有所帮助。

4. 利用好结果反馈。360 度考核法最后能否改善被考核者的业绩，在很大程度上取决于评价结果的反馈。评价结果的反馈表 4-7 所示，包括两方面：一方面，应该就评价的公正性、完整性和准确性向评价者提供反馈，指出他们在评价过程中所犯的错误，以帮助他们提高评价技能；另一方面，应该向被考核者提供反馈，以帮助被考核者提高能力水平和业绩水平。

表 4-7　考核结果反馈

优点	打破了由上级考核下属的传统考核制度，避免了传统考核中考核者极容易发生的"光环效应""居中趋势""偏紧或偏松""个人偏见"和"考核盲点"等现象
	通过管理层获得的信息更准确
	反映出不同考核者对于同一被考核者不同的看法
	防止被考核者急功近利的行为（如仅仅致力于与薪金密切相关的业绩指标）
	有助于被考核者多方面能力的提升
缺点	考核成本高，由多人来共同考核所导致的成本上升可能会超过考核所带来的价值
	成为某些员工发泄私愤的途径。某些员工不正视上司及同事的批评与建议，将工作上的问题上升为个人情绪，利用考核机会"公报私仇"
	考核培训工作难度大

五、平衡计分卡绩效考核

平衡计分卡（Balance Score Card，BSC）的核心思想就是通过财务、客户、内部的经营过程、学习成长四个指标之间相互驱动的因果关系，展现组织的战略轨迹，实现绩效考核—绩效改进，以及战略实施—战略修正的目标。

如图 4-13、图 4-14、图 4-15 所示，平衡计分卡反映了财务与非财务衡量方法之间的平衡、长期目标与短期目标之间的平衡、外部和内部的平衡、结果和过程的平衡、管理业绩和经营业绩的平衡等多个方面。所以能反映组织综合经营状况，使业绩评价趋于平衡和完善，有利于组织长远发展。除此之外，它还有如下五个作用：

第一，为企业战略管理提供强有力的支持。平衡计分卡的评价内容与相关指标和企业战略目标紧密相连，企业战略的实施可以通过对平衡计分卡的全面管理来完成。

第二，通过平衡计分卡所提供的管理报告，将看似不相关的要素有机地结合在一起，可以大大节约企业管理者的时间，提高企业管理的整体效率，为企业未来成功发展提供坚实的基础。

第三，平衡计分卡通过对企业各要素的组合，让管理者能同时考虑企业各职能部门在企业整体中的不同作用与功能，使他们认识到某一领域的工作改进可能是以其他领域的退步为代价换来的，促使企业管理部门考虑决策时要从企业出发，慎重选择可行方案。

第四，平衡计分卡强调目标管理，鼓励下属创造性地（而非被动）完成目标，这一管理系统强调的是激励动力。

第五，平衡计分卡可以使企业管理者仅仅关注少数而又非常关键的相关指标在保证满足企业管理需要的同时，尽量减少信息负担成本。

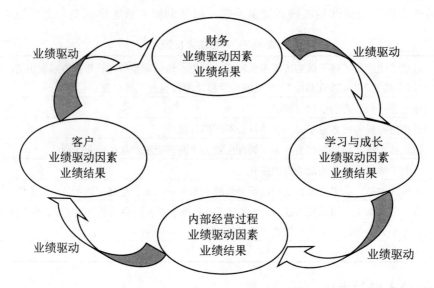

图 4-13　平衡计分卡的指标驱动关系

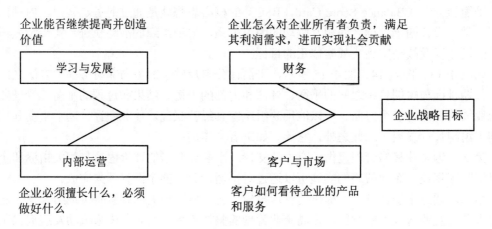

图 4-14　平衡计分卡鱼骨图表示

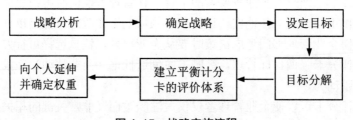

图 4-15　战略实施流程

实施流程为：

（1）战略分析。日益激烈的竞争抗衡和与日俱增的客户期望使企业高层面临的关键问题是：如何在充满挑战的动态环境中立于不败之地。管理委员会需要全面分析所有的内外部因素，制定清晰的公司战略。

（2）形成并确定战略。高级管理层（项目组）应该基于以上的分析结果，确定公司的愿景、使命和战略。

（3）公司目标的设定。高级管理层制定公司的战略绩效目标，通常从四个角度展开：财务、客户、流程、学习成长。项目组应该把公司战略和平衡计分卡用两个方式联系起来：财务和非财务目标、领先绩效指标和滞后绩效指标。高级管理层在开发平衡计分卡时应运用战略图。战略图可以反映出高层对公司战略要素中因果关系的假设。项目组要制定具体的指标、目标值和行动方案，以实现关键目标。最后应该定出每个行动方案的任务，对每一项任务进行跟踪，确保落实和执行。

（4）目标分解。项目组负责把战略传达到整个组织，并把绩效目标逐层分解到下级单位，直至个人。在分解公司平衡计分卡的过程中，要注重构建组织内部的协调统一。如前所述，必须精心设计公司的结构、系统和流程，使它们相互之间协作有方，并适用于公司的战略。各分支或部门首先应该考虑公司的战略、目标、指标和目标值，然后把公司目标分解到分支或部门的平衡计分卡，并把内部客户的需求包括在内，以建立横向的联系。

（5）建立平衡计分卡的部门评价指标体系。评价指标体系的选择应该根据不同行业和企业的实际情况，按照企业的战略目标和远景来制定。

（6）将公司与部门平衡计分卡向个人延伸并确定权重。按照设计部门平衡计分卡同样的原理与程序设计个人的平衡计分卡。个人平衡计分卡包含三个不同层级的衡量信息，从而使得所有员工在日常工作中，能轻易看到这些战略目标、测评指标和行动计划。

指标的权重是指该指标在本层指标中所占的相对其他指标的重要性程度，一般以 100%为最高值，对本层指标内的各项指标的重要性程度进行分配。确定权重的一个较为简便和合理的方法就是通过专家打分。专家的组成结构要合理，要有本企业的中高层管理人员、技术人员，也要有基层的技术和管理人员，还要有企业外的对本企业或本行业熟悉的专家，如行业协会的成员、大学或研究机构的成员。同时，对不同的企业权重选择应根据不同行业、不同企业的特点进行打分。如高科技企业，技术更新快，因而学习创新成长性指标所占的权重就较大；对大型企业而言，如美国通用公司，运作流程的顺畅就显得很重要，因而该指标所占权重也相对较大；对银行等金融企业而言，财务指标事关重大，该指标的权重自然也较大。

当然，平衡计分卡也并不是那么完美，它也有很多缺点，比如没有明确的组织战略、高层管理者缺乏分解战略的能力和意愿、中高层管理者缺乏指标创新的能力和意愿等这样的组织不适合使用平衡计分卡；计分卡的工作量极大，在对于战略的深刻理解外，需要消耗大量精力和时间把它分解到部门，并找出恰当的指标，而落实到最后，指标可能会多达 15～20个，在考核与数据收集时，也是一个不轻的负担；对个人而言，要求绩效考核易于理解，易于操作，易于管理，而平衡计分卡并不具备这些特点。

总而言之，对于管理与考核的工具，企业一定要慎用，盲目跟风是毫无意义的。而且要会用，要对工具有足够的认识和理解，而不是一知半解，浅尝辄止，最后要善用，在深刻理解工具内涵的基础上，能够与自身情况相结合，知道什么适用于自己、什么不适用、如何加以调整。

习题：

1. 简述目标管理法的含义及过程。
2. 用实证描述 360 度考核法的过程。

第六节　战略性薪酬计划

薪酬是指员工因被雇佣而获得的各种形式的经济收入、有形服务和福利。它的实质是一种公平的交易或交换关系，是员工在向单位让渡其劳动或劳务使用权后获得的报偿。

一、决定薪酬水平的基本要素

根据货币支付的形式，可以把薪酬分为两大部分：一部分是以直接货币报酬的形式支付的工资，包括基本工资、奖金、绩效工资、激励工资、津贴、加班费、佣金、利润分红等；另一部分则体现为间接货币报酬的形式，即间接地通过福利（如养老金、医疗保险）和服务（带薪休假等）支付的薪酬。其实不同的公司薪酬的水平不同，那么都有哪些因素决定薪酬水平呢？

1. 劳动力市场竞争状况。通常劳动力供大于求时，市场薪酬水平会趋于下降；劳动力供不应求时，市场薪酬水平会趋于上升。

2. 产品市场竞争状况。一般来说，如果产品市场对企业产品或服务的需求增加，则企业能够完成更多的产销量，并保持较高的销售价格，使得企业支付实力增强，员工薪酬水平提高。如果产品市场萎缩，企业就难以提高价格，提高薪酬水平的能力受到限制。

3. 企业特征。企业特征又细分为以下方面：（1）企业所处的地区。经济发达地区的薪酬水平要高于经济欠发达地区的薪酬水平。（2）企业所处的行业。资本密集型行业的薪酬水平要高于劳动密集型行业的薪酬水平。（3）企业的规模。大企业的员工薪酬水平比中小企业的要高。（4）企业的经营战略。如采用成本领先型战略，则其薪酬水平很可能受到严格控制。

4. 经济与政策环境。主要包括三个部分的影响：（1）物价水平。物价的提高一般带动薪酬水平的上涨。（2）工会的力量。如果工会组织力量够强大，员工的薪酬水平也能得到较高层次的实现。（3）政策法规的保障。国家出台比较完善的政策法规来保障劳动者权益，薪酬水平通常不会很低。

二、管理类职位和专业类职位的定价

职位不同，定价必然不同。下面我们具体来了解一下公司中管理类职位和专业类职位各自的定价的影响因素。

（一）管理类职位定价

管理类，也称为经营者、经理人。它具体指执行日常管理的最高负责人及其主要助手，如总经理、副总经理、总会计师、董事长秘书等，或与这些职务相当的主要负责人。影响管理类职位定价的因素主要包括：

1. 管理者个人因素。第一，管理者的人力资本投入。高层管理者想要胜任其位置，必然需要有良好的文化知识素质、思想素质，以及出色的经营管理能力和技巧，这些就是管理者长期投资形成的人力资本。第二，管理者的业绩。对企业来说就是高层管理者通过组织管理工作为企业带来的收益。第三，管理者承担的风险。主要指企业经营风险，即由于管理者可控的或不可控的因素导致企业经营失败的可能性。一般来说，企业规模越大，经营环境越复杂、变动越快，管理者的风险就越大。为了保证企业家能够承担这些风险，激发其创新与冒险热情，就应该给其一定的风险补偿。

2. 企业内部因素。第一，企业所处的行业及规模。企业处于竞争激烈、高风险性行业，高层管理者所承担的风险、责任就更大，其薪酬水平也较其他行业偏高，如金融行业高层管理者薪酬水平普遍高于制造业。第二，企业薪酬战略。它决定了企业的薪酬导向，高层管理者作为总体薪酬中的一部分也必然要符合企业薪酬战略的要求。第三，企业盈利状况。企业是盈利性的组织，企业家的薪酬对于所有者来说是企业的经营成本。因此，企业家的薪酬不应该超出企业支付能力的许可范围。

3. 企业外部因素。第一，企业高管薪酬确定必须参考劳动力市场价格，以保持企业高层管理者薪酬的竞争力，吸引到优秀的人才。第二，政府法律法规。薪酬给付内容和数额大小要符合政府的法律法规。

（二）专业类职位的定价

专业类职位又具体细分为技能取向型职位和价值取向型职位，两种又分别对应着不同的薪酬定价。

技能取向型薪酬。它是指根据专业技术人员的专业技术职务设计薪酬，而专业技术人员的专业技术职务提升与其专业技能成长密切相关。

价值取向型薪酬。它是企业将体现专业技术人员的技能和业绩因素价值化，员工按其所拥有的技能和业绩因素的多少或等级确定其组合薪酬待遇。如表4-8所示，这是目前很多企业特别是专业技术人员薪资体制改革中采用较多的一种薪资体系。

表 4-8 专业技术职务与管理职务等级对应表

职等	管理职位	学历	薪资标准	系数	技术职务	学历	薪资标准	系数
一	总裁							
二	副总裁				资深专家			
三	总监				高级专家			
四	副总监				专家			
五	经理				主任工程师			
六	副经理				高级工程师			
七	主管				工程师			
八	副主管				一级专业助理			
九	主办				二级专业助理			
十	副主办				三级专业助理			
十一	一级助理				四级专业助理			
十二	二级助理				五级专业助理			
十三	三级助理							
十四	四级助理							
十五	五级助理							

表4-9体现了量化职位评价方法——因素比较法。

图 4-9　量化职位评价表

1. 选择适当的付酬元素
2. 确定关键岗位
3. 排出元素序
4. 确定关键岗位的正确工资率
5. 赋予关键岗位各付酬元素和工资额
6. 将元素序与薪额序进行比较
7. 将待评岗位就不同付酬元素与关键岗位比较
8. 将待评岗位各付酬元素的工资额相加

三、胜任素质薪酬

　　胜任素质又称能力素质，是从组织战略发展的需要出发，以强化竞争力，提高实际业绩为目标的一种独特的人力资源管理的思维方式、工作方法、操作流程。胜任素质模型包括三个层析：全员核心胜任力、通用胜任力和专业胜任力。其中，全员核心胜任力包括企业价值观和企业战略；通用胜任力包括基本管理知识、基本质量知识和基本安全知识；专业胜任能力包括专业理论知识和专业操作技能。

　　胜任力的冰山模型如图 4-16 所示，就是将人员个人素质的不同表现方式划分为"冰山以上的部分"和 "深藏在冰山以下的部分"。

图 4-16　素质体系的冰山模型

　　胜任素质构成要素包括两个部分：表象部分和潜能部分。表象部分包括技能、知识；潜能部分包括自我形象、个性、动机。潜能部分是最复杂、最难测量的，并且难以评价和培养。其中，动机是推动个体为达到目标而采取行动的内驱力；个性是个体对外部环境及各种信息等的反应方式、倾向与特性；自我形象是指个体对其自身的看法与评价；社会角色是个体对其所属社会群体或组织接受并认为是恰当的一套行为准则的认识；态度是个体的自我形象、价值观和社会角色综合作用外化的结果；知识是个体在某一特定领域所拥有的事实型与经验型信息；技能是个体结构化地运用知识完成某项具体工作的能力。

　　员工通过个人知识技能、自我形象等原有素质的提升，可逐渐达到更深层次的技能，然后运用这些素质能力采取特定的行为，就可以为企业带来产品质量的提升、客户的满意等，从而使个人绩效得到大幅度提升，薪酬水平自然也会相应提升。

胜任力素质与行为的关系如图 4-17 所示。

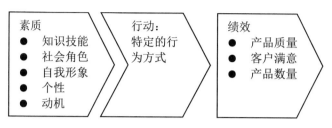

图 4-17 胜任力素质与行为的关系

四、薪酬增长机制

近年来，我国通过制定一系列企业改制、产权结构调整、完善法人治理结构的措施，促进了企业薪酬体系的进一步优化，形成了以岗位工资、绩效工资、津贴、补贴为主的薪酬结构，职工整体的薪酬水平有所提升。但从总体上看，目前我国职工工资增长速度低于同期经济社会的发展水平，主要存在五方面的问题：职工收入增长缓慢，多数职工收入低于社会平均工资；廉价使用劳动力、超时劳动等问题突出；企业经营者收入高端化导致职工心理的不平衡；企业职工收入增长责任机制处于缺失状态；劳动力要素在企业中被弱化，协商谈判工资的机制流于形式。因此企业要努力改善薪酬增长机制，为企业留住人才，为员工增加动力。

薪酬增长机制就是工资的增长随着 CPI 的变化和企业利润的增加而动态变化的过程，然后再配合税收政策，如用个人所得税与企业所得税和增值税、消费税的变化来调整实际收入的一种机制。建立正常薪酬增长机制的方法包括：

（1）要建立投资者、经营者、劳动者三方面利益的制衡机制。一方面，以建立产权约束机制为前提，实行政企分开、政资分开；另一方面，建立工资集体协商机制，打破以往由企业单方决定劳动报酬的机制，建立起适应市场，由企业劳动关系双方通过集体协商共同决定劳动报酬的机制。

（2）要建立政府对企业工资分配增长指导性的宏观调控机制。建议政府采用行业工资增长指导线的调控办法，取代原有的薪酬管理模式，使企业能进行合理的自主分配。企业根据效益增加或减少职工的收入水平。

（3）要建立职工拥有财产性收入的机制。在企业的改制过程中，应认真将职工在企业中创造的价值核算出来，量化为职工在改制后的企业中的股份，让本该属于职工所有的权益转化为职工的财产权。

（4）要完善企业领导年薪制。企业领导者的年薪由投资者或上级主管部门来确定，并承担监督检查的责任，实施结果应公开透明。

一个社会的进步，最终取决于社会个体物质利益实现的程度。如果劳动者的工资收入长期在低水平徘徊，就背离了社会发展的目标。创新国企薪酬管理模式，确保职工收入的正常增长，是减少贫富分化、构建和谐社会的必要之举。

五、经济性激励

对部分员工进行经济性激励可以促进其工作的积极性。具体措施如下：

（一）针对员工实施个人的奖励和认可计划

员工奖励计划是企事业单位为了留住人才、提升员工的忠诚度而设计实施的一整套涵盖激励原则、奖励规则、奖励流程、效果评估等在内的计划体系。在实施前，有三个条件：第一，从工作角度来看，员工个人的工作任务完成不取决于他人的绩效；第二，从组织状况来看，企业所处的经营环境、所采用的生产方法和资本—劳动力要素组合必须是相对稳定的；第三，

> **知识小贴士：**
>
> 现代企业在实施员工忠诚度奖励计划的时候，不必费力地去建立自己的一整套奖励 IT 系统，市场上有成熟的奖励工具如 IRewards 员工忠诚度奖励平台等，可以提供全部的 Saas 服务，帮助企事业进行奖励积分发放、规则设定、奖励品管理等全程服务。

企业就必须在整体的人力资源管理制度上强调员工个人的专业性，强调员工个人的优良绩效。满足这三个条件之后，开始实施，实施模式如下。

（1）企事业单位应当建立一个员工认可及奖励的门户。让员工感受到，企业对于员工的忠诚度是严肃慎重考虑的。同时，员工也可以在这个网站门户上随时看到因为何种原因获得的奖励。

（2）将员工的行为根据组织希望的发展方向，设定多种的奖励项，如"全勤奖""优秀员工奖""最佳新人奖""生日奖"等，让全体员工在日常工作中的每一个行为都有奋斗的目标和方向。

（3）对于员工达成的任何一项目标，不论大小，都会有认可和相对应的奖励积分。

（4）积分累积到一定程度后，员工就可以用积分兑换自己一直心仪的东西，如一个数码相机、一次旅游套票、一张演唱会的门票等。兑换完成后，员工可继续完成组织的绩效，为下一个目标而努力。

（二）销售人员的奖励计划

销售人员薪酬结构——底薪+提成（销售及项目类岗位适用），它的计划过程如下。

（1）制定员工等级划分。等级的划分依据为：工作年限、以往业绩、以往工作经历。划分结果可为促销员、销售代表、高级销售代表、小区销售经理、大区销售经理、区域销售总监。

（2）根据员工等级，确定底薪。底薪一般不低于当地最低工资标准，属于固定支出的成本。底薪占总薪酬（底薪+目标奖金）的比例可以参考行业一般标准，一般不多于总薪酬的 1/2。

（3）和员工签订绩效任务书。根据员工的等级，在绩效任务书中约定员工月度任务目标和目标奖金（100%完成任务应得的奖金）。一般员工月度任务目标的确定与公司的销售目标挂钩，这部分薪酬属于浮动支出的成本，与公司利润有联系。

（4）每月定期由员工直属主管给员工销售情况打分。每月可以由直属主管给员工核算销售业绩，提成=目标奖金×完成率。同时，还可以请直属主管反馈员工工作表现，比如工作积极性、态度、解决问题的能力等，这些情况也可以与员工绩效挂钩。

（5）根据员工每月销售情况计算员工每月销售奖金（提成），提成=目标奖金×完成率。

（6）员工底薪+提成＝月工资。

（三）中高层管理人员的奖励计划

企业中高层管理人员薪酬结构——年薪制。主要包括有福利成本支出的奖励和无福利成本或福利成本支出较小的奖励。

（1）福利成本支出的奖励包括补充医疗保障、节日/生日礼物、员工活动（比如运动会、电影票、春游秋游、部门聚会）、带薪年假、带薪病假、费用报销（通信费、供暖费、交通费等）、企业年金和股权激励。

（2）无福利成本或福利成本支出较小的福利主要包括表彰、为员工树立榜样、企业内部培训、适度授权、企业内部加强沟通，领导鼓舞士气、提拔内部人才、创造内部良性竞争的环境、良好的内部员工职业生涯规划等。

（四）团队和组织绩效奖励计划

团队和组织绩效容易衡量，能高度评价合作的价值，还能加强团队合作，但是容易造成效—报酬联系疏远，即搭便车问题，还可能造成员工的流动率上升或员工薪酬风险上升等问题。团队和组织的奖励计划主要适用于以下情况：（1）绩效衡量。产出是集体合作的结果或无法衡量出个人对产出的贡献。（2）组织适应性。个人的绩效标准需要针对环境的压力而变化或生产方法和劳动力组合必须适应压力的要求变化。（3）组织承诺。建立在对组织目标和绩效标准进行良好沟通的基础之上的组织承诺。

习题：

1. 决定薪酬水平的基本要素有哪些？
2. 专业类职位又包括哪些内容？他们又是如何定价的？

第七节　人力资源法律风险防范

一、劳动争议

劳动关系当事人之间因劳动的权利与义务发生分歧而引起的争议，又称劳动纠纷。主要包括：

（1）因确认劳动关系发生的争议。

（2）因订立、履行、变更、解除和终止劳动合同发生的争议。

（3）因除名、辞退和辞职、离职发生的争议。

（4）因工作时间、休息休假、社会保险、福利、培训和劳动保护发生的争议。

（5）因劳动报酬、工伤医疗费、经济补偿或赔偿金等发生的争议。

（6）法律、法规规定的其他劳动争议。

预防劳动争议的措施有：

（1）企业领导者要加强学习，转变观念。

（2）加强员工特别是人力资源管理人员的培训，提高企业人力资源管理水平。

（3）建立和完善工会组织及其运行机制，构建企业民主化管理制度及员工沟通渠道。

（4）健全企业管理规章制度。

（5）加强劳动合同管理。

案例分析：

甲与乙是同乡，2001 年 12 月乙投资新办公司，邀请甲加盟新公司担任副总经理，约定月薪为 5000 元。碍于情面，甲与乙未签订正式劳动合同，只由乙方出具了一份"关于工资的说明"，在说明里简单地列了甲到公司的日期、月薪、担任的职务，公司落款盖章。

为了偷避个人所得税，甲每月以个人的名义在公司工资单上签领工资 800 元，其余的 4200 元甲分别以多个朋友的名义（事实上与公司不存在任何关系）签领工资。同时，乙以"为甲方偷避了个人所得税"为由，要求甲自行承担全部的社会保险费（包括本应由企业承担的部分）。甲默许。

2003 年 5 月，因公司业务拓展不力、资金短缺而陷入经营困境，乙决定裁减员工以减少日常开支，于 5 月中旬通知甲自 6 月 1 日起解除双方劳动关系。甲要求公司给予相当于二个月工资额度的经济补偿金。乙方不允。甲遂向所在地劳动仲裁委员会提起劳动仲裁，要求：1. 公司给予 10000 元的经济补偿金（相当于二个月工资）；2. 按《违反和解除劳动合同的经济补偿办法》规定再给予 5000 元的额外经济补偿金；3. 支付本应由公司承担的部分社会保险费。

双方争执的焦点在于：以何工资标准支付经济补偿金？甲方要求按 5000 元/月的标准支付，乙方只同意按 800 元/月的标准支付。

仲裁委调解不成后裁决：乙方以甲方在工资单上签字实际领取的工资为准给予甲方经济补偿 1600 元，同时支付 800 元的额外经济补偿和企业所应承担部分的社会保险金。

甲方不服，向人民法院提起诉讼。法院开庭审理后认为：1. "关于工资的说明"具有法律效力；2. 乙方无法提供证据表明甲方的朋友与乙方公司存在任何劳动关系，乙方也未为这些甲方的朋友缴纳社会保险，且他们的工资实际全为甲方领取，表明甲方实际领取的工资总额为 5000 元。判定甲方胜诉，支持甲方的所有请求。

案例来源：https://wenku.baidu.com/view/86f9ba66b8d528ea81c758f5f61fb7360a4c2bc5.html

二、劳动合同

劳动合同，是指劳动者与用工单位之间确立劳动关系，明确双方权利和义务的协议。其变更应当遵循平等自愿、协商一致的原则，不得违反法律、行政法规的规定。劳动合同依法订立即具有法律约束力，当事人必须履行劳动合同规定的义务。

劳动合同订立时可能存在的问题：用人单位与劳动者的地位不平等、企业为了减少订约成本和增进效率而简化缔约程序等。为避免问题出现，可采取的防范措施有：

（1）从立法上尽量缩小劳动者与企业的不平等地位，给劳动者更多的权利，使劳动者在法律支持上更有利，能够真正体现平等原则。

（2）不断健全社会保障体制，进一步扩大社会保险覆盖面，加大强制力度，消除劳动者的后顾之忧。

（3）对企业适当增加税收，用于加大职业培训的力度，提高普通劳动者的就业竞争力。

（4）通过进一步立法来防止企业控制权的膨胀。

（5）强化集体谈判和集体合同，加强工会对签订劳动合同的监督作用。

要想彻底规避由合同产生的问题，具体方法包括：

（1）合同必备条款不能缺少，劳动合同文本双方各执一份。

（2）必须订立书面劳动合同。

（3）试用期的约定必须合法。

（4）不能扣押劳动者身份证等证件。

（5）不能违法解除或终止劳动合同。

（6）依法支付劳动报酬、经济补偿金。

（7）用人单位要出具解除、终止书面证明。

（8）劳动者的赔偿责任。

（9）用人单位的连带赔偿责任。

（10）过渡性条款。

三、各类保险

企业保险是指企业在日常经营中所需要的包括各种责任险、财产险、老板和职工的个人寿险和企业应急资金账户等在内的一揽子的保险规划，是为使企业永续经营或留住人才而设计的保险制度。企业保险的主要种类包括：

（1）财产保险。对国内企事业单位、团体具有保险利益的财产进行承保的保险。

（2）责任保险。以被保人的民事赔偿责任为保险标的财产保险。

（3）国内货物运输保险。运输货物为保险标的，保险公司承担赔偿运输过程中自然灾害和意外事故造成损失的一种保险。

（4）运输工具保险。载人、载物或从事某种特殊作业的运输工具为保险标的保险合同。

（5）工程保险。保险人根据权利人（投保人）的要求，担保债务人信用，万一债务人发生信用危机对权利人造成损失，由保险人赔。

企业通常要给员工提供三险一金。三险是基本的社会保险，包括养老保险、医疗保险、失业保险。三险属于社会保险。现在通常说的"五险一金"包括：养老保险、医疗保险、失业保险、工伤保险和生育保险，以及住房公积金。

小工具：人力资源管理法律健康体检表（见表4-10）

表4-10　人力资源管理法律健康体检表

体检阶段	体检项目	体检目的	体检结果	
			肯定	否定
招聘与录用管理	1		√	
	2		√	
劳动合同管理	1		√	
	2			√
非典型劳动关系管理	1		√	
	2		√	
工资福利管理	1		√	
	2		√	
工时制度与休息休假管理	1		√	
	2		√	

习题：

1. 劳动争议有哪几种分类方法？
2. 如何避免劳动争议？

【实验项目】人员招聘

【目的与要求】

让学生了解人员招聘的相关流程和规则，了解应聘与面试过程中需要注意的事项和员工薪酬的制定。

【项目类别】

流程岗位作业

【项目准备】

提供终端设备能连接到服务器的计算机；创业者实验平台。

【实习内容】

如图 4-18 所示，在连锁经营门店，我们可以招聘门店经理、制作人员、服务人员，完成门店的经营、制作、服务等。

1. 人员配置

人员配备是组织根据目标和任务需要正确选择、合理使用、科学考评和培训人员，以合适的人员去完成组织结构中规定的各项任务，从而保证整个组织目标和各项任务完成的职能活动。人员配置是企业为了实现生产经营的目标，采用科学的方法，根据岗得其人、人得其位、适才适所的原则，实现人力资源与其他物力、财力资源的有效结合。

2. 门店规则

每个分店可招聘一个店面经理进行经营管理。不同的经理具备不同的特长因此根据每个店面的条件选择合适人选将使店面经营事半功倍。可以有多位经理候选人供选择，可分别查阅其个人简历和特长，以便做出正确决策。

店面经理 1 个月后到岗。店面经理解聘费用为工资的两倍，再重新选择新任经理，当月换当月到岗。

图 4-18　人员招聘

3. 招聘策略

如图 4-19 所示，通过分析调查报告提供的需求量值，估算出该店下轮次需求量，根据需求量确定招聘制作工人数量，根据该店满意度值去招聘服务工人数量。

招聘规则：制作工人用采购来的原材料制造的产品，1 个制作工人每个轮次最多制作 2000 个产品。制作工人招聘费为 30 元。招聘的制作工人 1 个轮次后上岗，每个店最多可有 30 个制作工人。

服务工人向顾客提供客户服务，服务工人越多，顾客满意度越高。服务工人招聘费用为 20 元，招聘来的工人在 1 个轮次后上岗，每家店服务人员不多于 20 人。

人员招聘

招聘策略：通过分析调查报告提供的需求量值，估算出该店下轮次需求量，根据需求量确定招聘制作工人数量，根据该店满意度值去招聘服务工人数量。

招聘规则：制作工人用采购来的原材料制造的产品，1个制作工人每个轮次最多制作2000个产品。制作工人招聘费为30元。招聘的制作工人1个轮次后上岗，每个店最多可有30个制作工人。

服务工人向顾客提供客户服务，服务工人越多，顾客满意度越高。服务工人招聘费用为20元，招聘来的工人在1个轮次后上岗，每家店服务人员不多于20人。

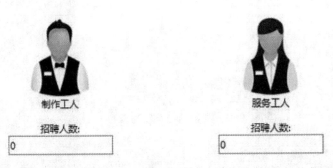

图 4-19　店铺经理招聘 1

分店人员招聘前需到总部设置人员工资，并招聘分店经理，如图 4-20 所示。

图 4-20　店铺经理招聘 2

4. 薪酬制定策略

如图 4-21 所示，可以通过 3 个方向去制定，分别为高薪酬（员工不会流失，但是公司成本高）、中等薪酬（员工不会流失，公司成本适中，但需要摸索规律）、低薪酬（员工会流失，公司成本低）。

制定薪酬规则：制作人员的工资在 3000～6000 元，服务人员的工资在 2000～4000 元。招聘来的人员数量和离职率取决于工资的高低。工资越高招聘的成功率越大，离职率越低。

操作提示 ✕

> 制定薪酬策略：可以通过3个方向去制定分别为高薪酬（员工不会流失，但是公司成本高）、中等薪酬（员工不会流失，公司成本适中，但需要摸索规律）、低薪酬（员工会流失，公司成本低）
>
> 制定薪酬规则：制作人员的工资在3000~6000元范围，服务人员的工资在2000~4000元范围。招聘来的人员数量和离职率取决于工资的高低。工资越高招聘的成功率越大，离职率越低。

制作工人
3000-6000

[0] 元/月

服务工人
2000-4000

[0] 元/月

确定　　取消

图 4-21　薪资制定

5. 招聘经理策略

如图 4-22、图 4-23 所示，通过分析门店价格敏感度、广告敏感度等信息，结合门店经理擅长的技能，安排合适的门店经理到该门店。

招聘经理规则：每个分店可招聘一个店面经理。不同的经理具备不同的特长因此根据每个店面的条件选择合适人选，将使店面经营事半功倍。这里有 18 位经理候选人供选择，可分别查阅其个人简历和特长，以便做出正确决策。招聘的店面经理即刻到岗。店面经理解聘费用为工资的两倍，再重新选择新任经理，即刻生效。

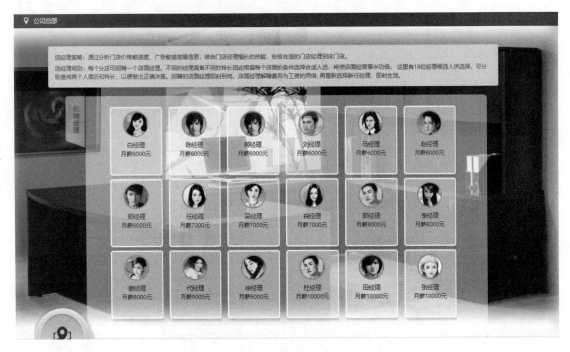

图 4-22　建立筛选 1

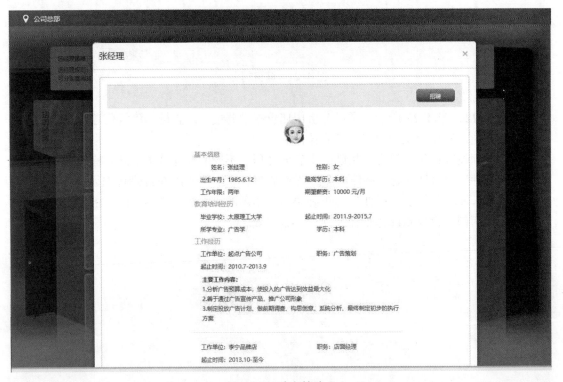

图 4-23　建立筛选 2

第五章 库存与库存管理

企业为了进行正常的生产经营活动，除了配置一定数量和质量的长期资产外，还需要保证一定数量和质量的库存。有计划地购入和销售库存中的商品是保证企业生产经营过程持续的必要条件，库存作为储藏物资的集聚地，它的存在势必占用大量的流动资金。一般情况下，库存管理的水平直接关系到企业的资金占用水平以及资产的运作效率。因此，一个企业若要保持较高的盈利能力，应当十分重视库存管理，通过实施正确的库存管理方法，降低企业的平均资金占用水平，提高库存商品的流转速度和总资产周转率，最终提高企业的经济效益。那么，到底什么是库存呢？企业又可以通过哪些方式进行有效的库存管理呢？本章就为大家讲述有关库存和库存管理的一系列问题。

第一节 概述

一、库存

库存有时被译为"存贮"或"储备"，狭义地理解就是仓库中实际储存的货物。而广义的理解是指了满足未来需要而暂时闲置的资源，人、财、物、信息各方面的资源都有库存问题。

库存的分类形式有很多种，其中主要有以下几类：

生产库存，即是指直接消耗物资的基层企业、事业的库存物资，它是为了保证企业、事业单位所消耗的物资能够不间断地供应而储存的，它包括周转库存和调节库存，周转库存是为了满足日常生产经营需要而保有的库存。周转库存的大小与采购量直接有关。企业为了降低物流成本或生产成本，需要批量采购、批量运输和批量生产，这样便形成了周期性的周转库存，这种库存随着每天的消耗而减少，当降低到一定水平时需要补充库存；调节库存是用于调节需求与供应的不均衡、生产速度与供应的不均衡以及各个生产阶段产出的不均衡而设置的库存。

流通库存，即生产企业的原材料或成品库存，生产主管部门的库存和各级物资主管部门的库存。它包括在途库存和安全库存，在途库存是处于运输以及停放在相邻两个工作或相邻两个组织之间的库存，在途库存的大小取决于运输时间以及该期间内的平均需求；安全库存是为了防止不确定因素的发生（如供货时间延迟、库存水消耗速度豁然加快等）而设置的库存。安全库存的大小与库存安全系数或者说与库存服务水平有关。从经济性的角度看，安全系数应确定在一个合适的水平上。例如国内为了预防灾荒、战争等不确定因素的发生而进行的粮食储备、钢材储备、麻袋储备等，就是一种安全库存。

除上述两大种类之外，还有特殊形式的国家储备物资，它们主要是为了保证及时、齐备地将物资供应或销售给基层企业、事业单位的供销库存。随着经济的发展，又出现了以日本丰田为代表的企业提出的所谓"零库存"的观点。主要代表是准时生产方式（JIT）。他们认为，库存即是浪费，零库存就是其中的一项高效库存管理的改进措施，并得到了企业广泛的应用。

库存的作用在于防止生产中断，稳定，节省订货费用，改善服务质量，防止短缺。但是它也带有一定弊端，比如占用大量资金，会产生一定的库存成本，掩盖了企业生产经营中存在的问题。

二、库存管理

库存管理是对制造业或服务业生产、经营全过程中的各种物品、产成品以及其他资源进行的管理和控制，使其储备保持在经济合理的水平上。库存管理是一个大系统，这个系统是企业生产、计划和控制的基础。它通过对仓库、货位等账务管理及入/出库类型、入/出库单据的管理，及时反映各种物资的仓储、流向情况，为生产管理和成本核算提供依据。通过库存分析，为管理及决策人员提供库存资金占用情况、物资积压情况、短缺/超储情况、ABC 分类情况等不同的统计分析信息，通过对批号的跟踪，实现专批专管，保证质量跟踪的贯通。

知识小贴士：

在财务管理上，存货包括的范围比库存要大，存货不仅包括库存，还包括"低值易耗品""临时设施建设"等，存货是指企业在日常活动中持有以备出售的产成品或商品、处在生产过程中的在产品、在生产过程或提供劳务过程中耗用的材料、物料等。存货区别于其他资产的最基本的特征是，企业持有存货的最终的目的是出售，不论是可供直接销售，如企业的产成品、商品等；还是需经过进一步加工后才能出售，如原材料等。

存货管理是将厂商的存货政策和价值链的存货政策进行作业化的综合过程。

仓库管理主要针对仓库或库房的布置，物料运输和搬运与存储自动化等的管理；库存管理的对象是库存项目，即企业中的所有物料，包括原材料、零部件、在制品、半成品及产品，以及其他辅助物料。库存管理的主要功能是在供、需之间建立缓冲区，达到缓和用户需求与企业生产能力之间，最终解决装配需求与零配件之间，零件加工工序之间、生产厂家需求与原材料供应商之间的矛盾。仓库管理的范围比库存管理的范围要

库存管理的内容包括仓库管理和库存控制两个部分。仓库管理的内容是指库存物料的科学保管，以减少损耗，方便存取；库存控制则是要求控制合理的库存水平，即用最少的投资和最少的库存管理费用，维持合理的库存，以满足使用部门的需求和减少缺货损失。

库存管理的方式有三种，分别为：

1. 供应商管理库存（VMI）。供应商管理库存在商品分销系统中使用越来越广泛，有学者认为这种库存管理方式是未来发展的趋势，甚至认为这会导致整个配送管理系统的革命（Marke，1996），支撑这种理念的理论非常简单：通过集中管理库存和各个零售商的销售信息，生产商或分销商补货系统就能建立在真实的销售市场变化基础上，能够提高零售商预测销售的准确性、缩短生产商和分销商的生产和订货提前期，在链接供应和消费的基础上优化

补货频率和批量。

2. 客户管理库存（CMI）。这是另外一种和它相对的库存控制方式，配送系统中很多人认为，按照和消费市场的接近程度，零售商在配送系统中由于最接近消费者，在了解消费者的消费习惯方面最有发言权，因此应该是最核心的一环，库存自然应归零售商管理。持这种观点的人认为，配送系统中离消费市场越远的成员就越不能准确地预测消费者需求的变化。

3. 联合库存管理（JMI）。这是介于供应商管理库存和客户管理之间的一种库存管理方式，顾名思义，就是由供应商与客户共同管理库存，进行库存决策。它结合了对产品的制造更为熟悉的生产或供应商以及掌握消费市场信息能对消费者消费习惯做出更快更准反映的零售商各组的优点，因此更能准确地对供应和销售做出判断。

库存管理的作用主要是在保证企业生产、经营需求的前提下，使库存量经常保持在合理的水平上；随时掌握库存量动态，适时，适量提出订货，避免超储或缺货；减少库存空间占用，降低库存总费用；控制库存资金占用，加速资金周转。

我们会发现，库存管理的作用都是以库存的合理水平为基础的，那么，为什么要保证库存在一个合理的水平呢？原因如下：存量过大会导致增加仓库面积和库存保管费用，而且会造成产成品和原材料的有形和无形损耗，从而提高了产品成本，同时占用了大量的流动资金，造成资金呆滞，既加重了贷款利息等负担，又会影响资金的时间价值和机会收益，不利于企业提高管理水平。库存量过小会造成服务水平的下降，影响销售利润和企业信誉，对自身来说会造成生产系统的原材料或其他物料供应不足，影响生产过程的正常进行，同时会使订货间隔期缩短，订货次数增加，使订货（生产）成本提高。因此，库存量的多少必须掌握适度定额和合理库存周转量。

案例：丰田公司的零库存

丰田汽车公司是续美国通用汽车公司后的世界汽车业巨头，也是世界上利润最高的企业之一。它创造出了一种独特的生产模式，被称为"丰田生产方式"。这种生产方式，简单地说，就是基于杜绝浪费的思想，追求科学合理的制造方法而创造出来的一种生产方式。也就是所谓的零库存计划。

丰田认为，正确的流程方能产生优异的成果，唯有流程稳定且标准化，方能持续改进。因此，他们不断改进工作流程，使其变成创作高附加值的无间断流程，尽力把所有工作计划中闲置或等候他人工作的时间减少到零。根据顾客实际领取的数量，经常补充存货，按顾客的需求每天变化，而不是依靠计算机的时间表与系统来追踪浪费的存货。使在制品及仓库存货减至最少，每项产品只维持少量存货。

丰田所谓的生产均衡化指的是"取量均值性"，假如后工程生产作业取量变化大，则前作业工程必须准备最高量，因而产生高库存的浪费。所以，丰田要求各生产工程取量尽可能达到平均值，也就是前后一致，为的是将需求与供应达成平衡，降低库存与生产浪费。即时生产就是在生产流程下游的顾客需求的时候供应给他们正确数量的正确东西。材料的补充应该由消费量决定，这是即时生产的基本原则，也是丰田独创的生产管理概念。这里的自动化不仅是指机器系统的高品质，还包括人的自动化，也就是养成好的工作习惯，不断学习创新，争取在第一次生产流程中就达到优良品质这是企业的责任。通过生产现场教育训练的不断改进与激励，让人员的素质越来越高，反应越来越快、越来越精确。

丰田模式改变了传统的由前端经营者主导生产数量的做法，重视后端顾客需求，后面的工程人员通过看板告诉前一项工程人员需求，比如零件需要多少，何时补货，亦即是"逆向"去控制生产数量的供应链模式，这种方式不仅能降低库存成本（达到零库存），更重要的是将流程效率化。

案例来源：https://wenku.baidu.com/view/1f99732bbd64783e09122b38.html

习题：

1. 简述库存的含义及作用。
2. 简述库存管理的含义及作用。

第二节　库存需求分析和预测

需求规律是库存管理中最关键的一个因素，毕竟库存管理的目的是为满足对物品的需求。如果能精准预测到未来的需求，库存管理的绩效就会提升很多。那么怎样进行库存需求的分析和预测呢？企业都可以使用哪些方法来提升需求预测的准确性呢？本节就为大家解答这些疑问。

一、库存需求分析

库存需求分析是指对现有经营活动的库存物资需求进行分析，也是对市场需求变化的分析。分析内容主要包括需求品种、需求数量、需求地点以及需求时间等内容。

库存管理者应建立仓库货品资料进行需求分析，时时关注物资动态，对物资入库与出库有及时的了解，使企业所需物品库存量经常保持在合理的水平上，并适时、适量地提出订货，做到既要保证企业生产不断货，同时还能减少库存管理费用，减少不必要的损耗。

库存需求主要通过需求分析表进行分析，对出库、进库、购买量做及时的登记，从而进行需求分析，如表 5-1 所示。

表 5-1　商品库存需求表

商品库存需求表						
时间	产品型号	产品名称	订购量	库存量	出库量	需求量
2005-5-6	1953	E19C	200000	200000	3000	
	1900	E19B	60000	60000	2000	
	1909	E19A	44000	50000	40000	54000

二、库存需求预测

库存需求预测就是对未来经营活动的库存物资需求的预测，也是对市场需求变化的预测。预测内容主要包括需求品种、需求数量、需求地点和需求时间等内容。

库存需求预测的分类如图 5-1 所示。

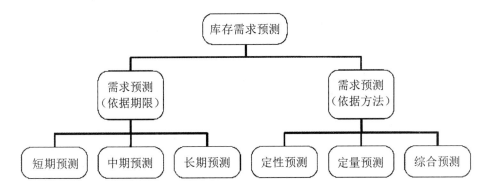

图 5-1　库存需求预测分类

库存需求预测的流程如图 5-2 所示。

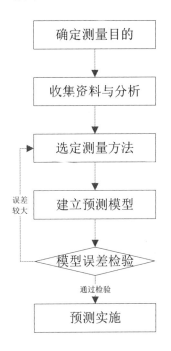

图 5-2　库存需求预测流程

库存预测方法主要包括定性预测方法和定量预测方法，下面就这些方法分别讲解。

（一）定性分析法

定性预测方法也叫经验预测方法，是指预测人员通过对所掌握的物流市场情况的数据资料分析，结合自身的实践经验、主观分析以及直觉判断，对有关市场需求指标的变化趋势或未来结果进行预测的方法。常见的定性预测的方法有：一般人员意见预测法、市场调研、德尔菲法等。

1. 一般人员意见预测法，又叫一般预测法，是逐步累加来自底层的预测，即将最低一级预测结果汇总后送至上一级（这一级通常为一个地区仓库）。地区仓库在考虑安全库存和其他影响订货量的因素后，再将这些数据传至更上一级，可能是区域仓库。以此类推，直到这些信息最后成为顶层输入，并由顶层做出预测。

2. 市场调查法。这是通过各种不同的方法（如问卷调查、面谈、电话访问等）收集数据，检查市场假设是否正确的预测法。常用于长期预测和新产品销售预测。这种方法可以预测顾客期望，能较好地反应市场需求情况，但是又很难获得顾客的通力合作，并且顾客期望不等于实际购买，期望容易发生变化，导致预测不准确。

3. 德尔菲法。这种方法通常由 5～10 名专家作为决策人员，他们在互不通气的情况下对需求做出实质性预测。使用德尔菲的原则：匿名性，即对被选择的专家要保密，不让他们彼此通气，使他们不受权威、资历等方面因素的影响；反馈性，即一般的征询调查要进行三至四轮，要给专家提供充分的反馈意见的机会；收敛性，即经过数轮征询后，专家们的意见相对集中，趋向一致，若个别专家有明显不同的观点，应要求他详细说明理由。

德尔菲法主要包括以下程序：

（1）挑选专家，具体人数视预测数量的多少而定，一般问题需要 20 人左右。

（2）函询要求专家对所预测目标的各种有关事件发生的时间、空间、规模大小等提出具体预测，并说明理由。

（3）各位专家再次得到函询综合统计报告

> **知识小贴士：**
>
> 　　定性——用文字语言进行相关描述。它是主要凭分析者的直觉、经验，凭分析对象过去和现在的延续状况及最新的信息资料，对分析对象的性质、特点、发展变化规律做出判断的一种方法。
>
> 　　定量——用数学语言进行描述。它是依据统计数据，建立数学模型，并用数学模型计算出分析对象的各项指标及其数值的一种方法。
>
> 　　相比而言，定量分析方法更加科学，但需要较高深的数学知识，而定性分析方法虽然较为粗糙，但在数据资料不够充分或分析者数学基础较为薄弱时比较适用。
>
> 　　定性分析与定量分析应该是统一的，相互补充的；定性分析是定量分析的基本前提，没有定性的定量是一种盲目的、毫无价值的定量；定量分析使之定性更加科学、准确，它可以促使定性分析得出广泛而深入的结论。二者相辅相成，定性是定量的依据，定量是定性的具体化，二者结合起来灵活运用才能取得最佳效果。

后，对预测单位提出综合意见和论据加以评价，修正原来的预测值，对预测目标重新预测。

这种方法简明直观，避免了专家会议的许多弊端，但是专家的选择没有明确的标准，所以预测的结果的可靠性缺乏严格的科学分析，最后趋于一致的意见，仍有随大流的倾向。

例题：企业聘请 5 位专家对本地区 MP3 需求量进行短期预测，专家的预测数据分别为 40 万、35 万、42 万、45 万、30 万台，一个最有经验并非常了解目前销售状况的人认为，各位专家的预测值均有一定的根据，并评定销售 40 万台的概率是 40%，销售 35 万台的概率是 20%，销售 42 万台的概率是 10%，销售 45 万台的概率是 10%，销售 30 万台的概率是 10%，按这个发生概率计算本地区 MP3 需求量为：$40 \times 40\% + 35 \times 20\% + 42 \times 20\% + 45 \times 10\% + 30 \times 10\% = 38.9$ 万台。

（二）定量分析法

定量预测，也叫统计预测方法，是建立在对数据资料的大量、准确和系统地占有基础上，然后应用数学模型和统计方法对有关预测指标的变化趋势和未来结果进行预测的方法。定量分析的科学理论性较强，逻辑推理缜密，预测结果也较有说服力，但是预测花费的成本较高，而且需要较高的理论基础，因而应用起来受到的限制较多。

1. 季节性预测法，这是把历史数据综合在一起，计算出不同季节周期性变化的趋势，即每个时段的实际值占整个周期总量的比例。利用这个比例系数进行季节性预测，即季节预测值＝年度预测值×季节指数。

例题：已知某种产品前 3 年的需求数据如下。从数据中可以看出该产品的需求呈季节性，如果下一年度的预测总量为 830，试预测下一年度每一季度的需求量。

时段	第 1 年	第 2 年	第 3 年
1 季度	125	140	183
2 季度	270	245	295
3 季度	186	174	190
4 季度	84	96	102
总计	665	655	770

解：

时段	第 1 年	第 2 年	第 3 年	3 年总和	占总量比例	预测值
1 季度	125	140	183	448	0.21	175
2 季度	270	245	295	810	0.39	316
3 季度	186	174	190	550	0.26	216
4 季度	84	96	102	282	0.14	123
总计	665	655	770	2092	1.00	830

2. 线性回归预测法，也叫最小二乘法，就是找出预测对象（因变量）与影响预测对象的各种因素（自变量）之间的关系，并建立相应的方程式，然后带入自变量的数值，求得因变量的方法。即先根据 X、Y 现有的实际数据和统计资料，把 X、Y 作为已知数，寻找合适的 a、b 回归系数，并根据回归系数来确定回归方程，然后带入 X 的值，求出预测值 Y。

计算方法：设 X、Y 两个变量满足一元线性回归：

$$Y = a + bX$$

其中，X 为自变量，Y 为因变量或预测量。a、b 为回归系数。

现有数据资料，X_i 和 Y_i（i＝1，2，3，……n），经整理可得到回归系数 a、b 为：

$$a = \frac{1}{n}\sum_{i=1}^{n} Y_i$$

$$b = \frac{n\sum_{i=1}^{n} X_i Y_i - \sum_{i=1}^{n} Y_i \sum_{i=1}^{n} X_i}{n\sum_{i=1}^{n} X_i^2 - \left(\sum_{i=1}^{n} X_i\right)^2}$$

例题： 已知数据如表格所示。求当 $X=20$ 时的预测值

序号	X	Y
1	2	10
2	3	11
3	4	13
4	5	14
5	6	16
6	7	18
7	8	19
8	9	20
9	10	23

解：

序号	X	Y	X^2	XY
1	2	10	4	20
2	3	11	9	33
3	4	13	16	52
4	5	14	25	70
5	6	16	36	96
6	7	18	49	126
7	8	19	64	152
8	9	20	81	180
9	10	23	100	230
	$\sum X = 54$	$\sum Y = 144$	$\sum X^2 = 384$	$\sum XY = 959$

$$b = \frac{n\sum_{i=1}^{n} X_i Y_i - \sum_{i=1}^{n} X_i}{n\sum_{i=1}^{n} X_i^2 - \left(\sum_{i=1}^{n} X_i\right)^2} = 1.58$$

$$a = \frac{1}{n}\sum_{i=1}^{n} Y_i - b\frac{1}{n}\sum_{i=1}^{n} X_i = 6.52$$

$$Y = a + bX = 6.52 + 1.58X = 38.12$$

例：A 公司为一建筑公司，一段时期后，该公司发现从翻修工作中得到的收益取决于 B 地区的薪金总数。下表为 2001 年至 2006 年该公司的收益和 B 地区的薪金总数。若 2007 年 B 地区的薪金总数为 6 亿元，请利用一元线性回归法预测 2007 年公司的收益额。A 公司收益 Y（百万元）	B 地区薪金总数 X（亿元）
2.0	1
3.0	3
2.5	4
2.0	2
2.0	1
3.5	7

$$b = \frac{n\sum_{i=1}^{n} X_i Y_i - \sum_{i=1}^{n} Y_i \sum_{i=1}^{n} X_i}{n\sum_{i=1}^{n} X_i^2 - \left(\sum_{i=1}^{n} X_i\right)^2} = \frac{6\times 51.5 - 15\times 18}{6\times 80 - 18^2} = 0.25$$

$$a = \frac{1}{n}\sum_{i=1}^{n} Y_i - b\frac{1}{n}\sum_{i=1}^{n} X_i = \frac{1}{6}\times 15 - 0.25\times\frac{1}{6}\times 18 = 1.75$$

这样得到的回归方程为 $Y = 1.75 + 0.25X$，2007 年当 $X = 6$ 时，求得 $Y = 3.25$。

相关系数：回归方程是表示两个变量之间关系的一种方程。它表明一变量值如何取决于另一个变量值，并如何随后者变化而变化。若要评价两个变量之间的相关程度，就要计算相关系数，它表明线性相关的程度或强度，通常记为 r，相关系数可以是介于-1 到+1 之间的任何值。

$r = 1$：完全正相关；$r = 0$：不相关；$0 < r < 1$：正相关。

相关系数计算公式：

$$r = \sqrt{\frac{\sum\left(\text{预测值} - \overline{y}\right)^2}{\sum\left(y - \overline{y}\right)^2}}$$

$$r = \frac{n\sum xy - \sum x \sum y}{\sqrt{\left[n\sum x^2 - \left(\sum x\right)^2\right]\times\left[n\sum y^2 - \left(\sum y\right)^2\right]}}$$

例题：请计算上道例题的相关系数。

$$r = \frac{n\sum xy - \sum x \sum y}{\sqrt{\left[n\sum x^2 - \left(\sum x\right)^2\right]\times\left[n\sum y^2 - \left(\sum y\right)^2\right]}} = \sqrt{\frac{6\times 51.5 - 18\times 15}{\left(6\times 80 - 18^2\right)\times\left(6\times 39.5 - 15^2\right)}} = 0.901$$

3. 时间序列预测法，这是按一定的时间间隔和时间发生的先后顺序排列起来的数据构成的序列。它是在假设未来预测数据依赖于过去的数据资料的前提条件下产生，即某种变量之间的发展变化是有规律的，根据现在的变量，可以测算出将来的变量，也就是说，未来预测数据是前面实际发生数据的延续。时间序列法包括移动平均法和指数平滑法。

移动平均法是取最近时期库存量的平均值进行库存需求预测的方法，"移动"是指参与平均的实际值随预测期的推进而不断更新。移动平均法可分为一次移动平均法和加权移动平均法。

一次移动平均法：设 X_t 为时间序列中时间点 t 的观测值，则在第 t 时间点的移动平均值为 $S_t^{(1)}$，其一次平均预测模型为：

$$Y_{t+1} = \frac{X_t + X_{t-1} + \cdots \cdots X_{t-n+1}}{n} = S_t^{(1)}$$

$$Y_{t+1} = Y_t + \frac{X_t - X_{t-n}}{n}$$

其中，X_t 为第 t 期观测值，Y_{t+1} 为第 $t+1$ 期的预测值，$S_t^{(1)}$ 为第 t 期的一次移动平均值，N 为移动平均的项数。

例题： 某产品逐月库存量如下表所示，试用一次一次移动平均法预测该产品下个月的库存需求量。分别取 $n=3$ 和 $n=5$ 计算，并进行比较。

一次移动平均法预测表				
期数	实际值 X_t	预测值 Y_t		绝对误差值 $\lvert X_t - Y_t \rvert$	
		$n=3$	$n=5$	$n=3$	$n=5$
1	342				
2	340				
3	343				
4	345				
5	346				
6	348				
7	348				
8	350				
9	348				
10	350				
预期值					
合计					
平均绝对误差					

一次移动平均法算例结果：

一次移动平均法预测表				
期数	实际值 X_t	预测值 Y_t		绝对误差 $\lvert X_t - Y_t \rvert$	
		$n=3$	$n=5$	$n=3$	$n=5$
1	342				

续表

期数	实际值 X_t	预测值 Y_t		绝对误差 $\lvert X_t - Y_t \rvert$	
		n＝3	n＝5	n＝3	n＝5
2	340				
3	343				
4	345	341.67		3.33	
5	346	342.67		3.33	
6	348	344.67	343.20	3.33	4.80
7	348	346.33	344.40	1.67	3.60
8	350	347.33	346.00	2.67	4.00
9	348	348.67	347.40	0.67	0.60
10	350	348.67	348.00	1.33	2.00
预测值		349.33	348.80		
合计				16.33	15.00
平均绝对误差				2.33	3.00

加权平均移动法。它的基本思想是认为各个时期的历史数据对将要发生的数据影响不同，需要按照其重要程度给他们赋予不同的权数。预测模型为：

$$Y_{t+1} = \alpha_t X_t + \alpha_{t-1} X_{t-1} + \ldots \alpha_{t-n+1} X_{t-n+1} = \sum_{i=t-n+1}^{t} \alpha_i X_i$$

例题：某产品的逐月库存量如下表所示，请用加权平均法预测其下个月的库存需求量。取 n＝3，α_t，α_{t-1}，α_{t-2} 分别取 1/2，1/3，1/6 和 5/7，1/7，1/7。

加权移动平均法预测表					
期数	实际值 X_t	预测值 Y_t		绝对误差 $\lvert X_t - Y_t \rvert$	
		1/2，1/3，1/6	5/7，1/7，1/7	1/2，1/3，1/6	5/7，1/7，1/7
1	342				
2	340				
3	343				
4	345				
5	346				
6	348				
7	348				
8	350				
9	348				
10	350				
预期值					
平均绝对误差					

预测结果：

加权移动平均法预测表					
期数	实际值 X_t	预测值 Y_t		绝对误差 $\lvert X_t - Y_t \rvert$	
		1/2, 1/3, 1/6	5/7, 1/7, 1/7	1/2, 1/3, 1/6	5/7, 1/7, 1/7
1	342				
2	340				
3	343				
4	345	341.50	341.86	3.50	
5	346	341.83	341.14	4.17	3.14
6	348	344.17	343.71	3.83	4.86
7	348	345.87	345.57	2.17	4.29
8	350	347.00	346.57	3.00	2.43
9	348	348.33	348.29	0.33	3.43
10	350	348.67	348.29	1.33	0.29
预期值		349.33	349.71		1.71
平均绝对误差				2.62	2.88

指数平滑法只需要本期的观测值和本期的预测值就可以预测下一期的数据。适用于数据量较少的近短期预测。分为一次指数平滑、二次指数平滑和三次指数平滑。本教材只讲述一次指数平滑法。一次指数平滑法预测模型：

$$Y_{t+T} = S_t^{(1)}$$
$$S_t^{(1)} = \alpha X_t + (1-\alpha) S_{t-1}^{(1)}$$

其中，$S_t^{(1)}$ 为第 t 期一次指数平滑预测值，X_t 为第 t 期实际观测值，α 为平滑常数，即权重系数，$0 \leqslant \alpha \leqslant 1$。

例题：试用一次指数平滑法预测下表所示第 11 期某产品的库存量，分别取 $\alpha = 0.3$ 和 $\alpha = 0.7$ 进行计算。

时期	实际值	预测值		绝对误差 $\lvert X_t = Y_t \rvert$	
		a＝0.3	a＝0.7	a＝0.3	a＝0.7
1	345				
2	350				
3	356				
4	380				
5	374				
6	355				
7	362				
8	370				
9	373				
10	384				
平均绝对误差					

预测结果如下：

时期	实际值	预测值		绝对误差 $\|X_t = Y_t\|$	
		a＝0.3	a＝0.7	a＝0.3	a＝0.7
1	345	350.33	350.33	1.27	5.33
2	350	348.73	346.60	6.89	3.40
3	356	349.11	348.98	28.82	7.02
4	380	351.18	353.89	14.18	26.11
5	374	359.82	372.17	9.08	1.83
6	355	364.08	373.45	0.65	18.45
7	362	361.35	360.54	8.45	1.46
8	370	361.55	361.56	8.92	8.44
9	373	364.08	367.47	17.24	5.53
10	384	366.76	371.34	10.08	12.66
平均绝对误差				10.08	9.02

习题：

1. 简述库存需求预测的过程。
2. 说说你对德尔菲法过程的理解。

第三节 库存订货量的确定

库存的需求分析可以看出哪些商品热销、哪些商品滞销，哪些物资需要供应等问题，其基本目的就是明确何时需要备货，需要备何种货；哪些滞销的货需要退，或者打折处理等。而库存需求预测的基本目的就是为了确定库存订货量。那么，都有哪些确定库存订货量的方法呢？让我们来一起学习一下。

一、经济订货量的确定（EOQ）

经济订货批量（EOQ），是通过平衡采购进货成本和保管仓储成本核算，以实现总库存成本最低的最佳订货量。经济订货批量是固定订货批量模型的一种，可以用来确定企业一次订货（外购或自制）的数量。如图 5-3、图 5-4 所示，当企业按照经济订货批量来订货时，可实现订货成本和储存成本之和最小化。

对于需求速率稳定、多周期连续性的需求，控制其库存水平需要确定补货的频率和定期补货的数量。这是一个成本平衡的问题，也就是说要找到采购订货成本和库存持有成本之间最佳的结合点。

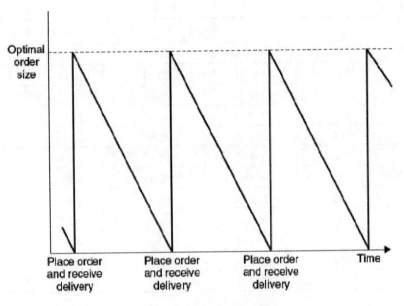

图 5-3　EOQ 模型示意图

1913 年，福特·哈里斯（F. W. Harris）建立了最佳订货量模型，就是众所周知的基本经济订货批量（Ecomomics Order Quantity，EOQ）公式。这是拉动式库存政策的基础。

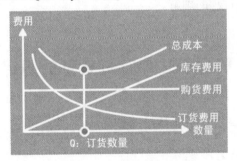

图 5-4　经济订货示意图

EOQ 模型的基本假设如下：（1）需求量确定不变，并且需求速率是均衡的，为常数 R；（2）提前期已知并固定；（3）货物集中入库，而不是陆续入库；（4）不允许缺货；（5）采购价格、运输成本等，不随订货批量和时间的变化而变化；（6）没有在途库存；（7）只订一种货物，或各个货物之间无相关的关系；（8）不存在资金使用的限制。

由以上的假设，简单 EOQ 模型只考虑两种基本类型的成本：库存持有成本和订货（准备）成本。如上图所示，库存持有成本是随着订货批量的增加而线性增加，但是订货成本却随之减少，因此简单 EOQ 模型就是要在这两种成本中做出权衡，使总成本最小的订货批量为最优订货批量。

计算公式为：$OQ = \sqrt{2DS/H}$

最佳订货点 $RL = (D/52) \times LT$

其中，D 是指年订货量，S 是指单位订货费，H 是指仓储费用，LT 是订货提前期。

例题： A 公司以单价 10 元每年购入某种产品 8000 件，每次订货费用为 30 元，资金年利息率为 12%，单位维持库存费按所库存货物价值的 18% 计算，若每次订货的提前期为 2 周，试求经济生产批量、最低年总成本、年订货次数和订货点。

解： 已知单价 P＝10 元/件，年订货量 D＝8000 件，单位订货费即调整准备费 S＝30 元/次，单位维持库存费由两部分组成，一是资金利息，二是仓储费用，即 H＝10×12%＋10×18%＝3 元/件，订货提前期 LT 为 2 周。

经济批量 EOQ＝$\sqrt{2DS/H}$ ＝$\sqrt{2\times8000\times30/3}$ ＝400（件）

最低年总费用为＝P×D＋（D/EOQ）×S＋（EOQ/2）×H

$$＝800×10＋（8000/400）×30＋（400/2）×3＝81200（元）$$

年订货次数 n＝D/EOQ＝8000/400＝20

订货点 RL＝（D/52）×LT＝8000/52×2＝307.7（件）

二、经济生产订货量的确定（EPQ）

经济生产订货量或经济制造量（Economic Production Quantity，EPQ），它是由于生产系统调整准备时间的存在，在补充成品库存的生产中有一个一次生产多少是最经济的问题，这就是经济生产订货量。在经济订货批量模型中，相关成本最终确定为两项，即变动订货成本和变动储存成本，在确定经济生产批量时，以生产准备成本替代订货成本，而储存成本内容不变。

经济生产批量模型的假设条件为：（1）对库存系统的需求率为常量；（2）一次订货量无最大最小限制；（3）采购、运输均无价格折扣；（4）订货提前期已知，且为常量；（5）用生产准备费用替代采购中的订货费用；（6）维持库存费是库存量的线性函数；（7）不允许缺货；需要连续补充库存。

经济生产订货量的计算：

$$Q_P＝\sqrt{2DS/H(1-d/p)}$$

其中，P 为生产率；d 为需求率（$d<P$）；Q 为生产批量；RL 为订货点；LT 为生产提前期，D—年总需求量，TC—年总成本，S—每次生产的生产准备费，H—单位货物每年的存储成本。

例题： 根据预测，市场每年对 x 公司的产品需求量为 10000 个。一年按 250 个工作日计算，平均日需求量为 40 个。该公司的日生产量为 80 个，每次生产准备费用为 100 元，每年单位产品的库存费用是 4 元。试确定其经济生产批量。

解： 由公式可得：经济生产订货量

$$Q_P＝\sqrt{2DS/H(1-d/p)}＝\sqrt{2\times10000\times100/4\times（40/80）}＝1000（个）$$

在上述的经济生产批量 Q_P 中，有两个特例：

（1）当 $P>0$ 或 $d=0$ 时，$QP＝\dfrac{2DS}{H}$，这是基本的 EOQ 模型，可见 QP 具有一般性。

（2）当 P＝d 时，$QP＝\infty$，这对应的是大量生产方式。

EPQ 模型对分析问题十分有用。一般来说，每次生产准备费 H 越大，则经济生产批量就应该越大；单位维持库存费日越大，则经济生产批量就应该越小。例如，在机械加工行业，毛坯的生产批量通常大于零件的加工批量。这是因为毛坯生产的准备工作比零件加工的准备工作复杂，而零件本身的价值又比毛坯高，从而零件的单位维持库存费就较高。

三、一次性订货量的确定

一次性订货量是指在一个时期内仅仅采购一次货或仅能安排一次批量生产物资的库存量。它适用于某种时限性极短的物资需求。它与 EOQ 的不同之处在于：一次性订货物资的需求不是连续的，不同时期的一次性需求物资的数量可能存在较大的变化；由于物资的陈旧、易腐等原因使一次性订货物资的市场寿命较短。一次性订货量有两种确定方式，下面分别以例题的形式为大家讲解。

1. 已知需求量和前置时间

例题：若某公司 10 月 15 日需要货物 100 件，则在什么时间订货？需要三百件呢？

需求量	100	200	300
前置时间	5 天	8 天	10 天

解：由表可知，若需要量为 100 件，则需要提前 5 天，由此可知，应该在 10 月 10 日订货，若是需要 300 件，则需要提前 10 天预订，即应该在 10 月 5 日订货。

2. 已知需求量和可变前置时间

例题：某花店准备在元旦期间向市场供应盆景金桔，已知某批发商供应盆景金桔的前置时间的概率分布如下：

前置时间	10	11	12	13	14	15	16
概率	0.1	0.1	0.15	0.2	0.3	0.1	0.05
P	0.1	0.2	0.35	0.55	0.85	0.95	1

（1）若该花店不允许缺货，则如何订货？

答：应提前 16 天订货，在 12 月 15 日之前发出订单。

（2）如果要求盆景金桔按时到达的概率不小于 85%，则如何订货？

答：应提前 14 天订货，在 12 月 14 日之前发出订单。

四、安全库存量的确定

安全库存量的大小，主要由顾客服务水平（或订货满足）来决定。所谓顾客服务水平，就是指对顾客需求情况的满足程度，公式表示为：顾客服务水平（5%）＝年缺货次数/年订货次数。

顾客服务水平（或订货满足率）越高，说明缺货发生的情况越少，从而缺货成本就较小，但因增加了安全库存量，导致库存的持有成本上升；而顾客服务水平较低，说明缺货发生的情况较多，缺货成本较高，安全库存量水平较低，库存持有成本较小。因此必须综合考虑顾客服务水平、缺货成本和库存持有成本三者之间的关系，最后确定一个合理的安全库存量。

对于安全库存量的计算，将借助于数量统计方面的知识，对顾客需求量的变化和提前期的变化作为一些基本的假设，从而在顾客需求发生变化、提前期发生变化以及两者同时发生变化的情况下，分别求出各自的安全库存量。

1. 需求发生变化，提前期为固定常数的情形

先假设需求的变化情况符合正态分布，由于提前期是固定的数值，因而我们可以直接求出在提前期的需求分布的均值和标准差。或者可以通过直接的期望预测，以过去提前期内的需求情况为依据，从而确定需求的期望均值和标准差。这种方法的优点是能够让人容易理解。

当提前期内的需求状况的均值和标准差一旦被确定，利用下面的公式可获得安全库存量 SS。

$$SS=Z\times SQRT（L）\times STD$$

其中，STD 是在提前期内，需求的标准方差；L 是提前期的长短；Z 是一定顾客服务水平需求化的安全系数。

例题：某饭店的啤酒平均日需求量为 10 加仑，并且啤酒需求情况服从标准方差是 2 加仑/天的正态分布，如果提前期是固定的常数 6 天，试问满足 95%的顾客满意的安全库存存量的大小？

解：由题意知：STD＝2 加仑/天，L＝6 天，F（Z）＝95%，则 Z＝1.65

从而：SS＝Z×SQRT（L）×STD＝1.65×2×SQRT（6）－8.08

即在满足 95%的顾客满意度的情况下，安全库存量是 8.08 加仑。

2. 提前期发生变化，需求为固定常数的情形

如果提前期内的顾客需求情况是确定的常数，而提前期的长短是随机变化的，在这种情况下：SS＝Z×STD2×d。

其中，STD2 是提前期的标准差；Z 是一定顾客服务水平需求化的安全系数；d 是提前期内的日需求量。

例题：如果在上例中，啤酒的日需求量为固定的常数 10 加仑，提前期是随机变化的，而且服务均值为 6 天、标准方差为 1.5 的正态分的,试确定 95%的顾客满意度下的安全库存量。

解：由题意知：STD2＝1.5 天，d＝10 加仑/天，F（Z）＝95%，则 Z＝1.65，

从而：SS＝Z×STD2×d＝1.65×10×1.5＝24.75

即在满足 95%的顾客满意度的情况下，安全库存量是 24.75 加仑。

3. 需求情况和提前期都是随机变化的情形

在多数情况下，提前期和需求都是随机变化的，此时，我们假设顾客的需求和提前期是相互独立的，则 SS＝Z×SQRT（STD×STD×L+STD2×STD2×D×D）。

其中，Z 是一定顾客服务水平下的安全系数；STD2——提前期的标准差；STD——提前期内，需求的标准方差；D——提前期内的平均日需求量；L——平均提前期水平。

例题：如果在上例中，日需求量和提前期是相互独立的，而且它们的变化均严格满足正态分布，日需求量满足均值为 10 加仑、标准方差为 2 加仑的正态分布，提前期满足均值为 6 天、标准方差为 1.5 天的正态分布，试确定 95%的顾客满意度下的安全库存量。

解：由题意知：STD＝2 加仑，STD2＝1.5 天，D＝10 加仑/天，L＝6 天，F（Z）＝95%，则 Z＝1.65，从而 SS＝1.65×SQRT（2×2×6+1.5×1.5×10×10）＝26.04。

在满足 95%的顾客满意度的情况下，安全库存量是 26.04 加仑。

第四节　库存管理方法

　　一般来说，企业的库存商品种类繁多，且每个品种的价格与库存数量也不等，有的商品品种很多，可价值却不大；有的商品品种不多，可价值却很大。由于企业的资源总是有限的，如果对所有库存商品给予相同程度的重视和管理是非常困难的，也是不经济的。为了使有限的时间、资金、人力等企业资源得到更有效的利用，企业必须选择适合自己的库存管理办法。那么企业可供选择的库存管理办法有哪些呢？

一、ABC 分类管理法

　　ABC 管理法又叫 ABC 分析法，它是现代企业库存管理中应用最为广泛的一种方法。它是以某类库存商品的品种数占库存商品总数的百分数和该类商品金额占库存商品总金额的百分数大小为标准，将库存商品分为 A、B、C 三类，进行分级管理。它的基本原理是：对企业库存商品按其重要程度、价值高低、资金占用或消耗数量进行分类、排序，一般 A 类商品数目占全部库存商品的 10%左右，而其消耗金额（商品的年消耗量×它的单价）占总金额的70%左右；B 类商品数目占全部库存货物的 20%左右，而其金额占总金额的 20%左右；C 类商品数目占全部库存货物的 70%左右，而其金额占总金额的 10%左右。这样就能分清主次，抓住重点，并分别采用不同的控制方法。

　　ABC 分类的标准是库存中各品种商品每年消耗的金额。通常来说，A 类商品是库存的重点，具有品种少、价格高，并且多为经营的关键、常用商品。对 A 类商品一般采取连续控制的方式，即随时检查库存情况，一旦库存量下降到一定水平，就要及时订货。它一般采用定期订货，每次订货量以补充目标库存水平为限。一般来说，批发商可以从四个方面加强 A 类商品的管理。

　　第一，进货要勤。对于 A 类商品来说，批发商应尽可能降低每次进货的批量，要力争勤进货、少进货；进了就出、出了再进。

　　第二，要与客户密切联系，要及时了解他们的需求动向。批发商必须对自己的货物需求进行客观的分析，要弄清楚哪些是日常需要的、哪些是集中消耗的。因为后者是大批量地冲击需求，应掌握其需求时间，需求时再进货，不要过早进货造成积压。

　　第三，要尽可能使安全库存量减少。批发商必须对库存量变化要求严密监视，当库存量降低到报警点时，要立即行动，采取预先考虑好的措施，将缺货成本控制为零。

　　第四，与供应商密切联系。要提前了解合同的执行情况、运输情况等。要协商各种紧急供货的互惠方法，包括经济上的补贴办法。

　　C 类库存商品由于库存品种多、价值低或年需要量较多，可按其库存总金额控制库存水平。对于 C 类商品一般采用比较粗放的定量控制方式。可以采用较大的订货批量或经济订货批量进行订货。B 类库存商品介于 A 类和 C 类库存商品之间，可采用一般控制方式，并按经济订货批量进行订货。

二、定量订货管理法

定量订货法是指当库存量下降到预定的最低库存数量时，按规定数量进行订货补充的一种库存管理方式。它的原理是预先设定一个订货点 Q_k，在销售过程中连续地检查库存，当库存水平降到 Q_k 时，就发出一个订货批量 Q^*，一般取经济经济订购批量 EOQ。采用定量订货管理法需要两个参数：一个是订货点；另一个是订货数量，即经济批量 EOQ。

订货数量的确定在第三节已经讲过，在这里不再赘述。这部分主要讲述订货点的确定。订货点是指发出订货时仓库里该品种保有的实际库存量。订货点的确定有如下两种方式：

1. 需求量和订货提前期都确定，此时不需要设置安全库存，可直接求出订货点，公式如下：

$$订货点＝订货提前期的平均需求量＝每天需求量×订货提前期（天）$$
$$＝（全年需求量/360）×订货提前期（天）$$

例题： 已知某种物资平均每月需用量 300 件，进货提前期为 8 天，则订购点是多少？

解：订货点＝300/30×8＝80（件）

2. 需求量和订货提前期都不确定，此时设置安全库存是非常必要的。公式如下：

$$订货点＝订货提前期的平均需求量+安全库存$$
$$＝（单位时间的平均需求量×最大订货提前期）+安全库存$$

安全库存需要用概率统计的方法求出，公式如下：

$$安全库存＝安全系数×\sqrt{最大订货提前期}×需求变动量$$

式中安全系数可根据缺货概率查安全系数表得到；最大订货提前期根据以往数据得到；需求变动值可用下列方法求得：

$$需求变动量＝\sqrt{\frac{\sum(y_i-y_a)^2}{n}}$$

其中，y_i 是实际需求量；y_A 是平均需求量。

例题： 某商品在过去的三个月中的实际需求量分别为：一月份 110 箱，二月份 150 箱，三月份 127 箱。最大订货提前期为 2 个月，缺货概率根据经验统计为 5%，求该商品的订货点（缺货概率 5%对应的安全系数为 1.65）。

解：平均月需求量＝（110+150+127）/3＝129（箱）

$$需求变动值＝\sqrt{\frac{(110-129)^2+(150-129)^2+(127-129)^2}{3}}＝16.39$$

$$安全库存＝1.65×\sqrt{2}×16.39＝54.09＝55（箱）$$

$$订货点＝129×2+55＝313（箱）$$

采用定量订货法的有利之处在于：

第一，手续相对简便，便于管理。通常来说，控制参数一经确定，则实际操作就变得非常简单了。实际工作中很多公司往往采用"双堆法"来处理。所谓双堆法，就是将某商品库存分为两堆：一堆为经济库存；另一堆为订货点库存。当消耗完订货点库存就开始订货，并使用经济库存，不断重复操作。这样可以减少经济库存盘点的次数，方便可靠。

第二，当订货量确定后，商品的验收、入库、保管和出库业务可以利用现有规格化器具和计算方式，有效地节约搬运、包装等方面的作业量。

第三，充分发挥了经济批量的作用，可降低库存成本，节约费用，提高经济效益。

采用定量订货法的不足之处在于物资储备量控制不够严格，并且要随时掌握库存动态，严格控制安全库存和订货点库存，占用了一定的人力和物力；订货模式灵活性小，订货时间难以预先确定，对于人员、奖金、工作业务的计划安排不利；它还受单一订货的限制，不适应实行多品种联合订货的方式。

三、定期订货管理法

定期订货法是按预先确定的订货时间间隔进行订货补充库存的一种管理方法。企业根据过去的经验或经营目标预先确定一个订货间隔期间，如每隔三天订货一次，或每隔一个月订货一次，而每次订货数量根据实际需要都有所不同。因此，定期订货法是一种基于时间的订货控制方法，它通过设定订货周期和最高库存量，来达到库存量控制的目的。只要订货间隔期和最高库存量控制合理，就能实现既保障需求、合理存货，又可以节省库存费用的目标。

定期订货法的原理是预先确定一个订货周期和最高库存量，周期性地检查库存，根据最高库存量、实际库存量、在途库存量和待出库商品数量计算出每次订货批量，发出订货指令，组织订货。定期订货法的决定参数有三个，订货周期、最高库存量和订货批量。

1. 订货周期 T 的确定

在定期订货法中，订货点实际上就是订货周期，其间隔时间总是相等的。它直接决定了最高库存量的大小，即库存水平的高低，进而也决定了库存成本的多少。从费用的角度出发，如果要使总费用达到最小，可以采用经济订货周期的方法来确定。假设以年为单位

根据：年采购成本＝年保管成本

即：$C/T = T \times R/2 \times K$

$$T = \sqrt{2C/KR}$$

其中，T*为经济订货周期；C 为单次订货成本；K 为单位商品年储存成本；R 为单位时间内库存商品需求量。

例题：某仓库 A 商品年需求量为 16000 箱，单位商品年保管费用为 20 元，每次订货成本为 1600 元，用定期订货法经济订货周期 T*。

解：根据 $T^* = \sqrt{2C/KR} = 1/10$（年）＝36（天）

2. 最高库存量 Q_{max} 的确定

定期订货法的最高库存量是用以满足（$T+T_k$）期间内的库存需求的，所以我们可以用（$T+T_k$）期间的库存需求量为基础。考虑到为随机发生的不确定库存需求，再设置一定的安全库存。公式如下：

$$Q_{\max}=R（T+T_k）+Q_s$$

其中，$Q_{\max}$ 是最高库存量；R 是（$T+T_k$）期间的库存需求量平均值；T 是订货周期；T_k 是平均订货提前期；Q_s 是安全库存量。

3. 订货批量的确定

定期订货法每次的订货数量是不固定的，订货批量的多少都是由当时的实际库存量的大小决定的，考虑到订货点时的在途到货量和已发出出货指令尚未出货的待出货数量，则每次订货的订货量的计算公式为：

$$Q_i=Q_{\max}-Q_{Ni}-Q_{Ki}+Q_{Mi}$$

其中，Q_i 是第 i 次订货的订货量；$Q_{\max}$ 是最高库存量；Q_{Ni} 是第 i 次订货点的在途到货量；Q_{Ki} 是第 i 次订货点的实际库存量；Q_{Mi} 是第 i 次订货点的待出库货物数量。

例题：某仓库 A 商品订货周期 18 天，平均订货提前期 3 天，平均库存需求量为每天 120 箱，安全库存量 360 箱。另某次订货时在途到货量 600 箱，实际库存量 1500 箱，待出库货物数量 500 箱，试计算该仓库 A 商品最高库存量和该次订货时的订货批量。

解：根据 $Q_{\max}=R（T+T_k）+Q_s=120（18+3）+360=2880$（箱）

$Q_i=Q_{\max}-Q_{Ni}-Q_{Ki}+Q_{Mi}=2880-600-1500+500=1280$（箱）

四、其他库存管理法

JIT 库存控制法，也可译为精炼管理法。它是 20 世纪 70 年代日本创造的一种库存管理和控制的现代管理思想。这种管理方法在日本丰田集团得到了广泛的应用，并取得了巨大的成就。

JIT 作为一种管理哲理和管理思想，在库存控制中主要应用在订货管理，即采购管理中形成一种先进的采购模式——准时化采购。它的基本思想是：在恰当的时间、恰当的地点，以恰当的数量、恰当的质量提供恰当的商品。JIT 采购不但可以减少库存，还可以加快库存周转，缩短提前期，提高进货质量，取得满意的交货效果。JIT 采购的特点如下：

（1）采用的供应商数量相对较少，甚至单源供应。单源供应是 JIT 采购的基本特点之一。传统的采购模式一般是多头采购，供应商的数目相对较多。从理论上看，采用单供应源比多供应源好，一方面，对供应商的管理方式有利于供应商获得规模效益，也有利于降低批发商的采购成本；另一方面，有利于供需之间建立长期稳定的合作关系，供货质量上比较有保证。但是，采用这种方法也存在一定的风险，比如，供应商可能因意外原因中断交货，以及供应商缺乏竞争意识等。同时，单源供应会使企业对供应商依赖程度加大，很难形成竞争性采购价格。

（2）对供应商的选择需要进行综合评估。在传统的采购模式中，供应商是通过价格竞争选择的，批发商与供应商之间往往是短期的合作关系，当批发商发现供应商不能满足自己的需求时，批发商可以通过其他方式重新选择供应商。但在 JIT 采购模式下，由于供需双方是长期合作的伙伴关系，供应商的综合实力对企业的发展有着重要的影响，因此对供应商的需求就比较高。批发商在具体选择供应商时，需要对供应商进行综合的评估，在评估供应商时首先需要注重的是质量而不是价格。当然，这种质量不仅是指产品质量，还包括工作效率、交货质量、服务质量、广告支持等。

（3）信息共享。JIT 采购要求供需双方的信息高度共享，保证供应与需求信息的准确性和实用性。由于供需双方是双赢的战略伙伴关系，企业库存、质量等各方面的信息都可以及时进行交流，以便出现问题时能及时处理。同时，现代信息技术的发展，为有效的信息交流提供了强有力的支持，信息交流变得更快捷、更安全。

（4）交货时间要求更加严格。与传统采购相比，JIT 采购对交货时间的要求更加严格。交货准时取决于供应商的生产与运输条件。对供应商来说，交货准时可以从两个方面着手：一方面，要不断提高生产的稳定性和可靠性，要尽可能减少延迟交货或误点现象；另一方面，供应商必须抓好运输问题。在现代物流管理中，运输问题是一个非常重要的问题，它决定准时交货的可能性。

JIT 采购的关键是选择最佳的供应商，并对供应商进行有效的管理。一般来说，实施 JIT 采购需要以下 8 个步骤：

（1）创建准时化采购班组。其任务就是寻找货源、商定价格，发展与供应商的良好合作关系，并不断改进。采购班组的工作可以分为两个部分进行：一部分专门负责供应商事务，例如，对供应商的资信状况进行调查、分析其综合实力状况等；与供应商谈判签订合同；向供应商发放免检证等。另一部分专门负责消除采购过程中的浪费。采购班组的人员不仅要具备良好的专业知识，而且要有高尚的人品，必要的时候，企业应该对其进行适当的培训。

（2）编制计划。通过编制计划，批发商可以使采购计划得以顺利实施。要及时制定采购策略，并适当改进当前的采购方式，评估供应商的综合实力，逐渐减少供应商数量，向合格供应商发放签证等。在这一过程，批发商需要与供应商尽量沟通，最好共同制定相关目标和有关措施。

（3）筛选供应商。批发商选择供应商时，应重点考虑供应商的产品质量、供货能力、运输能力、应变能力、地理位置、财务状况、技术、价格、售后服务以及其他供应商的可替代性等。

（4）进行试运行，并总结经验。

（5）抓好供应商的培训工作，并确定共同目标。JIT 采购是供需双方共同的业务活动，单靠采购部门的努力是不够的，同时需要供应商的理解和支持。只有供应商对 JIT 采购的策略和运作方法有了充分的认识和理解，才能获得这种支持和配合，因此对供应商进行适当的培训是非常必要的。

（6）向供应商颁发产品免检合格证书。JIT 采购最重要的特点之一就是买方不需要对供应商进行烦琐的检验，这就对供应商提出了更高的要求，要求供应商的产品必须是高质量的。一旦供应商的产品质量达到了这一要求，批发商就可以对其发放免检证。

（7）实现配合节拍进度的交货方式。JIT 采购的最终目标是实现 JIT 生产方式，因此交货方式要从预测的交货方式向 JIT 交货方式转变，最终实现当批发商需要某类商品时，该商品刚好送达。

（8）持续改进，并不断扩大成果。JIT 采购是一个不断完善和不断改进的过程，需要在实施过程中不断总结经验教训，从而在降低运输成本、提高交货的准时性和产品的质量、降低供应商库存等各个方面进行改进，不断提高准时化采购的运作水平。

案例：日本丰田的"JIT"

20 多年前，丰田汽车公司以其产品的高质量、低成本和低油耗占领北美市场，对美国 3 大汽车公司形成咄咄逼人的态势。丰田生产方式创造的奇迹，引起美国实业界和理论界的关注。一些研究者纷纷奔赴日本，考察丰田生产方式，总结出准时生产制（Just-in-Time，JIT）、无库存生产方式（Stockless Production）、零库存（Zero Inventories）等生产管理思想和运作方法。

这些研究推动了丰田生产方式的传播，使各国企业汽车及家电生产效率得到改善和提高。中国第一汽车集团公司和东风汽车公司都极力推行 JIT，取得了一定成效。但是，学习者和模仿者与丰田汽车公司始终存在差距。其原因除了环境差别之外，主要是未能把握丰田生产方式的实质，因此只能做到"形似"，而不能做到"神似"。

丰田方式最重要的是它的经营理念，一切具体做法都源自理念。例如什么是浪费？丰田公司所说的浪费比我们通常讲的浪费概念要广泛得多，也深刻得多。它有两层意思。一是不为顾客创造价值的活动都是浪费。二是尽管是创造价值的活动，所消耗的资源超过了"绝对最少"的界限，也是浪费。基于这样的理念，他们发现在多数流程中，有 90%是浪费。

及时制（Just In Time，简称 JIT），是由日本丰田汽车公司在 20 世纪 60 年代实行的一种生产方式，1973 年以后，这种方式对丰田公司渡过第一次能源危机起到了突出的作用，后引起其他国家生产企业的重视，并逐渐在欧洲和美国的日资企业及当地企业中推行开来，现在这一方式与源自日本的其他生产、流通方式一起被西方企业称为"日本化模式"。其中，日本生产、流通企业的物流模式对欧美的物流产生了重要影响。近年来，JIT 不仅作为一种生产方式，也作为一种物流模式在欧美物流界得到推行。

JIT 指的是，将必要的零件以必要的数量在必要的时间送到生产线，并且只将所需要的零件、只以所需要的数量、只在正好需要的时间送到生产。这是为适应 20 世纪 60 年代消费需要变得多样化、个性化而建立的一种生产体系及为此生产体系服务的物流体系。

JIT 是一种生产方式，但其核心消减库存，直至实现零库存，同时又能使生产过程顺利进行。这种观念本身就是物流功能的一种反应，而 JIT 应用于物流领域，就是指要将正确的商品以正确的数量在正确的时间送到正确地点，这里的"正确"就是"JUST"的意思，既不多也不少，既不早也不晚，刚好按需要送货。这当然是一种理想化的状况，在多品种、小批量、多批次、短周期的消费需求的压力下，生产者、供应商及物流配送中心、零售商都要调整自己的生产、供应、流通流程，按下游的需求时间、数量、结构及其他要求组织均衡生产、供应和流通，在这些作业内部采用看板管理中的一系列手段来实现减库存，合理规划物流作业。

在此过程中，无论是生产者、供应商，还是物流配送中心或零售商，均应对各自的下游客户的消费需要进行精确的预测，否则就用不好 JIT，因为 JIT 的作业基础是假定下游需求是固定的，即使实际上是变化的，但通过准确的统计预测也能把握下游需求的变化。

案例来源：https://doc.wendoc.com/b7ed24ac544e5c25f963579c6.html

五、库存管理方法的选择

面对目前不断完善的库存管理方法，企业要根据自身的实际情况选择库存管理方法，将切实可行的库存管理技术和方法应用到实际工作中，实现合理控制库存和有力保障生产科研需求的双赢格局。

选择适合企业自身情况的库存管理办法时，需要注意的一点是，企业在实施库存管理方法时，一定要根据自身情况选择适当类型的库存管理方法，避免陷入贪大求全的误区，要充分认识企业规模和自身的行业特点，不仅如此，还需充分考虑产品成本和实施成本，选择最符合实际应用的库存管理方法。

而库存管理方法能让企业客户服务人员与客户能够协同工作，实现全方位为客户提供交互服务和收集客户信息，实现多种客户交流渠道的集成，使各种渠道信息相互流通，保证企业和客户都能得到完整、准确、一致的信息。

案例：海尔的库存管理方法的创新

海尔集团是世界白色家电第一品牌、中国最具价值品牌。海尔在全球建立了 29 个制造基地，8 个综合研发中心，19 个海外贸易公司，全球员工总数超过 6 万人，海尔集团 2010 年实现全球营业额 1357 亿元人民币，同比增长 9%，其中海尔品牌出口和海外销售额 55 亿美元。2010 年海尔品牌价值已达 207.65 亿元，连续六年蝉联"中国品牌 500 强"，2011 "中国最有价值品牌"于 9 月 9 日发布，海尔集团以 907.62 亿的品牌价值连续十年位居榜首。海尔品牌旗下冰箱、空调、洗衣机、电视机、热水器、电脑、手机、家居集成等 19 个产品被评为中国名牌，其中海尔冰箱、洗衣机还被国家质检总局评为首批中国世界名牌。

海尔以前与现在库存管理状况对比：

以前厂家生产难免有大量库存，产品如果卖不出去，就要折价出售，而在新的合作模式下，厂家可以实现成品"零库存"，仓库内库存的不再是成品，而是模块，顾客需要什么产品，厂家就利用这些模块快速组装为成品，然后以最快速度送到顾客手中。

海尔集团过去是基于传统观念的库存管理认识，认为库存在功能上仅仅相当于纯粹意义上的仓储，确立了新的重组战略，对集团内组织作了相应创新之后，就可以对具体的物流层面进行创新了。这在海尔集团来说，最主要可以体现在库存作业的现代化和库存管理方法的创新上。

库存作业现代化： 1. 1999 年，海尔在青岛海尔信息园建立了一座立体仓库；2. 2000 年，海尔在青岛海尔开发区工业园建造了国际化全自动物流中心；3. 海尔开发区工业园国际化全自动物流中心将全部实现自动化、高效率，通过物流和大型的计算机数据库管理能够最大限度地降低物流成本，包括销售、生产、采购供应、售后服务过程中的成本。

库存管理方法的创新： 1. ERP（企业资源规划）。海尔在整个物流的供应链过程中实施了 ERP。海尔在实施过程中采取了分步进行的方法：第一步，应用在库存管理；第二步，应用在车间的生产计划管理；第三步，逐步应用在供应链的全过程管理。通过实施 ERP，采购计划的制定、采购过程的控制和跟踪、物流的存取和配送等都实现信息化管理，大大降低了重复简单的劳动，提高了工作效率和工作质量。2. JIT（及时生产模式）。3. 3PL（第三方物流）。4. 物流标准化。

启示：

海尔集团通过物流改革和突破口取得了初步的成功。他们选择空调部件为点，建设现代化的立体仓库，以此推动物料配送系统的改革。开展代外租库、供应商供货标准化、库存管理自动化等活动。利用现代化的立体仓库取代了落后的 6.5 万平方米的外租库，用 48 人的库管人员取代了原雇佣的 389 人的仓库人员，提高了效率，降低了仓库管理费用，仅外租库费用就可节约达 1200 万元/年。在海尔，仓库不再是储存物资的水库，而是一条流动的河，河中流动的是按单采购来生产必须的物资，也就是根据订单来进行采购、制造等活动。这样，从根本上消除了滞留物资、消灭了库存。

案例来源：http://fanwen.geren-jianli.org/681093.html

习题：

1. 说说你还知道哪些库存管理的办法？
2. 举一个你身边企业的例子，并说出企业适合的库存管理办法及原因。

第五节 消减库存

库存过多会给企业带来各种各样的风险，比如：它会使易腐烂的商品变质，同时占用了仓库空间，造成员工劳动力的浪费（需要投入更多的人进行货物管理和搬运）等。因此，各个企业要想提升企业竞争力，就要最大限度地削减库存。

一、消减库存的步骤

一个好的库存＝好的订货，要想实现好的库存，合理的订货，就要做到：第一，根据实际销售量对长期性单品进行严格的订货；第二，根据历史，记录下促销订单（保存所有的促销计划）第三，对特殊季节性及促销单品变更的大量订货确认。

一个好的库存＝定期跟踪，跟踪什么呢？库存每天的变化和对于高库存所采取的行动计划。那么如何处理库存过高问题？第一，把商品从仓库中取出，放在卖场中销售；第二，在货架上重新开始做促销；第三，循环使用入口处的货架、促销通道，每日促销；第四，退货给供应商。第五，甩卖或做报损。

处理库存有五大法宝：（1）根据历史记录下订单（促销计划）；（2）在海报结束之前预计促销结果；（3）知道哪些单品库存过高，预计这些单品的解决办法并跟踪它们的库存变化；（4）检查每天的库存变动；（5）每周至少去一次仓库，至少和员工做一次关于库存处理的总结。

综上所述，削减库存的步骤如下：

第一，对企业的物资库存有整体的了解。包括产成品、在制品等一系列库存。

第二，对库存量过大、暂时闲置的资源进行处理。比如采取促销、折价销售等处理办法减少现有库存。

第三，根据实际销售量对商品制定严格的订货。比如，可采用按订单生产，从源头上减少库存。

二、以生产部门为核心的库存消减活动

库存量过大所产生一系列问题，如增加仓库面积和库存保管费用，从而提高了产品成本，同时占用大量的流动资金，造成资金呆滞，既加重了贷款利息等负担，又会影响资金的时间

价值和机会收益；掩盖了企业生产、经营全过程的各种矛盾和问题，不利于企业提高管理水平等。任何企业都会存在不同程度的库存过量的问题，企业要想提高市场竞争力，必须从源头上进行削减库存，即从生产部门入手减少生产量，从而达到削减库存的目的。那么如何在生产部门削减库存呢？主要通过以下几种方法：

1. 减少生产批量。即少生产目前不需要的品种、产品数量等，避免出现产品积压，企业可以实行按订单生产的策略，即先接单，再生产，从而减少多余产品的库存量。

2. 减少两道工序之间的在制品数量。尽量紧凑两道工具之间的生产运转，即一道工序生产出在制品后，立刻转入下一道工序生产，从而减少在制品的库存。

3. 减少搬运次数，缩短搬运距离。即缩短设备与设备之间的距离，避免在中间搬运过程中出现在制品、产成品等损坏，增加半成品库存量。

4. 缩短加工时间。加工时间缩短，即产品周转率提高，周转越快，库存量越小。

5. 降低不合格品。在产品生产过程中，加工人员要时刻注意机器设备的运转情况、产成品的质量情况等，要时刻保持警惕，加强安全监管力度，减少次品增加数。

6. 减少设备故障。设备故障可能造成一切生产活动停止，此时的在制品、半成品等必然要转入仓库，增加库存量，所以减少设备故障时削减库存的关键环节。

案例：从生产环节减少库存

杜绝浪费，这对于每一个企业都是涉及提高效率增加利润的大事，但恐怕任何一家企业都比不上丰田公司做得精细。丰田公司对浪费作了严格区分，将浪费现象分为以下七种：（1）生产过量的浪费；（2）窝工造成的浪费；（3）搬运上的浪费；（4）加工本身的浪费；（5）库存的浪费；（6）操作上的浪费；（7）制成次品的浪费。

许多企业的管理人员都认为，库存比以前减少一半左右就无法再减了，但丰田公司就是要将库存率降为零。为了达到这一目的，丰田公司采用了一种"防范体系"。为了建立这种防范体系，丰田公司在细节处真正做足了功夫

就以作业的再分配来说，几个人为一组干活，一定会存在有人"等活"之类的窝工现象存在。所以，有人就认为，对作业进行再分配，减少人员以杜绝浪费并不难。但实际情况并非完全如此，多数浪费是隐藏着的，尤其是丰田人称之为"最凶恶敌人"的生产过量的浪费。丰田人意识到，在推进提高效率、缩短工时、降低库存的活动中，关键在于设法消灭这种过量生产的浪费。

为了消除这种浪费，丰田公司采取了很多措施。拿自动化设备来说，该工序的"标准手头存活量"规定是5件，如果现在手头只剩3件，那么，前一道工序便自动开始加工，加到5件为止。到了规定的5件，前一道工序便依次停止生产，制止超出需求量的加工。再拿后一道工序来说，后一道工序的标准手头存活量是4件，如减少1件，前一道工序便开始加工，送到后一道工序。后一道工序一旦达到规定的数量，前一工序便停止加工。

为了使各道工序经常保持标准手头存活量，各道工序在联动状态下开动设备。这种体系就叫作"防范体系。"在必要的时刻，一件一件地生产所需要的东西，就可以避免生产过量的浪费，同时可以减少库存。

戴尔的"零库存"

戴尔的库存时间比联想少18天，效率比联想高90%。当客户把订单传至戴尔信息中心

后，由控制中心将订单分解为子任务，并通过 Internet 和企业间信息网分派给上游配件制造商。各制造商按电子配件生产组装，并按控制中心的时间表供货。

戴尔的零库存是建立在对供应商库存的使用或借用的基础上，并形成 3%的物料成本优势。戴尔的低库存是因为它的每一个产品都是有订单的，通过成熟网络，每 20 秒就整合一次订单。

"零库存"并不意味着没有库存。像戴尔这样的组装企业，没有库存意味着无法生存。只不过戴尔的库存很低，周转很快，并且善于利用供应商库存，所以其低库存被归纳为"零库存"，这只是管理学上导向性的概念，不是企业实际操作中的概念。经过充分的传播，戴尔的名声已经与"零库存"相联系，所以很多人一提起戴尔，马上就想起了零库存。

精髓是低库存

戴尔不懈追求的目标是降低库存量。21 世纪初期，戴尔公司的库存量相当于 5 天的出货量，康柏的库存天数为 26 天，一般 PC 机厂商的库存时间为 2 个月，而中国 IT 巨头联想集团是 30 天。戴尔公司分管物流配送业务的副总裁迪克・亨特说，高库存一方面意味着占有更多的资金，另一方面意味着使用了高价物料。戴尔公司的库存量只相当于一个星期的出货量，而别的公司库存量相当于四个星期出货量，这意味着戴尔拥有 3%的物料成本优势，反映到产品低价就是 2%或 3%的优势。

没有零部件仓库

戴尔的零库存是建立在对供应商库存的使用或借用的基础上。在厦门设厂的戴尔，自身并没有零部件仓库和成品仓库。零部件实行供应商管理库存（VMI），并且要以戴尔订单情况的变化而变化。比如 3 月 5 日戴尔的订单是 9000 台电脑，3 月 6 日是 8532 台电脑等。每天的订单量不一样，要求供应商的送货量也不一样。戴尔订单的数量不确定，则对供应商配件送货的要求也是可变的，对 15 英寸显示屏和 18 英寸显示屏的需求组合是不同的，如 3 月 5 日的显示屏需求组合是（5000+4000），3 月 6 日的需求组合是（4000+5000）等，超薄显示屏和一般显示屏的需求组合变化也是一样的。所以，戴尔的供应商需要经常采取小批量送货，有时送 3000 个，有时送 4000 个，有时天天送货，订单密集时需要一天送几次货，一切根据需求走。为了方便给戴尔送货，供应商在戴尔工厂附近租赁仓库，来存储配件，以保障及时完成送货。这样，戴尔的零库存是建立在供应商的库存或精确配送能力的基础上。戴尔通过对供应商库存的充分利用来降低自己的库存，并把主要精力放在凝聚订单上。而戴尔公司的成品管理则完全是采取订单式，用户下单，戴尔组装送货。由于戴尔采取了以 VMI、CRM等信息技术为基础的订单制度，在库存管理方面基本上实现了完全的零库存。

以信息代替存货

因特网受到戴尔公司的充分重视，主要表现在：戴尔与客户、供应商及其他合作伙伴之间通过网络进行沟通的时间界限已经模糊了，戴尔与客户之间在 24 小时进行即时沟通，突破了上班时间的限制；同时，戴尔与合作伙伴之间的空间界限已经被模糊了，戴尔在美国的供应商可以超越地域的局限，通过网络与设在厦门的工厂进行即时沟通，了解客户订单的情况。

通过强化信息优势，戴尔整合了供应商库存协作关系，并在实践中，成功地磨合出了供应商的送货能力。戴尔需要 8000 个显示器，在当天供应商就能送 8000 个显示器；当戴尔需要 5000 个大规格的显示器，供应商在 2 个小时内就能够配送 5000 个大规格显示器。戴尔与供应商培植紧密的协作关系，保证为客户提供精确的库存。在流通活动中，客户的"信息"

价值替代"存货"价值。在供应链管理中，戴尔作为链主，其主要的分工是凝聚订单，比如收集 10000 台电脑订单，供应商则及时供货，提供 10000 种与电脑相关的配件，如显示器、鼠标、网络界面卡、芯片及相关软件等。供应商在戴尔的生产基地附近租赁仓库，并把零配件放到仓库中储备，戴尔需要这些零配件时，则通知供应商送货。零配件的产权由供应商转移到戴尔。另外，戴尔可以充分利用库存赚取利润，比如戴尔向供应商采购零部件时，可以采取 30 天账期结算；但在卖出电脑时执行的是先款后货政策，至少是一手交钱一手交货，并利用客户货款与供应商货款中间的时间差，来谋求利益。

案例来源：https://wenku.baidu.com/view/6c74661a227916888486d7b5.html；https://www.doc88.com/p-39099005191412.html

习题：

1. 说说你还知道哪些库存管理的案例？
2. 你对削减库存的步骤有哪些看法？
3. 如果你是企业的老板，你将怎样削减自己企业的库存？

【实验项目】库存管理实验

【目的与要求】

通过销售和采购业务流程的了解，分析库存业务的流程和其他业务之间的关系，掌握出入库业务流程、盘点业务流程和生成的单据、调拨业务流程和下游单据等业务。

【项目类别】

案例分析类、实验解答类

【项目准备】

提供终端设备能连接到服务器的计算机；Excel 办公系统。

【实验内容】

某企业保持有 10 种商品的库存，有关资料如表所示，为了对这些库存商品进行有效的控制和管理，该企业打算根据商品的投资大小进行分类。

（1）请您选用 ABC 分析法将这些商品分为 A、B、C 三类？

（2）给出 A 类库存物资的管理方法？

商品编号	单价/元	库存量/件	商品编号	单价/元	库存量/件
a	4.00	300	f	2.00	150
b	8.00	1200	g	6.00	40
c	1.00	290	h	2.00	700
d	2.00	140	i	5.00	50
e	1.00	270	j	3.00	2000

解：（1）ABC 分类管理方法原理：

A 类：资金金额占总库存资金总额的 60%～80%，品种数目占总库存品种总数的 5%～20%；

B 类：资金金额占总库存资金总额的 10%～15%，品种数目占总库存品种总数的 20%～30%；

C 类：资金金额占总库存资金总额的 0%～15%，品种数目占总库存品种总数的 60%～70%。

根据已知数据，按照商品所占金额从大到小的顺序排列（首先要把 10 种商品各自的金额计算出来），计算结果如下：

商品编号	单价	库存量	金额	金额累计	占全部金额的累计比例	占全部品种的累计比例
b	8.00	1200	9600	9600	48.4%	10%
j	3.00	2000	6000	15600	78.7%	20%
h	2.00	700	1400	17000	85.7%	30%
a	4.00	300	1200	18200	91.8%	40%
f	2.00	150	300	18500	93.3%	50%
c	1.00	290	290	18790	94.8%	60%
d	2.00	140	280	19070	96.2%	70%
e	1.00	270	270	19340	97.5%	80%
i	5.00	50	250	19590	98.8%	90%
g	6.00	40	240	19830	100%	100%

根据以上表格的计算结果，按照 ABC 分类管理的方法，可以对此企业的库存如下分类：

分类	每类金额/元	库存品种数百分比（%）	占用金额百分比（%）
A 类：b, j	15600	20%	78.7%
B 类：h, a	2600	20%	13.1%
C 类：f, c, d, e, i, g	1630	60%	8.2%

（2）对于 A 类库存，即对 b 和 j 两种商品，企业要对它们定时进行盘点，详细记录及经常检查分析货物使用、存量增减和品质维持等信息，加强进货、发货、运送管理，在满足企业内部需要和顾客需要的前提下，维持尽可能低的经常库存量和安全库存量，加强与供应链上下游企业合作来控制库存水平，既要降低库存，又要防止缺货，加快库存周转。

第六章　营销管理策略

全球产业正处在剧烈的转型期，消费者需求复杂多变，企业利润逐渐减少。这种情况下，如何在企业生产与消费者需求之间找到合适的接触点成为营销制胜的关键。很多人都说，营销就是销售，就是去卖东西。事实真的是这样吗？你又是怎样看待营销管理的呢？

第一节　营销管理概论

一、市场和市场营销

古语云："日中为市，致天下之民，聚天下之货，交易而退，各得其所。"即是说市场是商品交换的场所。从市场营销的角度来分析的话，市场是商品经济中生产者与消费者之间为实现产品或服务价值的场所，它是支撑需求的交换关系、交换条件和交换过程的载体。如图6-1 所示，只有消费者、生产者和促成交换双方达成交易的各种条件（如法律保障、时间、空间、信息等等）这三个要素同时存在，才会有市场的存在。

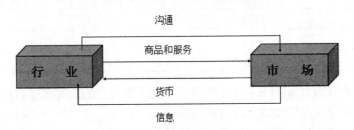

图 6-1　市场流通示意图

市场营销（Marketing），有人也叫它企业营销。因为 Marketing 一般来说都是以企业作为出发点，对市场这个客体进行营销。当然，生产者（包括自身和其他生产者）和交换条件也是营销的客体。本书采用菲利普·科特勒（Philip Kotler）对市场营销的定义：通过创造和交换产品及价值，从而使个人或群体满足欲望和需要的社会过程和管理过程。

通过这个定义，我们发现营销的核心是交换。通过交换这一活动使交易双方的需求得到满足。从识别市场需求、产品和服务的设计、产品价格的制定、产品的生产和包装、渠道的分配和控制、渠道终端的销售环节乃至售后服务，每一个环节都是营销，而市场营销所做的这一切都是为了交换，也就是为了满足双方的需求。因此需求是贯穿市场营销的每一个环节的，消费者的需求是整个市场营销的中心。而市场营销的最终目标也是使个人或群体满足欲望和需求。

二、市场营销环境分析

市场营销环境复杂多变，企业的生存和发展，愈来愈取决于适应外部环境变化的速度。企业要想在繁杂纷纭的市场上把握机会，就必须认真地分析市场营销环境。

1. 市场营销环境

市场营销环境是指与企业营销活动有关的内部和外部因素的集合。外部环境是客观存在的，它不以人的意志为转移，对企业来说属于不可控因素，企业无力改变。但是，企业可以通过对内部因素的优化组合，去适应外部环境的变化，保持企业内部因素与外部环境的动态平衡，使企业不断充满生机和活力。

环境因素对企业营销活动的影响方式有两种：直接影响和间接影响。直接影响是企业可以立即感受到的，而间接影响则要经过一段时间之后才会显现出来。因此，在分析市场营销环境时，不仅要重视环境因素的直接影响，也要注意环境的间接影响。

2. 市场营销环境的构成要素

市场营销环境的构成要素比较广泛，可以根据不同的标志加以分类。本教材主要从宏观环境和微观环境来分析其构成要素。

宏观市场营销环境。又称间接营销环境，是指所有与企业的市场营销活动有联系的环境因素，包括政治、经济、科技、社会文化、自然等方面的因素。这些因素主要从宏观方面对企业的市场营销活动产生影响。这些因素又可派生出若干次级因素，它们之间既相互制约，又相互影响，形成极为复杂的因果关系。

微观市场营销环境。又称直接营销环境，它是指与本企业市场营销活动有密切关系的环境因素。如供应商、营销中介、竞争者、顾客等因素。微观市场营销环境是宏观市场营销环境因素在某一领域里的综合作用，对于企业当前和今后的经营活动产生直接的影响。

宏观环境与微观环境两者之间并不是并列关系，而是主从关系。微观环境受制于宏观环境，宏观环境以微观环境为媒介去影响和制约企业的营销活动，在某些场合，也可以直接影响企业的营销活动。

营销环境对企业营销活动的影响如图6-2所示。

图6-2　营销环境对企业营销活动的影响

3. 市场营销环境的特点

市场营销环境是一个多因素、多层次而且不断变化的综合体。概括地说，市场营销环境具有以下特点：

（1）客观性。环境作为营销部门外在的不以营销者意志为转移的因素，对企业营销活动的影响具有强制性和不可控性的特点，特别是宏观环境，如企业不能改变人口因素、政治法律因素等。但企业可以主动适应环境的变化和要求，制定并不断调整企业营销策略。

（2）差异性。这种差异性不仅表现在不同企业受不同环境的影响，而且同样一种环境因素的变化对不同的企业的影响也不相同。例如，中国加入 WTO，意味着中国大多数企业进入国际市场，进行"国际性较量"，而这一经济环境的变化，对不同行业所造成的冲击不同，对同一行业中的不同企业的冲击也不同。

（3）多变性。构成企业营销环境的因素是多方面的，而每一个因素都随社会经济的发展而不断变化。这就要求企业根据环境因素和条件的变化，不断调整其营销策略。

（4）相关性。市场营销环境不是由某一个单一的因素决定的，它受到一系列相关因素的影响。例如，价格不但受市场供求关系的影响，而且还受到科技进步及财政税收政策的影响。

根据营销环境对企业活动影响的不同特点，企业要采取相应的对策。比如企业可以组织一个智囊机构或者借助社会头脑公司，监测分析营销环境的变化，随时提出应变策略，来调整企业营销战略。企业还要加强与政府各部门的联系，了解政府有关部门对宏观经济的调控措施以及各项出台和即将出台的改革方案，以使企业对宏观环境的变化不感到突然，并能做到有所准备。

三、市场营销信息调查与分析

市场营销信息调查，就是运用科学的方法，有目的、有计划、系统地收集、整理和分析研究有关市场营销方面的信息和资料，供营销管理人员了解营销环境，发现机会与问题，并作为市场预测和营销决策依据的过程。

市场信息调查的程序为：调查准备阶段（包括调查目的、范围等的确定，组织调查力量、培训相关调查人员等），调查的实施阶段，以及总结阶段，即资料的整理与分析、撰写调查报告、追踪与反馈等。

进行市场营销信息调查与分析，有助于经营管理者把握宏观的市场环境，加深对自己所从事行业的了解；还能确定顾客需求，进而生产客户需要的产品，同时加深对企业自身产品和经营状况的认识，发现产品的不足及经营中的缺点，及时反馈并予以纠正，改进企业的经营策略，使企业始终保持生机与活力；也有利于发现新的市场机会和需求，以便开发新的产品去满足这些需求；还能及时掌握竞争者的动态，了解其经营状况与策略、产品或服务的优劣势以及市场份额的大小，做到知彼知己，百战不殆。

第二节　产品策略

一、产品与产品组合

从市场营销学的角度来看，产品是指向市场提供的能满足人们某种需要的物品和服务，包括实物、劳务、场所、组织和思想等所有有形和无形的东西。

菲利普·科特勒用五个基本层次来描述产品的整体概念：即核心产品、基础产品、期望产品、附加产品、潜在产品，而国内大多数学者一般将产品分为三个层次，即核心产品、形式产品和附加产品，如图 6-3 所示。

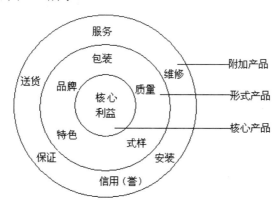

图 6-3 产品与产品组合

核心产品也叫实质产品，是产品的内在质量，也是第一质量，它位于整体产品的中心，向顾客提供产品的基本效用或利益，是埋藏在产品之内、隐藏在消费行为背后的东西。形式产品是指产品的本体，是产品的外在质量，是核心产品借以实现的各种具体产品形式，即向市场提供产品实体的外观、消费者得以识别和选择的主要依据，一般表现为产品的形状、特点、包装、品牌等。附加产品也叫延伸产品，是一种服务质量，是指消费者购买产品时随同产品所获得的全部附加服务与利益，从而把一个公司的产品与其他公司区别开来，包括送货上门、安装调试、维修、技术培训等附加价值。

产品组合，是指一个企业生产经营的全部产品线、产品项目的组合方式。其中产品线是指具有相同的使用功能，但规格、型号不同的一组类似产品项目；产品项目是指产品线中按规格、外形、价格等区分的具体产品。

产品组合包含宽度、深度和关联度三个因素。宽度又称产品组合的广度，是指一个企业所拥有的产品线的多少。产品线越多，说明产品组合的宽度越宽。深度，是指产品线中的每一产品有多少品种。关联度是指各产品线之间在最终用途、生产条件、销售渠道等方面的相互关联的程度。

二、产品生命周期策略

产品生命周期（PLC），是指产品从投入市场到最后退出市场所经历的市场生命循环过程，也就是产品的市场生命周期。它表示的是一种新产品开发成功投入市场后，从鲜为人知，到逐渐被消费者了解和接受，然后又被更新的产品所代替的过程。

产品生命周期一般以产品的销售量和所获的利润额来衡量。典型的产品市场生命周期曲线是 S 形。如图 6-4 所示，根据销售增长率的变化情况，可以把它分为四个阶段：即导入期、成长期、成熟期和衰退期。

导入期是新产品进入市场的最初阶段。其主要有生产成本高、促销费用大、销售数量少、竞争不激烈等特点。此阶段主要的营销目标是迅速将新产品打入市场，在尽可能短的时间内扩大产品的销售量。可采取的具体策略有：

1. 积极开展广告宣传，采用特殊的促销方法，如示范表演、现场操作、实物展销、赠送、小包装试销等，广泛传播商品信息，帮助消费者了解商品，提高产品认知程度。

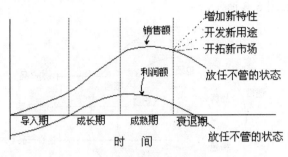

图 6-4 产品生命周期

2. 积极攻克产品制造中尚未解决的某些技术问题，稳定质量，并根据市场反馈，改进产品，提高质量。

3. 就产品与价格的组合策略看，可运用不同策略。

(1) 快速撇脂策略。高价高促销策略，即企业以高价和大规模促销将新产品推进市场，加强市场渗透与扩张。采用这一策略的条件是：大部分潜在购买者根本不熟悉该产品，企业已经知道这种新产品的购买者求购心切，愿出高价；

(2) 缓慢撇脂策略。高价低促销策略，即企业以高价和低促销费用将新产品推进市场，以多获利润。采用这一策略的条件是：市场容量相对有限，消费对象相对稳定；大部分购买者对产品已有所了解，愿出高价购买；潜在竞争的威胁较小。

(3) 快速渗透策略。低价高促销策略，即企业以低价和大规模的促销活动将新产品推进市场，以最快的速度进行市场渗透和扩大市场占有率。采用这一策略的市场条件是：市场容量相当大，购买者对商品不了解而且对价格十分敏感；潜在竞争威胁大；商品的单位成本可因大批量生产而降低。

(4) 缓慢渗透策略。低价低促销策略，即企业以低价和少量的促销费用将新产品推进市场，以廉取胜，迅速占领市场。采用这一策略的条件是：市场容量大；购买者对产品较为熟悉，对价格较为敏感；有相当数量的潜在竞争者。

成长期是产品在市场上已经打开销路，销售量稳步上升的阶段。其主要特点是购买者对商品已经熟悉，市场需求扩大，销售量迅速增加、成本大幅度下降、竞争者相继加入市场，竞争趋向激烈。此阶段企业的主要任务是进一步扩大产品的市场，提高市场占有率。可采用的策略有：

(1) 进一步提高产品质量，增加花色、品种、式样、规格，改进包装。

(2) 广告促销，从介绍产品，提高知名度转到突出特色，树立形象，争创名牌。

(3) 开辟新的分销渠道，扩大商业网点。

(4) 在大量生产的基础上，适时降价或采用其他有效的定价策略，吸引更多购买者。

成熟期是产品在市场上普及销售量达到高峰的饱和阶段。其主要特点是：产品已为绝大多数的消费者所认识与购买，销售量增长缓慢，处于相对稳定状态，并逐渐出现下降的趋势、企业利润逐步下降，竞争十分激烈。此阶段企业的主要任务是牢固地占领市场，防止与抵抗竞争对手的蚕食进攻。可采用的策略有：

(1) 从广度和深度上拓展市场，争取新顾客，刺激老顾客增加购买。

(2) 提高产品质量，进行产品多功能开发，创造新的产品特色，增加产品的使用价值。

（3）改进营销组合策略，如调整价格、增加销售网点、开展多种促销活动、强化服务等。

衰退期是产品销售量持续下降、即将退出市场的阶段。其主要特点有：消费者对产品已经没有兴趣，市场上出现了改进型产品，市场需求减少、企业利润不断降低。此阶段的主要任务是尽快退出市场，尽量减少因存货过多给企业造成的亏损。可选择的策略有：

（1）淘汰策略，即企业停止生产衰退期产品，上新产品或转产其他产品。

（2）持续营销策略，即企业继续生产衰退期产品，利用其他竞争者退出市场的机会，通过提高服务质量、降低价格等方法维持销售。

三、新产品开发策略

开发新产品，主要是因为：第一，产品生命周期要求企业不断开发新产品。企业同产品一样，也存在着生命周期。如果企业不开发新产品，则当产品走向衰退时，企业也同样走到了生命周期的终点。一般而言，当一种产品投放市场时，企业就应着手设计新产品，使企业在任何时期都有不同的产品处在周期的各个阶段，从而保证企业持续盈利。第二，科学技术迅速发展，消费结构变化加快，使消费选择更加多样化，产品生命周期日益缩短。第三，企业间的竞争日趋激烈，企业只有不断创新，开发新产品，才能在市场占据领先地位，增强企业的活力。所以，开发新产品是企业应付各种突发事件，维护企业生存与长期发展的重要保证。

新产品开发由 8 个阶段构成：

1. 寻求创意

即寻找开发新产品的设想。虽然并不是所有的设想或创意都能变成产品，但寻求尽可能多的创意却可为开发新产品提供较多的机会。新产品创意的来源主要有：顾客、竞争对手、企业推销人员和经销商、企业高层管理人员、市场研究公司、广告代理商等。企业还要从内部人员中寻求创意，这就要求企业建立各种激励性制度，对提出创意的职工给予奖励，而且高层主管人员应当对这种活动表现出充分的重视和关心。

> **知识小贴士：明确定义**
>
> 所谓产品创意，是指企业从自己角度考虑的它能够向市场提供的可能产品的构想。
>
> 而产品形象，则是消费者对某种现实产品或潜在产品所形成的特定形象。

2. 甄别创意

取得足够创意之后，要对这些创意加以评估，研究其可行性，并挑选出可行性较高的创意。甄别创意时，一般要考虑两个因素：一是该创意是否与企业的战略目标相适应，表现为利润目标、销售目标、销售增长目标、形象目标等几个方面；二是企业有无足够的能力开发这种创意。这些能力表现为资金能力、技术能力、人力资源、销售能力等。

3. 形成产品概念

经过甄别后保留下来的产品创意还要进一步发展，成为产品概念。产品概念，是指企业从消费者的角度对这种创意所作的详尽的描述。

4. 制定市场营销战略

形成产品概念之后，需要制定市场营销战略，企业的有关人员要拟定一个将新产品投放市场的初步市场营销战略报告书。它由三个部分组成：描述目标市场的规模、结构、行为、新产品在目标市场上定位，前几年的销售额、市场占有率、利润目标等；略述新产品的计划价格、分销战略以及第一年的市场营销预算；阐述计划长期销售额和目标利润以及不同时间的市场营销组合。

5. 营业分析

在这一阶段，企业市场营销管理者要复查新产品将来的销售额、成本和利润的估计，看看它们是否符合企业的目标。如果符合，就可以进行新产品开发。

6. 产品开发

如果产品概念通过了营业分析，研究与开发部门及工程技术部门就可以把这种产品概念转变成为产品，进入试制阶段。这一阶段应当清楚的是，产品概念能否变为技术上和商业上可行的产品，即是否能研发成功。

7. 市场试销

如果企业的高层管理对某种新产品开发试验结果感到满意，就着手用品牌名称、包装和初步市场营销方案把这种新产品装扮起来，把产品推上真正的消费者舞台进行试验。此阶段目的在于了解消费者和经销商对于经营、使用和再购买这种新产品的实际情况以及市场大小，然后再酌情采取适当对策。

8. 批量上市

经过市场试验，企业高层管理者已经拥有了足够信息资料来决定是否将这种新产品投放市场。如果决定向市场推出，企业就须再次付出巨额资金：一是建设或租用全面投产所需要设备。这里工厂规模大小是至关重要的决策，很多公司为了慎重起见都把生产能力限制在所预测的销售额内，以免新产品的盈利收不回成本。二是花费大量市场营销费用。

> **知识小贴士：**
>
> 市场试销的规模决定于两个方面：一是投资费用和风险大小，二是市场试验费用和时间。投资费用和风险越高的新产品，试验的规模应越大一些；从市场试验费用和时间来讲，所需市场试验费用越多，时间越长的新产品，市场试验规模应越小一些。不过，市场试验费用不宜在新产品开发投资总额中占太大比例。

四、品牌与包装策略

品牌是用以识别某个销售者或某群销售者的产品或服务，并使之与竞争对手的产品或服务区别开来的商业名称及其标志，通常由文字、标记、符号、图案和颜色等要素或这些要素的组合构成。品牌可从以下六个方面透视：

（1）属性

它是品牌最基本的含义，首先代表着特定的商品属性，如奔驰意味着工艺精湛、制造优良、昂贵、耐用、速度快，公司可用一种或几种属性做广告，多年来奔驰的广告一直强调"全世界无可比拟的工艺精良的汽车"。

（2）利益

它体现了特定的利益。顾客不是在买属性而是买利益，这就需要把属性转化为功能性或情感性的利益。就奔驰而言，"工艺精湛、制造优良"可转化为"安全"，"昂贵"可转化为"令人羡慕、受人尊重"的利益。

（3）价值

体现了生产者的某些价值感。

（4）文化

品牌可能代表某种文化。奔驰蕴涵着"有组织、高效率、高品质"的德国文化。

（5）个性

不同的品牌会使人们产生不同的联想，这是由品牌个性所决定。奔驰让人想到一位严谨的老板，红旗则让人想到一位严肃的领导。

（6）用户

品牌暗示了购买或使用产品的消费者类型。知识小贴士展示了品牌与商标的联系与区别。

关于品牌的策略如下：

（1）品牌建立决策

有关品牌的第一个决策就是决定是否给产品加上一个品牌。品牌的作用在商品经济高度发达的今天体现得十分突出，一切产品几乎都有品牌。一方面，越来越多传统上不用品牌的商品纷纷品牌化；另一方面，品牌也成为一种无形资产。它是产品质量的反映，是企业信誉的标志。世界一流企业无不是以品牌打天下，美国的可口可乐、德国的奔驰、日本的丰田等。

> **知识小贴士：品牌与商标的联系与区别**
>
> 联系：所有的商标都是品牌，但并非所有的品牌都是商标，商标是品牌的重要组成部分。品牌是一个笼统的总名词。商标是受法律保护的品牌。
>
> 区别：品牌是一个市场概念，是产品或服务在市场上通行的牌子；商标是一个法律概念，它是品牌的法律化，成为注册人在某些商品上受法律保护的专用标记。

海尔品牌价值在 2001 年底为 430 亿，如今海尔的品牌价值已达 1288.6 亿。

（2）品牌归属决策

是指使用哪家品牌。此策略有如下四种：

第一，使用制造商品牌。若制造商具有良好的市场信誉，并拥有较大的市场份额，就可以使用制造商品牌。

第二，使用中间商品牌。中间商在某一市场领域拥有良好的品牌信誉及庞大完善的销售系统，那些新进入市场的中小企业往往借助于中间商商标。美国著名的大零售商西尔斯公司已有 90%以上的产品使用自己的品牌。

第三，制造商品牌与中间商品牌混合使用。制造商在部分产品上使用自己的品牌；另一部分以批量卖给中间商，使用中间商品牌，以求既扩大销路又能保持本企业品牌特色；或为进入新市场，可先采用中间商品牌，取得一定市场地位后改用制造商品牌。日本索尼公司的电视机初次进入美国市场时，在美国最大的零售商店西尔斯（S·R）出售，用的是 S·R 品牌。以后索尼公司发现其产品很受美国人的欢迎，就改用自己的品牌出售。

第四，品牌与销售商品牌同时使用，兼收两种品牌单独使用的优点。许多大型零售商店，如上海中百一店、北京王府井百货大楼均出售数以万计的商品，它们除了使用制造商品牌外，还标明上海中百一店或北京王府井百货公司监制或经销。这种混合品牌策略对产品进入国外市场也很有帮助。

（3）品牌质量决策

最初决定品牌的质量水平——低质量、一般质量、中上质量、高质量。每一种质量水平都有其市场，都有与之相适应的顾客。并且决定品牌最初的质量水平应该和选择目标市场及产品定位结合进行。欧米茄手表的历史源远流长，它决定品牌的最初质量就是高质量，力求造型高雅、性能精确，在制表业独占鳌头。它今天的口号仍是"超凡绝伦的制表技艺，一百五十年始终不渝"。管理品牌质量，有三种可供选择的策略：

① 提高品牌质量。在研究开发上不断投入资金、改进产品质量，以取得最高的投资收益率和市场占有率（宝洁公司）。

② 保持品牌质量。将品牌质量保持原状不做改变。因为品牌的最初质量水平经历了时间的变化，仍然适合目前的及可预测的未来市场的情况。

③ 逐渐降低品牌质量。产品价格下跌或原材料价格上涨，改用廉价材料替代降低质量；或者产品进入衰退期，淘汰已成定局可采取降低质量策略。

（4）品牌统分决策

可供选择的策略有：

① 个别品牌。企业各种不同的产品分别使用不同的品牌。这样有利于企业扩充高、中、低档各类产品，以适应市场的不同需求；还能保证产品各自发展，在市场竞争中加大了安全感。例如，宝洁公司生产的各种日化产品，分别使用汰渍、奥妙、碧浪等不同品牌；并创造了飘柔、海飞丝、潘婷、沙萱、润妍等不同洗发水品牌。

② 统一品牌。企业所有产品统一使用一个品牌，也称为整体的家族品牌。这样节省品牌设计和广告费用，也有利于为新产品打开销路。我国上海益民食品公司的所有产品都是"光明牌"，美国通用电气公司的所有产品都统一使用"GE"这个品牌名称。

③ 分类品牌。第一种，各产品线分别使用不同品牌，避免发生混淆。西尔斯公司所经营的器具类产品、妇女服装类产品、主要家庭设备类产品分别使用不同的品牌名称；第二种，生产或销售同类型的产品，但质量水平有差异也使用不同品牌以便于识别。巴盟河套酒业公司生产的白酒，一等品的品牌名称是河套王，以下依次是：河套老窖、河套人家等 300 多个名称。

④ 企业名称加个别品牌。这是统一品牌与个别品牌同时并行的一种方式。在产品的品牌名称前冠以企业名称，可是产品正统化，即享有企业已有的信誉，又可使产品各具特色。美国通用汽车公司（GM）所生产的各种小轿车分别使用不同的品牌：卡迪拉克、土星、欧宝、别克、奥斯莫比、潘蒂克、雪佛莱等，每个品牌上都另加"GM"两个字母，以表示通用汽车公司的产品。

（5）品牌延伸决策

企业利用其成功品牌的声誉来推出改良产品或新产品的策略。有人比喻：在西方国家，品牌延伸就像当年成吉思汗横扫欧亚大陆一样，席卷了整个广告和营销界。过去十年来，十分成功的品牌有 2/3 属于延伸品牌，而不是新品牌。

（6）品牌重新定位决策

随着时间的推移，品牌在市场上的位置会有所改变，如果出现下列情况，就有必要对品牌进行重新定位：第一，竞争者的品牌定位接近本企业的品牌，夺走了一部分市场，使本企业品牌的市场占有率下降；第二，消费者的偏好发生变化，具有某种新偏好的顾客群已经形成，企业面临有巨大吸引力的良好经营机会。

"日本制造"的标志一向称为人们心目中可信赖的、微型的、精致的高科技产品形象。"日本制造"的三菱、东芝、索尼、松下等都成为世界最知名、最富信誉的品牌之一。但 1999 年以来，日本公司的产品接连发生产品质量问题，闹得沸沸扬扬的东芝笔记本电脑事件为日本货敲响了第一声警钟；日本三菱集团下属的汽车、电机、重工也接连发生质量问题，使三菱品牌陷入困境；接着，日本食品业因雪印、森永等牛奶事件也颇不平静。层出不穷的问题使"日本制造"在用户心目中的形象一落千丈，日本品牌已陷入严重的信任危机。英国人大喊："日本制造不灵了。"因此，日本名牌产品的重新定位已迫在眉睫。

（7）品牌防御决策

企业在品牌与商标经营过程中，要及时注册，防止被他人抢注，还要杜绝"近似商标注册"的事件的发生。而防止近似商标注册的有效方法就是主动进行防御性注册，实施商标防御性策略。第一，在相同或类似的产品上注册或使用一系列互为关联的商标（联合商标），以保护正在使用的商标或备用商标。第二，将同一商标在若干不同种类的产品或行业注册，以防止他人将自己的商标运用到不同种类的产品或不同的行业上（防御性商标）。

包装是指对某一品牌商品设计并制作容器或包扎物的一系列活动。其构成要素有：① 商标、品牌，是包装中最主要的构成要素，应占据突出位置；② 形状，是包装中必不可少的组合要素，有利于储运、陈列及销售；③ 色彩，是包装中最具刺激销售作用的构成要素，对顾客有强烈的感召力；④ 图案，在包装中，其作用如同广告中的画面；⑤ 材料，包装材料的选择，影响包装成本，也影响市场竞争力；⑥ 标签，印有包装内容和产品所含主要成分、品牌标志、产品质量等级、生产厂家、生产日期、有效期和使用方法等。

包装的种类有运输包装和销售包装两种。运输包装主要用于保护产品品质安全和数量完整。销售包装（内包装或小包装）不仅要保护商品，更重要的是要美化和宣传商品，便于陈列，吸引顾客，方便消费者认识、选购、携带和使用。包装策略有：

① 类似包装策略。指企业生产的各种产品，在包装上采用相同的图案、相近的颜色，体现出共同的特点。

② 等级包装策略。第一种，不同质量等级的产品分别使用不同包装，高档优质包装，普通一般包装。第二种，同一商品采用不同等级包装，以适应不同购买力水平或不同顾客的购买心理。

③ 异类包装策略。指企业各种产品都有自己独特的包装，设计上采用不同风格、不同色调、不同材料。

④ 配套包装策略。指企业将几种相关的商品组合配套包装在同一包装物内。

⑤ 再使用包装策略。指包装物内商品用完之后，包装物本身还可用作其他。

⑥ 附赠品包装策略。指在包装物内附有赠品以诱发消费者重复购买，是一种有效的营业推广方式。

⑦ 更新包装策略。指企业的包装策略随市场需求的变化而改变的做法。可以改变商品在消费者心目中的地位，进而收到迅速恢复企业声誉之佳效。

第三节　价格策略

价格是企业市场营销的重要因素之一。商品价格的变化直接影响消费者的购买行为，影响经营者盈利目标的实现。所以，研究和运用定价策略是企业营销策略的重要方面。

1. 定价目标

定价目标，是指企业通过制定特定水平的价格来实现其预期目的。定价目标的确定必须要服从于企业营销总目标，并且与其他营销目标相协调。由于各个企业的内部条件和外部经营环境不同，企业定价目标是多种多样的。在营销实践中，常见的定价目标主要有以下 4 种类型：

（1）维持生存。当企业处于不利环境时，如生产能力过剩、产品成本提高、竞争激烈或消费者需求发生变化，企业为了避免倒闭，以生存为短期目标，通常会采取低价策略，只要求价格能收回可变成本和部分固定成本，以期维持营业，争取等到形势好转或新产品问世。

（2）当期利润最大化。企业要生存就必须获得利润，只有足够的利润才能够保证企业的生存和发展。但是实现利润最大化并不代表价格最高，价格过高反而会导致销售量减少，利润降低。因此要根据产品的价格弹性来确定能取得最大利润的价格。

（3）市场占有率最大化。市场占有率是表示企业在其行业势力大小的重要指标。不少企业把维持或提高市场占有率作为其定价目标。提高市场占有率通常要求企业制定一个中等偏低的价格，既不能太低，也不能太高。因为在消费者市场上，中等收入者一般总是最大的细分市场，过高的价格会抑制他们的购买力，过低的价格则会影响他们对品牌的信心。所以宾利、劳斯莱斯、迈巴赫有很高的品牌声誉，从汽车整体市场看其市场占有率却很低。

（4）产品质量最优化。对许多消费者来说，高价格代表着高质量和良好的品牌形象。对企业来说，生产销售高质量产品的成本要高得多，所以必须通过高价格来收回投资。同时，高质高价的产品还要辅以优质的服务以保证在消费者心目中的高品质品牌形象。如：国内的许多医院推出的高级病房，仅床位费就是普通病房的 10 多倍，但是由于其提供高于普通病房几个等级的硬件条件以及相应的高质量的服务，满足了部分顾客对医疗服务的多样化需求，从而稳定地占据了一定的市场份额。

2. 定价方法

产品的定价方法有很多，主要有以下 3 种：

（1）成本导向定价法

a. 成本加成定价法，是指按照单位成本加上一定百分比的加成来确定产品的销售价格，产品单价＝单位产品完全成本×（1+成本加成率），即 P＝C（1+R）。

例题：某服装厂生产 1000 套童装，固定成本 3000 元，单位变动成本为 45 元，成本利润率为 26%，综合税率为 4%，计算每套童装的价格应是多少？

解：P＝C（1+R）＝[（3000+45×1000）/1000]×（1+26%+4%）＝62.4（元）

此种方法计算简便，便于核算；价格能保证补偿全部成本并满足利润要求。但是它忽视了产品需求弹性的变化。不同产品在同一时期，同一产品在不同时期，同一产品在不同市场，其需求弹性都不相同。因此产品价格在完全成本的基础上，加上一固定的加成比例，不能适应迅速变化的市场要求，缺乏应有的竞争能力，而且以完全成本作为定价基础缺乏灵活，不利于企业降低产品成本。

b. 目标收益率定价法，是指企业为了实现预期的投资收益率，根据投资总额和估计的总销售量来确定产品售价。采用这种方法，首先要确定投资收益率，在其他条件不变的情况下，投资收益率高低取决于投资年限的长短。然后计算投资收益额。若投资收益率是固定的，则：投资收益额＝投资总额/投资回收年限；若投资收益率是变动的，则投资收益额＝投资总额×投资收益率。最后确定单位产品售价。单位产品售价＝（单位总成本+投资收益额）/预计销售量。

例题： 假设某公司生产一种产品，投资额为100万元，预计第一年产量为9万件，预期的投资收益率为15%；第二年产量10万件，投资收益率为12%；第三年及以后各年产量15万件，投资收益率为10%。假定该公司各年的固定成本为30万元，单位变动成本为5元，计算单位产品售价应定多少元才能收回预期的投资？

解：第一年：预期投资收益额＝投资总额×投资收益率＝100万×15%＝15万

产品总成本＝固定成本+变动成本＝30万+5×9万＝75万

单位产品价格＝（单位总成本+投资收益额）/预计销售量＝（75万+15万）/9万＝10（元）

以此计算：第二年的单位产品价格为9.2元；

第三年的单位产品价格为7.67元。

目标收益率定价法较多地运用于市场占有率高或具有垄断性质的企业，特别是大型公用事业。它简便易行，能使企业收入稳定。但是，价格是影响销量的一个重要因素，按照这个方法计算产品售价，并不一定能保证产品销售出去，如果产品不能卖出去，则企业的利润目标就难以实现。

c. 盈亏平衡定价法，它分析的要害是确定盈亏平衡点，即企业收支相抵，利润为零时的状态。公式：$P＝（TFC/Q）+AVC$，其中 TFC 是总固定成本；AVC 是单位变动成本 $Q＝TFC/（P-AVC）$。

（2）需求导向定价法，是以消费者对产品价值的理解程度和需求强度为依据的定价方法。主要方法有以下几种：

a. 理解价值定价法。理解价值，也叫感受价值，认知价值，就是指消费者对某种商品的主观评判。使用此种方法的企业不以成本为依据，而以消费者对商品价值的理解度为定价的依据。

使用这种方法定价，企业首先应以各种营销策略和手段，影响消费者对产品认知，形成对企业有利的价值观念，然后再根据产品在消费者心目中的价值来制定价格。理解价值定价法的关键在于获得消费者对有关商品价值理解的准确资料。企业如果过高估计消费者的理解价值，价格就可能过高，这样会影响商品的销量；反之，如果价格过低就会减少收入。所以，企业必须搞好市场调查，了解消费者的消费偏好，准确地估计消费者的理解价值。

b. 区分需求定价法，它是根据需求的差异，对同种产品或劳务制定不同价格的方法称为区分需求定价法，也叫"价格歧视"。

因人差异定价。同一产品和服务对不同顾客应制定不同的价格。例如，美国轮胎制造商卖给汽车厂的产品价格便宜，因为需求弹性大；卖给一般用户的贵，因为需求弹性小。

因地差异定价。同一产品和服务处在不同地理位置，应分别制定出不同的价格。如同一瓶可乐一般店铺只卖 2.5 元至 3 元，可在五星级宾馆就卖 28 元至 30 元。

因时差异定价。产品的生产和需求都会因时间变化而变化，对同一产品在不同的时间应制定出不同的价格。例如，服装、空调等的价格会因季节不同而异。

因用途差异定价。同一产品或服务可按其不同的用途制定不同的价格。如我国电力定价就分为民用、营业用和工业用。

因量差异定价。同一产品或服务可按其不同的量来制定不同的价格，包括两种情况：一是产品购买或消费得越多越便宜，鼓励多买多消费；二是主张节约，越多就越贵。

c. 反向定价法，是指企业根据产品的市场需求状况，通过价格预测和试销、评估，先确定消费者可以接受和理解的零售价格，然后倒推批发价格和出厂价格的定价方法。这种定价方法的依据不是产品的成本，而是市场的需求定价，力求使价格为消费者所接受。采用此法的关键在于如何正确测定市场可销零售价格水平。测定的标准主要有：产品的市场供求情况及其变动趋势、产品的需求函数和需求价格弹性、消费者愿意接受的价格水平、与同类产品的比价关系。

（3）竞争导向定价法

a. 随行就市定价法，是指企业根据同行业的平均价格水平定价。

b. 密封投标定价法，是一种竞争性很强的定价方法。一般在购买大宗物资、承包基建工程时，发布招标公告，由多家卖主或承包者在同意招标人所提出条件的前提下，对招标项目提出报价，招标者从中择优选定。

3. 定价策略

（1）折扣与折让定价策略

折扣定价是利用各种折扣吸引经销商和消费者，促使他们积极推销或购买本企业产品，从而达到扩大销售、提高市场占有率的目的。折扣的主要类型有：

a. 现金折扣。是对在规定的时间内提前付款或用现金付款者所给予的一种价格折扣，其目的是鼓励顾客尽早付款，进而加速资金周转，减少财务风险。采用现金折扣一般要考虑三个因素：折扣比例、给予折扣的时间限制和付清全部货款的期限。

在西方国家，典型的付款期限折扣表示为"3/20，n/60"。其含义是在成交后 20 天内付款，买者可以得到 3% 的折扣，超过 20 天，在 60 天内付款不予折扣，超过 60 天付款要加付利息。

b. 数量折扣。指按购买量的多少，分别给予不同的折扣，购买数量愈多，折扣愈大。其目的是鼓励大量购买，或集中向本企业购买。

c. 功能折扣，也叫业务折扣、贸易折扣。是制造商给批发商或零售商的一种额外折扣，促使他们执行某种市场营销功能（如推销、储存、服务）。此折扣的目的是鼓励中间商大批量订货，扩大销售，争取顾客，并与生产企业建立长期、稳定、良好的合作关系。

d. 季节折扣。有些商品的消费具有明显的季节性，如空调、羽绒服、啤酒等。为了调节供需矛盾，这些商品的生产企业便采用季节折扣的方式，对在淡季购买商品的顾客给予一定的优惠。

e. 价格折让。是根据价目表给顾客价格折扣的另一种类型，是减价的一种形式。例如，新产品试销折让，如商品标价 115 元，去掉零头，减价 5 元，顾客只付 110 元；以旧换新折让，当顾客买了一件新产品时，可交还同类商品的旧货，在价格上给予折让。一辆小汽车标价为 4 万元，顾客以旧车折价 5000 元购买，只需付给 3.5 万元即可。

（2）地区定价策略

地区性定价策略，就是企业要决定：对于卖给不同地区（包括当地和外地不同地区）顾客的某种产品，是分别制定不同的价格，还是制定相同的价格。

a. 原产地定价。就是买方按照厂价购买某种产品，卖方只负责将这种产品运到产地的某种运输工具（如卡车、火车、船舶、飞机等）上交货。交货后，从产地到目的地的一切风险和费用由顾客承担。这种定价虽然合理，但可能造成远地的顾客不愿购买这个企业的产品，而购买其附近企业的产品。

b. 统一交货定价。是指企业对于卖给不同地区顾客的某种产品，都按照相同的厂价加相同的运费（按平均运费计算）定价，也就是说，对全国不同地区的顾客，不论远近，都实行一个价。因此，这种定价又叫邮资定价。

c. 分区定价。是指企业把全国（或某些地区）分为若干价格区，对于卖给不同价格区顾客的某种产品，分别制定不同的地区价格。距离企业远的价格区，价格较高，在各个价格区范围内实行一个价。采用分区定价也有问题：第一，在同一价格区内，有些顾客距离企业较近，有些顾客距离企业较远，前者就不合算；第二，处在两个相邻价格区界两边的顾客，他们相距不远，但是要按高低不同的价格购买同一种产品。

d. 基点定价。即企业选定某些城市作为基点，然后按一定的厂价加上从基点城市到顾客所在地的运费来定价（不管产品是哪个城市起运的）。有些公司为了提高灵活性，选定多个基点城市，按照顾客最近的基点计算运费。

e. 运费免收定价。有些企业因为急于和某些地区做生意，就会负担全部或部分实际运费。这些卖主认为，如果生意扩大，其平均成本就会降低，因此足以抵偿这些费用开支。采取运费免收定价，可以使企业加深市场渗透，并且能在竞争日益激烈的市场上站得住脚。

（3）心理定价策略

心理定价是针对消费者的不同消费心理，制定相应的商品价格，以满足不同类型消费者的需求策略。

a. 声望定价策略。是根据消费者的求名心理，企业将有声望的商品制订比市场同类商品更高的价格，即声望性定价策略。它能有效消除购买心理障碍，使顾客对商品或零售商形成信任感和安全感，顾客也从中得到荣誉感。

b. 尾数定价策略。又称零头定价，是针对消费者的求廉心理，在商品定价时有意制定一个与整数有一定差额的价格。比如很多商场中的 9.9 元。

c. 招徕定价策略。是一种有意将少数商品降价以吸引顾客的定价方式。商品的价格低于市价，一般能引起消费者的注意，这是适合消费者求廉心理的。

（4）产品组合定价策略

a. 产品大类定价。首先，确定某种产品的最低价格，由它在产品大类中充当价格领袖，以吸引消费者购买产品大类中的其他产品。其次，确定产品大类中某种商品的最高价格。由它在产品大类中充当品牌质量和收回投资的角色。再者，产品大类中的其他产品也分别依据其在产品大类中的角色不同而制定不同的价格。

例题：男士服装店经营 3 种价格档次的男士服装：150 美元、250 美元和 350 美元。顾客会从 3 个价格点联系到低、中、高 3 种质量水平的服装。一般会选择中等质量，150 美元的服装，当这 3 种价格同时提高 50 元，男士们仍会选择中等质量的服装。

b. 选择品定价。许多企业在提供主要产品时，还会附带一些可供选择的产品或特征。许多饭店的酒水价很高，而食品的价格相对较低。食品收入可以弥补食品的成本和饭店其他的成本，而酒类可以带来较高的利润。这是服务人员极力推销顾客购买酒水的原因。

c. 补充产品定价。有些产品需要附属或补充产品。制造商经常为主要产品定较低的价格，而为附属产品制定较高的加成。如：柯达照相机的价格很低，原因是它从销售胶卷上获利。

d. 分部定价。服务性企业经常收取一笔固定费用，再加上可变的使用费。如：电话用户每月都要支出一笔基本使用费，如果使用次数超过规定，还要再交费。

e. 副产品定价。在生产加工肉类、石油产品和其他化工产品的过程中，经常有副产品。若副产品价值很低，制造商确定的价格必须能够弥补副产品的处理费用；若副产品对某一顾客群有价值，就应该按其价值定价。

f. 产品系列定价。企业经常以某一价格出售一组产品，例如：化妆品、计算机。这组产品的价格低于单独购买其中每一产品的费用总和。因为顾客可能并不打算购买其中所有的产品，所以这一组合的价格必须有较大的降幅，以此促使顾客购买。

第四节　渠道策略

营销渠道也称销售渠道，指产品从生产者向消费者的转移过程中经过的通道，这些通道由一系列的市场分销机构或个人组成。其中分销机构包括各类中间商，包括经销商、代理商和经纪商。渠道策略即关于销售渠道的规划和战略。它是整个营销系统的重要组成部分，是规划中的重中之重，它对降低企业成本和提高企业竞争力具有重要意义。营销渠道策略的类型包括直接渠道或间接渠道的营销策略、长渠道或短渠道的营销策略、宽渠道或窄渠道的营销策略、单一营销渠道和多营销渠道策略、传统营销渠道策略、垂直营销渠道策略、网络营销渠道策略和新型营销渠道策略。

案例：格力空调的渠道策略

珠海格力集团公司是珠海市目前规模最大、实力最强的企业之一。自创立之日起到 2004 年格力空调一直采取的是厂家—经销商/代理商—零售商的渠道策略，并在这种渠道模式下取得了较高的市场占有率。近几年的格力在营销渠道中也进行了许多的改进，从传统的营销渠道到现如今的多元化营销渠道，格力一直在努力寻找适合自己发展的营销渠道策略。

2004 年 2 月，成都国美为启动淡季空调市场，在相关媒体上刊发广告，把格力两款畅销空调的价格大幅度下降，零售价原为 1680 元的 1P 挂机被降为 1000 元，零售价原为 3650 元的 2P 柜机被降为 2650 元。格力认为国美电器在未经自己同意的情况下擅自降低了格力空调的价格，破坏了格力空调在市场中长期稳定、统一的价格体系，导致其他众多经销商的强烈不满，并有损于其一线品牌的良好形象，因此要求国美立即终止低价销售行为。格力在交涉未果后，决定正式停止向国美供货，并要求国美电器给个说法。"格力拒供国美"事件传出，不由让人联想起 2003 年 7 月份发生在南京家乐福的春兰空调大幅降价事件，二者如出一辙，都是商家擅自将厂家的产品进行"低价倾销"，引起厂家的抗议。2004 年 3 月 10 日，四川格力开始将产品全线撤出成都国美 6 大卖场。格力之所以有底气和国美这种电子商场大亨唱对台，是因为它在创立初期就是运用的专卖店销售模式，这样它就不依赖于与大型卖场合作，反而各行其是，独辟蹊径。

事实上，在国美、苏宁等全国性专业连锁企业势力逐渐强盛的今天，格力电器依然坚持以依靠自身经销网点为主要销售渠道。格力是从 2001 年下半年才开始进入国美、苏宁等大型家电卖场中。与一些家电企业完全或很大程度地依赖家电卖场渠道不同的是，格力只是把这些卖场当作自己的普通经销网点，与其他众多经销商一视同仁，因此在对国美的供货价格上也与其他经销商一样，这是格力电器在全国的推广模式，也是保障各级经销商利益的方式。以北京地区为例，格力拥有着 1200 多家经销商。2003 年度格力在北京的总销售额为 3 亿元，而通过国美等大卖场的销售额不过 10%。由于零售业市场格局的变化，格力的确已经意识到原来单纯依靠自己的经销网络已经不适应市场的发展，因此从 2001 年开始进入大卖场，但格力以自有营销网络作为主体的战略并没有改变。

一个企业的成功不是偶然，选择最佳的营销渠道策略，对一个企业来讲，是攸关企业生死存亡的。毫无疑问，在当时来讲，格力的这种营销渠道策略是超前的、成功的、完美的。

第五节　促销策略

促销就是营销者向消费者传递有关本企业及产品的各种信息，说服或吸引消费者购买其产品，以达到扩大销售量的目的。而促销策略就是在促销过程中使用一定的策略。那么都有哪些促销策略呢？这一部分就为大家介绍几种促销的策略。

1. 促销策略概述

促销策略是指企业如何通过人员推销、广告、公共关系和营销推广等各种促销手段，向消费者传递产品信息，引起他们的注意和兴趣，激发他们的购买欲望和购买行为，以达到扩大销售的目的的活动。

企业将合适的产品，在适当地点、以适当的价格出售的信息传递到目标市场要通过两种方式：一是人员推销，即推销员和顾客面对面地进行推销；二是非人员推销，即通过大众传播媒介在同一时间向大量消费者传递信息，主要包括广告、公共关系和营销推广等多种方式。这两种推销方式各有利弊，起着相互补充的作用。此外，目录、通告、赠品、店标、陈列、示范、展销等也都属于促销策略范围。一个好的促销策略，往往能起到多方面作用，如提供信息情况，及时引导采购、激发购买欲望，扩大产品需求、突出产品特点，建立产品形象、维持市场份额，巩固市场地位等。

2. 人员推销

人员促销是指企业派出推销人员直接与顾客接触、洽谈、宣传商品，以达到促进销售目的的活动过程。它既是一种渠道方式，也是一种促销方式。它的任务包括：

（1）挖掘新客户，开辟新客户市场，提高市场占有率。

（2）向现实和潜在的顾客传递公司的产品（服务）信息，努力提高公司及其产品（服务）在顾客中的知名度。

（3）灵活地运用各种推销方法，达到营销产品与服务的目的。

（4）推销人员直接接触客户，能及时收集他们的意见、要求和建议，以及竞争对手的情况和市场的新动向。推销人员要及时将收集到的情报和信息向本中心决策层做出报告。

（5）对产品或服务进行协调平衡，调剂余缺。推销人员要密切配合内部管理的协调工作，使产品或服务平衡有序，避免资源浪费，以适应市场的变化。

了解人员推销的任务后，还要掌握推销的策略与技巧：

试探性策略，亦称刺激—反应策略。就是在不了解客户需要的情况下，事先准备好要说的话，对客户进行试探。同时密切注意对方的反应，然后根据反应进行说明或宣传。

针对性策略，亦称配合—成交策略。这种策略的特点是事先基本了解客户的某些方面的需要，然后有针对性地进行"说服"，当讲到"点子"上引起客户共鸣时，就有可能促成交易。

诱导性策略，也称诱发—满足策略。这是一种创造性推销，即首先设法引起客户需要，再说明所推销的这种服务产品能较好地满足这种需要。这种策略要求推销人员有较高的推销技术，在"不知不觉"中成交。

上门推销技巧。第一，找好上门对象。可以通过商业性资料手册或公共广告媒体寻找重要线索，也可以到商场、门市部等商业网点寻找客户名称、地址、电话等资料。第二，做好上门推销前的准备工作，即要熟悉并牢记本公司的发展状况、产品和服务的内容以便推销时有问必答；同时对客户的基本情况和要求应有一定的了解。第三，掌握"开门"的方法，即要选好上门时间，以免吃"闭门羹"，可以采用电话、传真、电子邮件等手段事先交谈或传送文字资料给对方并预约面谈的时间、地点；也可以采用请熟人引荐、与对方有关人员交朋友等策略，赢得客户的欢迎。第四，把握适当的成交时机。应善于观察顾客的情绪，在给客户留下好感和信任时，抓住时机发起"进攻"，争取签约成交。

洽谈技巧。注意自己的仪表和服饰打扮，给客户一个良好的印象；同时，言行举止要文明、懂礼貌、有修养，做到稳重而不呆板、活泼而不轻浮、谦逊而不自卑、直率而不鲁莽、敏捷而不冒失。在开始洽谈时，推销人员应巧妙地把谈话转入正题，做到自然、轻松、适时。可采取以关心、赞誉、请教、炫耀、探讨等方式入题，顺利地提出洽谈的内容，以引起客户的注意和兴趣。在洽谈过程中，推销人员应谦虚谨言，注意让客户多说话，认真倾听，表示关注与兴趣，并做出积极的反应。在交谈中，语言要客观、全面，既要说明优点所在，也要如实反映缺点，切忌高谈阔论，让客户反感或不信任。洽谈成功后，推销人员切忌匆忙离去，这样做，会让对方误以为上当受骗了，从而使客户反悔违约，应该用友好的态度和巧妙的方法祝贺客户做了笔好生意，并指导对方做好合约中的重要细节和其他一些注意事项。

排除推销障碍的技巧。排除客户异议障碍：若发现客户欲言又止，应主动少说话，直截了当地请对方充分发表意见，以自由问答的方式真诚地与客户交换意见。对于一时难以纠正的偏见，可将话题转移。对恶意的反对意见，可以"装聋扮哑"。排除价格障碍：当客户认为价格偏高时，应充分介绍和展示产品、服务的特色和价值，使客户感到"一分钱一分货"；对低价的看法，应介绍定价低的原因，让客户感到物美价廉。排除习惯势力障碍：实事求是地介绍客户不熟悉的产品或服务，并将其与他们已熟悉的产品或服务相比较，让客户乐于接受新的消费观念。

推销人员既是公司形象的代表，更是顾客的顾问，因此，推销人员必须在服务精神、工作作风、业务知识和推销技巧等方面具备良好的素质和条件。

3. 广告策略

随着经济全球化和市场经济的迅速发展，在企业营销战略中广告营销活动发挥着越来越重要的作用。广告营销策略是指企业通过广告对产品展开宣传推广，促成消费者的直接购买，扩大产品的销售，提高企业的知名度、美誉度和影响力的活动中所用的营销策略。

广告策略是实现广告战略的各种具体手段与方法，是战略的细分与措施。常见的广告策略有五大类：配合产品策略而采取的广告策略，即广告产品策略；配合市场目标采取的广告策略，即广告市场策略；配合营销时机而采取的广告策略，即广告发布时机策略；配合营销区域而采取的广告策略，即广告媒体策略；配合广告表现而采取的广告表现策略。其中广告产品策略主要包括产品定位策略和产品生命周期策略，另外还有新产品开发策略、产品包装和商标形象策略等。

4. 营业推广

营业推广策略是指人员推销、广告和公共宣传以外的，能迅速刺激需求、鼓励购买的各种促销形式的一种策略。它是在一个较大的目标市场中，为了刺激顾客的早期需求而采取的能够迅速产生购买行为的一系列短期的销售活动。它的特点是针对性强，方法灵活多样，但也常因攻势过强，容易引起客户反感。

企业在制定营业推广方案时，首先要决定推广的规模。规模大小必须结合目标市场的实际情况，并根据推广收入与促销费用之间的效应关系来确定。第其次是确定企业营业推广的对象。它可以是目标市场中的全部，也可以是其中一部分，企业应该决定刺激哪些人才能最有效地扩大销售。然后是选择有效的推广途径来实现推广目标。由于每一种促销方式对中间商或用户的影响程度不同，费用大小也不同，必须选择既能节约推广费用，又能收到预期效果的营业推广方式。再然后则是确定推广时间。营业推广的时间要适当，不应过长或过短。过短，会造成有希望的买主未能接受营业推广的好处；过长，将会产生某种产品的不良印象，激发不起购买的积极性。最后一步就是估算营业推广的费用了。推广的费用是制定推广方案应考虑的重要因素。

在具体实施过程中，应把握两个时间因素：一是实施方案之前所需的准备时间；二是从正式推广开始至结束为止的时间。国内外营业推广经验表明，从正式推广开始到大约95%的产品经推广售毕的时间为最佳期限。

评价推广效果是营业推广管理的重要内容。准确的评价有利于企业总结经验教训，为今后的营业推广决策提供依据。常用的营业推广评价方法有两种：一是阶段比较法，即把推广前、中、后的销售额和市场占有率进行比较，从中分析营业推广产生的效果，这是最普遍采用的一种方法；二是跟踪调查法，即在推广结束后，了解有多少参与者能知道此次营业推广，其看法如何，有多少参与者受益，以及此次推广对参与者今后购买的影响程度等。

5. 公共关系

从促销的角度考察，公共关系也是一种重要的促销方式。它通过公关活动，宣传企业及企业的产品，让社会公众了解企业产品的功能效用及其提供的服务，引导顾客购买，促使社会公众支持企业的营销活动，从而提升企业的社会影响力。企业公共关系是近年来发展起来的一门独特的管理技术，是企业或组织为了营造良好的外部发展环境，与它的各类公众建立有利的双方关系，而采取的有计划、有组织的行动。它有利于树立企业良好的形象，沟通与协调企业内部以及企业与社会公众的各种关系，有利于企业的长远发展。营销实践中，企业常用的公关活动方式有以下5种。

（1）通过新闻媒介传播企业信息。这是企业公共关系最重要的活动方式。通过新闻媒介向公众介绍企业及企业产品，不仅可以节约广告费用，而且由于新闻媒介的权威性和广泛性，使它比广告效果更为有效。这方面的活动包括：撰写各种与企业有关的新闻稿件、举行记者招待会、邀请记者参观企业等。

（2）加强与企业外部组织的联系。在企业的公关活动中，企业应同政府机构、社会团体以及供应商、经销商建立公开的信息联系，争取他们的理解和支持，通过他们的宣传，树立企业及其商品的信誉和形象。

（3）借助公关广告。企业可以通过公关广告介绍宣传企业，树立企业形象。公关广告大致分为以下三种：一是致意性广告。即在节日或厂庆时向公众表示致意或感谢；二是倡导性广告。即企业率先发起某种社会活动或提倡某种新观念，可借助于公益广告的形式；三是解释性广告。即将企业或产品某方面的情况向公众介绍、宣传或解释。

（4）举行专题活动。通过举行各种专题活动，扩大企业影响。这方面的活动包括：举办各种庆祝活动，如厂庆、开工典礼、开业典礼等；开展各种竞赛活动，如知识竞赛、技能竞赛；举办技术培训班或专题技术讨论会等。

（5）参与各种公益活动。通过参与各种公益活动和社会福利活动，协调企业与社会公众的关系。这方面的活动包括：安全生产和环境卫生，防止污染和噪音；赞助社会各种公益事业、慈善捐助等。

案例：公关推销

英国航空公司所属波音747客机008号班机，准备从伦敦飞往日本东京时，因故障推迟起飞20小时。为了不使在东京候此班机回伦敦的乘客耽误行程，英国航空公司及时帮助这些乘客换乘其他公司的飞机。共190名乘客欣然接受了英航公司的妥当安排，分别改乘别的班机飞往伦敦。但其中有一位日本老太太叫大竹秀子，说什么也不肯换乘其他班机，坚决要乘英航公司的008号班机不可。实在无奈，原拟另有飞行安排的008号班机只好照旧到达东京后飞回伦敦。

一个罕见的情景出现在人们面前：东京—伦敦，航程达13000公里，可是英国航空公司的008号班机上只载着一名旅客，这就是大竹秀子。她一人独享该机的353个飞机坐席以及6位机组人员和15位服务人员的周到服务。有人估计说，这次只有一名乘客的国际航班使英国航空公司至少损失约10万美元。

从表面上看，的确是个不小的损失。可是，从深一层来理解，它却是一个无法估价的收获，正是由于英国航空公司一切为顾客服务的行为，在世界各国来去匆匆的顾客心目中换取了一个用金钱都难以买到的良好公司形象。

第六节　常用分析工具

市场营销分析，是指企业在规定的时间，对各个营销区域的各项销售工作进行的总结、分析、检讨及评估，并对下阶段的营销工作提出修正建议，然后对某些区域的营销策略进行局部调整，甚至对某些区域的销售目标计划予以重新制定。因此，市场营销分析工作，是企业营销管理工作中一项极其重要的主体内容。在分析过程中，常用的分析工具有 SWOT、波特五力模型和营销漏斗模型。接下来就为大家详细介绍这三种分析工具。

SWOT 最早是由美国旧金山大学的管理学教授在 20 世纪 80 年代初提出来的。在此之前，曾有人提出过 SWOT 分析中涉及的内部优势、弱点、外部机会、威胁这些变化因素，但只是孤立地对它们加以分析，而 SWOT 法用系统的思想将这些似乎独立的因素相互匹配起来进行综合分析。即将与研究对象密切相关的各种主要内部优势因素（Strengths）、弱点因素（Weaknesses）、机会因素（Opportunities）和威胁因素（Threats），通过调查罗列出来，并依照一段的次序按矩阵形式排列起来，然后运用系统分析的思想，把各种因素相互匹配起来加以分析，从中得出一系列相应的结论。这个方法，有利于人们对组织所处情景进行全面、系统、准确的研究，同时帮助人们制定发展战略和计划，以及与之相应的发展计划或对策。

进行 SWOT 分析时，主要有以下 5 个方面的内容。

1. 分析环境因素

运用各种调查研究方法，分析出公司所处的各种环境因素，即外部环境因素和内部能力因素。

外部环境因素包括机会因素和威胁因素，它们是外部环境对公司的发展有直接影响的有利和不利因素，属于客观因素，一般归属为经济的、政治的、社会的、人口的、产品和服务的、技术的、市场的、竞争的等不同范畴；

内部环境因素包括优势因素和弱点因素，如图 6-5 所示，它们是公司在其发展中自身存在的积极和消极因素，属主动因素，一般归类为管理、组织的经营、财务、销售、人力资源等的不同范畴。在调查分析这些因素时，不仅要考虑到公司的历史与现状，还要考虑公司的未来发展。

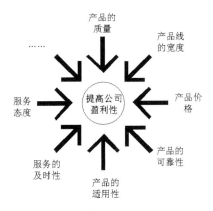

图 6-5　SW 优势与劣势分析

2. 构造 SWOT 矩阵

将调查得出的各种因素根据轻重缓急或影响程度等排序方式，构造 SWOT 矩阵。如图 6-6 和图 6-7 所示，在此过程中，将那些对公司发展有直接的、重要的、大量的、迫切的、久远的影响因素优先排列出来，而将那些间接的、次要的、少许的、不急的、短暂的影响因素排列在后面。

图 6-6　SWOT 分析传统矩阵示意图

S	● 特快专递服务推出较早 ● 技术支持较强（如电子追踪服务） ● 以邮局为服务终端，服务网络覆盖面广	W	● "特快专递"过去的形象不太好 ● 认知率不高 ● 可靠性与速度不及私营公司
O	● 私营速递公司多以大公司为主要客户 ● 中小机构、个人的需求得不到满足，是个被忽视的市场	T	● 香港今年经济不太景气，外部环境不利 ● 速递业务竞争对手林立，正面冲突可能招致报复

图 6-7　1997 年中国香港邮政对特快专递业务单元 SWOT 分析

3. 制定行动计划

在完成环境因素分析和 SWOT 矩阵的构造后，便可以制定出相应的行动计划。基本思路是：发挥优势因素，克服弱点因素，利用机会因素，化解威胁因素；考虑过去，立足当前，着眼未来。运用系统分析的综合分析方法，将排列与考虑的各种环境因素相匹配起来加以组合，得出一系列公司未来发展的可选择对策。这些对策包括：最小与最小对策（WT 对策），即考虑弱点因素和威胁因素，目的是努力使这些因素都趋于最小。最小与最大对策（WO 对策），着重考虑弱点因素机会因素，目的是努力使弱点趋于最小，使机会趋于最大。最小与最大对策（ST 对策），即着重考虑优势因素和威胁因素，目的是努力使优势因素趋于最大，使威胁因素趋于最小。最大与最大对策（SO 对策），即着重考虑优势因素和机会因素，目的在于努力使这两种因素都趋于最大。

可见，WT 对策是一种最为悲观的对策，是处在最困难的情况下不得不采取的对策；WO

对策和 ST 对策是一种苦乐参半的对策，是处在一般情况下采取的对策；SO 对策是一种最理想的对策，是处在最为顺畅的情况下十分乐于采取的对策。

通过 SWOT 分析，香港邮政明确了"特快专递"的市场地位，也找到了努力的方向，即抓住机会、发挥优势（S—O 策略），将自己的目标顾客定为中小机构和个别客户，向他们提供价格适宜的邮政服务；并将此次推广活动的目标设为：树立品牌形象，提高"特快专递"的认知率，扩大顾客基础，提高市场占有率。

由于具体情况所包含的各种因素及其分析结果所形成的对策都与时间范畴有着直接的关系，所以在进行 SWOT 分析时，可以先划分一定的时间段分别进行 SWOT 分析，最后对各个阶段的分析结果进行综合汇总，并进行整个时间段的 SWOT 矩阵分析。这样，有助于分析的结果更加精确。

4. 波特五力模型

波特五力分析属于外部环境分析中的微观环境分析，主要用来分析本行业的企业竞争格局以及本行业与其他行业之间的关系。如图 6-8 所示，根据波特（M. E. Porter）的观点，一个行业中的竞争，不止是在原有竞争对手中进行，而是存在着五种基本的竞争力量：潜在的行业新进入者、替代品的竞争、买方讨价还价的能力、供应商讨价还价的能力和现有竞争者之间的竞争。这五种基本竞争力量的状况及综合强度，决定着行业的竞争激烈程度，从而决定着行业中最终的获利潜力以及资本向本行业的流向程度，这一切最终决定着企业保持高收益的能力。

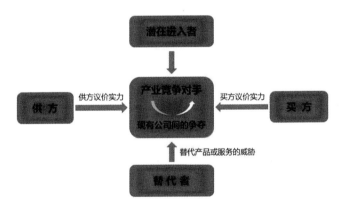

图 6-8　波特五力模型示意图

潜在进入者：是行业竞争的一种重要力量，这些新进入者大都拥有新的生产能力和某些必需的资源，期待能建立有利的市场地位。新进入者加入该行业，会带来生产能力的扩大及对市场占有率的要求，这必然引起与现有企业的激烈竞争，使产品价格下跌；同时新加入者要获得资源进行生产，从而可能使得行业生产成本升高，这两方面都会导致行业的获利能力下降。

替代品：某一行业有时会与另一行业的企业进行竞争，因为这些企业的产品具有相互替代的性质。替代产品的价格如果比较低，它投入市场就会使本行业产品的价格上限只能处在较低的水平，这就限制了本行业的收益。本行业与生产替代产品的其他行业进行的竞争，常常需要本行业所有企业采取共同措施和集体行动。

买方讨价还价的能力：买方的竞争力量需要视具体情况而定，但主要由以下三个因素决定：买方所需产品的数量、买方转而购买其他替代产品所需的成本、买方所各自追求的目标。买方可能要求降低购买价格，要求高质量的产品和更多的优质服务，其结果是使得行业的竞争者们相互竞争残杀，行业利润下降。

供应商讨价还价的能力：对某一行业来说，供应商竞争力量的强弱，主要取决于供应商行业的市场状况以及他们所提供物品的重要性。关于供应商的威胁手段，一是提高供应价格；二是降低相应产品或服务的质量，从而使下游行业利润下降。

现有竞争者之间的竞争：这种竞争力量是企业所面对的最强大的一种力量，这些竞争者根据自己的一整套规划，运用各种手段（价格、质量、造型、服务、担保、广告、销售网络、创新等）力图在市场上占据有利地位和争夺更多的消费者，对行业造成了极大的威胁。

5. 营销漏斗模型

营销漏斗模型指的是营销过程中，将非用户（也叫潜在客户）逐步变为用户（也叫客户）的转化量化模型。营销漏斗的关键要素包括：营销的环节，相邻环节的转化率。它的价值在于其量化了营销过程各个环节的效率，帮助我们找到薄弱环节。主要步骤如图6-9所示。

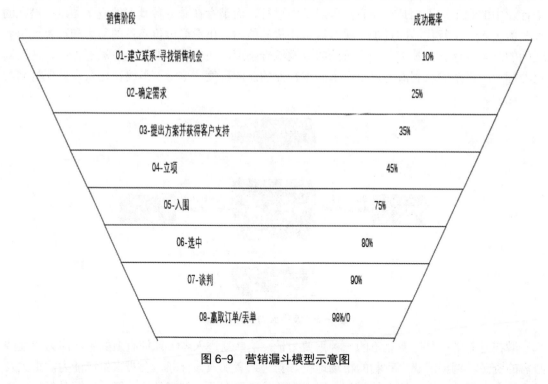

图 6-9 营销漏斗模型示意图

第七节 全新营销理念的遗传密码

营销的理念在不断创新，创业者也可以根据自己的实际情况进行创新，下面为大家介绍三种有代表性的营销理念。

一、饥饿营销（苹果）

近来，由于苹果全系列产品的热销，以及大批的黄牛借助苹果产品的持续缺货而牟取暴利，甚至还爆出北京某苹果店因发生黄牛与店员冲突而暂时关门停业的新闻，让"饥饿营销"这一行销手段再次被媒体推到了风口浪尖，引起大家的广泛关注。

饥饿营销存在的理论基础是什么呢？西方经济学的"效用理论"为"饥饿营销"奠定了理论基础。"效用理论"（即消费者从对商品和服务的消费中所获得的满足感）认为，效用不同于物品的使用价值。使用价值是物品所固有的属性，由其物理或化学性质决定；而效用则是消费者的满足感，是一个心理概念，具有主观性。在特定的时间、地点、环境，某种产品或服务满足了消费者的特定需求和满足感，这种产品或服务的价值就会被极度放大，成为消费者追逐的目标。就像那个在饥饿状态中及时呈上的馒头，它的效用在当时是平时任何山珍海味无法比拟的。人是欲望性的动物，而欲望源于社会的发展和人的进化，伴随社会的发展，人类的要求也在不断地提高，人永远也无法满足自己，人类的心理特性为"饥饿营销"的运用打下了坚实的心理基础。

以 IPHONE4 手机的饥饿营销为例，先是避而不谈有关新一代 IPHONE 的任何别的信息，只告诉市场，有新一代的 IPHONE 将要面市，之后很长一段时间关于 IPHONE4 的信息近乎没有，等消费者极端渴望从所有渠道获得产品信息时，苹果总裁乔布斯现身苹果的开发者大会做了隆重的产品发布介绍，说 IPHONE4 "再一次，改变一切"。而后 IPOHNE4 面市，各种广告铺天盖地，与之前形成强烈反差，消费者在这段时间被吊足了胃口，此时如在沙漠中看到绿洲，热情高涨，于是纷纷踊跃购买。但自该产品上市以来，不管市场对这款产品的呼声多高，苹果公司始终坚持通过与运营商签订排他性合作协议、分享运营商收入的方式，耐心地开拓市场，在下一款更新的产品上市之前，不时地让消费者处于缺货的等待之中。我们看到苹果产品全球上市的独特传播曲线：发布会—上市日期公布—等待—上市新闻报道—通宵排队—正式开卖—全线缺货—热卖。

把在苹果品牌推广过程中对饥饿营销策略的成功运用归结为以下 4 点：

1. 贯穿品牌因素

饥饿营销是通过调节供求两端的量来影响终端的售价，达到高价出售获得高额利润的目的。表面上看，饥饿营销的操作很简单，定个叫好叫座的惊喜价，把潜在消费者吸引过来，然后限制供货量，造成供不应求的热销假象，从而提高售价，赚取更高利润。而从实质来看，饥饿营销运行的始终一直贯穿着"品牌"这个因素，其运作必须依靠产品强大的品牌号召力。一个没有影响力的品牌要是去限量限产，提高价格，不仅不符合实际，还会丢掉原来可能占有的市场份额。

在实际运行过程中，饥饿营销是一把双刃剑。剑用好了，可以使原来就强势的品牌产生更大的附加值；用不好将会对其品牌造成伤害，从而降低其附加值。其最终目的不仅仅是为了产品能以更高的价格出售，更是为了对品牌产生更高额的附加值，从而为品牌树立起高价值的形象。IPHONE 严承苹果一贯的精致作风，市场对其好评如潮，为苹果品牌提升立下汗马功劳。

2. 选择正确产品

产品是否拥有市场，能否得到消费者的认可，是进行品牌推广中重要的一步，否则饥饿营销也是徒劳无功。产品需要有消费者的认可与接受，拥有足够市场潜力。想要成功地开发一款产品，通常需要不断探究人的欲望，以便让产品的功能性利益、品牌个性、品牌形象、诉求情感能符合市场的心理，与消费者达成心理上的共鸣。

3. 制造适度紧缺

制造适度紧缺，是运用了人们的物以稀为贵的心理。不少经销商反映，"从 IPHONE4 发布过后很久也拿不到货"，苹果利用消费群体追求品牌和品位的消费心理，配合"饥饿营销"，一次次高明地使用撇脂定价策略获取高额利润。

4. 专业媒体传播

消费者的欲望不一，程度不同，品牌推广需要进行合理专业的立体式传播。传播策略、传播时点、传播媒介、传播形式等都要进行细致规划。同时，为了保证品牌的神秘感，宣传之前要在一定时期内做好各种信息的保密工作。这也是乔布斯为什么要起诉某个科技博客作者的原因，因为对方提前泄露了一些 IPHONE 产品的信息。

另外，"饥饿营销"成功与否，与市场竞争度、消费者成熟度和产品的替代性三大因素息息相关。在市场竞争不充分、消费者心态不够成熟、产品综合竞争力和不可替代性较强的情况下，"饥饿营销"才能较好地发挥作用。

二、感性营销（星巴克）

星巴克在白热化的市场竞争中，取得成功的背后隐藏着相应的营销体系，那就是其独特的感性营销策略。星巴克店也是用玻璃建造的，因此人们从外面就可以看得到里面的情形，顾客也可以坐在咖啡店里一边休息一边透过玻璃观赏街景和来来往往的人群。星巴克以其具有透明感的休息空间一跃成为新的约会场所。

玻璃建筑物以其明亮、整洁的装修风格尤为吸引二三十岁的女性顾客，原因在于这种建筑能够触动她们的感性神经。通透的玻璃可以让路人驻足张望。原木风格的椅子和白、褐、绿三色相间的桌面显得高雅而古朴。

玻璃建造的透明建筑和色彩明快的装饰，是为了赢得顾客的信赖和引起他们的好奇心而精心设计的。这也是商家的一种策略，给顾客提供的优质服务透明化。当然，商品的透明并不能说明商品本身的质量与功能，但是至少从表面上就可以看到商家对消费者的真诚态度。

人们总感觉手机的画面太小而速度又太慢，希望能够随心所欲地使用家里或办公室的那种超高速网络。非常喜欢流动的他们特别喜欢去一个地方，那就是能够用无线上网的代表性地点之一——星巴克咖啡店。

星巴克快速取得成功的原因固然是多方面的，但是最为基础的还是明确了相应的市场定位并努力地实现这个定位。定位包括"独特体验"这一主要定位点，"到达便利"次要定位点，以及达到行业平均水平的其他非定位点。同时，通过组合零售营销的各个要素实现定位，当然每一个要素都要为顾客的"独特体验"利益做出贡献。最后通关键流程的构造和重要资源的整合，保证所规划的营销组合的实现。

一项研究成果证明通过体验增值，是咖啡店的行业本质，而顾客体验又具体分为感官、情感和行动体验三个方面，因此建议咖啡店在这三个方面进行努力，以求为顾客带来独特的体验。独特体验必须要有具体的内容，并需要与竞争对手形成差异，或是内容本身不同，或是满足的水平不同，即比竞争对手做得更好。星巴克独特体验的具体内容，是"第三生活场所"和"浪漫情怀"，具有开创性质，但是随着其他竞争对手采取模仿策略，星巴克的先发优势可能会消失，这就需要星巴克做得比竞争对手更好，才能保值长久的优势。当然，也不排除调整体验内容策略的使用。

三、精准化营销

近年来，以互联网、移动互联网为基础的信息化、全球化趋势，已经深入地改变了我们的生活模式、生产模式、竞争模式。随着大数据时代的到来，对于精准营销的需求也正在上升。如何通过技术手段，挖掘大数据下的深层次关系，让营销更准确、有效已经成为营销中重中之重。精准营销有三个层面的含义：

第一，精准的营销思想，营销的终极追求就是无营销的营销，到达终极思想的过渡就是逐步精准。

第二，是实施精准的体系保证和手段，而这种手段是可衡量的。

第三，就是达到低成本可持续发展的企业目标。

精准营销也是当今时代企业营销的关键，如何做到精准，这是系统化流程，有的企业会通过营销做好相应企业营销分析，市场营销状况分析，人群定位分析，最主要的是需要充分挖掘企业产品所具有的诉求点，实现真正意义上的精准营销。

总部位于伦敦的特易购公司是通过全面采用精准营销而获得巨大成功的公司之一。

特易购成立早期是一家以廉价闻名的食品杂货店，"货源充足、价格便宜"是其连锁店的座右铭。然而特易购的主管们意识到，对企业而言，廉价策略是一种不可持续的模式。20世纪90年代初，特易购的客户开始转向其他竞争对手，原因是特易购公司并不了解自己的客户。1995年之前，它根本不清楚客户的年龄、贫富、会在特易购买多少东西、会在竞争对手那里买多少东西，以及最近的促销或降价活动是否对销售有帮助等。

为了改变这种情况，当时特易购的营销主管特里·莱希推出了一个叫作"俱乐部卡"的培养客户忠诚度的项目，通过俱乐部卡为客户提供折扣与优惠券，以换取他们的个人信息以及持卡消费情况。客户会把自己的个人购物爱好与公司分享，他们用卡时的购买记录都可以被特易购跟踪到。

特易购自此成为运用客户洞察力的大师，仅英国境内的持卡人就超过了1600万，公司可以详细了解到客户在买些什么。特易购的主管们还通过研究人们现在购买的产品来推测可以说服他们下一次买哪些产品。就像《经济学人》杂志所说："通过给客户经常购买的产品打折来牢牢吸引他们的注意力。每位持卡人在每个季度结束时都会收到一封邮件，里面包含折扣券，优惠的金额相当于他们平时消费金额的1%。特易购还会根据数据库来判断客户喜欢哪些产品，并在这些产品方面给特定客户提供优惠，像亚马逊那样向客户推荐可能会感兴趣的产品。"

特易购的竞争者们最初认为俱乐部卡既无法坚持下去，还会降低特易购的盈利。然而他们没有想到，特易购通过购买与积累数据深入地掌握了客户的购买习惯，并以此创造了与客户密切相关的营销方式。

如今，多数的英国家庭都有一张特易购俱乐部卡，特易购也成为世界第三大零售商。当年的营销主管特里·莱希功不可没，他后来成为特易购的CEO，甚至被授予爵士称号。

习题：

　　1. 价格策略中，定价方法有哪些？

　　2. 简述 SWOT 模型的步骤。

　　3. 通过对本节的学习，谈谈你对销售与市场营销关系的理解。

【实验项目】广告管理

【目的与要求】

　　通过广告投放增加企业知名度，提高企业经济效益具有十分重要的作用，投放广告的最终目的是当前和将来的销售和赢利。

【项目类别】

　　流程操作类

【项目准备】

　　提供终端设备能连接到服务器的计算机；创业者实验平台。

【实验内容】

　　消费引导：新的产品，要打开市场，首先要做的就是让消费者知道你的存在，广告可以让消费者了解、接受并购买你的产品。

　　促进销售：提高销售额是所有企业的终极目标，每一个行业都有淡旺季，为了提高销售额，阶段性的宣传必不可少，知道的人越多，销售的机会就越大。

　　打造品牌：广告是一种长期投资，是在消费者心理树立企业品牌形象最直接、最有效的途径，是一种无形资产，也是企业身份地位的象征。

　　如图 6-10 所示，为增加产品知名度和企业美誉度，您可以采取多种广告形式进行产品和企业的宣传，广告效应有即时性和延迟性的特点，对产品需求的影响与投入广告费用的高低成正比。

　　1. 广告策略：广告投入通过分析开店数量、研发成功产品数量、社会事件、季节变化率等，开店数量、研发产品数量在总部或分店右侧查看，社会事件、季节变化率在经营报告里的信息公告里获得。

　　2. 广告规则：广告作用大小和广告投入多少费用有关，广告投入费用越高，作用越大。注意广告效应影响 2 个轮次，本轮次影响 70% 下轮次影响 30%，广告的作用是效益递减。广告策略影响所有分店的需求。

图 6-10　广告营销方式

【实验项目】促销管理

【目的与要求】

促销就是营销者向消费者传递有关本企业及产品的各种信息，说服或吸引消费者购买其产品，以达到扩大销售量的目的，企业经营者可结合企业整体运营策略，成本选择不同的促进管理方式。

【项目类别】

流程操作类

【项目准备】

提供终端设备能连接到服务器的计算机；创业者实验平台。

【实验内容】

如图 6-11 所示，适当的促销活动可以增加消费者对产品的需求量从而促进销售；促销活动当月投入当月生效，对产品销售量的影响与投入促销活动形式的适合度及费用的高低成正比。

1. 促销策略：促销投入通过分析开店数量、研发成功产品数量、社会事件、季节变化率，开店数量、研发产品数量在总部或分店右侧查看，社会事件、季节变化率在经营报告里的信息公告里获得。

2. 促销规则：促销作用大小和促销投入费用有关，促销投入费用越高，作用越大。注促销策略影响所有分店的需求，促销活动本轮次投入本轮次生效。

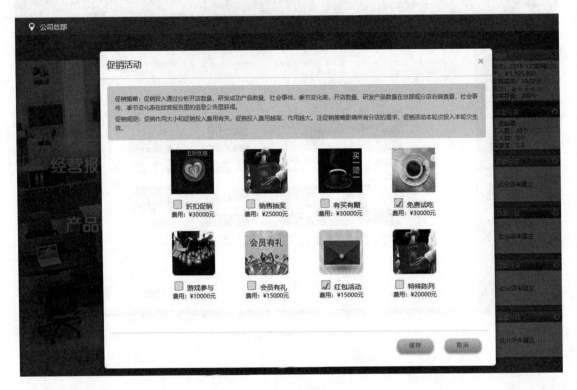

图 6-11 促销活动方式

【实验项目】产品定价

【目的与要求】

产品定价是市场营销组合中一个十分关键的组成部分。价格通常是影响交易成败的重要因素，同时又是市场营销组合中最难以确定的因素。企业定价的目标是促进销售，获取利润。这要求企业既要考虑成本的补偿，又要考虑消费者对价格的接受能力，从而使定价策略具有买卖双方双向决策的特征。

【项目类别】

流程操作类

【项目准备】

提供终端设备能连接到服务器的计算机；创业者实验平台。

【实验内容】

如图 6-12、图 6-13 所示，总部市场营销中确定产品定价，在产品研发成功之后才能进行产品定价。

图 6-12　市场定价 1

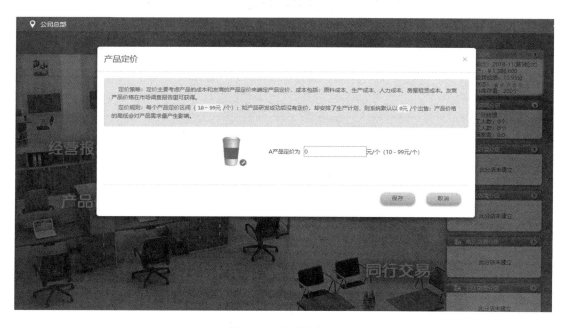

图 6-13　市场定价 2

1. 定价策略：定价主要考虑产品的成本和友商的产品定价来确定产品定价，成本包括：原料成本、生产成本、人力成本、房屋租赁成本。友商产品价格在市场调查报告里可获得。

2. 定价规则：每个产品定价区间（10—99 元/个）；如产品研发成功后没有定价，却安排了生产计划，则系统默认以 0 元/个出售；产品价格的高低会对产品需求量产生影响。

【实验项目】产品销售

【目的与要求】

产品销售是指报告期工业企业实际销售的、由本企业生产的工业产品的实物数量，但不包括用订货者来料加工生产的产品实物数量。它反映工业企业生产成果已经实现销售的数量。

【项目类别】

流程操作类

【项目准备】

提供终端设备能连接到服务器的计算机；创业者实验平台。

【实验内容】

如图 6-14、图 6-15 所示，通过销售产品，实现企业利润。

1. 销量策略

销售量受店人口数占有率、季节变化率、产品质量、产品的价格、广告、促销、顾客满意度、产品生命周期，以及社会事件的影响，每种产品的市场容量有所不同。

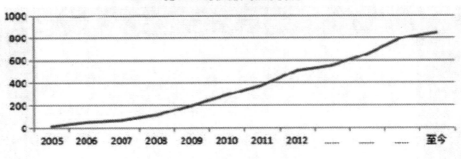

图 6-14　行业整体销售走势图

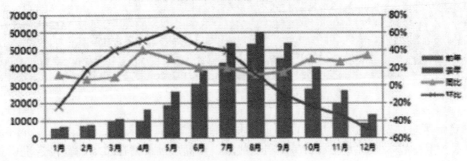

图 6-15　竞争企业历史销售数据参考

2. 产品利润与产品生命周期对比

经营一段时间之后,如果经营得当,企业产品的生命周期与利润的关系如下图6-16所示。

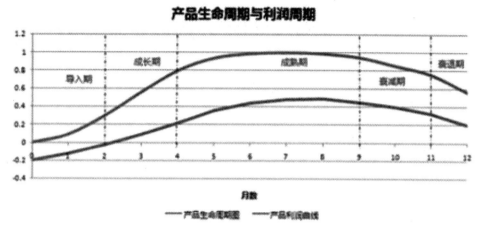

图6-16 产品生命周期与利润周期

3. 季节因素对销售的影响趋势

根据产品特性,不同季节对产品的需求和销售,也会产生一定影响,趋势如图6-17所示。

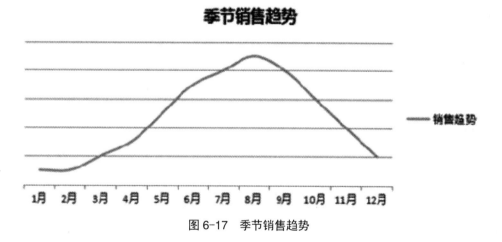

图6-17 季节销售趋势

第七章　强化采购管理提高企业绩效

作为公司采购部门中的一员，你知道采购意味着什么吗？你了解采购对于一个公司来说有多么重要吗？而作为初创企业，你应该运用什么采购策略呢？你掌握了哪些采购谈判方式呢？你又如何在众多供应商中挑选出最中意的供应商呢？如何才能达到最佳采购效果呢？你对采购管理所存的各种疑惑，正是本部分所要重点解决的问题。

第一节　从传统采购到战略采购

所谓采购是指在商品流通过程中，企业、政府、及个人为获取商品的所有权或使用权，对获取商品的渠道、方式、质量、价格、数量、时间等进行预测、决策，把货币转化为商品的交易过程。狭义采购主要指购买，而广义采购包含了租赁、借贷、交换等意思在内。采购管理是指根据企业战略需要，和客户需要，从适当的供应商那里，在确保质量的前提下，以适当的时间、价格，购买适当数量的商品所采取的一系列管理活动。那么，你知道传统采购与战略采购的差异在那里吗？战略采购的作用机理是什么呢？采购管理到底能对企业产生什么影响呢？在这里，我们将一一进行解答。

一、采购与采购管理

采购与供应管理是保证运作系统高效、低耗、灵活、准时地生产合格产品的重要活动，采购与供应管理已经成为现代企业提高竞争力的重要内容。采购是从外部资源市场获得企业运作所需的资源（包括原材料、零部件、燃料、动力、服务、设备等）的过程。因此，采购是商流和物流过程的统一，更是一种经济活动，如图7-1所示。

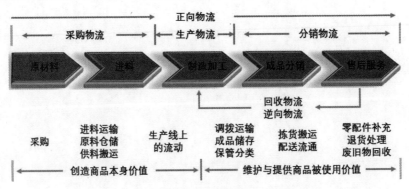

图 7-1　采购及供应管理与公司运营关系

采购职能可以从技术维度、商业维度、物流维度以及管理维度来理解。其中，技术维度主要涉及确定规格、质量控制、价值分析、供应商选择、草拟合同等方面；商业维度主要涉及供应市场调查、谈判、签订合同、拜访供应商、评估报价单等方面；物流维度主要涉及来料检验、运输、库存控制、监控交货的可靠性等方面；管理维度主要涉及计划与统计、订单处理、核对发票、支付、文档管理、流程与制度等方面，如图 7-2 所示。

采购管理作为一种管理职能，它要完成从采购申请、采购计划、采购订单至到货接收、检验入库的全过程管理，主要涉及搜集资料、分析供应市场、开发供应战略等，具体包括确定需求、评价与选择供应商、谈判与签订合同、跟踪与催货、验收与支付、管理供应合同、管理内部流程等环节内容，采购管理涉及的工作环节及采购管理具体流程如图 7-3、图 7-4 所示。

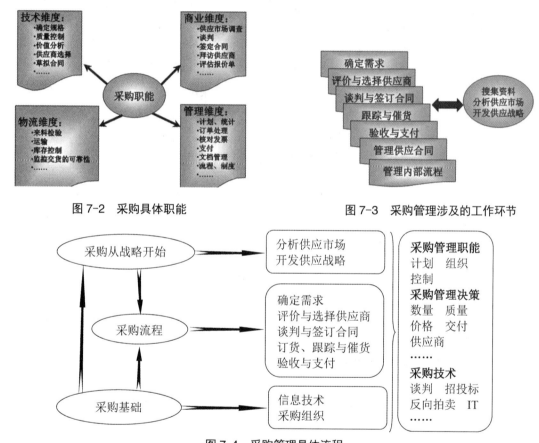

图 7-2　采购具体职能　　　　　　　　图 7-3　采购管理涉及的工作环节

图 7-4　采购管理具体流程

二、传统采购与战略采购的差异

利恩德斯（Leenders）认为，传统的采购职能在组织中的角色是服务内部顾客，其目标就是在适当的时间、适当的地点以适当的价格获得适当质量、适当数量的适当商品和服务。凯尔（Carr）认为，战略采购从属于企业的公司层战略，而采购战略是职能层战略，两者发生在企业的不同组织层面。战略采购是从战略高度整合企业的采购职能，使得采购活动参与并服务于公司的竞争战略；而采购战略是在战略采购指导下制定的具体采购目标和行动。西雷希（Rech）和隆（Long）认为，企业采购管理经历了四个发展阶段：被动反应阶段、独立职能阶段、支持阶段和集成阶段。在前两个阶段，采购没有战略性，属于传统采购；在支持阶段和集成阶段，采购被赋予了战略使命。因此，战略采购和传统采购是企业采购管理的不同发展阶段，离开传统采购提供的基础，企业难以实施成功的战略采购管理。一般来说，传统采购与战略采购主要存在以下几个方面的不同之处。

（一）从关注单价到更多地关注总成本

传统采购只关注采购单价，忽略了质量、库存等其他因素对采购成本的影响；战略采购不仅关注单价，更关注采购总成本，并且将单价视为总成本的一部分。其中，总成本是指从与供应商谈好单价，到材料交付、储存、使用，转化成相应的产品，直型产品被客户接受或者被客户投诉并处理完投诉的整个过程中各种费用支出的总和。简单来说，供应商如果在谈判桌上失去了什么，往往会在谈判桌下挽回损失。价格最低，可能质量也不高，交货也不准，服务也不好，最终看是合算的交易却让人受尽磨难，反倒花费更大的代价。因此，采购不仅要关注单价，更要关注总成本。有一个很好的比

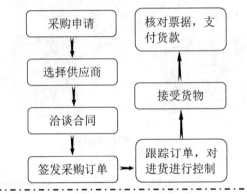

知识小贴士：采购是商流还是物流？

从物流的角度看，采购引起物料向企业内流动，被称为内向物流，它是企业与供应商联系的重要环节。

从采购的概念看，现代采购过程和企业物流必须协调一致，两者相辅相成，互相交错。

从供应链角度看，采购活动和企业物流活动都是整个供应链的一部分。

从供应的角度看，采购是整个供应链管理中"上游控制"的主导力量。

喻，将单价比做战斗，总成本比做战争。商场如战场，打仗要赢得的是战争呢还是战斗呢？"我们要去赢得的是一场战争，而不是小小的战斗"，"供应商有可能在单价方面让步很多，他有可能在其他方面补回来"。所以，在实施采购时要以总成本最低为导向，再寻求最低的单价，这是必须要树立的采购思想。

（二）供应商的数目由多到少甚至到单一

传统采购只关注单价，谁便宜就找谁买，企业的选择余地很大，就像去自由市场买菜一样，因此供应商的数目很多。特别是传统采购往往是分散采购，而战略采购鼓励发展单一供应商。有人会质疑，单一供应商风险太大了吧？请注意，单一不是唯一。唯一货源企业别无选择，当然风险大。单一供应商是指企业有不止一个货源，在与多个供应商交往的过程中，选择其中一个最优秀的供应商，建立长期合作的关系，实施高度集中的采购，这样就把有限的采购资源价值最大化了，反而风险最低。

具体来说，战略采购追求的是质量优、成本低、交货准，服务好。从质量来看，多个货源时虽然大家都遵循同样的质量标准，但是来料的质量并非完全一致，往往不稳定，毕竟每个供应商质量管理的水平有差异。同时，每个供应商送货过来都要进行来料检验，检验次数多，检验费用也会增加。而在发展单一供应商后，因为它是最优秀的供应商，质量表现最好，质量也更稳定，检验频率与抽样数量就可以减少，甚至可以实施免检。从成本来看，多个货源时采购分散，没办法去降低采购价格，总成本通常也很高。而在发展单一供应商之后，高

度集中采购，规模效应显现出来，就容易获得价格优势，总成本往往也更低。从交货与服务来看，在发展单一供应商之后，因为实施了集中采购，企业很有可能是供应商的大客户甚至最大的客户，供应商在产能分配、供货保障、技术支持与服务上，往往是大客户优先，可以更充分地满足企业的需求，反而最终促使风险降低了。

（三）与供应商的关系由短期交易到长期合作

传统采购只关注单价，供应商的数目又多，因此供应商的转换非常频繁，企业和供应商的关系是短期交易型的，是简单的买和卖的关系。然而，战略采购则将供应商视作伙伴关系，致力于长期合作。在企业有需要的时候，供应商可以挺身而出，牺牲短期的利益来获得长期的共赢。此外，企业也可以在与供应商签署长期框架协议的前提下，推动供应商的持续改善，已使企业获得更优的质量、更低的价格、更准的交货、更好的服务。

（四）采购部门的角色由被动执行到主动参与

传统采购将采购看作是事务性工作，也就是简单的下单、跟催、验货、付款等事项，因此采购只是被动地执行需求部门提出的要求。然而，战略采购却要求采购部门由被动执行转变到主动参与。也就是说，战略采购认为采购是一项技术活，非常强调采购的专业性，并要求采购的主动参与，也就是早期参与。早期参与是一个专门的采购机制，就是要早期参与到日常业务需求的确认中，但

知识小贴士：什么是PMI？

PMI指数英文全称Purchase Management Index，即采购经理指数。PMI是一套月度发布的、综合性的经济监测指标体系，分为制造业PMI、服务业PMI，也有一些国家建立了建筑业PMI。目前，全球已有20多个国家建立了PMI体系，世界制造业和服务业PMI已经建立。PMI是通过对采购经理的月度调查汇总出来的指数，反映了经济的变化趋势。

中国制造业采购经理指数体系共包括11个指数：新订单、生产、就业、供应商配送、存货、新出口订单、采购、产成品库存、购进价格、进口、积压订单。以上各项指标指数基于对样本企业采购经理的月度问卷调查所得数据合成得出，再对生产量、订单数量、雇员人数、供应商配送时间与原材料库存五项类指标加权计算得到制造业PMI综合指数。

制造业采购经理指数（PMI）是一个综合指数，计算方法全球统一。如制造业PMI指数在50%以上，反映制造业经济总体扩张；低于50%，则通常反映制造业经济总体衰退。PMI计算出来之后，可以与上月进行比较。如果PMI大于50%，表示经济上升，反之则趋向下降。一般来说，汇总后的制造业综合指数高于50%，表示整个制造业经济在增长，低于50%表示制造业经济下降。

通常主要是指产品的研发过程的早期参与，这在一定程度上体现了对采购专业度的认可与尊重。此外，广义的采购部门早期参与还包括了供应商的早期参与，这主要是考虑到供应商可以提供更多专业领域的信息。

一般认为，研发费用只占用产品总成本的5%，而研发过程却已经决定了产品70%以上的成本构成。在产品研发过程中，技术人员更注重的是技术的完美，而对成本考虑相对较少，或不太了解，采购部门的早期参与正好可以弥补这一点。比如差不多性能的材料，因为市场的常用与不常用，会导致采购价格差异很大；又如不同的结构，因市场的技术能力所限产生的差异也会很大，而采购人员往往能为产品研发提供这些信息。当然，这就要求我们不断加

强采购人员的专业化建设。

三、战略采购对企业管理的影响

战略采购研究涉及的一个基本问题是"如何界定战略采购的战略性角色"。从提升企业持续竞争优势和长期绩效的机理层面解释战略采购，主要可以从以下几个方面进行理解：一是产业组织理论从波特行业竞争力模型出发，认为供应商本身是一种讨价还价的竞争力量，而且供应商可能通过向前一体化而成为企业的潜在竞争对手，或通过纵向一体化生产出替代产品。因此，对供应市场和交易关系管理的成功与否，对企业有着重要的战略意义。二是交易成本理论认为，战略采购可以有效控制管理供应市场和交易关系的成本，对企业和供应商的财务业绩都有显著的贡献。三是资源基础理论认为，在资源层面上，企业的竞争优势体现在拥有竞争对手不具备的物质资源和人力资源。因此，采购为企业获取独特的物质资源，同时采购人员也是企业人力资源的组成部分，而战略采购使企业通过与供应商进行半结合，形成买方企业——供应商的交易网络。在这一网络中，企业与供应商的专有资源可以共享，企业与供应商都能够从交易中获取租金。四是根据威廉姆森的分析逻辑，规制结构是企业进行交易的制度安排；制度安排需要投入一定的人力和物力，这种利用经济制度的成本即交易成本。规制结构会因为需要特定投入而发生交易成本，也会通过对交易进行组织和管理而改变买方企业的技术特征和产品市场特征从而创造效益。此外，企业组织和管理活动逐渐成为惯例，传统的交易成本会在长期内趋于零，信息和知识成本成为主要的长期交易成本；信息和知识成本以及企业的动态能力在长期内决定企业的边界。随着卖方市场向买方市场的转变，企业之间的竞争日益激烈。竞争不仅仅表现在质量和成本方面，客户对于交货的速度和品种与数量柔性也提出了越来越高的要求。因此，企业的发展依赖于企业的竞争优势，企业要想保持持续的竞争优势，必须拥有自己的核心竞争力。战略采购作为新兴的战略理论，对企业竞争力的提升具有重要意义。

（一）战略采购对降低采购总成本的影响

战略采购强调以最低采购总成本为企业开发供应渠道，它的采购总成本最低概念涵盖了整个供应链的运作下因采购行为导致的生产商相关采购总成本最低。简单地说，是以最低采购总成本建立业务供给渠道的过程，而不是以最低采购价格获得当前所需原料的简单交易。战略采购的构成中重要的一项是供应商优化（Supplier optimization），企业根据其核心经营职能的重要需求，通过对供应商进行评估，只保留最合适的，其目的是减少成本及其选择高质量供应商。据投资银行有关调查结果显示：现在采购及购买成本占到了整个销货成本（Cost of Goods Sold）的60%，而几十年前采购成本所占的比例大概只有20%。可见，降低采购总成本对公司利润的贡献。

（二）战略采购对提高企业创新能力的影响

战略采购强调买卖双方关系的建立。在这种合作性的交易关系中，企业在与供应商之间的信息交流非常频繁，买卖双方经常就产品设计、技术可行性交换意见，且战略采购注重战略供应商的早期介入（ESI）。核心制造企业和原材料或部件供应商在新产品概念形成时便开始的合作被称为供应商早期参与。企业通过借助供应商的技术长处、经验积累，参与企业新产品的子系统或零部件的开发和设计，以提高产品的创新能力。企业通过不断向市场推出新的产品来赢得市场份额，从而提高企业竞争力。美国的一些领先企业如惠而浦、波音和克莱斯勒公司已经将许多设计活动转移给战略供应商。

（三）战略采购对规避企业风险的影响

经济的全球化以及供应链的紧密相连，使得一个企业处于风口浪尖之时，与它关联的企业甚至整个行业都不能独善其身。不论是 2008 年金融海啸引发的全球经济危机导致多个企业的供应商倒闭，致使企业生产中断甚至倒闭，还是 2011 年日本大地震所引发的全球多个产业链的中断风险，风险管理已经成为企业高管必须重视的管理活动。战略采购能够通过与企业的战略进行整合，寻找与企业战略相吻合的供应商，邀请其参与到供应链中来，联合制定可变应急计划，实施多级供应的实时可视性合同管理，并利用全球网络进行外包等策略，以实现与供应商共同预测风险、识别风险、防范风险的目标。

总体而言，为了应对竞争，近年来企业在战略采购管理方面广泛进行流程的优化和再造方面，对 ERP 等 IT 技术和组织重组方面都进行了很多投入，期望能够优化物流和供应链管理，在竞争中占据有利的位置。对战略采购管理进行优化是一个系统的工作，在这些工作中比较容易被忽略的、但是又非常重要的是对采购提前期管理的优化。采购提前期是供应商向企业承诺的，从接受采购合同、采购订单到将物料交付给企业的周期。这个周期往往由供应商在合同或者订单上向企业承诺。因此，在一般的制造企业里，战略采购提前期要占整个企业运营周期的 80%左右。由于战略采购提前期占有如此之高的比例，在企业进行物流与供应链管理优化时，需要对战略采购提前期的管理优化给予足够的重视。

第二节 初创企业采购策略

作为初创企业，企业获得利益的同时，能够承担对员工、对社区、对环境和对消费者的社会责任就是企业社会责任，在企业盈利的过程中，企业社会责任主要是为了协调与其他社会成员之间的利益和冲突。在社会责任视角下，面对企业采购过程出现的不良现象，要采取一定的策略：正确评价生产商、正确评估中间商、合同中要有具体的采购要求、加强质量验收和检测、改变低价中标的评标策略、雇佣有经验的采购人员、与供应商达成长期合作的共识、加强产品质量的检验和验收、改变采购方式等等。这样才能在维护自身长期利益和企业发展的同时，切实保障员工和消费者的利益，并降低对环境的危害。

一、要正确合理地评估生产商

在购买某产品时，采购人员应充分地了解生产厂商。这一步是关键。了解生产商的内容主要包括以下几点：生产许可证、产品质量、厂商口碑、客户服务、质量管理体系、技术手段、生产能力、过往参与过的项目、产品价格等等。不管该企业是不是 ISO9000 QA 认证的企业，都应在采购前，对生厂商进行一个比较全面的了解，同时还需了解供应商的管理团队、管理体系，以及是否有良好的执行能力。

二、要正确合理地评估中间商

中间商是产品流通的中间环节，绝大多数的产品都要经过这一环节，因此选择、管理、控制好中间商就成为采购监控的重点。为了防范采购时出现以次充好等问题，要严格管理中间环节，及时评估中间商的供货能力。评估中间商时，要注意中间商的经营范围、财政状况、过往供货的项目及其客户的反馈、供货价格、供货质量和储备能力、合作的物流企业等几方面的内容。

三、采购合同中要有明确的采购要求

在采购时，合同中要详细描述采购要求。采购的要求可以包括产品规格、型号、技术、数量、质量、类别、验收标准及方式、地点、交付时间和付款方式等方面。这就可以降低买到次品的风险。需要注意的是，采购合同中所涉及产品规格、型号、技术、数量、质量、类别、验收标准及方式、地点、交付时间和付款方式等细节都要进行详细地描述，而且双方要逐条核对，以达成共识。特别是对于工程采购来说，相关材料和设备、工具等也要描述清楚，比如说要详细规定钢材、电器元件、掺合料、防水材料、机电设备、外加剂、焊条和仪器等内容。

四、加强产品质量的检验和验收

企业要加强产品质量的检验和验收工作。在确定购买产品之前，要严格核查产品相关证明材料，如产品质量证明文件、产品的许可证编号和安全认证标志等。同时，企业还要特别明确产品的性能和质量符合企业要求，仔细与所留的样品进行核对，如果发现劣质产品或者不符合企业既定要求的产品，要暂缓交易，严重时更要拒绝接受该产品，或者按照合同进行处罚。采购商也可以派遣一些具有良好职业道德以及一线实践经验的专业技术人员进入生产商的生产基地进行检验，这也是防范生产商以次充好、确保采购商品质量和售后服务的有效策略之一。

> **知识小贴士：采购策略及其要求是什么？**
>
> 采购策略旨在确定物资采购及操作执行的管理原则，以提高采购效率、采购操作规范性及采购总成本的控制水平。
>
> 一般来说，采购计划的制订要求主要包括以下五个方面：一是节约采购成本。如果批量会影响采购成本（如折扣条件，快递费用），应选择合适的订购数量。二是防止资金被套。买了一段时间内用不到的物料，运作资金将长时间被套，而急需的物料却可能没买到。三是防止库存积压。如同资金被套情形，买了用不到的物料，也会造成库存积压，增加管理成本，形成不良资产，变为呆料，最后可能因年长月久而变质报废。四是防止库存爆仓。对于采购批量大，仓库存放空间有限，采购周期稳定的物料，应分批做采购计划，防止库存爆仓，也减少对周转资金的占用。五是防止生产缺料。制订采购计划时，应将生产损耗、有效库存、采购周期考虑在内，防止生产过程中发生缺料现象，影响生产，造成人力物力浪费，拖延交期。

五、改变低价中标的评标原则

现在，在招投标时，很多企业都会采用最低竞标价的策略。这是由于评标者过多地关注标价，进而会忽略了产品的质量和服务，就会让投标者钻了空子，以次充好，低价取胜。所以，如果评标者以往惯于看重价格比较低的产品时，一定要改变自己平时的评标策略，多注意产品的质量、服务等一系列的问题。在不低于成本价的基础上，企业以较低价格中标就叫

作合理低价中标。

六、雇佣有专业知识能力的采购人员

采购人员上岗前，企业要对采购人员进行一些考核或者投入一定的资金和时间对采购人员进行岗前培训。具体来说，对采购人员的培训应当包括职业道德、产品知识、采购技能、人际沟通、谈判技巧等相关知识和技能，同时也要求采购人员自己加强学习，不断提升业务能力，丰富采购经验，从而打造一支高素质的专业采购人员队伍，强化企业采购效果。

七、与供应商建立长期的合作

为了提高企业的利润、获得较高质量的产品和避免以次充好现象的出现，可以与供应商建立长期的合作关系，成为良好的合作伙伴。具体来说，企业和供应商建立良好的合作伙伴关系一般可以通过以下六个步骤：一是分析采购产品或服务的关键因素；二是选择合适的供应商；三是对供应商的运作及交付业绩进行评价和考核；四是与所选择的供应商确定合作伙伴的关系，进行试运营；五是运营过程中不断磨合并完善流程，防范运作中的风险；六是持续进行供应商开发，确保合作效果和合作的双赢。这样不仅可以保证产品质量的稳定，而且长期合作可以确保在价格上具有一定的优势，降低了成本，提高了利润。

八、改变采购的方式

企业进行采购时，要采用多元化的采购方式，尽量避免单一化的采购方式和渠道，朝着多元化的方向发展，可以采取多种采购方式相结合的方式，比如：集中采购与分散采购相结合、多供应商与单一供应商相结合、全球化采购与本地化采购相结合、制造商采购与分销采购相结合、自营采购与第三方采购相结合等。

第三节　初创企业采购谈判及其技巧

"谈判"，或有些人称之为"协商"或"交涉"，是担任采购工作最吸引人部分之一。谈判通常是用在金额大的采购上，由于企业是自选式量贩广场，采购金额很大，因此谈判工作格外地重要。采购谈判一般都误以为是"讨价还价"，谈判在韦氏大辞典的定义是："买卖之间商谈或讨论以达成协议"。故成功的谈判是一种买卖之间经过计划、检讨、及分析的过程达成互相可接受的协议或折中方案。这些协议或折中方案里包含了所有交易的条件，而非只有价格。谈判与球赛或战争不同之点在于：在球赛或战争中只有一个赢家，另一个是输家；在成功的谈判里，双方都是赢家，只是一方可能比另一方多赢一些，这种情况是商业的常事，也就是说谈判技巧较好的一方理应获得较多的收获。

一、采购谈判理论概述

在采购工作上，谈判通常有五项目标：一是为相互同意的质量条件的商品取得公平而合理的价格。二是要使供货商按合约规定准时与准确地执行合约。三是在执行合约的方式取得某种程度的控制权。四是说服供货商给本公司最大的合作。五是与表现好的供货商取得互利与持续的良好关系。

采购谈判要力争达到公平而合理的价格：谈判可单独与供货商进行或由数家供货商竞标的方式来进行。单独进行时，采购人员最好先分析成本或价格。数家竞标时，采购人员应选择两三家较低的供货商，再分别与他们谈判，求得公平而合理的价格。

采购谈判时要特别注意采购交货期。采购交货期通常是供货商的最大问题，这大多是因为：采购人员订货时间太短，供货商生产无法配合，或是采购人员在谈判时，未将交货期的因素好好考虑。不切实际的交货期将危害供货商的商品质量，并增加他们的成本，间接会使供货商的价格提高。故采购人员应随时了解供货商的生产状况，以调整订单的数量及交货期。

采购时谈判时要特别关注供货商的表现。这是由于表现不良的供货商往往会影响到本公

> **知识小贴士：一个新的开始**
>
> 某供应商与某生物公司交涉，想要获得独家供应权。成为独家供应商之后，只要制造商向他透露出售产品的收入和利润，那么该供应商也会透露自己供应原料的单价和利润。供应商还会投资开发并研究他所供应的产品，并分享由此产生的专利权。

司的业绩及利润，并造成客户的不满。故采购人员应在谈判时，除价格外应谈妥合约中有关质量、数量、包装、交货、付款及售后服务等条款，及无法履行义务之责任与罚则。对于合作良好的供货商，则应给予较多的订单或其他的方式来奖励毕竟买卖双方要互利，才可维持长久的关系。此外，采购时还要特别与供货商维持关系：采购人员应了解任何谈判都是与供货商维持关系的过程的一部分。若某次谈判采购人员让供货商吃了闷或大亏，供货商若找到适当时机时，也会利用各种方式回敬采购人员。因此，采购人员在谈判过程中应在本公司与供货商的短期与长期利益中，求取一个平衡点，以维持长久的关系。

采购谈判的有利与不利的因素：谈判有些因素对采购人员或供货商而言是有利的或是不利的，采购人员应设法先研究市场的供需与竞争的状况、供货商价格与质量的优势或缺点、成本的因素、时间的因素、相互之间的准备工作等各方面因素。

二、采购谈判技巧

谈判技巧是采购人员的利器。谈判高手通常都愿意花时间去研究这些技巧，以求事半功倍，下列谈判技巧值得初创企业采购人员进行一定研究。

一是谈判前要有充分的准备。知己知彼，百战百胜，成功的谈判最重要的步骤就是要先有充分的准备。采购人员的商品知识，对市场及价格的了解，对供需状况了解，对本公司的了解，对供货商的了解，本公司所能的价格底线、目标、上限，以及其他谈判的目标都必须

> **知识小贴士：一流谈判者的六个必要条件**
>
> 1. 有意愿并承诺去仔细计划、了解产品及替代方案，有勇气去刺探及证实情报；
> 2. 良好的商务判断力，能找出真正的底线及症结；
> 3. 能承受矛盾及晦暗不明的压力；
> 4. 坚定支持对双方互惠、双赢的理念；
> 5. 有从个人角度透视谈判的洞察力，亦即能体察出个人影响谈判的潜伏因素；
> 6. 有基于知识、规划和良好的内部谈判能力而产生的自信。

先有所准备，并列出优先级，将重点简短列在纸上，在谈判时随时参考，以提醒自己。

二是谈判时要尽量避免谈判破裂。有经验的采购人员，不会让谈判完全破裂，否则根本不必谈判，他总会让对方留一点退路，以待下次谈判达成协议。没有达成协议总比勉强达成协议好。

三是只与有权决定的人进行谈判。企业的采购人员可能接触到业务代表、业务各级主管、经理、协理、副总经理、总经理、或董事长等谈判对象，这主要是看供货商的规模大小而定。这些人的权限都不一样。采购人员应避免与没权决定事务的人谈判，以免浪费自己的时间，同时可避免事先将本公司的立场透露给对方。因此，采购谈判之前，最好问清楚对方的权限。

四是尽量在本企业办公室内谈判。在自己的企业内谈判除了有心理上的优势外，还可随时得到其他同事、部门或主管的必要支持，同时还可节省时间与旅行的开支。

五是放长线钓大鱼。有经验的采购人员知道对手的需要，故尽量在小处着手满足对方，然后渐渐引导对方满足采购人员自己的需要。当然，采购人员要也积极避免先让对手知道自己的需要，否则对手会利用此一弱点要求采购人员先做出让步。

六是采取主动同时要避免让对方了解本公司的立场。攻击是最佳的防御，采购人员应尽量将自己预先准备的问题，以开放式的问话方式，让对方尽量暴露出对方的立场，然后再采取主动，乘胜追击，给对方足够的压力，对方若难以招架，自然会做出让步。

七是必要时能够快速转移话题。若买卖双方对某一细节争论不休，无法谈拢，有经验的采购人员会转移话题，或喝个茶暂停，以缓和紧张气氛。

八是尽量以肯定的语气与对方谈话。否定的语气容易激怒对方，让对方没有面子，谈判因而难以进行。故采购人员应尽量肯定对方，称赞对方，给对方面子，因而对方也会愿意给面子。

九是尽量成为一个好的倾听者。一般而言，业务人员总是认为自己是能言善道，比较喜欢讲话。采购人员知道这一点应尽量让他们讲，从他们的言谈及肢体语言之中，采购人员可听出他们优势与缺点，也可了解他们的谈判立场。

十是尽量为对手着想。全世界只有极少数的人认为谈判时，应赶尽杀绝，丝毫不能让步。事实证明，大部分成功的采购谈判都是要在彼此和谐的气氛下进行才可能达成。人都是爱面子的，任何人都不愿意在威胁的气氛下谈判，何况企业与良好的供货商应有细水长流的合作关系，而不是对抗的关系。

十一是以退为进。有些事情可能超出采购人员的权限或知识范围，采购人员不应操之过急，装出自己有权或了解某事，做出不应作的决定，此时不妨以退为进，与主管或同事研究或弄清事实情况后，再答复或决定也不迟，毕竟没有人是万事通的。草率仓促的决定大部分都不是好的决定，智者总是先深思熟虑，再做决定。

十二是不要误认为 50/50 最好。有些采购人员认为谈判的结果是 50/50 最好，彼此不伤和气，这是错误的想法。事实上，有经验的采购人员总会设法为自己的企业争取最好的条件，然后让对方也得到一点好处，能对他们的企业有所交待，因此站在好又多采购的立场，若谈判的结果是 60/40，70/30，或甚至是 80/20，也就不会"于心不忍"了。

总而言之，采购人员在进行谈判时要是能够避免准备不周、缺乏警觉、脾气暴躁、自鸣得意、过分谦虚、不留情面、轻诺寡信、过分沉默、无精打采、仓促草率、过分紧张、贪得无厌等谈判十二戒，适时采取避重就轻、最后通牒、软硬兼施及各个击破等方法，就会大大增加谈判成功机会，如图7-5所示。

图 7-5　采购谈判技巧方法

第四节　供应商的甄选与评估

作为初创企业而言，如何来选择最佳供应商呢？初创企业在供应商开发的流程中，首先要对特定的分类市场进行竞争分析，要了解谁是市场的领导者，目前市场的发展趋势是怎样的，各大供应商在市场中的定位是怎样的，从而对潜在供应商有一个大概的了解。这不仅要了解战略采购的特点对供应商选择的影响、基于战略采购的供应商选择流程，更需要建立基于战略采购的供应商选择评价指标体系等，为企业在进行战略采购的供应商选择时做到有据可依。

一、战略采购的特点对供应商选择的影响

采购活动的目标是通过可行、有效的方法选择合适的供应商。与传统采购重点关注具体的采购活动不同，战略采购关注的是企业长远的、全局性的问题，其目标是提高企业的竞争力，促进企业的持续发展，如表7-1所示。这两种采购模式的差异性给供应商的选择带来了一定的影响。

表 7-1　传统采购供应商关系管理与战略采购供应商关系管理差异

各项	传统采购供应商关系管理	战略采购供应商关系管理
供应商数目	多数	少数
供应商关系	短期、买卖关系	长期合作、伙伴关系
企业与供应商的沟通	仅限于采购部与供应准则销售部之间	双方多个部门沟通
信息交流	仅限于订货收货信息	多项信息共享
价格谈判	尽可能低的价格	互惠的价格，双赢
供应商选择	凭采购员经验	完善的程序
供应商对企业的支持	无	提出建议
企业对供应商的支持	无	技术支持

（一）战略采购的全局性使供应商选择的流程、参与实施的主体不同

战略采购是站在企业战略的高度上考虑问题，需协调的面更广。而且，相对于传统采购具有明确的采购标的，战略采购还要首先要确定适合战略采购的物资。这些都无疑拉长了采购的流程传统采购主要由采购部门完成,而战略采购则有赖于采购部门和企业其他职能部门、供应商的共同努力，因而参与实施的主体更多。

（二）对供应商的定位、期望不同使供应商选择的方式、标准不同

传统采购过程中，通常采用招标、竞争性谈判、询价等方式选择供应商，价格、质量性能、售后服务以及业绩等指标是选择供应商的主要标准。而且，传统采购与供应商的关系相对简单、稳定性相对较差。战略采购则由于对供应商的定位是长期稳定的合作伙伴，因而除关注传统采购考虑的因素外还要考虑与供应商的优势互补、供应商的发展能力、合作能力等因素。相应地，选择的方式就不能是简单的招标或谈判了，而是建立在对供需情况、数据信息的收集和分析基础上，通过更为全面、合理的评审标准和方法来选择有价值的供应商。

二、基于战略采购的供应商选择流程

战略采购选择供应商时一定遵循以下原则：运营较好的供应商、以品质和总成本为主要导向、满足公司采购战略布局、具备良好的可持续发展潜力、具有横向整合潜力。战略采购对供应商的选择过程一般包括以下几个步骤，如图7-6所示，主要包括采购物资特性分析，确定战略采购物资，确定选择战略供应商的目标，确定供应商选择的指标和方法，收集、整理有关的数据信息，成立战略供应商评审专家组，对潜在战略供应商的评价，战略供应商的确定等。

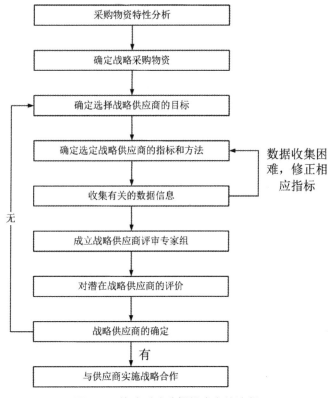

图7-6　战略采购选择供应商的流程

一是采购物资的特性分析。企业需要采购的物资多种多样，并不是每个品种都要选择战略供应商。这就需要对采购物资的供需市场状况、物资本身特点以及对企业业务的影响等方面进行分析以便对采购物资进行合理的分类，具体分析模型如图 7-7 所示。

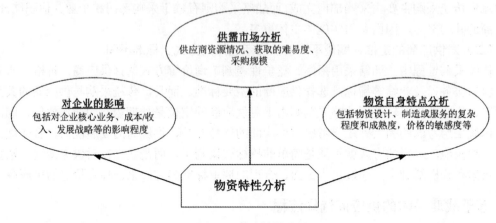

图 7-7　物资特性分析

二是确定战略物资。根据步骤 1 对物资的分析结果，对物资进行分类，确定可以实施战略采购的物资。目前对物资分类的研究相对比较成熟，常见的是用分类矩阵的方法进行分析。其基本思想是将上述分析的因素分为采购规模重要性、业务重要性两类，作为矩阵的两个坐标轴；将分析调查的因素按照预先设计的指标和权重进行量化评分。根据得分情况确定物资所处的矩阵位置，进而确定物资的种类。分类矩阵及各类物资的特点如图 7-8 所示。

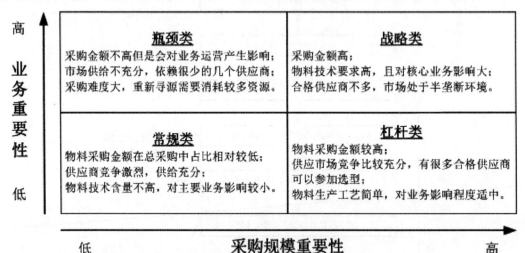

图 7-8　物资分类矩阵

三是确定选择战略供应商的目标。根据企业的实际情况确定除价格、质量等传统采购考虑的因素之外预期达到的目标，包括战略供应商的数量、对供应商在货源保证、技术开发合作等方面的要求等。

四是确定战略供应商评价的指标体系及方法。这一步是对潜在战略供应商进行评价的依据和标准，是选择战略供应商的关键。选择的指标应能反映行业和供需市场环境特点，选择的体系及方法应有效、可操作。

五是收集有关的数据信息。根据评价指标的设计，调查收集企业、供应商以及市场的有关数据信息，并确保这些信息的准确性，这是做好战略供应商选择的基础。

六是建立战略供应商评审专家组。评价和选择战略供应商必须发挥专家优势，使整个过程选择专业、决策民主。专家组成员应包括采购、质量、生产运行、技术以及战略规划等部门的专家。

七是评价和选择供应商。首先，企业根据以往的采购经验和步骤1的分析，确定潜在战略供应商的短名单应将居于行业领先地位，具有较强影响力且愿意与企业建立战略合作关系的供应商纳入到短名单中。然后在收集相关数据信息的基础上，利用确定的评价指标体系及方法对潜在战略供应商进行评价。根据评审情况，最终确定合适的战略供应商。

八是与确定的战略供应商实施合作。企业与确定的战略供应商就合作的细节进行协商，达成一致意见，签订战略合作协议。战略采购实施过程中，企业可以根据战略合作情况的实施以及市场变化、供应商自身变化及采购需求变化的了解，对战略合作协议进行修订或调整战略供应商。

三、基于战略采购的供应商选择评价指标体系的建立

战略采购选择供应商时要遵循一定的原则，成立供应商评估和选择小组，建立完善的绩效评估体系，统一合理的评估标准，挑选合适的评估者并进行合理分工，制定明确的操作规程，搜集供应商的相关信息数据，综合评分并最终确定供应商。

（一）基于战略采购的供应商选择评价指标的选取原则

战略采购环境下供应商选择需考虑的因素较多，且相互关系较为复杂，为了使评价指标体系能更好地反映出战略采购的特点，为企业选择合适的战略供应商提高可靠的依据，对评价指标的选择应遵循以下原则。一是全面、实用原则。供应商评价指标体系应能全面、准确地反映供应商各方面的情况，并且能将每个评价指标与选择战略供应商的目标有机地结合起来。但是，评价指标的选择也不是越多越好，指标太多可能会拘泥于细小的问题，所以应注重实用性，能够真实有效地反映出战略采购的特点和潜在战略供应商的综合能力。二是定性、定量指标相结合原则。尽管定性评价指标受主观因素的影响可能会产生偏差，但从全面、有效评价的角度考虑，应在尽可能选择定量指标的前提下，适当选取定性指标。三是可操作性原则。选取的指标要有明确的含义和确切的表示方法，而且无论定量还是定性指标，都应注意指标数据来源的可实现性、获得数据的难易程度以及数据的真实性，从而使该指标切实可操作。

（二）基于战略采购的供应商选择评价体系的建立

根据前面基于战略采购的供应商选择评价指标的选择原则以及从事采购工作的实践经验，这里主要将评价指标体系分为整体实力、产品质量、价格水平、服务水平以及合作能力等五方面，每一方面根据不同情况设置了一级指标、二级指标，并对部分二级指标又进一步设置了三级指标，具体情况如表7-2所示。

表 7-2　基于战略采购的供应商选择评价指标体系

一级指标	二级指标	三级指标
整体实力	规模	总资产、销售收入、产能
	行业地位	市场占有率
		品牌认可度
	人员素质水平	
	装备水平	设备及工艺的先进性
	管理水平	经营理念和管理方法的先进程度
		ISO 质量管理体系、环境管理体系的认证情况
	技术能力	专利、发明数量
		对产品标准、规范的制定能力
	发展潜力	新产品的贡献能力
		研发经费投入情况
		年均固定资产投资增长率
	财务状况	销售利润率
		资产负债率
		资产周转率
		资信等级
产品质量	质量水平	
	持续改进的能力	
价格水平	相对价格水平	
	价格的稳定性	
服务水平	服务承诺的履行情况	
	问题解决的及时性	
	用户满意度	
合作能力	业务关联水平	
	对产品设计的支持能力	
	对产品结构化设计的支持能力	
	供货支持能力	准时交货率
		紧急情况支持能力
		交货调节能力
	经营理念、管理水平的兼容性	
	信息的共享水平	
市场能力	顾客满意度	顾客满意
		企业形象
		感知价格
		顾客忠诚
	创新能力	新产品研发能力
		新产品的销售比率
		员工的培训

1. 整体实力

一是规模。这是反映整体实力的一个重要指标，包括供应商的总资产、销售收入、产能等三级指标，可以用供应商的相应数据与行业平均水平进行比较，数值高者得分高。

二是行业地位反映供应商在市场中的地位，能影响其在供需市场中的话语权，包括市场占有率、品牌认可度两个三级指标。其中品牌认可度是定性指标，由专家根据实际情况打分得出有关数据。

$$市场占有率＝供应商产品销售收入/同行业该产品销售收入总额×100\%$$

三是人员素质、装备水平、管理水平以及技术能力是供应商进行市场竞争的基础。三级指标中，设备及工艺的先进性、经营理念和管理方法的先进程度、对产品标准和规范的制定能力为定性指标。管理体系认证情况、发明及专利数量可以根据不同供应商的拥有数量进行评比。其他三级指标可根据以下方法计算：

$$人员素质水平＝专业技术（经济）人员数量/员工总人数$$

四是发展潜力是考察企业持续发展的能力，也是反映战略采购特点的指标，其三级指标均为定量指标。

$$新产品的贡献能力＝新产品销售收入/销售收入$$
$$研发经费投入情况＝研发费用/销售收入$$
$$年均固定资产投资增长率＝年固定资产增长率的总和/投资年份$$

五是财务状况反映供应商的经营情况，除资信等级为定性指标外，其他均为常用的定量指标。

2. 产品质量。产品质量是与供应商进行合作的基础指标。质量水平指标根据产品的特点不同，可用产品等级、使用效率或者一定时间内的维修频率来反映。持续改进能力是指供应商在产品质量上是否有持续进行改善的愿望和能力，可以用一定时期内对产品的改进、升级次数及效果来反映。

3. 价格水平。这主要包括两个三级指标，其中相对价格水平是供应商价格与行业平均价格水平相比具有的竞争力，可用以下方法计算：

$$相对价格水平＝产品价格/同行业该种产品的平均价格$$

价格的稳定性对企业的成本变化非常重要，因而是一个重要的指标，可以用供应商价格变动的频率和幅度来反映。

4. 服务水平。服务水平可用一定时期内的三个定量指标来评价，计算方法如下：

$$服务承诺的履行情况＝供应商实现的服务项目数/其承诺的服务项目总数$$
$$问题解决的及时性＝规定时间内解决问题的数目/向供应商提出的问题数$$
$$用户满意度＝得到满意解决的问题数/向供应商提出的问题数×100\%$$

5. 合作能力。合作能力是反映战略采购的关键指标，体现了战略采购的特点。

一是业务关联水平。这是反映供应商与企业业务联系紧密程度的一个指标。产品关联程度可以用企业在用的供应商产品种类数的比较来表示。产品在企业的市场占有率反映了该供应商产品在企业的使用情况，也反映了企业的使用习惯，影响着企业的综合成本。该指标可用以下方法计算：

产品在企业的市场占有率＝企业对供应商产品的采购额/企业对该类产品的总采购额×100%

二是对产品设计的支持能力反映供应商对企业的个性化需求、技术合作的能力，可以根据一定时期内技术合作的情况进行定性分析。

三是供货支持能力的三个三级指标中紧急情况支持能力和交货调节能力为定性指标，可以根据一定时期内供应商对紧急订单的处理情况、交货周期的灵活性等进行定性分析。准时交货率可以按以下方法计算：

准时交货率＝按时按量交货的批次/应交货总批次×100%

四是经营理念、管理水平的兼容性反映供应商与企业在经营理念和管理水平的接近程度。接近程度越高，战略合作双赢目标实现的可能性越大。

五是信息的共享水平是反映供应商与企业信息沟通交流和传递及时性、准确性、有效性的定性指标。

六是市场能力。在供应商发展能力层面上，主要体现为供应商的信誉和创新，这里主要选取了顾客满意度、创新能力。其中，顾客满意度：顾客满意度指数是近几年来经常采用的一种新的指标，主要是由顾客满意、企业形象、感知价格和顾客忠诚等因素构成，是供应商信誉的重要表现。顾客满意度的高低与供应商的长期生存与发展存在着密切的关系，是战略采购中供应商选择应考虑的必要指标。创新能力指标中主要包括新产品研发能力、新产品的销售比率和员工的培训等。创新能力集中反映了供应商的长期发展能力，从发展的角度来看，这是评价供应商长期性的必要指标。其中，新产品研发能力计算公式如下：

新产品研发能力＝研发的新产品数/产品总数

需要注意的是，根据上述评价指标体系的建立情况，在具体使用过程中还应注意以下工作：一是评价指标的选择。上述指标不是一成不变的，而是可以根据物资种类、供需市场状况等因素的不同进行相应调整，既简单易行又能真实反映出供应商之间的差别。二是评价指标权重的确定。这也是进行供应商评价的关键工作之一。与传统的根据经验确定权重相比，根据层次分析法、德尔菲法等运筹学方法来确定指标体系中的指标权重会更具科学性。三是定性指标分值的设定。应在充分征求专家及具体使用部门意见的基础上进行合理的划分。最后，根据战略供应商的目标数量与评价结果确定入选的战略供应商。

第五节　采购关键内容控制

作为初创企业的管理者，你肯定想以最小的成本获取最大的利润。如何做到呢？途径之一就是尽量达到最优化采购管理，以最少的成本获取最大的收益。而初创企业要实现最优采购管理，就要精准控制采购的战略成本、采购战略、采购流程、采购组织及与供应商的关系等关键内容，达到企业整体采购最优化效果。

一、战略成本分析

战略采购的目的是要降低采购总成本，实现整体利益的最大化。因此，要成功实现战略采购，首先要对采购总成本进行分析，构建采购总成本模型，这是实施战略采购的基础。任何一个正确采购决策不只是单纯考虑商品的采购价格，建立采购总成本模型，所包含的因素除了价格外，还要考虑运输费用、质量成本、库存维护成本等。在战略总成本建模中，首先应当考虑的是采购品种的分类，即找出占80%采购成本的20%核心产品，考虑这类材料采购的数量、需求、规格、定价、供应商等采购管理类别，重点选择该类品种开展工作，建立供应商名单，对供应商进行调查。通过深入分析原材料的供应市场，全面收集供应商的数据信息，初步拟定原材料的供应商名单，并通过数据分析、检验、调整和比较行业采购成本数据和绩效表现水平，在此基础上制订采购策略。可以说，总成本建模是战略采购中最重要的组织能力，为采购过程的一切活动，从制定战略到简化设计、改善供应商的成本和降低采购成本奠定了基础。

二、采购战略分析

采购战略是企业根据其战略采购规划，运用现代管理技术，分析并整合企业的内外部资源，求得企业的资源需求与市场变化的平衡，确保企业获得稳定的、低成本的原材料和零部件供应的一系列策略措施的总称。合理的采购战略可以降低成本，形成核心竞争力，取得市场的领导地位。采购战略已成为企业根本战略的一个重要组成部分，并影响到整个企业的盈利。企业实施战略采购时，可采用下列采购战略。

一是采购量集中战略。主要做法有：减少供应商数目、跨业务单元的采购量整合、重新分配向各供应商采购的数量、集中不同采购集团的数量、与供应商建立联盟关系。

二是产品规格改进战略。主要做法有：配件标准化、寻找替代品、运用产品价值分析、分析使用的生命周期成本、建立长期供货合同。

三是最优价格评估战略。主要做法有：内部采购价格比较、重新谈判/压低价格、将价格拆解并分析供应商的成本模型、适度运用"退出威胁"、竞争性投标、在各潜在供应商内比较总成本、根据供应商的获利能力定价格、建立长期供货合同。

四是联合程序改进战略。主要做法有：重组业务流程、整合优化物流管理、联合产品开发、建立长期供货合同、共享改进后的利益。

五是合作关系重整战略。主要做法有：分析核心能力、审核采用自行生产或采购的战略性决定、调整纵向整合的程度、设立合资企业、运用战略联盟/伙伴关系、建立/开发主要供应商。

六是全国/全球采购战略。主要做法有：拓展供应商的地理范围、寻找新的供应商、善用汇率波动、善用贸易奖励措施、善用反贸易、灵活运用二级供应商。

在设计采购战略的过程中，需要对上述战略进行全面、细致地分析与考虑，要根据采购对象的具体情况和市场供应状况分别采用或综合采用不同的采购战略，做到采购战略与采购类别的匹配。特别是，对不同的采购活动类别应实行差异化的采购策略，并分别优化操作流程，以使采购事务性工作量减少，工作效率大大提高，采购人员能有更多的时间关注价值驱动因素。差异化的采购策略及其适合的采购类别如图 7-9 所示。

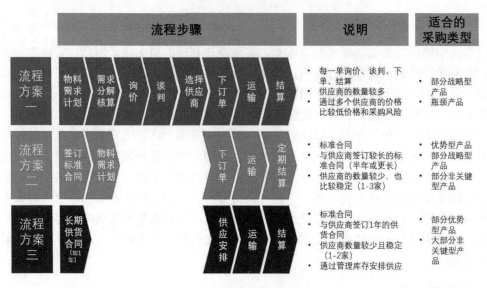

图 7-9　差异化采购策略

此外，初创企业在采购过程中还应实行标准合同管理。这是因为实行标准合同管理可以降低采购成本，并促使产品质量的提高和稳定。标准合同对产品价值的影响如图 7-10 所示。

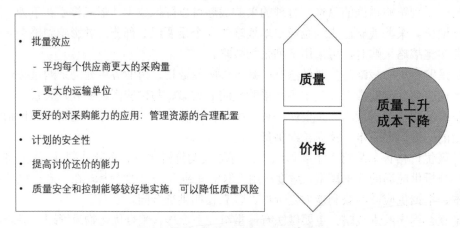

图 7-10　标准合同对产品价值的影响

总而言之，如果采购战略运用不当，就会增加采购成本、降低采购速度，最终导致战略采购的价值不能实现。

三、采购流程分析

采购流程是采购业务的操作程序，采购流程是否科学、合理，不仅影响到采购的效率，而且影响到采购品的质量和准确性，许多企业的采购部门与其他部门之间往往缺乏必要的沟通与衔接，不能通过与生产、销售、研发等部门的事前的及时沟通，提前做好各项采购准备工作，只是坐等采购任务的下达，之后才开始付诸实施。由于每项采购活动都要预先经过层层审批才能进行，这样必然会影响采购的效率；再加上有时还要临时寻找供应商，这就造成了采购活动周期变长，应急性的、临时性的采购经常发生，采购部门总是在疲于奔命地买东西，根本没有时间做详细的市场调查，其结果必然导致对供应市场的状况和走势缺乏清晰的了解和判断，当然不可能做到战略采购了。至于采购中舍近求远、舍低就高的现象更是屡见不鲜。由于采购周期通常都很长，企业为了保持生产的持续性和稳定性，不得不储备一定数量的物资以备不时之需，这就增加了库存成本。因此，有必要对采购业务流程进行整合。

采购业务流程整合就是要加强相关部门之间的沟通，简化采购环节，节约采购时间，提高采购效率，使采购逐渐由程序化的、单纯的购买向前瞻性、跨职能部门转变。为此，一是建立采购信息系统，这一系统应和企业的计划部门、生产部门、研发部门、销售部门、存储部门和财务部门连接，通过信息系统来共享库存零部件、生产领用料、销售计划、临时计划、物料需求计划等信息。二是将研发部门的临时采购计划纳入原材料和零部件需求计划中，理顺物料需求计划和临时采购计划之间的关系。三是要在广泛调研市场的基础上，结合企业实际情况，通过招标采购、电子采购等方式，扩大供应商选择视野，增强对关键外购件的议价能力，使采购价格趋于合理。四是让供应商参与企业的产品设计和新产品开发，以便利用供应商的专业技术优势缩短产品开发时间，并基于战略合作伙伴关系，相互公开成本信息，通过整合与供应商和客户的采购流程，降低整体运作成本，提高采购质量。五是采购部门参与企业战略计划过程，战略选择时贯穿采购和供应链管理的思想，采购部门有获取战略信息的渠道，这样才能提高采购工作的前瞻性。

四、采购组织分析

采购职能在企业中往往由专门设立的采购部独立承担，作为企业的一个职能部门，采购部往往相对独立地开展工作，与企业的其他部门如技术设计部门、生产施工部门、市场营销部门、财务管理部门等很少进行直接的沟通。采购部只关心物料的采购供应，保证生产不会因原材料的供应不上而停工待料，这就导致了企业库存的居高不下。特别是采购部门很少参与企业的研发工作，新产品的供应商开发往往由负责产品开发的技术部门来选择，采购部门只是被动地执行采购任务，因此采购部对于开发新产品、降低生产成本、改善产品品质缺乏必要的关心，这就造成了采购的高成本，采购品的质量也难以得到保证。

有鉴于此，必须对采购组织进行改造，通过改造，将采购组织由企业的一个职能部门改为企业的一个流程部门，这一流程部门应包括采购部、技术设计部、生产制造部、产品研发部、销售部、IT部，有时还要吸收供应商加入，由该组织对企业采购供应的质量、价格、总成本等负总责。这样做使得采购组织能够主动去与生产、研发、销售等部门进行沟通，能够随时了解生产的物料供应需求，提前主动地做好各项采购准备工作，提高采购效率，缩短采购周期。由于吸收了供应商的加入，有利于改善和供应商的关系，能够争取到供应商的优惠价格，也能保证采购品的质量。另外，由于由采购组织对企业的采购负全责，这样职责清晰，分工明确，减少了审批环节，既能缩短采购周期，又能调动采购部门员工的积极性和创造性。

另外，在战略采购过程中，企业还可组建由采购、需求等部门相关人员组成的跨职能的战略采购小组，来对战略采购活动进行协调。一方面，采购策略变革本身是比较复杂的系统过程，企业中不同的角色对采购价值的定位不同，例如采购部门关注价格，而需求部门关注产品质量、方便使用、技术支持等。另一方面，战略采购价值的发掘需要进行总成本建模，关注供应市场分析、策略调整、交易质量跟踪以及综合绩效评估，而采购策略的实施过程也经常涉及规格、材质、加工过程等技术细节。

五、供应商关系分析

企业与供应商之间的关系一般可分为四种，如图 7-11 所示。第一种是买卖关系，也称作达尔文式的竞争关系，供需双方随市场变化进行博弈，你输我赢。企业实行分散采购策略其实质就是这种关系的体现。第二种是稳定的供求关系，双方基于信任签订长期合同，并在技术、服务等方面进行比较深入的合作。这种关系使供需双方的交易成本降低，并减少了经营风险，因此很多企业将稳定合作关系作为采购管理工作的重心，并取得一定的成效。但稳定合作关系有时是很脆弱的，其前提是假定双方的目标一致，一旦市场条件发生变化，或某方的关键利益点转移，将导致合作关系大幅调整。第三种是合作伙伴关系，企业能够充分利用供应商的能力，双方在合作中都能得到不断的改进，竞争力获得共同发展，但这种合作伙伴关系仍然是一种利益博弈关系，不能做到长期共存与共赢。第四种是战略联盟关系。战略联盟是供求双方合作的高级形式，这种联盟是建立在供应链基础上的非常紧密的合作关系，合作双方实行技术共享、联合开发、战略协同，是一种超长期的，甚至是无限期的"命运共同体"圈。

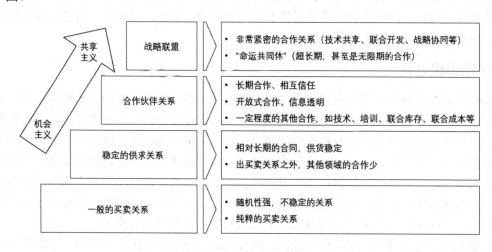

图 7-11　供需双方的合作关系

需要指出的是，我们强调企业与供应商建立战略联盟，并不是要求企业要与所有的供应商建立战略联盟，由于各供应商自身核心能力的差异以及产品市场的特征所决定，不可能所有的供应商都能对企业提供强大的战略支撑，因此，这里讲的建立战略联盟是指企业要与核心供应商建立战略联盟。与核心供应商建立战略联盟需要遵循下列原则：

一是战略性原则。与核心供应商建立联盟必须以战略性的眼光，从战略管理的角度来考虑结盟。这种战略性原则表现为：与核心供应商联盟必须是长期的，甚至可以是无限期的，一般讲至少也应该 3 年；必须和企业的战略规划保持一致，并在企业的战略指导下进行。

二是开放性原则。与核心供应商建立战略联盟的实质是他们之间通过技术共享、联合开发、战略协同等非常紧密的合作关系，实现在适当的时间、适当的地点获得适当价格、适当数量的适当物料。因此，彼此之间相互开放成本结构、发展战略、技术及产品是一条最基本原则。那种相互不信任互不开放的联盟是没有意义的。当然，这里的开放也是相对的开放，是仅限于不损害本企业利益而又有利于双方合作的开放。

三是互惠性原则。双方都受益是战略联盟的基础。因此，企业和供应商应致力于发展一种长期合作、双赢的交易关系。采购部门要改变多家采购和短期合同的采购手段，转为减少供应商的数量，向同一供应商增加定货数量和种类，使供应商取得规模效应以降低成本，并和供应商签订长期合同，使其不必卷入消极的市场竞争中，获得资源更高效地利用。作为回报，供应商应该向买方企业提供最低总成本的货品和物料供应。

四是高层驱动原则。企业与哪些供应商建立战略联盟，建立何种程度的联盟，如何保证联盟作用的有效发挥，都直接影响着企业今后大部分采购资金的流向和使用效率，换言之，直接影响着企业的生存与发展。因此，不仅是否建立联盟需要供求双方企业高层做出决策，决策之后更需要他们的支持与推动。

五是相对排他原则。由于建立战略联盟后，企业要向供应商开放内部信息和一部分技术，在这种情况下，如果供应商同时又向其他企业，特别是和企业在同一领域竞争的对手供应的话，必然会损害该企业的利益，使其竞争对手获得意外的优势。因此，同一领域的战略联盟一般不可能是一对多关系。

与此同时，为了真正实现"双赢"和共同长期发展，供需双方还应实行全方位的合作。全方位合作应体现在战略、功能和操作三个层面上。

就战略层面而言，双方应通过联合的战略定位实现彼此之间的战略匹配，进而结成战略伙伴关系，其具体的合作措施有：双方承诺按照决定的战略方向发展，不首先做出有损双方或对方利益的行为；可以通过相互间的股权交换形成"利益/风险共担"的关系或者一方拥有另一方的部分股份；联合的战略性举措；围绕增强彼此竞争力的战略性投资项目；双方高层互访并亲自推动战略层面的合作。

就功能层面而言，双方应建立联合的、系统性的组织，以达到组织的兼容，并通过流程优化，以增强合作双方的基础，减少"企业边界"固有的效率损失，具体的合作措施有：根据需要设立专门的对口部门，实行"一站式"管理；举办各种类型的研讨会和交流会；每年针对存在的组织问题成立联合的"效率小组"，改善彼此的组织模式和接口；彼此开放一定的管理系统；相互设计"差异化"的流程，尽可能多地剔除不必要的流程环节；联合的供应链总成本降低计划和利润分配计划。

就操作层面而言，双方应在价值链上的各环节建立起稳定、长期、互惠、互动的关系。其具体做法体现在下列六个方面：采购方面，供应商承诺最低的价格、企业应承诺较大的采购量、签订长期的标准合同、供应商承诺货源的优先供应、联合的降本计划、供应商为企业准备一定的库存、缩短交货期、联合的需求计划。技术方面，联合开发实验室、并行的技术开发、供应商承诺新技术优先考虑企业、企业承诺较大的采购量、某些技术在一定期限内拥有排他性、联合价值工程和标准化工作、供应商技术培训和交流、培养企业的技术队伍、提高项目管理水平。生产制造方面，与供应商一起来改进生产工艺流程和现场管理等。物流方面。供应商到企业设立仓库帮助企业实现零库存且降低生产断线的风险、实现及时供货。信息方面：全球供应市场信息的共享、生产计划的实时传递、最新技术动态信息的共享、互动的信息交流。电子商务方面。通过电子商务实现信息快速、实时、准确地交流，建立联合的采购平台，实行电子商务采购。

习题：

1. 采购可不可以说成购买？
2. 你是怎么看传统采购与战略采购的？
3. 战略采购的具体流程包括哪些环节？
4. 你认为，企业选择供应商时应重点关注什么评价因素？
5. 你认为，战略采购的关键内容控制应该包括哪些因素？

【实验项目】原材料采购

【目的与要求】

通过原材料采购，控制原辅材料的周转率，提高企业资金的使用效率。避免生产车间停工待料，又能降低物料库存，减少资金积压。

【项目类别】

流程操作类

【项目准备】

提供终端设备能连接到服务器的计算机；创业者实验平台。

【实验内容】

原材料采购又称原材料购进，是产品进入市场流通的第一环节，是指生产企业在市场中采购投入到产品成本中的原材料，如图 7-12、图 7-13 所示，采购在整个企业经营过程中扮演了重要角色。

1. 原料采购策略：通过分析报告（初次分析调查报告，之后分析经营报告）提供的需求量值，估算出该店下轮次需求量（分析该店上轮次市场需求量、信息公告里社会事件、季节变化率，产品生命周期、广告促销投入的比例进行计划的），根据需求量确定原料采购数量。

2. 原料采购规则：原材料的采购价格为 5 元/个，固定采购费 2000 元，是每次采购都需要付采购费用。采购的原材料在 1 个轮次后到货。本轮次未使用完的原材料储存在仓库，每个原材料的储存费为 1 元钱。所有的产品都使用同一种原材料，生产一个产品需要一个原材料。大批量采购可从供应商那里获得更多优惠。

采购量大将享有一定折扣，折扣如表 7-3 所示。

表 7-3　采购数量折扣表

采购数量（个）	＞10000	＞30000	＞60000	＞100000
折扣	9.5 折	9 折	8.5 折	8 折

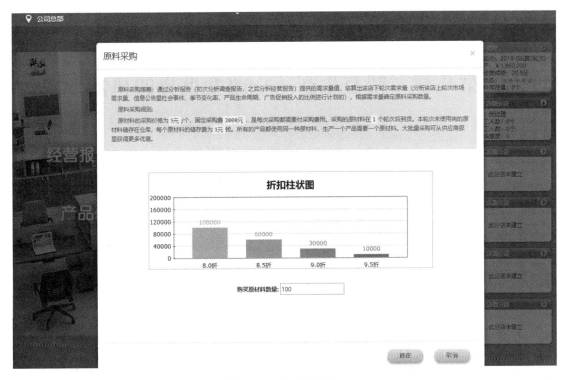

图 7-12　原材料采购 1

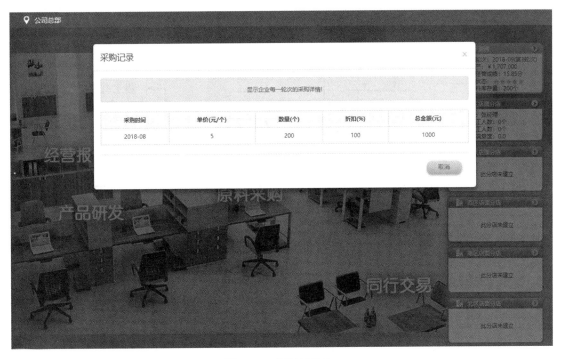

图 7-13　原材料采购 2

第八章　精益生产——改变世界的机器

第一节　初识生产管理

在计划经济向市场经济的转化阶段，质量是决定生产型企业生产能力的唯一要素，如今，随着市场经济的发展，生产能力的大小越来越取决于企业生产管理的水平的高低，生产管理的水平越高，生产能力越强，企业获利越多。那么，大家就会有这样的疑问了，为什么生产管理在市场经济的发展中显得越来越重要？生产管理具体又是说的哪些方面的管理？它是通过哪些方式来影响企业的利润水平的？本节将对上述问题进行探讨。

一、为什么生产管理如此重要

生产管理（Production Management），又称生产控制，是对企业生产系统的设置和运行的各项管理工作的总称。它在企业中的任务是根据企业的经营方针、目标，把投入生产过程的各种生产要素有效地结合起来，形成一个按预期质量、数量、成本等相结合的有机整体，最后生产出满足社会需要的产品或服务。生产管理的运行过程如图8-1所示。

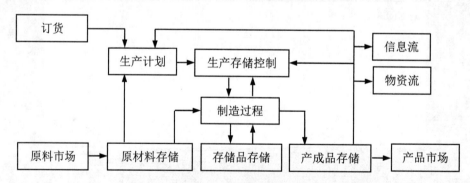

图 8-1　生产管理流程

如图8-2所示，生产管理在其运行过程中，能为企业带来很多实用价值，主要有：使采购、销售、库存、生产数据等高度统一，进而帮助企业在物流、现金流和信息流等管理方面变得简单、高效；能够实时掌握终端销售、库存等信息，帮助企业进一步优化商品库存结构，避免出现商品积压，提高企业运营效率，降低运营成本；能够精确生产管理全过程，掌控业务细节，并从多层次、多维度进行报表分析，为企业合理采购、合理安排生产提供适时的决策数据。

企业的生产能够得以正常进行，并取得良好的经济效益，全都是因为有效的生产管理，它除了在人与人之间、人与物之间以及企业与外部环境之间发挥协调作用外，还要在上图中的各个管理环节发挥决策作用。企业的一切生产活动都已离不开生产管理，管理者只有抓好生产管理这个救命绳，抓好生产和品质，才有可能增强市场竞争力，给企业带来效益。

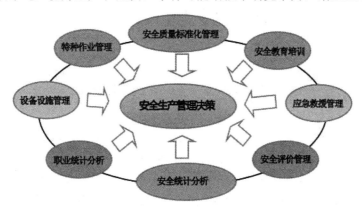

图 8-2　安全生产管理决策

二、生产管理中所要求的职能

职能，是指事物、机构本身具有的功能或应起的作用。用到生产管理上来说，就是指生产管理所应具备的功能或应起的作用。

在一个企业中，生产管理的主要职能就是根据企业的经营目标制造出企业的产品或服务。如图 8-3 所示，由资源（人员、设备、材料、物料、能源、技术、服务、厂房、土地、

> **知识小贴士：区别定义**
>
> 　　职责：组织要求的在特定岗位上需要完成的任务。
>
> 　　职权：依法赋予的完成特定任务所需要的权力。

资金及政府法令规章、社会及环境的要求等）投入企业，然后产出客户需要的产品及服务。此时企业作为一个系统，是我们所利用的将输入转换为产出的机制。信息的流动及传递需是双向的，转换的机制便利用这些双向流动的信息来改善转换机制的绩效，使得转换机制运作得的更有效率。

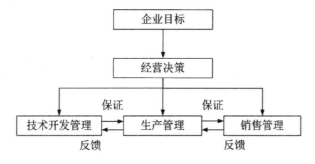

图 8-3　生产管理运管机制

成本低、品质好、交货时间短、生产弹性大是现在以及可预见的未来，企业和客户们的主要诉求。所以生产管理的另一个职能就是要找出如何做好且领先其他企业的方法，来建立企业特殊的竞争优势，这种竞争优势让其他它企业可望但不可及。对于现代的企业来说，能生存且具有其他企业所不能及的竞争优势，才是企业能长久生存之道。

习题：

1. 何谓生产管理？生产管理有哪些具体职能？
2. 生产管理的任务是什么？

第二节　现场才是生产管理的出发点

生产现场是指企业中直接进行生产活动的场所，我国习惯称为车间、工场或第一生产线。现场管理就是运用科学的管理思想、方法和手段，对现场的人、机、料、法（方法）、环（环境）、能源等生产要素进行合理配置、周密计划、组织与控制，使其处于良好的结合、有效的运行状态，实现优质、高效、低耗、均衡、安全、文明生产的目标。

一、生产现场改善的必要性

近年来，随着行业竞争的日益加剧，一些企业因为要解决市场、资金、材料、能源等大方向的难题，导致企业内部的生产管理的整体水平还不高，对现场管理有些疏忽，致使一些企业的现场管理出现不同程度的问题。

（一）生产现场秩序混乱

员工干活无计划，操作无标准；职责分工不明，遇事推诿扯皮，规章制度不能严格执行；供应不及时，生产不均衡，工时利用率低，安全、质量事故频繁。

（二）现场环境"脏、乱、差"

为现场的作业人员创造一个良好的作业环境是现场管理者重要工作，也是生产作业所不可缺少的前提条件，当前很多企业（如小型钢铁厂）却存在着设备布局、作业路线不合理；物料、半成品乱堆乱放，工具箱、更衣箱参差不齐；门上有尘土，地面有油污，杂物堆积，通道堵塞，作业面积狭窄，环境条件达不到规定标准的要求。这些都严重影响着人员、原材料和设备协调到最佳期状态。

（三）设备管理意识淡薄

班组管理好用好设备，精心维护设备有着极其重要的意义，因为现场生产出来的产品，其产量的多少、质量的优劣、成本的高低，无一不与设备的技术状况密切相关。一些企业的设备管理意识十分淡薄，如设备的采购、生产、维护等部门相互脱节，严重影响了设备的有效利用。一旦某些关键设备发生严重故障，势必影响全线，造成停机、停产等现象，给班组和全厂造成严重损失。

（四）现场存在浪费现象

有些企业肆意招工，且招工标准低，导致有人没活干，有活没人干等现象；有些企业生产过剩，库存积压，资金周转慢，如今年的钢铁产业；设备更新意识淡薄，导致物料消耗高，产品档次低，出现大量的废品和不良品；各个企业随处可见的长明灯等现象都造成了浪费。

（五）现场人员素质有待提高

有人认为，当前困扰企业的主要问题是企业外部环境的影响，因为许多企业的领导者忙于搞"外交"，抓市场，筹资金，顾不上抓现场管理，即便抓了也认为是"远水解不了近渴"。殊不知内部因素决定外部因素，只有首先抓好内部的员工素质，才能从根本上解决问题。一些企业员工不符合大生产和文明生产要求的旧观念、旧习惯，"惰性"、作风散漫和纪律松弛等毛病频发，企业应根据具体情况，适时组织员工培训，提高思想和技术业务素质。

在市场经济条件下，企业生产经营必须以市场需求为导向，抓市场是完全必要和应该的，但是不能把抓市场与抓生产现场割裂开来，这两者是相互关联、相互制约，密不可分的。企业要在激烈的市场竞争中求生存、求发展，就必须向市场提供质量好、品种多、价格便宜、能按期交货的产品，而这些产品是在生产现场制造出来的，要靠生产现场管理来保证。因此，生产现场管理水平的高低决定着企业对市场的应变能力和竞争实力。

二、5S 是关于企业经营的课题

"5S"源自日本的一种家庭作业方式，原是针对地、物提出了前两个"S"，即整理（SEIRI）、整顿（SEITON），后被日本企业应用到企业内部管理运作，成为企业实现现场管理的有效方法。随着管理的需求与水准的不断提高，又增加了其余三个"S"，合称"5S"，即整理（SEIRI）、整顿（SEITON）、清扫（SEISO）、清洁（SEIKETSU）、素养（SHITSUKE）。现在"5S"已经成为日本广受推崇的一套管理活动，因为在日本的罗马发音中，均以"S"开头，故简称"5S"。其各项内容如下：

整理。将工作场所的物品区分成有用的和没用的，除去没用的物品，留下有用的。

整顿。把留下来的有用物品，根据使用情况分门别类，按规定摆放整齐，做到先进先出的原则，并加以明确标识。目的是让物品摆放一目了然，减少物品寻找时间，保证材料物品出入有序，工作场所整齐、美观。

> **知识小贴士：整理活动的目的**
>
> ★　改善和增大作业面积。
>
> ★　现场无杂物，行道通常，提高效率。
>
> ★　减少磕碰的机会，保障安全，提高质量。
>
> ★　减少管理上的混乱。

清扫。工作场所彻底清扫干净，保持工作环境清新、亮丽，防止污染发生。目的是减少工业伤害，创造良好的作业环境，产品有好的品质，员工有好心情。

清洁。将前面三个"S"的做法制度化、规范化，并习惯执行及维持结果。目的是让前"3S"的成果保持下去，树立加强"5S"的信心。

素养。养成遵守规定的习惯。目的是让员工遵守规定并营造良好的团队协作、敬业进取精神。

（一）"5S"之间的内在联系

整理是整顿的前提，整理、整顿又是清扫的前提，整理、整顿、清扫又是清洁的前提，素养是推动员工进行整理、整顿、清扫、清洁的基本前提和内在动因，而整理、整顿、清扫、清洁长期作用的目的又在于提升产品的品质和员工的素养。总之，"5S"源于素养，终于素养，是一个闭合循环。

（二）"5S"与企业经营管理之间的关系

企业经营管理最大的目标是提高营业额、多创利润，使得企业能够永续经营。从企业的管理层次来看，如图 8-4 所示，5S 活动是企业的基础管理，它的实施有利于改善企业的经营管理，从这点来说，二者是措施与目的的关系；从企业最总目的来看，5S 活动与企业的经营管理是殊途同归的关系，都是实现企业终极目标的手段。

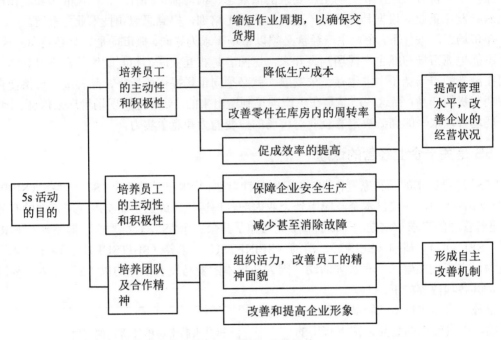

图 8-4　推行 5S 的目的

（三）推行"5S"对企业经营的意义

1. 提升企业形象，易于吸引顾客。"5S"工作做得好，就能帮助企业成为其他兄弟企业参观学习的对象，美誉度得到提升，知名度也随之跟上，同时也增强了客户对本企业的信心，使其多下单。如唐钢：环境优美，秩序整齐划一，为其他钢铁企业树立了一个榜样。

2. 提升员工归属感，让员工对工作倾注爱心与耐心。员工将企业视为自己家，有一种高度的主人翁意识，激励员工自发地实施"5S"工作。

3. 减少浪费，降低成本，增加利润。节约是不投入的产出，推行"5S"工作，能充分利用与配置企业的各种资源，减少浪费。

4. 安全有保障。推行"5S"工作，员工规程办事，降低了安全事故发生的概率，使员工的生命与企业的财产得到有力的保障。

5. 工作效率大幅度提升。通过推行"5S"，企业内外变得整洁卫生，要用的空间变得更加开阔，心情也自然舒畅，不必花费无聊的时间去寻找东西，机器也能得到有效的保养，员工都按规程操作，企业的生产效率自然也会提升。

6. 品质有保障。这里的品质不仅包括产品的品质、服务的品质、企业的品质，还包括员工的品质。实践证明，通过坚持不懈地推行"5"工作，能有效改进产品品质，提高服务品质，提升企业品质，最终实现员工品质飞跃。

三、从分工作业到"流程化生产"

劳动分工是指把企业的各项业务工作按照其性质、特点和工作条件划分为几种类型和几个部分，由具有不同条件的职工分别去完成，使每个职工只从事一种类型或一个部分的业务工作。它是组织劳动协作的基础，其优缺点如表 8-1 所示。

表 8-1 劳动分工的优缺点

劳动分工的优缺点	
优点	1. 可提高劳动熟练程度，节约劳动转换时间，节约培训成本。
	2. 分工程度较高时，个人责任清楚，工作内容简单，易监督，监督成本相应较低
缺点	1. 工作变得单调，工作易疲劳，易导致工作效率下降，职工还会对工作环境、企业产生厌恶和敌对的情绪，合作意愿下降。
	2. 高度分工，降低了工人对整个生产过程之间关系的了解，应变和自动协调能力下降
	3. 高度分工容易造成对企业中下层员工不利的分配关系，从而对劳资关系产生不利影响

管理者逐渐意识到，劳动分工的缺点会对企业产生一系列的不利影响，因此，企业逐渐开始向流程化生产靠拢。

什么是流程？如图 8-5 所示，流程是指一个或一系列有规律的行动，这些行动以确定的方式发生或执行，导致特定结果的出现——单个或一系列连续的操作。简单地说，流程就是将输入转化为输出的一系列的活动，即先获取输入，再向内部或外部的用户提供输出。

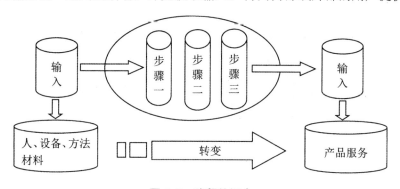

图 8-5 流程的概念

精益生产方式的核心思想之一就是要尽量使工序间在制品的数量接近甚至等于零。也就是说，前工序加工一结束就立即转到下一个工序进行加工，所以此种流程化生产是实现精益生产的一个基本原理。

传统大批量生产有在制品多、生产周期长、质量问题多、搬运多等缺点，这都是因为采用机群式批量生产方式所造成的。而精益生产则大为不同，它根据产品的类别将机器设备依工序加工顺序依次排列，即按产品原则进行布置，每个工序被紧密地衔接在一起，可以形成一个不间断的流程，也就是流程化生产。

流程化生产强调的是一个迅速流动的过程。当顾客下订单时，便会指示流程取得完成顾客订单所需要的原材料，而且只提供这个订单所需要的原材料；接着，这些原材料将立即被送到工厂，在工厂内，物料被无间断地流经各个工序，这期间等候时间将减至最少，流程距离最短，进而能减少总生产时间。

流程化生产对计划提出了新的要求，要求车间要与主生产计划同步，不留库存，不要入库、保管、出库的过程。除了主生产计划外，其他生产车间不要调度员，管理扁平化，消除中间层，如图 8-6 所示。

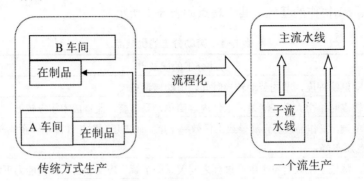

图 8-6　流程化生产示意图

其中，流生产的特征：做一个、传送一个、检查一个，而不是一批一批地加工、移动；作业人员跟着在制品走动，进行多工序操作；工厂内各个生产线之间也是采取一个流进行同步生产。这样整个工厂就像是用一条"看不见的传送带"把各个工序、生产线衔接起来，形成整个工厂一体化的"一个流生产"。

四、如何实现生产的流程化

流程化生产是使得零部件的运动就像水流过一根管子一样顺畅而无间隔。它改变了按工序单位进行生产的传统思想，采用流水线方式来生产产品，把生产流程看作是"河流"，消除各道工序内部、各道工序之间物料停滞，改善混乱的流程。对于 21 世纪的企业来说，流程将非常关键。优秀的流程将使企业与其他竞争者区分开来，帮助企业走向成功。那么，究竟怎样实现流程化生产呢？其方法如图 8-7 所示。

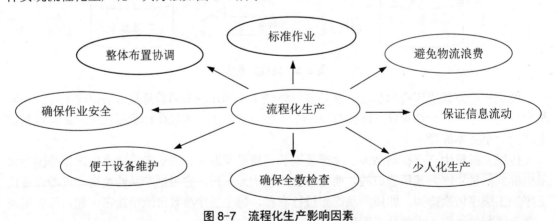

图 8-7　流程化生产影响因素

（1）保证标准化作业，就要避免制造过多、步行距离和手动作业上的浪费，要保证作业顺序一致化、明确作业循环时间和明确在制品的数量等问题。

（2）避免物流浪费，就要采用先进先出原则，保证物资的快速流动。这里就要涉及线与线之间物资的存放设置、搬运方法与搬运路径的问题，应保证中间所用时间最短，前后的生产线要尽量靠拢。

（3）考虑信息流动的问题。要确保生产的指示灯明确，便于信息传递，这样便于批量生产以及线体的控制等。

（4）少人化生产。就是要保证设备与设备之间无阻隔，人员只负责装料、卸料的操作，其余由设备之间的传递完成，避免中间的时间浪费。

（5）确保全数生产。就是要保证设备的不良发生与流出问题，这就要求作业人员适时检查、并准备设备的防错功能以及现场的 5S 管理。

（6）设备维护。要保证有足够的设备维护空间，同时还要避免由于一台设备维修全厂停产的现象。这要求多备几台生产统一产品的并联设备，保证生产不中断。

（7）确保作业安全。要注意加工点远离双手可达区域，去除踏台突出物，注意蒸汽、油污和粉屑的防护等。

（8）整体布置协调。保证整体的效率最高。

企业要时时对流程运行出现的问题，进行改善。流程改善的目的是消除流程中的不合理、不顺畅和不节约的部分，提高产品和服务的质量，提升客户的满意度，从而获得更大的收益。流程改善的方法有 DANIC 方法，其含义为：界定核心流程（Define）、分析关键原因（Analyze）、评估和监控问题（Measure）、改善问题（Improve）和控制（Control）。

Define：界定核心问题。流程改造和组织重组时，要思考企业各部门之间的关联性，因此首先要界定核心问题，以流程的观点确认核心的问题点。

Analyze：分析关键原因。绝大部分的问题可能都集中在某几个运作流程，其产生原因也是相对集中的。只要能真正分析出关键原因，排除主要问题后，其他的问题也就容易处理了。

Measure：量评和监控问题。界定出核心问题后，应注意追踪核心问题的发展情形，调查问题点究竟是从哪个阶段或哪个部门开始产生的，评估问题的来源。

Improve：改善解决关键问题。分析得出问题产生的关键原因后，就能有针对性地提出有效的改善措施，将问题所带来的不良影响降低到最低的程度。

Control：确保绩效受控。流程的改善是一个长期持续的改善过程，必须加强对流程改善后的监控，用标准化的技巧来确保指标绩效处于最佳的受控状态，进而确保整个运作流程的流畅。

流程改善后，还能明显地提高生产线的生产效率，具体表现为：产品重复返工的现象减少，既能节约成本，又能加速产品的生产。另外，流程得到有效改善后，新产品的开发周期也能够大大地缩短。

> **知识小贴士：效率与效果衡量流程改善**
>
> ★ 客户满意度增加
> ★ 附加价值与服务提升
> ★ 出错几率减少
> ★ 库存的减少
> ★ 成本的降低
> ★ 重复返工的减少

习题：

1. 试述你对现场管理的认识。

2. 如何实施 5S 管理？

第三节 生产能力规划与计算

生产能力是对企业、车间、班组或设备在一定时期内的生产能力进行计算和确定。具体来说，就是通过对人员数量、技术水平、固定资产三大因素的调查，在查清现状的基础上将这些因素加以核定，从而计算出企业的生产能力。它是编制企业生产能力规划的重要依据。

一、生产能力构成要素

生产能力一般是由设计能力、查定能力和计划能力三个因素构成的，其中设计能力是指在工厂新建或改建时由设计任务书和技术文件规定的生产能力，是根据设计中确定的企业产品生产方案、全部技术装备及设计数据计算出来的。查定能力就是根据需要，在查定期以企业现有固定资产等条件为依据，结合各种技术组织的效果重新调查核定的生产能力。计划能力，也叫现实能力，是根据企业现有的生产条件和采取的技术组织措施，计算出来的在计划期内所能达到的生产能力。

企业的生产能力受到企业固定资产的数量、工作时间和生产效率 3 个因素的影响。在核定企业生产能力时，要以上述 3 个因素为依据，以计算设备组合生产能力为基础，按照自下而上的程序，经过反复综合平衡来加以核定。

其中企业生产能力的核算与平衡是说在对各车间生产能力汇总的基础上进行综合平衡，一是对各基本车间之间生产能力的平衡；二是基本生产环节与辅助生产环节之间的平衡。

二、实验量法核定生产能力方案

当只生产一种产品时，计算生产能力就使用该种产品的实物量即可，计算公式为：单一产品生产下的设备组生产能力：

1. 先将设备按其功能、生产率、功率、精度等分组
2. 设备组生产能力计算

$$M = \frac{F_e \times S}{t}$$

S：设备组内设备数
F_e：计划期单台设备的有效工作时间
t：单位产品台时定额

例题：某企业生产甲产品，该产品在机械加工车间车床组的台时定额为 50 台，车床组共有车床 15 台，计划期的有效工作时间 12000 分，求车床组的生产能力。

解：

$$M = \frac{F_e \times S}{t} = \frac{12000 \times 15}{50} = 3600（台）$$

核定企业生产能力的主要结构图如 8-8 所示。

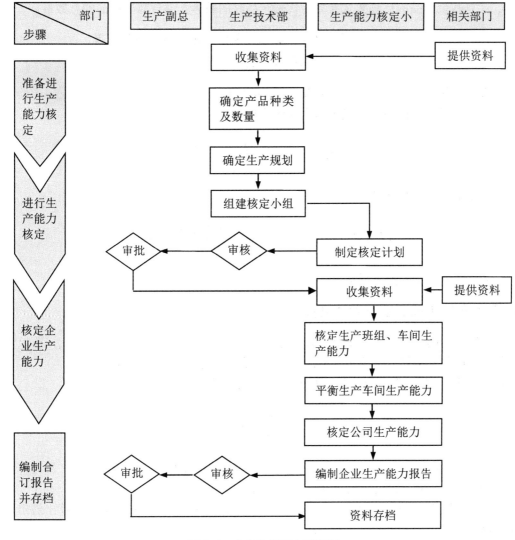

图 8-8 企业生产能力核定图

三、代表产品法核定生产能力方案

代表产品法核定生产能力就是说选择其中一种作为代表产品，以代表产品的产量表示生产能力。它适用于产品结构、工艺相似、多品种生产的企业。操作步骤如下：

1. 按照产品反映工厂专业方向、产量和耗费劳动量较大、工艺过程具有代表性的原则，选择一款产品。

2. 将选出的产品按照单一品种生产能力的核算办法计算出该种产品的生产能力。

3. 分别计算其余产品与选出产品的换算系数

$$换算系数=\frac{其余产品的台时定额}{代表产品的台时定额}$$

即 $\varepsilon_i = t_i / t_代$

4. 计算其余产品的计划数量换算为代表产品时的数量，并计算出产品的总数量。

其余产品换算后的产量＝其余产品的计划产量×换算系数

$$Q_{i \to 代} = Q_i \times \varepsilon_i$$

产品的总数量是不同品种的产品的生产数量之和。

5. 计算各种产品的生产数量占总产量的比重

$$比重 = \frac{各产品的生产数量}{总产量}$$

6. 计算各种产品的生产能力

$$产品生产能力 = \frac{代表产品的生产能力×比重}{换算系数}$$

其中，代表产品的换算系数为 1。

四、假定产品法核定生产能力方案

当工厂生产的产品品种复杂且各种产品的结果、工艺和加工劳动量相差巨大，难以确定工厂的代表产品时，就采用假定产品法核定工厂的生产能力。步骤如下：

1. 将各种产品按其产品产量比重构成一种假定产品

$$t_{假} = \sum_{i=1}^{n} t_i \times q_i$$

其中，$t_{假}$ 是假定产品的时间定额；t_i 是 i 产品的时间定额；q_i 是 i 产品的产量比重，等于 i 产品的计划产量/总产品计划产量；n 是产品的品种数。

2. 计算假定产品的生产能力，具体为使用单一品种生产能力的核算方法计算出假定产品的生产能力。

3. 计算各具体产品（i 产品）的生产能力

$$各具体产品的生产能力 = 假定产品的生产能力 \times \frac{具体产品计划产量}{总产品计划产量}$$

例题：某企业生产甲、乙、丙、丁四种产品，其计划产量分别为 200、100、300、和 50 台，各种产品在机械加工车间车床组的台时定额分别为 50、80、100 和 120 台时。车床组共有车床 12 台，两班制，每班工作 8 小时，设备停修率为 5%，试求车床组的生产能力。

解：

（1）假定产品的台时定额

$$50 \times \frac{200}{650} + 80 \times \frac{100}{650} + 100 \times \frac{300}{650} + 120 \times \frac{50}{650} = 83（台时）$$

（2）设备组假定产品生产能力

$$\frac{(365-59)\times2\times8\times(1-0.05)\times12}{83}=672\text{（台）}$$

（3）计算各具体产品生产能力

$$\text{甲产品生产能力}=672\times\frac{200}{650}=207\text{（台）}$$

$$\text{乙产品生产能力}=672\times\frac{100}{650}=104\text{（台）}$$

$$\text{丙产品生产能力}=672\times\frac{50}{650}=52\text{（台）}$$

$$\text{丁产品生产能力}=672\times\frac{50}{650}=52\text{（台）}$$

五、流水线生产能力核定方法

在核定流水线的生产能力时，按流水线的有效工作时间和规定的节拍进行计算，具体公式如下：流水线生产能力$=\dfrac{\text{流水线有限工作时间}}{\text{节拍}}$。其中，节拍是指流水线上两件相同制成品生产的时间间隔。

例题：某可变流水线上生产 A、B、C 三种产品，其计划月产量分别为 2000、1875、1857 件，每种产品在流水线上各工序单件作业时间之和分别为 40、32、28 分，流水线两班制工作，每月有效工作时间为 24000，试确定可变流水线上各种产品的生产节拍。（以 A 产品为代表产品）。

解：以代表产品表示的产量

$$Q=Q_A+Q_B\varepsilon_B+Q_C\varepsilon_C$$
$$=2000+1875\times\frac{32}{40}+1857\times\frac{28}{40}$$
$$=4800\text{（件）}$$

（1）代表产品的节拍

$$r_A=\frac{24000}{4800}=5\text{（分/件）}$$

（2）其他产品的节拍

$$r_B=r_A\varepsilon_B=5\times\frac{32}{40}=4\text{（分/件）}$$

$$r_C=r_A\varepsilon_B=5\times\frac{28}{40}=3.5\text{（分/件）}$$

习题：

1. 简述代表产品法核定生产能力的运算过程。

2. 生产能力的构成要素有哪些？

第四节　计划管理工作

计划管理就是计划的编制、执行、调整和考核的过程。它是用计划来组织，指导和调节企业一系列经营管理活动的总称。企业在国民经济计划的指导下，根据市场需求和企业内外环境和条件变化，并结合长远和当前的发展需要，合理地利用人力、物力和财力资源，组织筹谋企业全部经营活动，以达到预期的目标和提高经济效益。

一、企业计划体系

企业的经营计划按时间划分，可分为三个层次：长期经营计划、中期经营计划和短期经营计划 3 种，长期计划是规定企业 10 年或 10 年以上的发展方向规模和主要技术经济指标的纲要性计划，又称战略经营计划或远景经营计划。中期计划是 5 年到 10 年的发展方向；短期计划是 1 年到 5 年的计划，它根据企业的具体情况制定。企业的计划体系及相互之间的关系如图 8-9 所示。

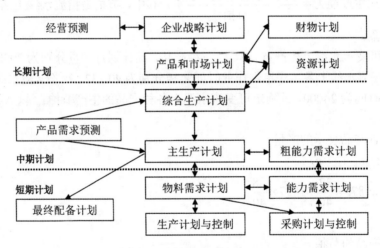

图 8-9　制造型企业生产计划体系

企业战略计划：结合企业内部能力水平和企业外部经济、技术。政治等环境进行分析，确定企业的发展总目标。如阿里巴巴的战略计划就是成为全球十大网站之一。

产品与市场计划：把企业的发展总目标转化为各个细分市场和各个产品线的发展目标。

财务计划：从资金需要量和投资回报等方面对企业的发展总目标的可行性和经济性进行分析。

资源计划：确定为实现企业的发展总目标和战略计划所需要增加的设施、设备、和人力资源需要量。通常也被称为长期计划能力。

综合生产计划：也称为总体生产计划，就是部门经理通过调整生产率、劳动力水平、存货水平以及其他可控变量，来决定满足预测需求的最好生产方式。

产品预测计划：预测最终产品和备品的需求量，与综合生产计划的产出总量一起，将作为下一层次计划——主生产计划的主要依据。

主生产计划：确定了每一最终产品在每一具体时间的生产数量计划。一般以周为单位，计划期大于生产周期即可。它是连接销售与生产的纽带，是物料需求计划的重要输入。

粗能力计划：用来检查主生产计划的可行性，从而避免主生产计划超出能力范围。

最终装配计划：确定了最终产品的短期产出进度计划。

物料需求计划：根据产品的配方和工艺文件，把主生产计划细化为零部件生产进度计划和原材料、外购、外协件的采购进度计划，并具体确定自制零部件的投产和完工日期等。

能力需求计划：用于检查物料需求计划的可能性。

二、生产计划编制规范

生产计划就是根据企业总生产大纲，分解到各相关部门测算出生产能力与生产进度，同时根据人、机、料、法、环的合理安排，实现均衡生产，同时对生产计划完成情况进行协调、控制和改进工作。生产计划的编制主要从 4 个方面考虑：

1. 以交货期为原则。特别要关注交货时间较短或临近的，生产计划要首先安排。

2. 以市场需要为原则。客户的销售比较旺盛，但又断货急需进行补货的应优先安排。

3. 以产能为原则。各生产班组和流水线节拍与生产能力相吻合，同时考虑设备、生产时间、人员的负荷，以生产技术为基础。

4. 以工艺流程为原则。对款式工序多、复杂、生产时间长的，应该先安排生产。

编制生产计划主要是要掌握生产计划的内容，统筹安排，综合平衡，明确生产任务量和投产日期、原材料进仓日期、检验日期、交货（入库）日期等。反之，就会出现生产现场混乱现象，客户天天要货，生产车间等工待料，生产时间紧张，质量下降，生产效率低。同时，生产计划的编制要注意全局性，效益性，平衡性，群众性，应变性。

三、综合生产计划编制流程

综合生产计划又称生产计划大纲，它是企业根据市场需求和资源条件对企业未来较长一段时间内资源与需求的平衡所做的总体化规划，是根据企业所拥有的生产能力和需求预测对企业未来一段较长时期内产出内容、产出量、劳动力水平、库存投资等问题所做出的决策性描述。综合生产计划编制按如下程序进行：

1. 收集有关资料，进行必要的市场调研。如新产品研发情况、劳动定额数据、设备状况及维修状况、成本数据、企业的财务资金状况、劳动力市场供应状况、现有人员情况、培训水平和相关能力、现有设一备能力状况、劳动生产率水平、设备投资计划等都要有一个大体的了解。

2. 拟定多种可行的综合计划方案。如表 8-2 所示，这一点要根据本企业的生产类型具体考虑：订货型企业可以直接按订货合同，并根据生产能力的实际状况进行调整，即可决定大体框架；备货类企业则要通过市场需求的预测、库存状况、经济形势、设备能力及训整规律来综合平衡，安排生产计划。由于存在多种可变因素，实际工作中，可以制定多种可行方案备选，以应付各种不同的击要。

表8-2　车间综合生产计划表

车间　　　　　　　　　　　　　　　　　　　　　　　　　　　　　计划时间：　年　月　日

产品	当前库存	单价	库存量	估计日销量	可销售量	经济产量	每日产量	需生产量	预定生产日程			
									自	至	数量	产量

3. 优化综合生产计划方案。初步拟定综合生产计划方案以后，还必须进行优化。

4. 综合平衡，最终确定正式方案。经过优化后的方案仍然可能是一个不可行方案，还要进行全面的综合平衡，考虑到各种可能的因素、各方面的影响以后，才能最终成为正式的综合生产计划，下达实施。

> **知识小贴士：**
>
> 　常用的优化综合计划的方法有益亏平衡分析法和线性规划法。

案例：宝丽来的综合生产计划

每年，坐落在美国马萨诸塞州乌尔姆市的宝丽来胶卷厂的生产主管珍尼特·克拉默都要绞尽脑汁地想出最有效的办法来满足胶卷的预测数量。珍尼特胶卷厂是宝丽来设在美国的唯一一家胶卷厂。

从历史数据上看，宝丽来胶卷每年的销售量都出现了季节性波动，一般在圣诞节的前一个月销量达到高峰，这是由于各家胶卷零售店会纷纷储备一定胶卷以供节日期间的销售。此外，在春末夏初也会出现一个销售高峰，顾客们纷纷热购胶卷，主要用于毕业典礼、婚礼、夏日度假等场景的摄影留念。

宝丽来胶卷厂生产4种不同类型的胶卷，是为了宝丽来相机配套生产的。胶卷的生产流程实际上是资金密集型，即固定成本很高而可变成本很低。因此，乌尔姆市的宝丽来胶卷厂大约雇佣了470名正式员工，每天安排3个班次，每天工作24小时，每周工作5天。此外，其中一部分员工的工作需要达到相当的技能水平才能胜任，因此，旁人难以代替。

尽管面对诸多的约束，珍妮特仍有几种可供选择的方法。第一种方法是对星期六加班的员工支付50%的额外加班费用，加班的胶卷的库存约占每年总成本的20%～50%，直到销售高峰期来临。第二种方法是为了降低库存成本，在销售高峰期来临的前一个月要求员工在星期六和星期天都要加班，而且在星期天加班的员，工将得到双倍的工资，但是管理层担忧的是员工因此造成过度疲劳（每周工作 7 天），会给产品质量和产出率带来一定的负面影响，甚至会影响员工士气。

珍尼特面临的综合生产计划的决策问题也是其他运营主管需要面临的典型问题之一。通常只要企业的产品需求是呈周期性波动的，那么就很难找出一个正确的方案，因此，管理层只能在权衡包括质量、产出率、成本和员工士气在内的各种因素之后，制定折中方案。

分析思考题：你会做出什么折中的方案？

案例来源：根据 https://max.book118.com/html/2016/0321/38225693.shtm 资料整理。

四、主生产计划编制流程

主生产计划（Master Production Schedule，简称 MPS）。MPS 的实质是保证销售规划和生产规划对规定的需求（需求什么、需求多少和什么时候需求）与所使用的资源取得一致。那么编制主生产计划主要有哪些步骤呢？

1. 编制 MPS 初步计划。编制资源清单，根据资源清一单来计算 MPS 初步计划的需求资源。

2. 制订粗能力计划。对能力和需求做平衡，核定主生产资源的情况，在这一步要做三项工作：建立资源清单，说明每种产品的数量及各月占用关键工作中心的负荷小时数；同时与关键工作中心的能力进行对比；在产品的计划期内，对超负荷的关键工作中心，要进一步确定其负荷出现的时段。

3. 评价初步的 MPS，最后修订和批准 MPS，同意或否定初步的 MPS。如否定，则对能力和 MPS 重新进行调整和平衡。改变预计的负荷量、重新安排订单、拖延（暂缓）订单、终止订单、将订单拆零、改变产品组合等。或改变产品的生产工艺、申请加班、外协加工、雇用临时工等增加生产能力。

主生产计划的编制流程如图 8-10 所示。

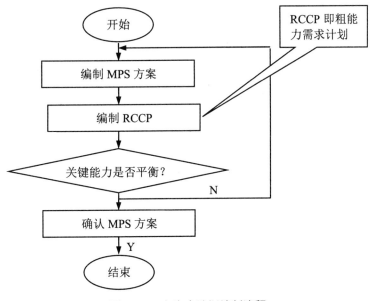

图 8-10 主生产计划编制流程

粗能力需求计划（rough-cut capacity planning，简称 RCCP）。是判定 MPS 是否可行的工

具。RCCP 的作用是把 MPS 中计划对象的生产计划转变成对工作中心的能力需求。在这里，MPS 中的生产计划是生产负荷，关键工作中心能力是生产能力。如果生产能力大于或等于生产负荷，则 MPS 是可行的。否则，MPS 是不可行的。没有经过 RCCP 判定的 MPS 是不可靠的，因为企业可能无法完成 MPS 中的计划任务。

一般情况下，RCCP 的编制方法有两种：资源清单法和分时间周期的资源清单法。这两种方法的主要区别在于前者比较简单，不考虑各种提前期，往往会过高地估计负荷；后者比较复杂，考虑各种提前期，平衡结果比较准确。但是，资源清单法是分时间周期的资源清单法的基础。

五、车间生产计划编制流程

车间生产计划是在 MRP 所产生的加工制造订单（即自制零部件生产计划）的基础上，按照交货期的前后和生产优先级选择原则以及车间的生产资源情况（如设备、人员、物料的可用性，加工能力的大小等），将零部件的生产计划以订单的形式下达给适当的车间。在订单的生产过程中，要实时地采集车间生产的动态信息，了解生产进度，发现问题并及时解决，尽量使车间的实际生产接近于计划。车间的生产计划编制流程如下：

1. 分解生产计划。在生产部指导下，各生产车间对公司主生产计划进行分解，然后确定总生产任务在不同车间之间的分配。

2. 拟定车间生产排程计划。车间主任组织生产班组长拟定车间排程计划。

3. 排程计划报审。生产车间将生产排程计划报生产部进行审核。

4. 确定车间标准日程。生产车间根据生产部审批通过的排程计划确定车间标准生产日程。

5. 工时和负荷计划制定。生产车间根据标准日程确定生产工时和设备负荷，生产工时确定需要考虑的因素包括作业标准、作业时间和标准材料的配备。

6. 报审。生产车间将制定的工时计划和负荷计划报生产部审核批准。

7. 确定班组日程计划。车间各生产班组根据审批通过的车间日程、工时和负荷计划确定班组日程计划。

8. 下达生产指令。生产车间根据车间日程、工时、负荷及班组，下达生产指令。

9. 执行生产指令。生产车间各班组根据生产指令组织生产。

车间生产计划表如表 8-3 所示。

表 8-3 车间生产计划表

年　　月　　日

序号	产品名称	款号	计量单位	产量			实际产量		耗用工时		备注
				计划	实际	计划完成%	合格	不合格	计划	实际	
1											
2											
3											
4											
5											
6											

具体流程图如图 8-11 所示。

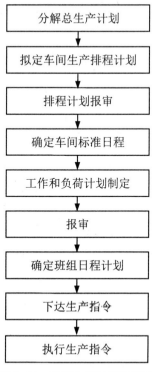

图 8-11　车间生产计划流程图

六、基准日程计划编制流程

所谓基准日程，是指以标准作业方法和以正常的工作强度进行操作，为完成某一项工程所需的时间。基准日程是为使作业能按预定日完成，在何时开工、何时进行、何时完工制定的一种标准。这是一种日程标准。用来确定自订货至加工，最终成品形成为止所需的工作日数。

小工具：基准日程表（见表 8-4）

表 8-4　基准日程表

作业日期						
所需天数						
制程						
次序号						
基准日程						

基准日程编制步骤如下：

1. 决定基准日程。按作业的制程表、材料表来表示开工及完工时期的基准、先后顺序。

2. 决定生产预定。依基准日程、生产能力及出货计划的要求订立详细的月份生产计划，如图 8-12 所示。

3. 安排日程。安排日程可以按照交期先后安排；也可以按照客户优劣安排，如信用好的客户先安排生产等；还可以按照制程瓶颈程度大小安排。

4. 前期作业准备。充分的作业准备及生产日程计划的检讨，确保计划的可行及达成。

> **知识小贴士：**
>
> "日事清"是个解决日程计划中经常遇到的各种问题的软件，大家有兴趣可是看看。

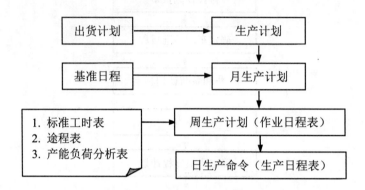

图 8-12 主生产计划作业准备

习题：

1. 简述主生产计划在企业计划中的作用。
2. 试述主生产计划和综合生产计划的关系。

第五节 生产计划控制管理

控制管理是指企业在经营活动中检查、监督，确定组织活动的进展情况，同时对实际工作与计划工作所出现的偏差加以纠正，从而确保整个计划及组织目标的实现。所以生产计划的控制管理即是说对企业制定的生产计划进行控制，并对生产过程中出现的偏差予以及时纠正，确保生产计划按时完成。

一、生产进度控制流程与方法

生产进度控制，又称生产作业控制，是说在生产计划执行过程中，为了保证完成生产作业计划所规定的产品产量和交货期限指标，就必然需要对有关产品生产的数量和期限的控制。那么企业怎么来控制生产的进度呢？是否需要进行生产控制以及什么时候需要进行生产控制？这就是我们这节要讲的内容。

企业是否需要进行生产进度的控制，如图 8-13 所示，一般要经过以下思考流程。

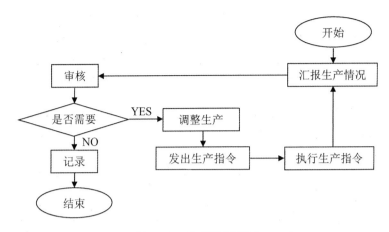

图 8-13　生产进度控制

如果经审核确实需要生产，那企业就应执行以下步骤：

（1）编制生产计划表。首先由 PMC（生产计划部）依据由生产、物控、技术工程、采购等部门充分评估的销售计划、现有的生产计划、物料状况、生产利用状况制定生产计划，并及时准确地知会相关部门。其次规定外购零件、工具、机器设备进厂的时间、以免耽搁工作的进行，而且要在制定计划时充分考虑物料的采购周期，拟订制程的制造时间。最后应考虑销售业务状况，适当地调整安排日程计划。

（2）生产部门的生产准备工作。生产部依据生产计划、现有生产能力做出相关的准备工作，相关人员提前核实物料、工装夹具、场地等准备工作。当各制程的制造时间确定后，根据各制程的加工先后次序，计算产品完成所需要的总工时。

（3）生产。生产进行时应保持人员、环境、物料、设备的良好状态，以使生产顺进行，并对原材料、人员均应安排妥当，生产制程必须增加控制，尽量做到全面管制，对于突发状况应有妥善的处理办法。工作人员对生产制造的各种进度与成本必须详加记录，要注意在生产过程中，避免停工待料之情形，避免不必要的搬运。

生产进度的控制方法有很多种，但主要有以下两种：

（1）投入进度控制。它是指对产品开始投入的日期、数量及品种进行控制，以便符合计划要求，它还包括检查各个生产环节、各种原材料、毛坯及零部件是否按前期标准投入，设备、人力及技术措施等项目的投入生产是否符合计划日期。投入进度控制是预防性的控制。由于企业的类型不同，投入进度的控制方法也不相同，但大致可分为以下两种：①大量大批生产投入进度控制的方法。可根据投入指令、投料单、投料进度表、投产日报表等进行控制。②成批和单件生产投入进度控制的方法。这种控制方法相比上一种复杂，一方面要控制投入的品种、批量和成套性；另一方面要控制投入提前期，利用投产计划表、配套计划表、加工线路单等来控制投入的任务。

（2）出产进度控制。是指对产品的出产日期、出产提前期、出产量、出产均衡性和成套性的控制。出产进度控制是保证按时按量完成计划的前提，也是保证生产过程各个环节之间的紧密衔接、各零部件出产成套和均衡生产的有效手段。同样，不同的企业有不同的出产进度控制的方法，主要有：①大量生产出产进度控制法。它主要是用生产日报同生产日历进度计划表进行比较，来控制每日出产进度、累计出产进度和一定时间内生产的均衡程度。②成批生产出产进度控制方法。它主要是根据零部件轮番标准生产计划、出产提前期、零部件日历进度表、零部件成套进度表以及成批出产日历装配进度等来进行控制。③单件小批量生产出产进度控制方法。它主要是根据订货合同所规定的交货期进行控制，通常是直接利用作业计划图表，如图 8-14 所示，只要在计划进度表下用不同的颜色画上实际进度即可。

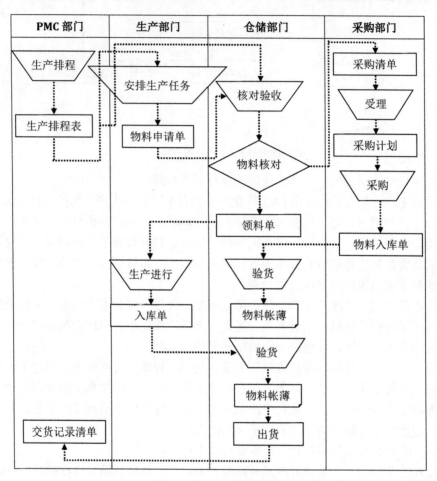

图 8-14　生产进度控制流程图

二、在制品控制流程与办法

在制品库存是指所有加工中心内的库存数量。在制品是未完成的产品，也就是还没有转化成可出售的最终产品。包括下面几项：待送入另一个加工过程的库存、正在加工中心被加工的库存、由于存在加工能力的瓶颈或机器设备故障等在加工中心排队等候的库存。

在精益生产体系中，要进行在制品控制，首先要实现在制品标准化。如果不控制在制品数量，必将导致现场到处都是在制品。在制品库存控制是生产管理与优化的难题之一，那么，如何控制合理的在制品数量呢？当前的在制品控制和调度策略如表 8-5 所示。

表 8-5　库存控制策略

库存控制策略	描述
1. 调整输入策略	规定多少产品组成一个批次，在某时刻开始加工
2. 任务分配策略	确定接下来哪个批次在哪台设备上加工
3. 积压任务外协	当理想输出与实际输出产生差异时，生产系统产生积压任务。此时采取措施：如增减作业班组、任务外协等，以保持在制品库存稳定
4. "推动"模式	以工作的制造系统，不管设备是否空闲，都能接受工作指令。不考虑其下游是否会出现问题及其本身是否超载，结果导致部分工作段负荷过重，部分工段空闲，从而造成生产线工作失衡
5. "拉动"模式	以"拉动"方式限制整条生产线上或两工作段间的在制品库存，避免个别工作段超负荷运行，从而保证整个制造系统的负荷均衡

在制品控制一般要对原材料、毛坯、成形加工品以及未成形加工品实施控制，其一般模型如图 8-15 所示。

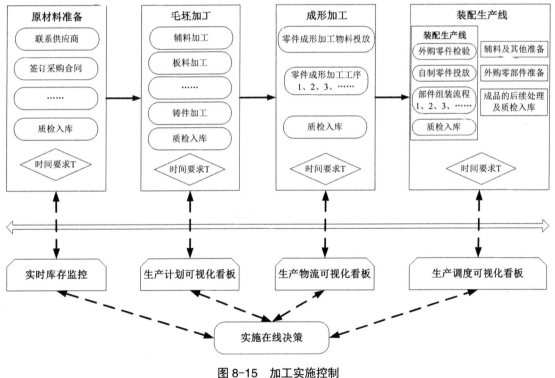

图 8-15　加工实施控制

三、生产调度管理

生产调度管理是指对生产调度的计划、实施、检查、总结（PDCA）循环活动的管理。生产调度管理是企业生产经营管理的中心环节，生产管理部作为生产调度管理的职能部门，是公司生产的指挥中心。生产调度管理具有组织、指挥、控制、协调的职能，称之为系统性综合性职能。

1. 生产物料调度管理

物料调度是指物料的实际存放地点已发生变化，但账目不做变动，此类物料的转移称为物料调度。仓库与仓库之间发生物料转移，也称为物料调度。物料调度主要有以下 5 类，下面就具体调度流程如表 8-6 所示。

表 8-6　生产物料调度流程

种类	流程
物料的借出与归还	1. 因物料无法如期供应时，采购人员可以与有关友厂商洽谈，供应部分物料 2. 由采购人员提出借用申请，说明借用理由、库存状况、借用数量、最近交货期及拟归还期，呈总经理核准后，拟拮据一份，经权责人员审核后，加盖公司业务章 3. 借据一式四份，一份由采购人员自留以督促还料，一份交由仓库作收料依据，一份交物控了解物料状况，一份送财务部 4. 借用的物料进厂时，仓库人员依借据所列物料名称、规格、数量，填制《进料验收单》，并于备注栏内注明"借入物料"，依进料检验流程办理收料 5. 借入物料不记入仓库账单 6. 借入物料的归还由采购人员提出申请，附上借据副本，经总经理核准后，送仓库核对品名、规格、数量无误后，备料归还
物料的借出与收回	1. 友厂向本公司借用物料时，须经本公司生管部物控及总经理核准后方可借出 2. 借用厂商须出具借据，加盖其公司印章，并经本公司总经理核签后方可向仓库借用物料 3. 仓库应将借据原件保留。并复印三份，分别交物控、采购及财务部，且在物料管制卡备注栏上注明"借出"字样 4. 借出之物料由借用厂商归还时，由仓库仓管人员填写《进料验收单》，产备注"借出料收回"，交品管部门依进料流程验收 5. 如检验不合格，仓管人员应立即会同物控或采购人员洽请借用厂商处理
委外加工	1. 交由协力厂商加工后，再返回本公司使用之物料，一般适用《物料领发管理规定》，如系该物料在协力厂商加工时极易产生不良而导致物料超用或其他管理不便时，可适用物料调拨作业 2. 协力厂商每次向仓库领用物料时，采用借用方式，待厂商送料入厂时，根据所送物料数量予以抵扣借用物料，以方便随时确认协力厂商仍持有本公司物料之数量，可供盘点、对账使用
特殊物料的领发	1. 制造单产同仓库领用之物料属"不易分割性"物料，如整捆之内配线、整包之塑料米等，适用物料调拨方式 2. 可将多出之发料视同物料调拨到制造单位，待该批完工后制造单位将多出物料调拨退回 3. 如制造单位连续使用之物料，可在下批发料中扣除上批调拨数量 4. 制造单位完工后，因物料超用而无法全部或部分退回物料时，应补开物料超领单 5. 调拨至制造单位之物料在账目管理上仍属仓库物料，仅在物料管制卡内备注调拨即可。如采用电脑管理，则可沿用上述方式，或虚拟"现场仓"而将调拨物料挂账于"现场仓"
仓库之间物料转移	公司内分属不同账目的两个的仓库之间，就某种物料由一个仓库转移至另一个仓库，此种调拨方式，由收料仓库出具物料调拨单，注明调拨物料编号、名称、规格、数量后，经权责人员核准后进行调拨；调拨单一式三联，两个仓库及物控各存一联

小工具：物料调度单（见表8-7）

表8-7 生产物料调度单

序号	品名	型号	规格	调度原因	调度地点	数量	调度日期	原存放地	备注

2. 生产人员调度管理

调度问题实质上是资源分配问题，即如何利用有效的资源实现收益的最大化。伴随着经济发展，人的作用愈发凸显，因此员工调度问题逐渐成为调度问题研究中的重要组成部分。对企业而言，员工调度问题实际上是人力资源优化问题的一种。员工申请调度，要向所在部门提交调度申请表，交由所在部门主管审批即可。如表8-8是人员调度表简表。

表8-8 人员调度表

单位		日期	
合同号		货号	
姓名			
原因			
时间			
数量			
组长			
工段长			
科长			
副总经理			

3. 生产设备调度管理

为了充分发挥现有设备的作用，促进闲置设备流通，把沉淀资源变为可利用资源，企业需要进行生产设备的调度。那么企业在什么情况下需要进行生产设备的调度管理呢？一般积压设备均可进行调度，主要包括以下 4 种：

（1）因各种原因造成长期积压、停用的，或不再使用的设备。

（2）由于产品结构的调整，不再使用的设备。

（3）因计划不周重购、错购或购进后不能使用的设备。

（4）在本单位使用效率低下的设备。

生产设备的不能随意调度，一般要遵循以下原则：

（1）设备科负责设备的调剂和调拨工作。

（2）属于调拨和调剂的设备应由车间提出，设备科核实后，写出书面报告（报告应附设备的购期、型号、原值、设备编号和调拨原因）。报主管领导审批。

（3）经主管领导批准后，设备科办理设备的调拨手续。

（4）公司内部设备的调拨实行无偿调拨。

（5）在满足公司内需求的情况下，设备可以对集团总公司的其他分公司调拨。

（6）经批准调拨的设备，由调出单位和调入单位的经办人共同到设备科办理设备移交手续。

（7）与集团总公司的其他分公司的设备调拨，需经过总经理批准。

（8）设备调拨后，有关单位应及时做好设备的账、卡调整工作。

4. 生产调度管理流程

生产调度部门除了进行正常的调度工作外，还应该进行一些日常的生产调度业务处理工作，管理者要制定好生产调度人员的业务处理标准和内容，并根据调度的需要下达指令或通知。生产调度一般要经过以下 5 个步骤：

（1）下达调度通知。向调度员下达上级管理者的调度通知、通报时，调度人员要按规定做出完整记录，可以先录音后整理，并以书面形式提交指示，得到指示后，按规定立即下令执行。

（2）下达调度命令。下达调度命令要慎重，不要滥用，不可频用，一定要注意命令的严肃性和权威性，注意它应有的效用。凡接到调度命令的部门和岗位，必须立即按调度命令的要求办理，不允许有任何违背的拖延现象，要像打仗一样，有令则行，有禁则止。否则，就失去了"命令"的意义。

（3）接收调度的请示报告。请示报告是指下级调度员在工作中遇到难题，光靠自己的职权不能解决问题，或采取了措施后问题仍未解决，对生产的影响加剧，有难以控制之势，或是其他的重大问题，急需得到上一级调度管理人员的指导和帮助，或通过上级调度管理人员向企业管理者请示解决办法和决策等，对这种影响生产活动的请示报告，无论是口头的还是书面的，都应立即予以答复，以使问题尽快得到控制和解决，决不可贻误。同时要将请示报告的单位、内容、时间进行详细记录，以备检查。

（4）深入基层现场调度。在深入基层过程中，对发现的问题要及时向值班调度员指明情况，也可提出解决问题的意见，在值班调度员的配合下，可就组织解决督办。值班调度员也应将有关内容按正常调度程序记录在案。

（5）组织调度业务评比。调度业务工作同其他工作一样，也可在内部开展劳动竞赛，如表 8-9 所示，进行评比，表扬先进，鼓励后进，总结经验，寻找差距，这有助于加强调度队伍建设，提高调度工作质量。

表 8-9　组织调度业务评比表

流程名称	工作流程	编码			
		执行者	生产部	监控者	生产总监
行为实施环节	各生产车间	生产调度室		生产总监	总经理

管理者在处理生产调度业务时，如图 8-16 所示，要监督生产调度人员是否及时、准确地将调度情况向上级请示汇报，自己也应该在收到下级调度人员的请示和汇报之后以规范的形式下达通知和指令。

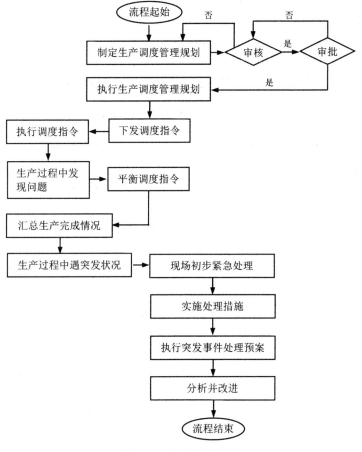

图 8-16　组织调度业务

四、计划变更控制

生产计划是关于企业生产运作系统总体方面的计划，是企业在计划期应达到的产品品种、质量、产量和产值等生产任务的计划和对产品生产进度的安排。它反映的并非某几个生产岗位或某一条生产线的生产活动，也并非产品生产的细节问题以及一些具体的机器设备、人力和其他生产资源的使用安排问题，而是指导企业计划期生产活动的纲领性方案。由于市场的发展、外界环境的变化等情况，使企业不得不变更生产计划，那么企业在何种情况下才会变更生产计划呢？它的流程又是怎样的呢？

1. 生产计划变更条件

生产计划变更是在市场需求、生产条件或其他因素的改变的情况下发生的。生产计划的变更一般是由于以下情况导致的：

（1）客户要求追加或减少订单数量。

（2）客户要求取消订单。

（3）客户要求变更交期。

（4）客户有其他要求导致生产计划必须调整。

（5）因生产进度延迟影响交期。

（6）因物料短缺预计将导致长时间停工。

（7）因技术问题延误。

（8）因质量问题尚未解决而需延迟生产时间。

（9）因其他因素必须作生产计划调整。

生产计划变更须按照规定提交生产计划变更单通知如表 8-10 所示。

表 8-10　生产计划变更通知单

受文单位＿＿＿＿＿＿＿＿＿＿＿＿＿＿＿＿　日期＿＿＿＿＿＿＿＿＿＿＿＿　NO＿＿＿＿＿＿＿＿

工令号码	生产线别	原计划			变更			备注
		品名	数量	生产日期	品名	数量	生产日期	

2. 生产计划变更管理流程

企业在确定需要进行生产计划变更的情况下，就要对生产计划变更的流程有所了解。如图 8-17 所示，企业生产计划变更流程必须遵守以下规定。

（1）生管部在确认必须要变更生产计划时，应发出生产计划变更通知单。生产计划变更通知单一般应包含下列内容：生产计划变更的原因、计划变更影响的生产单位及时间、原生产计划排程状况、变更后生产计划排程状况、需各部门注意配合事项。

（2）如果生产计划变更范围较大，生管部应召集生控人员、物控人员、采购部、制造部、业务部或其他相关部门进行检讨确认。

（3）如果生产计划变更后，新计划与旧计划相比有较大变化时，生管部应在生产计划变更通知单后附上新的周生产计划。

（4）生产计划变更通知单及其附件除生管部自存外，应比照生产计划的发放要求，发放到相应部门。

（5）各部门收到生产计划变更通知单后，应立即确认本部门安排的调整，以确保计划的顺利进行。

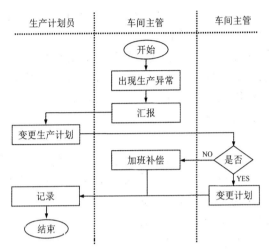

图 8-17　生产计划变更流程图

习题：

　　1. 企业在制品控制的方法有哪些？

　　2. 生产计划变更的条件有哪些？

第六节　生产管理工具

　　人，无论怎么注意也会犯错的，在现场不管经验多少可能出事故。这种加工遗漏、相反粘贴、部品混入、缺品等失误会给下一个工序或顾客带来麻烦。为了防止生产失误的发生，本节为大家介绍几个实用的工具。

一、质量早会，该错误反省会

　　为防止现场作业不良和工程质量不达标，早晨或下午，作业 10 分钟前，聚集作业者把以前发生的作业不良的原因及对策，在该工程进行反馈，以便防止再发生。活动内容包括：

　　（1）每天和每月检查不良状况，在管理看板上进行数据管理。

　　（2）前一天上午发生的不良内容，直接看现物找出原因并树立对策，对全社员进行教育。

　　（3）对有关工序作业者赋予质量责任感。

　　实施方法为：

　　（1）全员集合到不良率现况板前，喊品质改进口号。

　　（2）说明前一天上午发生的不良内容（管理者，监管者）。

　　（3）发表不良原因和问题点（职工）——自然地，诱导多个人发表。

（4）重新确认每个原因作业改善（管理者，改善者）。

（5）喊品质改进口号，解散（需要时间 10 分以内）。

（一）一周改善会议

对本周发生的问题点，以实际改善要员为中心分析细部要因及树立对策，通过品管部主管的指导和支援，推进纠正活动。主要包括以下内容：

（1）对工程不良的周间计划对实际的现况管理及品质现况的发表。

（2）进行对策实施的事后管理检查及指定为解决课题的日程和担当者。

（3）对一周问题点进行细部分析及树立根源改善对策。

（4）品管部主管参加，进行指导和支援。

实施方法为：

（1）改善要员（班长以上相关管理人员）聚集在会议室，喊品质改进口号。

（2）说明一周质量不良内容（总经理，管理者）——参照每天质量反省会对策书。

（3）树立具体的对策（根源改善对策：放错话）。

（4）对策（实施日程，指定担当者及确认事后管理：总经理，管理者，品管部主管）。

（5）喊品质改进口号及散会。每周改善会议，品管部主管必须参加，进行指导和支援。

（二）月评价会

对当月所发生的问题点，在下个月第一周改善会中，全社员参与其中，并通过品质改善活动的发表会，评价计划以便改善活动。活动内容如表 8-11 所示。

表 8-11　月度评价表

	↑						
	（PPM）						
日期	1	2	3	……	31	计	
生产数量							
不良数							
不良率（PPM）							
不良内容	1						
	2						
	3						

（1）实施每周的问题点的改善对策的内容，并通过发表会进行检验和评价。

（2）树立以后推进的细部日程计划。

（3）听取及解决自己的障碍事项（总经理，品管部主管）。

二、自己/顺次检查

为了不把不良品送到下一个工序，作业者要时刻检查和解决自己的作业缺点，并通过对前一个工序产品的检查和拒绝，达到不做不良品的目的。这种方法是防止这些不良品流到下一个工序的保证系统。活动内容为：

（1）各工序的作业者进行前工序的检查后，进行自己工序的作业。

（2）被发现的不良品标贴不良标签，并迅速反馈。

（3）反馈的问题点，通过品质反省会及周改善会议进行改善活动。

实施方法为：

（1）检查项目。除了前工序测量仪器以外的剩余项目及外观结构。

（2）检查方法。作业之前，对前工序作业部分进行全数检查，并判定使用与否，对不良品贴 TAG 后，从工序拿走，如表 8-12、图 8-18、表 8-13 所示。

表 8-12　（　　）月顺次检查管理状况板

公司名称				所属部门					
姓名									
不良件数									

顺次检查 TAG

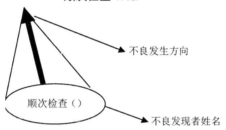

标贴 TAG 时注意事项（顺序）

1. 事前记入发现不良者姓名

2. 发现不良时按不良项目（种类分别进行检查）

3. 考虑工程不良发生的方向后贴 TAG

图 8-18　顺次检查示意图

表 8-13　顺次检查板

年　　月　　日

公司名		所属		顺次检查责任者	

漏动 Screw 拧结	遗漏 Type 标贴	连线错误		
顺次检查（　）	顺次检查（　）	顺次检查（　）		

（3）措施。现场监督者最终判定使用与否，进行修理及废弃处理，对不良内容通报给前工序，并管理自检/互检实绩。

（4）事后管理。对于发生不良工序，通过每日品质改善会实施作业者的教育。

（5）奖赏。每月一次进行实绩管理，支付奖金。

三、定时检查

按工程上规定的检查周期，作业者实施自己检查，为了防止现物管理的检查漏洞和测定错误，监督者按规定时间进行检查。活动内容如图 8-19 所示。

（1）根据零件特性决定周期，作业者测定的结果计入到管理图上。

（2）测定的现物按检查周期分别进行现物保管（监督者检查后放置）。

（3）检查者进行是否遵守按规定时间检查，并进行管理。

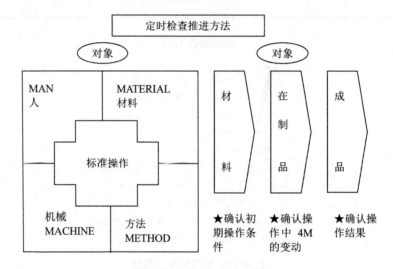

图 8-19　定时检查推进方法

主要方法为：

（1）检查周期。按零件特性来决定。

（2）检查试料。按部品特性决定（例如，初品、中品、终品）。

（3）检查项目。在作业指导书上明确提示（由现场责任者指定）。

（4）手段。切削加工→中心值管理图，钣金，注塑→定时检查，如表 8-14 所示。

（5）材料。初次作业时测定规定的材料，并与良品进行比对后，采取措施

（6）初品。交换样品后，初次作业时测定规定的试料，并与良品进行比对后，采取措施。

（7）中品。作业时每一定期检查是否与良品一致，监督者进行遵守与否的确认。

（8）终品。作业结束之前确认最后零件是否为良品，下次作业对比的检查（现物管理）。

表 8-14 （ ）月定时检查管理现况（初、中、终物）

日期：

项目	时间	测定值／日期							
项目 1. 2. 3.	初物									
	中物									
	终物									
	确认	初物								
		中物								
		终物								

四、主要工序管理

运营工序如图 8-20 所示。

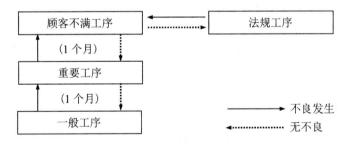

图 8-20 运营工序示意图

运营工序相关表格如表 8-15、表 8-16、表 8-17、表 8-18 所示。

表 8-15 运营工序表

NO	项目	详细业务内容	周期	担当	备注
1	标贴揭示板基准（发生不良时）	1. 顾客不满工序揭示板 2. 重要工序揭示板： 作业条件管理项目 顾客要求事项 3. 法规工序揭示板： 致命不良项目 规格事项	随时 适用前 适用前	QC 担当 生产科长 QC 科长	
2	标贴工序揭示板	1. 向有关工序后标贴揭示板 2. 记录在管理台账上	发生不良时		
3	树立标贴改善对策	1. 对不良内容进行改善，并制作改善报告书 2. 把对策书标贴在现场，教育作业者	发生不良时（连续3个月发生时）		
4	实施和取消	1. 周期性进行检查 现场监督者：2 回/日 生产管理者：1 回/周 2. 检查项目： 确认现物 确认作业方法	2 回/日 1 回/日	班长 生产科长	
5	判定	1. 连续没发生不良时，归还揭示板及消除 2. 发生不良时延长标贴时间	随时	QC 班长	
6	评价实绩	1. 主要工序揭示板运营实绩报告 2. 标贴件数、取消次数	1 回/周	班长	

表 8-16 （　）月检查确认表

供应商名			工序名				管理项目			
日期			1	2	3	4	5	6	7	……	31	计
生产自己（顺次）管理	Data	件数										
	确认											
QC	Data	件数										
		PPM										
	确认											

特记事项		区分	顺次检查	最终检查	RTM 不良
		月	PPM（/）	PPM（/）	PPM（/）
		月			

表 8-17 客不满工程

制作日期:

管理项目							检查周期		
							回 / 日	回 / 日	回 / 日
检查方法及部位									
处理方法			现场社员 F/Back→消除不良原因→相关部门 F/Back						
评价结果									
年 月	1	2	3	4	5	6	7	8	9

表 8-18 法规工程

制作日期:

管理项目							检查周期		
							回 / 日	回 / 日	回 / 日
检查方法及部位									
处理方法			现场社员 F/Back→消除不良原因→相关部门 F/Back						
评价结果									
年 月	1	2	3	4	5	6	7	8	9

五、OC&D

制造工程不良中,对因供应商的原因引起的不良零件退货给供应商,并改善根源的管理活动。

活动内容:

(1)通过自检/互检查出不良零件,按要因分别标贴不良标签。

(2)不良零件周期性回收,并分析原因及退给供应商。

(3)通过零件不良品评会及供应商质量反省会,消除不良要因的原因。

运行方法:

(1)通报。根据来料不良流程图,来料不良的不良内容由采购部门给供应商发传真。

(2)追加订单。采购紧急的零件,供应商采取最大的措施进行紧急入库处理。

(3)改善对策。通过会议,实施 1 回/月的改善对策。

(4)结果评价。通过月评价会,评价出月计划比实绩,实施不振供应商的对策发表会议。

六、Q-AUDIT

选定对象,制作质量检查项目及评价表,通过诊断找出问题点进行改善,并把其结果换算为定量值,并进行比较管理,从而早期解决质量问题。活动内容:

(1)运营作业条件管理及持续的补充完善。

(2)制作诊断检查表。

（3）实施工程诊断及结果分析、评价，找出质量原因，向有关人员反馈。

（4）通过一周改善会议实施改善对策，月评价会议时发表质量评审现况。

方法：

（1）选定慢性不良生产线。

（2）制作质量评审问题点表。

（3）周期性实施诊断及制作质量问题表→向有关人员反馈。

（4）一周改善会议时，对找出问题点树立改善对策。

（5）月评价会议时发表质量评审现况及改善追踪事后管理。

> **知识小贴士：**
>
> 这里给大家推荐三个改善失误的方法：1. Fool Proof（失误防止机构）；2. 条件管理；3. 三次元改善活动。

质量评审问题表如表 8-19 所示。

表 8-19　质量评审问题表

审批	担当		队长		工厂长				代表	
Line			Model		Sample 采取日期		检讨者		AUDIT 预定日	
NO	品质问题点			现象	改善主管部门		日程	改善方法及推进事项		

习题：

举一个你熟悉的管理工具的例子。

案例：丰田零库存之精益生产

精益生产的产生与发展，如图 8-21 所示。

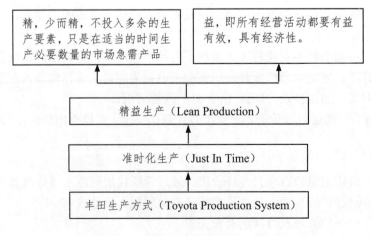

图 8-21　丰田精益生产的产生与发展

1. 细节凝结效率

学习管理学的人都知道，现代标准化的大生产管理是从泰勒制开始的。泰勒管理的最大特点，就是将细节标准化，即对人每一个动作都进行精确的测算，在找到最大化地发挥动作的效益之后，就将这一动作作为标准确定下来，让员工按此标准执行。这种做法的客观效果就是，实现效益的最大化。在这里，细节成为效率的基础和前提。

丰田公司的零库存是怎么来的？

丰田汽车公司是续美国通用汽车公司后的世界汽车业巨头，也是世界上利润最高的企业之一。它创造出了一种独特的生产模式，被称为"丰田生产方式"。这种生产方式，简单地说，就是基于杜绝浪费的思想，追求科学合理的制造方法而创造出来的一种生产方式。也就是所谓的零库存计划。

杜绝浪费，这对于每一个企业都是涉及提高效率增加利润的大事，但恐怕任何一家企业都比不上丰田公司做得精细。丰田公司对浪费作了严格区分，将浪费现象分为以下 7 种：1. 生产过量的浪费；2. 窝工造成的浪费；3. 搬运上的浪费；4. 加工本身的浪费；5. 库存的浪费；6. 操作上的浪费；7. 制成次品的浪费。

丰田公司认为，公司内许多制造业工厂中任何时刻都可能有 85% 的工人没有在做工作：5% 的人看不出是在工作；25% 的人正在等待着什么；30% 的人可能正在为增加库存而工作；25% 的人正在按照低效的标准或方法工作。

在这七种浪费现象中，我们看看丰田公司是怎样避免和杜绝库存浪费的。

许多企业的管理人员都认为，库存比以前减少一半左右就无法再减了，但丰田公司就是要将库存率降为零。为了达到这一目的，丰田公司采用了一种"防范体系"。为了建立这种防范体系，丰田公司在细节处真正做足了功夫。

就以作业的再分配来说，几个人为一组干活，一定会存在有人"等活"之类的窝工现象存在。所以，有人就认为，对作业进行再分配，减少人员以杜绝浪费并不难。

但实际情况并非完全如此，多数浪费是隐藏着的，尤其是丰田人称之为"最凶恶敌人"的生产过量的浪费。丰田人意识到，在推进提高效率缩短工时以及降低库存的活动中，关键在于设法消灭这种过量生产的浪费。

为了消除这种浪费，丰田公司采取了很多措施。拿自动化设备来说，该工序的"标准手头存活量"规定是 5 件，如果现在手头只剩 3 件，那么，前一道工序便自动开始加工，加到 5 件为止。到了规定的 5 件，前一道工序便依次停止生产，制止超出需求量的加工。再拿后一道工序来说，后一道工序的标准手头存活量是 4 件，如减少 1 件，前一道工序便开始加工，送到后一道工序。后一道工序一旦达到规定的数量，前一工序便停止加工。

像这样，为了使各道工序经常保持标准手头存活量，各道工序在联动状态下开动设备。这种体系就叫作"防范体系"。

在必要的时刻，一件一件地生产所需要的东西，就可以避免生产过量的浪费。但是，这时必须知道"必要的时刻"是什么时候。于是"单位时间"的意义就很重要了。

"单位时间"是制造一件产品所需要的时间，只能从产品的需求量倒推出来。"单位时间"是用"一天的需求件数"，除以"一天的可动时间"求出的。"可动时间"是一天内机器可以开动的时间。

在丰田生产方式中，"开动率"和"可动率"是严格区分的。所谓开动率就是，在一天的规定作业时间内（假设为 8 小时），有几小时使用机器制造产品的比率。假设有台机器只使用 4 小时，那么这台机器的开动率就是 50%。开动率这个名词是表示为了干活而转动的意思，倘若机器单是处于转动状态即空转时间，即使整天开动，开动率也是零。丰田公司不用"运转率"，而全部使用"开动率"这个词。

2. 机器停着也能赚钱

参观丰田工厂的人可以看到，它和其他工厂一样，机器一行一行地排列着。但有的在运转，有的没有启动，很显眼。于是有的参观者疑惑不解："丰田公司让机器这样停着也赚钱？"

不错，机器停着也能赚钱！这是由于丰田汽车公司创造了这样的工作方法：必须做的工作要在必要的时间去做，以避免生产过量的浪费，以避免库存的浪费。

这就是丰田公司的精细！如果不是在每一个细节上都精益求精，完全不可能达到这种效果。请大家想一想，对于一个年产量 340 多万辆（这还是经济不景气时而压缩的产量），日产 9000 多辆的大公司来说，里面又凝结了多少琐细、艰苦的劳动！

案例来源：根据 http://www.doczj.com/doc/f21147f3f61fb7360b4c65d9.html 整理。

【实验项目】生产计划

【目的与要求】

生产计划是企业对生产任务做出统筹安排，具体拟定生产产品的品种、数量、质量和进度的计划。它是企业经营计划的重要组成部分，是企业进行生产管理的重要依据。既是实现企业经营目标的重要手段，也是组织和指导企业生产活动有计划进行的依据。企业在编制生产计划时，还要考虑到生产组织及其形式。

【项目类别】

流程操作类

【项目准备】

提供终端设备能连接到服务器的计算机；创业者实验平台。

【实验内容】

1. 生产计划策略：如图 8-22、图 8-23、图 8-24 所示，生产计划是分析经营报告里该店上轮次市场需求量、信息公告里社会事件季节变化率、调查报告里产品生命周期、广告促销投入的比例进行计划的，也要考虑制作工人数量和购买原料，制作工人数量和购买原料是影响最大生产量的主要因素，信息公告在经营报告里获得。

2. 生产计划规则：只能生产已经研发成功的产品。产品生产是由制作工人把原材料加工成成品，生产存在学习曲线，累积产量越大，成本越低。最初生产一个产品成本为 5 元，生产固定成本 5000 元，本轮次有生产计划就是产生这笔固定成本费用。

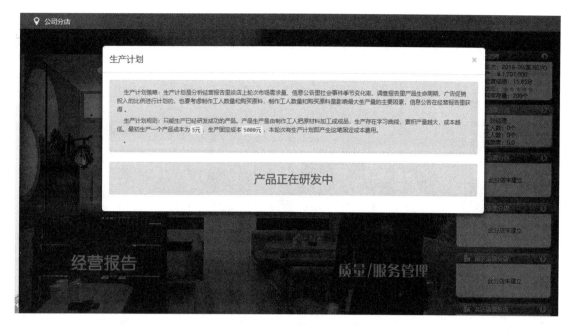

图 8-22　生产计划下达 1

生产存在学习曲线，即累计产量越大，成本越低。

累计生产折扣如表 8-20 所示。

表 8-20　累计生产折扣表

累计生产数量（个）	＞50000	＞100000	＞300000	＞500000
折扣	9.5 折	9 折	8.5 折	8 折

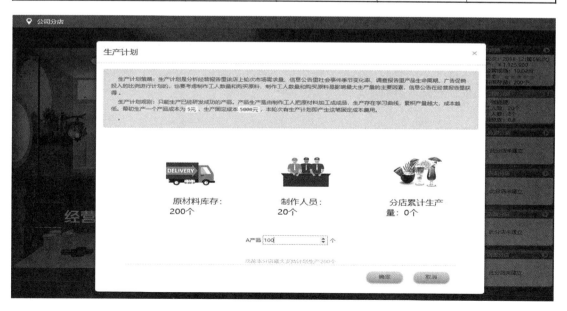

图 8-23　生产计划下达 2

图 8-24　生产计划下达 3

【实验项目】质量管理

【目的与要求】

质量管理是指确定质量方针、目标和职责，并通过质量体系中的质量策划、控制、保证和改进来使其实现的全部活动，质量是咖啡连锁企业经营的重中之重，保证产品质量，提升企业满意度，促进企业销售业绩提升。

【项目类别】

流程操作类

【项目准备】

提供终端设备能连接到服务器的计算机；创业者实验平台。

【实验内容】

1. 服务质量管理策略：质量管理投入分析退货多少而定，退货量在经营报告里获得。服务管理投入考虑满意度多少而定（单店满意度最高 20），如图 8-25 所示，客户满意度在右侧单店客户满意度查看。

2. 服务质量管理规则

产品质量资金投入会影响您的退换货，如图 8-26 所示，投入资金越多退货越少，最高投入 6 万元，最低投入 0 元，每退一个货损失 30 元。

图 8-25　服务策略 1

图 8-26　服务策略 2

服务管理资金投入影响您的客户满意度（满意度对需求量有一定的影响），投入资金越多客户满意度越高，最高投入 2 万元，最低投入 0 元。

【实验项目】产品研发

【目的与要求】

产品研发是企业生产及销售的基础，系统中总部负责产品的研发功能。

产品研发对企业的整体战略发展有重要影响。随着科学技术手段的不断发展，市场全球化的进程不断推进，顾客对产品需求的多样化和个性化，促进产品的生命周期越来越短，因此加剧了市场竞争的激烈程度。企业为了在市场化进程中保持持续盈利，一方面要按照顾客需求设计产品，另一方面要不断研发新产品。持续的新产品研发是企业保证持续盈利的前提。企业在某些产品处在成熟期时，另一些新产品已经向市场推出；当某些产品开始出现衰退时，另一些产品则进入快速成长期，这样，就能保证企业的市场份额和利润始终保持上升的趋势。

【项目类别】

流程操作类

【项目准备】

提供终端设备能连接到服务器的计算机；创业者实验平台。

【实验内容】

1. 产品研发策略：不研发产品是无法安排生产，等级越高的产品用户喜爱程度越高。

2. 产品研发规则：产品研发必须按照 A 产品、B 产品、C 产品、D 产品、E 产品的顺序逐一进行，同时需支付相应足额的费用，方能研发成功，经营者也可根据企业整体规划选择本轮次不研发，产品研发周期为 1 个轮次，即本轮次研发，下轮次研发成功并可安排生产。

如图 8-27、图 8-28 所示，点击研发之后正式开始进行产品研发。

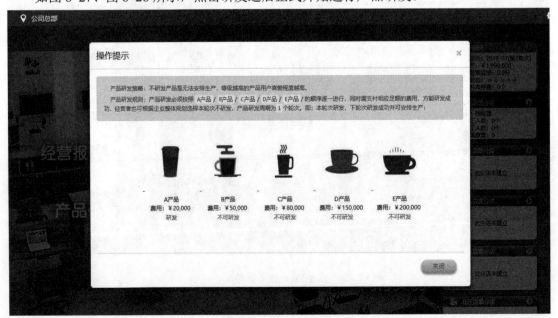

图 8-27　产品研发 1

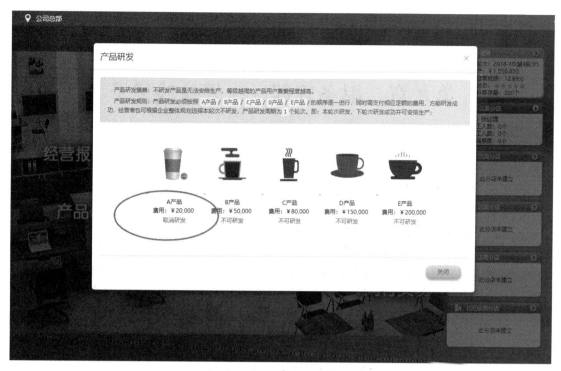

图 8-28　产品研发 2

3. 产品生命周期

生命周期策略：如图 8-29 所示，分析调查报告产品 A、B、C、D、E 都具有 5 个周期（引入期、发展期、成熟期、衰减期和衰退期），每个周期的需求量不同，根据产品生命周期做出相应的决策。调查报告在市场营销购买获得。

行业的产品具体为导入期 2 个月，成长期 2 个月，成熟期 5 个月，衰减期 2 个月，衰退期 1 个月。

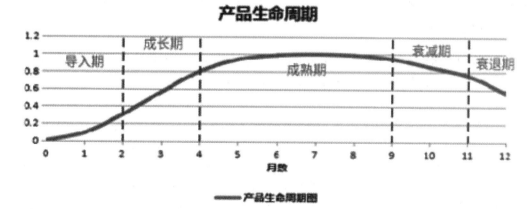

图 8-29　产品生命周期曲线

第九章　财务管理——管住钱袋子

你作为创业企业管理者之一，决策是否得当，经营是否合理，技术是否先进，产销是否顺畅，都和初创企业的财务管理休戚相关。这是由于财务管理活动涉及企业的供、产、销等各个环节，主导着其他一切管理（生产、质量、技术、劳动人事管理等）活动，并为此提供准确完整的基础资料，特别是企业的一切生产管理活动最终都要反映到财务成果上来，通过核算、分析、对比，可以检查企业生产经营活动的运行情况等。特别是，你作为初创企业管理者一定要明白，创业企业能否在竞争激烈的市场经济中不断发展壮大，关键在于是否进行了科学的资本经营，实现资本增值，让资金发挥最大的效益。那么，作为创业者的你是否对财务管理知识有足够的掌握呢？

第一节　财务管理起步

无论是最初艰难的创业阶段，还是蒸蒸日上的发展阶段，甚至是折戟沉沙的衰落期，财务管理都是企业的命脉。从企业的生命周期来看，处于创业阶段的企业大多属于中小企业，自然财务管理的目标是追求利润最大化。在市场经济条件下，创业企业要生存、发展、盈利和壮大，就必须科学地进行资本经营，而这一切都依赖强化财务管理。可见，财务管理对于企业是非常重要的。你做为初创企业的一员，更要重视财务管理的重要性。

一、财务管理内涵

财务管理与财务有着非常紧密的关系。财务泛指财务活动和财务关系。前者指企业再生产过程中涉及资金的活动，表明财务的形式特征；后者指财务活动中企业和各方面的经济关系，揭示财务的内容本质。

企业财务活动是以现金收支为主的企业资金收支活动的总称。在市场经济条件下，拥有一定数额的资金，是进行生产经营活动的必要条件。企业生产经营的过程，一方面表现为物资的不断购进和售出，另一方面则表现为资金的支出和收回。企业的经营活动不断进行，也就会不断产生资金的收支。企业资金的收支，构成了企业经济活动的一个独立方面，这便是企业的财务活动。具体讲来，企业财务活动可分为四个方面：企业筹资所引起的财务活动、企业投资所引起的财务活动、企业经营所引起的财务活动、企业收入分配所引起的财务活动，如表9-1所示。这些财务活动相互联系又相互依存，构成了完整的企业财务活动，这四个方面就是财务管理的基本内容。

表 9-1　财务活动内容

财务活动	内容
筹资活动	两个来源：企业权益资金、企业债务资金
投资活动	两种含义：广义投资和狭义投资；广义的投资是指企业将筹集的资金投入使用的过程，包括企业内部使用资金的过程（如购置流动资产、固定资产等）和对外投放资金的过程（如购买其他企业的股票、债券与其他企业联营等）；狭义的投资仅指对外投资
资金营运活动	三个内容：一是采购材料或商品，支付工资和其他营业费用；二是出售产品或商品，取得收入；三是如果企业现有资金不能满足企业经营的需要，还要利用商业信用方式来融通资金
资金分配活动	两种含义：广义的分配，是指企业对各种收入进行分割和分派的过程，包括缴纳税款、租金支付等；狭义的分配，仅指对利润尤其是净利润的分配

　　企业财务关系是指企业在组织财务活动过程中与各有关方所发生的经济关系，企业的筹资活动、投资活动、经营活动、利润及其分配活动与企业上下左右各方面有着广泛的联系。企业的财务关系可概括为：企业同政府之间的财务关系；企业同其所有者之间的财务关系；企业同其债权人之间的财务关系；企业与受资者之间的财务关系；企业与债务人之间的财务关系；企业与供货商、企业与客户之间的财务关系；企业与内部各单位之间的财务关系；企业与职工之间的关系等，如表 9-2 所示。

表 9-2　不同利益主体之间的财务关系

财务关系	内容	关系
企业与政府之间的财务关系	中央政府和地方政府作为社会管理者，行使政府行政职能，政府依据这一身份，无偿参与企业利润的分配	强制无偿的分配关系
企业与所有者之间的财务关系	所有者向企业投入资金，企业向其所有者支付投资报酬所形成的经济关系	所有者可以对企业进行一定程度的控制；所有者可以参与企业利润的分配；所有者对企业的净资产享有分配权；所有者对企业承担一定的经济法律责任
企业与债权人之间的财务关系	企业向债权人借入资金，并按借款合同的规定支付利息和归还本金所形成的经济关系	属于债务与债权关系
企业与受资者之间的财务关系	企业以购买股票或直接投资的形式向其他企业投资所形成的经济关系	体现所有权性质的投资与受资的关系
企业与债务人之间的财务关系	企业将其资金以购买债券、提供借款或商业信用等形式出借给其他单位所形成的经济关系	体现的是债权与债务关系
企业与供货商、企业与客户之间的财务关系	主要是指企业购买供货商的商品或劳务以及向客户销售商品或提供服务过程中形成的经济关系	
企业与内部各单位之间的财务关系	是指企业内部各单位之间在生产经营各环节中互相提供产品或劳务所形成的经济关系	
企业与职工之间的关系	主要是指企业向职工支付劳动报酬过程中所形成的经济利益关系	

财务管理是基于企业再生产过程中客观存在的财务活动和财务关系而产生的，它是按照财务管理的原则，根据财经法规制度，利用价值形式对企业再生产过程进行的管理，是组织财务活动、处理财务关系的一项综合性管理工作，如表9-3所示。可以看出，财务管理既是企业管理的一个独立的方面，又是一项综合性的管理工作；财务管理与企业各方面具有广泛联系并能迅速反映企业的经营状况。

表9-3　财务管理目标的类型

类型	观点	优点	局限性
利润最大化	利润代表了企业新创造的价值，利润增加代表着企业财富的增加，利润越多代表企业新创造的财富越多	利润作为企业经营成果的体现，很容易从企业财务报表上得到反映	利润是个绝对数，难以反映投入产出关系；没有考虑资金的时间价值；没有考虑利润与所承担风险的关系；可能造成经营行为的短期化
股东财富最大化	股东财富是由其所拥有的股票数量和股票市场价格两方面所决定的，在股票数量一定时，股票价格达到最高，股东财富也就达到最大	考虑了风险因素；一定程度上避免企业短期行为；对于上市公司而言，股东财富最大化较为容易量化	仅适用于上市公司；股价受多因素影响；强调更多的是股东利益，对其他相关者利益重视不够
企业价值最大化	企业价值可以理解为企业所有者权益的市场价值，或者是企业所能创造的预计未来现金流量的现值，可以反映企业潜在的或预期的获利能力和成长能力	考虑了时间价值和风险价值；反映了对企业资产保值增值的要求；将企业长期、稳定的发展和持续的获利能力放在首位，规避了短期行为；用价值代替了价格，克服了外界市场因素的干扰；有利于社会资源的合理配置	难于操作
相关利益最大化目标	强调风险与报酬的均衡；强调股东的首要地位；加强对企业代理人或经营者的监督和控制，建立有效的激励机制；关心本企业一般职工利益；不断加强与债权人的关系；关心客户长期利益；加强与供应商的合作；保持与政府的良好关系	利于企业长期稳定发展；体现合作共赢的价值理念；兼顾了各方利益；体现了前瞻性和现实性的统	

二、财务管理特点

基于财务内涵，你是否已经领会到财务管理的特点了呢？不难看出，财务管理特点主要包括三个方面：涉及面广、综合性强和灵敏度高。

（一）涉及面广

首先就企业内部而言，财务管理活动涉及企业生产、供应、销售等各个环节，企业内部各个部门与资金不发生联系的现象是不存在的。每个部门也都在合理使用资金、节约资金支出、提高资金使用率上，接受财务的指导，受到财务管理部门的监督和约束。其次，财务管理部门本身为企业生产管理、营销管理、质量管理、人力物资管理等活动提供及时、准确、完整、连续的基础资料。最后，现代企业的财务管理也涉及企业外部的各种关系。在市场经济条件下，企业在市场上进行融资、投资以及收益分配的过程中与各种利益主体发生着千丝万缕的联系。主要包括：企业与其股东之间，企业与其债权人之间，企业与政府之间，企业与金融机构之间，企业与其供应商之间，企业与其客户之间，企业与其内部职工之间等。

（二）综合性强

现代企业制度下的企业管理是一个由生产管理、营销管理、质量管理、技术管理、设备管理、人事管理、财务管理、物资管理等诸多子系统构成的复杂系统。诚然，其他管理都是从某一个方面并大多采用实物计量的方法，对企业在生产经营活动中的某一个部分实施组织、协调、控制，所产生的管理效果只能对企业生产经营的局部起到制约作用，不可能对整个企业的营运实施管理。财务管理则不同，作为一种价值管理，它包括筹资管理、投资管理、营运管理、权益分配管理等，这是一项综合性强的经济管理活动。正因为是价值管理，所以财务管理通过资金的收付及流动的价值形态，可以及时全面地反映商品物资运行状况，并可以通过价值管理形态进行商品管理。也就是说，财务管理渗透在全部经营活动之中，涉及生产、供应、销售每个环节和人、财、物各个要素，所以抓企业内部管理以财务管理为突破口，通过价值管理来协调、促进、控制企业的生产经营活动。

（三）灵敏度高

在现代企业制度下，企业成为面向市场的独立法人实体和市场竞争主体。企业经营管理目标为经济效益最大化，这是现代企业制度要求投入资本实现保值增值所决定的，也是坚持和发展中国特色社会主义的根本要求所决定的。因为，企业要想生存，必须能以收抵支、到期偿债。企业要发展，必须扩大收入。收入增加意味着人、财、物相应增加，都将以资金流动的形式在企业财务上得到全面的反映，并对财务指标的完成发生重大影响。因此，财务管理是一切管理的基础、管理的中心。抓好财务

> **知识小贴士：会计与财务会计及管理会计的区别**
>
> 会计以货币为计量单位，系统而有效地记录、分类、汇总仅限于财务方面的交易和事项的过程，及其解释其结果的一种应用技术。会计活动的基本程序就是：确认—计量—报告—分析解释。
>
> 财务会计对外部使用者提供信息，又称对外报告会计。以用货币形式反映在会计凭证中的经济数据作为基本投入；以帐户体系为基本的分类框架；以财务报表为基本的产出。资产负债表、损益表和现金流量表（财务状况变动表）构成基本的财务报表体系。
>
> 管理会计为企业内部使用者提供管理信息，又称对内报告会计。它利用会计以及某些非会计信息，运用成本性态分析法、本量利分析法、边际分析法、成本效益分析法等对企业管理中存在的问题进行诊断和分析，为提高企业管理水平和经营效益服务。

管理就是抓住了企业管理的牛鼻子，管理也就落到了实处。

三、财务管理环境特征

财务管理环境或称理财环境，是指对企业财务活动和财务管理产生影响作用的企业内外各种条件的统称。环境构成了企业财务活动的客观条件。你知道，财务管理环境有什么主要的特征吗？

（一）财务管理环境特征：系统性

企业财务环境不是由一些杂乱无章的事物构成，而是由众多不同种类的系统构成。企业财务管理活动所处的或所面临环境是各种各样的，不同层次的系统。企业本身就是一个系统，人事系统，财务系统，销售系统，工程技术等按特定方式构成；各个子系统又由不同的要素按照一定的方式组成，因此企业为一个独立的财务主体，其财务管理活动所面对的乃是有序的自我和运行的各类关系，如政治法律系统、经济系统，科学技术系统，教育系统，社会保障系统等。因此，进行财务活动时既要分析环境对企业的有利和不利因素，又要分析企业活动对财务管理环境的影响。

（二）财务管理环境特征：变动性

企业财务管理环境的变化比较缓慢，不易及时察觉和把握；有的是突变的，很快就会影响企业的生存发展。财务管理环境的或慢或快的变化，有时会给企业带来财务管理活动的方便，有时带来麻烦所以财务人员应当及时预测环境变化的趋势和特征，采取对策，调整财务管理。

（三）财务管理环境特征：复杂性

企业财务管理环境多方面的、复杂的，既有经济、技术、文化等多方面因素，又有政治、社会方面的因素，这些因素综合地对企业财务管理发生影响制约企业的财务管理行为。特别是着重分析那些对财务管理活动影响重大的因素，做出科学的决策。

（四）财务管理环境特征：交互性

构成财务管理环境的各种因素是相互依存、相互制约的，无论哪一个因素发生变化，都会直接或间接地引起其他因素的变化。例如，消费结构的变化会使市场需要变化，市场需求的变化会影响企业投资方向变化，等等。这些相互作用、相互依存的关系，都会对企业财务管理活动产生连锁反应。

（五）财务管理环境特征：不确定性

环境的因素变动是企业财务人员事先难以准确预料，并无法实地加以控制的，凡是企业财务人员不能控制的因素，都构成企业财务管理环境的不确定性。如市场产品价格变动都将影响成本利润，使管理企业成本和利润不确定性增大。因此，企业财务管理活动所作的决策往往带有一定风险。财务人员既要根据所掌握的信息追求最大利益，又要考虑到现实条件的约束，合理防范过大的风险，追求现实期望可得的虽不是最大但却是较稳定的利益。

财务管理环境的变迁要求企业的相关方面随之变化，在特定时期内环境的相对稳定性又要求企业有与之相适应的组织运行系统。建立现代企业制度。改革不合理的企业治理结构，实行科学化管理就是优化内部财务管理环境的过程。优化了内部环境，财务主体就增强了适应外部环境的能力，可主动力争改变或引导外部环境，立足自我，为我所用。

四、财务关键控制点

随着经济全球化和市场经济的快速发展，引入现代企业管理理念，建立完善的财务管理制度，提高资金使用效益已成为企业管理的重要问题。而企业财务管理作为初创企业管理的重要手段之一，其主要是通过会计工作和利用会计信息对企业生产经营活动进行指挥、调节、约束和控制等，实现企业效益最大化的目标，而财务管理重点是强化对关键控制点的控制。因此，初创企业应结合自身的业务特单，全面分析企业生产经营活动中可能遇到的各种风险，找出关键控制点，制定控制措施，形成控制制度，为全面实行内部控制做好准备。

（一）明确关键控制点的设计原则和控制方法

在财务管理关键控制点设计原则上：一是重要性原则，即企业财务管理虽然应涉及企业生产经营管理活动的各个环节，将企业所有活动都纳入到控制的范围内，但关键控制点的设计应在财务管理的基础上，关注重要业务和关键环节，并对其实施更细化、更严格的控制。二是制衡性原则，即财务管理关键点设计应充分解决企业治理结构、内部机构、职责范围、业务过程控制等方面的制衡问题，并对关键环节实施有效控制。三是效益型原则，企业关键控制点设计应充分考虑成本与效益的关系，不能为达到目标而忽视成本的无限增加，应针对关键环节进行最小成本化的控制。四是权责利对等原则，唯有满足此原则才能最大地调动企业全体员工的积极性，实现有效控制。

（二）企业财务管理关键控制点的确认

依据财务管理理论及关键控制点设计原则，以业务类别来划分，初创企业财务管理的主要关键控制点包括资金业务，关键控制点包括资金支付、银行票据与印鉴、总账与明细账核对、银行存款核对以及现金盘点等；固定资产业务，关键控制点包括申购论证、购置处置审批、资产招投标、资产验收付款、资产盘点等；采购付款业务，关键控制点包括申购审批、招标采购、合同签署、验收付款等；工程项目，关键控制点包括科学决策、工程概算预算编制、招投标、合同签署、支付工程款、工程决算和资产移交等；收款业务，关键控制点包括收益分配制度、催缴与核对款项等；预算管理业务，关键控制点包括预算管理制度、预算编制与变更、预算执行过程、预算执行与监督等；内部审计业务，关键控制点包括内部审计制度、内部审计的质量控制、内部人员职业道德建设等。

（三）对资金业务关键点的控制措施

货币资产是企业流动性最高的资产，对资金的管理是财务管理的重要内容。当前企业资金管理的关键环节应包括以下四方面：一是职责分工与岗位设置，资金管理的基本要求是账款分离，授权支付，因此要求企业明确企业不同部门和岗位的分工，确保不形容职责相分离，各资金业务环节之间相互制约和监督，建立完

> **知识小贴士：初创企业启动资金的注意事项**
>
> 一是创业初期，应从小做起，实事求是，量力而行。设备不必全部购置，可以节约资本。非核心机件的加工可以采取委托加工；只要不影响产品质量，可以尽量租赁设备。
>
> 二是企业流动资金和固定资金的占有比例必须恰当。创业者对以上两项资金的预测，就在根据不同行业牲、经营规模和产销要求筹划。
>
> 三是办企业前，根据销售预测计算你的启动资金，对启动时需要的资金有个大致的了银。如果差距太大了，就缩小你的规模重新预测；如果差距不大就可以考虑货款以补足启动资金的不足。

善的资金管理责任制；二是票据与印鉴管理，主要内容包括领购支票必须经过资金主管的批准，出纳建立票据登记簿，业务往来原则上使用转账支票，确需现金支票的需要会计科长审批，票据支付必须有经办人签章；三是现金控制流程，要求出纳外的任何个人不得擅自接触现金，明确现金支付的范围，现金日记账必须日清月结，必须定期盘点；四是银行存款控制，主要应包括银行账户的开设、银行资金的支付、银行存款的核对等业务的控制。

（四）对预算管理业务关键点的控制措施

预算管理是企业财会活动的基础，通过强化预算管理工作可以有效配置企业资源，提高企业整体效益而后竞争力。一是完善企业预算授权审批制度，严格规范审批流程；二是健全预算编制管理制度，预算委员会应制定预算编制的流程、方法和措施，并下达指标，拟定预算草案，向各个部门解读预算草案的各种情况；三是建立预算执行检查制度，按季度、年度对预算的执行情况进行检查，纠正在预算执行过程中的不当行为；四是完善预算考评审计制度，对预算执行结果进行考评，对考评好的部门给予表彰和奖励，并加大预算资金安排的支持力度，对于发现重大问题的应依法追究相关责任。

总之，财务管理作为初创企业内部控制的重要组成部分，是企业强化内部控制制度的重要手段。而对关键控制点的设计是财务管理的主要内容，因此初创企业应不断加强内部管理，完善财务管理制度，明确关键控制点的设计，保障企业在市场竞争中稳定、健康地发展。

五、估算启动资金

作为创业者，你首先要让创业资金先行，但是启动一个项目需要多少的投入你知道吗？要是你对此不了解，就来看看以下的内容吧。

（一）项目本身的费用

这里所指是付给所选定项目的直接费用。比如说，你要面授或者函授某一个技术的费用，购买某种机器设备的费用，某一个项目的加盟费用。当然，假如你是直接到项目方考查，还需要算上你的差旅费用。

（二）经营设备、工具等购置费用

这里主要是指项目在经营过程中所需要的辅助设备和工具。比如，学习中国丸子后，还需要添置冰柜、锅、燃气等辅助工具；泡沫塑料颗粒加工，在买回机器后，还需要考虑配电机，解决生产动力电等。

（三）房租，房屋装修费用及流动资金

这里主要指在预算此类费用时，要根据当地市场行情计算，房租一般至少要算入 3 个月的费用，因为现在租房至少也是一季度付一次，有的是半年或者一年付一次。房屋装修费用视其项目而定。比如说，你要开餐馆，就要按照当地卫生防疫部门的规定装修，否则不能通过，领取营业执照就比较困难。像加盟店一类的装修，假如是经销产品，还要算进货柜橱窗的费用。流动资金根据具体情况计算。

以上三个方面是无论你在哪一个领域发展的都必须要有的支出，所以在创业伊始就要对这几个方面做好资金预留，只有这样创业事业才能实现快速的发展。

思考题：

陈立华在省城创业，需要习一部电焊机 3250 元，一个手电钻 250 元，一台切割机 450

元，一个氧气瓶 800 元，一个乙炔瓶 1000 元，以及电缆和一些手动工具共 3000 元。他还要租一个店铺，大约每月花 700 元。他预计的费用如下：一是电焊工每月工资 1200 元，助手每月工资 500 元。二是一个月全日制工作，他们可以制造 15 扇钢门。三是一扇门的材料成本是 900 元，氧气瓶和乙炔瓶灌气费共 100 元，可焊 5 扇门。企业的其他费用为：保险 25 元/月，水电费 350 元/月，电话费 100 元/月，登记注册费 50 元，办公费用 600 元/月，广告费 100 元/月，设备折旧 146 元/月，维修费 60 元/月，陈立华的工资 1500 元/月，请计算一下，陈立华开办企业需要多少钱？

第二节　现金管理技巧

现金是指在生产过程中暂时停留在货币形态的资金，它包括库存现金、银行存款、银行本票、银行汇票等。它是变现能力最强的资产，既可以满足企业生产经营开支的各项需求，也是企业贷款还本付息和履行纳税义务的保证。由于现金属于非营利性资产，即使是银行存款，其活期利率也是非常低的，现金的持有量并非多多益善，现金的持有量过多，它所提供的流动性边际效益便会随之下降，从而导致企业的收益水平降低。因此，加强企业的现金管理首要问题是必须合理确定企业的现金持有量，并保持现金持有量的实际值与理论值相对均衡。加强现金日常管理有利于防止现金闲置与流失，保障其安全和完整，并有效地发挥其效能，加速资金的运转，增强企业资产的流动性和债务的可清偿性，提高资金的收益率。可以说，现金是企业资产中流动性最强的资产，持有一定数量的现金企业开展正常生产活动的基础，也是保证企业避免支付危机的必要条件，对企业特别是初创企业意义非同一般，那么初创企业现金管理方法有哪些呢？

确定最佳现金持有量的方法有很多，但大体都是通过分析预测，找出相关总成本最低时的现金持有量。企业可以根据现有资料，任意选择。企业在确定最佳现金持有量后，加强现金日常管理就可以围绕着控制现金最佳持有量来进行。但控制现金最佳持有量还必须建立一套完整的现金管理信息反馈系统。因为，只有建立了完整的信息反馈系统，才能在企业发生现金运转不灵，或现金的流入流出变化导致实际的现金持有量偏离确定的最佳值时，及时采取有效的补救措施。增加现金持有量的方法有很多种，但归纳起来主要有以下三种。

一、现金收入的管理

企业现金收入的主要途径就是企业账款的回收，而企业账款的回收通常需要经过四个时点，即客户开出付款票据、企业收到票据、票据交存银行、企业收到现金。这样，企业账款的回收时间就由票据的邮寄时间、票据在企业停留时间、票据结算时间三个部分组成。票据在企业停留的时间可以由企业本身通过建立规章制度、奖惩激励机制等方法来控制，但对于票据邮寄时间和票据结算时间仅靠企业自身的力量是远远不够的，必须采取有效措施充分调动客户和银行的积极性，才能实现有效控制。对此，可采取以下方法。

（一）扣、折让激励法

企业与客户之间共同寻求的都是经济利益，从这点出发，在企业急需现金的情况下，可以通过一定的折扣、折让来激励客户尽快结付账款。方法可以是在双方协商的前提下一次性给予客户一定的折让，也可以是根据不同的付款期限，给出不同的折扣，如 10 天内付款，给予客户 3% 的折扣，20 天内给予 2% 的折扣，30 天内给予 1% 的折扣等。使用这种方法的技巧在于企业本身必须根据现金的需求程度和取得该笔现金后所能发挥的经济效益，以及为此而折扣、折让形成的有关成本，进行精确地预测和分析，从而确定出一个令企业和客户双方都能满意的折扣或折让比率。

（二）邮政信箱法

邮政信箱法又称锁箱法，它起源于西方国家，是企业为了加速现金流转而惯用的手法。具体做法是：企业在各主要城市租用专门的邮政信箱，并开设分行存款户，授权当地银行定期开箱，在取得客户票据后立即予以结算，并通过电子汇兑等最快捷的汇兑方式将货款及时拨回企业总部所在地银行。这种方法，可以使客户直接将票据邮寄给客户所在地的邮箱，而不是身处异地的企业总部，它不仅缩短了票据的邮寄时间，还免除了公司办理收账、货款存入银行等手续，从而有效地缩短账款收取时间。但由于被授权开启邮政信箱的当地银行不可能免费提供服务，它不仅要求扣除相应的补偿性余额，而且还要加收办理额外服务的劳务费用。这样，企业的现金成本必然增加很多。因此，是否采用邮政信箱法，必须视企业提前收取这笔资金后所能产生的经济效益与预计为此增加的成本大小而定。收益大于成本的可以采用，反之则不必采用。而且即便决定采用此方法也不能过于盲目，必须根据企业以前年度的销售情况进行分析，归纳统计出企业主要客户网点，然后对各客户网点逐一进行模拟测试，再根据模拟测试的结果和该网点客户与企业业务往来的频率，来确定设立特定用途的邮政信箱。另外，设立邮政信箱的使用期限也必须有效地加以控制。

（三）银行业务集中法

这是一种通过建立多个收款中心来加速现金流转的方法。其具体做法是：企业指定一个主要开户行（通常是指定企业总部所在地的基本结算开户行）为集中银行，然后在收款额较为集中的各营业网点所在区域设立收款中心，客户收到账单后直接与当地收款中心联系，办理货款结算，中心收到货款后立即存入当地银行，当地银行在进行票据

知识小贴士：华夏银行温州分行电子银行打造现金管理新模式

传统的现金管理概念主要面向大中型集团企业，围绕企业财务管理提供解决方案，为企业减少财务成本、提速增效。随着"互联网+"的理念深入，企业已不满足于单单解决财务管理需求，尤其是新兴企业更加希望自身经营与互联网相结合，并将自身的财务管理融入其中，在互联网模式下寻求新的增长点。华夏银行温州分行在这种思维方式下深入新兴企业，了解互联网公司运营模式，积极与客户探讨，并以本行银企互联产品为主要手段为客户设计解决方案，现已可根据客户情况设计适应不同场景的解决方案。如学校方面，通过与"校园一卡通"系统与行内支付结算系统直接对接，根据学校指令直接对家长个人账户直接划扣，为学校解决了学生携带现金的不便携性和不安全性；农业方面，通过市场支付系统与我行支付结算系统对接，实现一次绑定，授权代扣的功能，解决了交易过程中现金支付的时效性和找零问题；园区物业方面，通过代扣业务，解决了户主每次都要现金缴费的困难，方便了住户又提高管理效率。

交换后，立即转给企业总部所在地的集中银行。这种方法的优点是可以缩短客户邮寄票据所需时间和票据托收所需时间，也缩短了现金从客户到企业的中间周转时间；其缺点是同样由于多处设立收款中心，相应增加了现金成本。这种方法在技巧上除了可以采用与邮政信箱法相同的方式外，还可以将各网点的收款中心业务直接委托给当地银行办理，这样既减少了中间环节，又节省了人力、财力。

（四）大额款项专人处理法

这种方法是通过企业设立专人负责制度，将现金收取的职责明确落实到具体的职任人，在职任人的努力下，提高办事效率，从而加速现金流转速度。这种方法的优点是便于管理，缺点是缩短的时间相对较少，且也会增加相应的现金成本。采用这种方法时，必须保持人员的相对稳定，因为处理同样类型的业务，有经验的通常比没有经验的要方便、快捷。

除了上述方法外，现金收入的管理方法还有很多，如电子汇兑、企业内部往来多边结算、减少不必要的银行账户等，但这些方法相对比较单一，也就没有什么技巧可言，故略。

二、现金支出管理

现金支出管理的症结所在是现金支出的时间。从企业角度而言，与现金收入管理相反，尽可能地延缓现金的支出时间是控制企业现金持有量最简便的方法。当然，这种延缓必须是合理合法的，且是不影响企业信誉的，否则，企业延期支付所带来的效益必将远小于为此而遭受的损失。通常企业延期支付账款的方法主要有：

（一）推迟支付应付账款法

一般情况下，供应商在向企业收取账款时，都会给企业预留一定的信用期限，企业可以在不影响信誉的前提下，尽量推迟支付的时间。

（二）汇票付款法

这种方法是在支付账款时，可以采用汇票付款的尽量使用汇票，而不采用支票或银行本票，更不是直接支付现钞。因为，在使用汇票时，只要不是"见票即付"的付款方式，在受票人将汇票送达银行后，银行还要将汇票送交付款人承兑，并由付款人将一笔相当于汇票金额的资金存入银行，银行才会付款给受票人，这样就有可能合法地延期付款。而在使用支票或银行本票时，只要受票人将支票存入银行，付款人就必须无条件付款。

（三）合理利用"浮游量"

现金的浮游量是指企业现金账户上现金金额与银行账户上所示的存款额之间的差额。有时，企业账户上的现金余额已为零或负数，而银行账上的该企业的现金余额还有很多。这是因为有些企业已开出的付款票据，银行尚未付款出账，而形成的未达账项，对于这部分现金的浮游量，企业可以根据历年的资料，进行合理地分析预测，有效地加以利用。要点是预测的现金浮游量必须充分接近实际值，否则容易开出空头支票。

（四）分期付款法

对企业而言，无论是谁都不能保证每一笔业务都能做到按时足额付款，这是常理。因此，如果企业与客户是一种长期往来关系，彼此间已经建立了一定的信用，那么在出现现金周转困难时，适当地采取"分期付款"的方法，客户是完全可以理解的。但拒绝支付又不加以说明，或每一笔业务无论金额大小都采用"分期付款法"则对客户的尊重和信用度就会大打折扣。为此，可采用大额分期付款，小额按时足额支付的方法，另外，对于采用分期付款方法时，一定要妥善拟订分期付款计划，并将计划告知客户，且必须确保按计划履行付款义务，这样就不会失信于客户。

（五）改进工资支付方式法

企业每月在发放职工工资时，都需要大笔的现金，而这大笔的现金如果在同一时间提取，则在企业现金周转困难时会陷入危机。解决此危机的方法就是最大限度地避免这部分现金在同一时间提取。为此，可在银行单独开设一个专供支付职工工资的账户，然后预先估计出开出支付工资支票到银行兑现的具体时间与大致金额。

（六）外包加工节现法

对于生产型企业，特别是工序繁多的生产型企业，可采取部分工序外包加工的方法，有效地节减企业现金。举例说明如下：某生产型企业其元器件、零部件的采购必将需要采购成本，加工则需要支付员工的工资费、保险费、生产线的维护、升级等也同样需要占用大量的流动资金，这样，就可以采取外包加工的方法。外包后，只需要先付给外包单位部分定金就可以了。在支付外包单位的账款时，还可以采用上述诸方法合理地延缓付款时间。

三、闲置现金投资管理

企业在筹集资金和经营业务时会取得大量的现金，这些现金在用于资本投资或其他业务活动之前，通常会闲置一段时间。对于这些现金如果让其一味地闲置就是一种损失、一种浪费。为此，可将其投入到流动性高、风险性低、交易期限短，且变现及时的投资上，以获取更多的利益，如金融债券投资、可转让大额存单、回购协议等，但股票、基金、期货等投资虽然可行，因风险较大故不提倡。

思考题： 某企业在每月 10 日发放工资，而根据多年经验判断，工资发放不可能在 10 日一天结束，通常 10 日、11 日、12 日，12 日以后各期的兑现率分别为 30%、25%、20%，这样企业就不必在 10 日足额开出支付工资支票的金额，而开出月工资的 30% 即可，这样节余下的现金则可用于其他支出。你认为这属于什么现金管理技巧？

第三节　企业应收账款管理

当前，我国绝大多数企业都面临"销售难、收款更难"的双重困境。一方面，市场竞争日益激烈，为争取客户订单，企业提供几近苛刻的优惠条件，利润越来越薄；另一方面，客户拖欠账款，销售人员催收不力，产生了大量呆账、坏账，使本已单薄的利润更被严重侵蚀。那么，你作为初创企业者应该如何加强企业应收账款管理呢？

一、应收账款收回来才是资产

应收账款管理是指在赊销业务中，从授信方（销售商）将货物或服务提供给受信方（购买商），债权成立开始，到款项实际收回或作为坏账处理结束，授信企业采用系统的方法和科学的手段，对应收账款回收全过程所进行的管理。其目的是保证足额、及时收回应收账款，降低和避免信用风险。应收账款管理是信用管理的重要组成部分，它属于企业后期信用管理范畴。因此，应收账款通常是一家公司最重要的三类资产之一。那么，怎样才能给予它更多关注，让它更好地为企业所用？明智的做法是，把应收账款视为"闲置的现金"。也就是说，要像看待库存一样对待应收账款。从这个角度说，应收账款和库存别无二致。二者只有物理属性的差别：库存是实物；应收账款存放在无形的仓库中，比如客户的银行账户或者他们的口袋，而且未来要付给你。如果你交付了价值100万美元的货物，就减少了库存，降低了库存占总资产的比例。而如果以挂账的方式出售货物，你只需要将一种形式的资产转换成另一种形式。于是，你便不再拥有一种有形且可控的资产，它暂时不可见，要等客户付了款才会变回有形资产。

> **知识小贴士：忽略应收账款的代价**
>
> 　　一家知名塑料制造企业的财务总监认为其企业的信用管理水平很好，因为他一年中核销的坏账只有30000元，问及其货款拖延所造成的利息成本时，他表示从未估算过，据了解，该企业平均的逾期应收账款额为400万，贷款的平均年利率为8%，货款拖延给他的损益账户上增加了32万的利息成本。
>
> 　　爱德华规律：由于货款拖延而造成的利息成本通常至少超出坏账损失十倍。

　　可以说，虽然库存是销售的源泉，但应收账款才是保证公司运转的燃料。毕竟，如果得不到应收账款，你的公司怎么可能生存？作为一项资产，你把应收账款用来给供应商付款、发工资、付租金、维护生产设备等等，不一而足。它甚至还是你本人作为企业主的酬劳，以奖励你承担了创业的风险，扛起高效经营一家公司的责任。因此，尽管在客户付款以前，应收账款一直都躺在他们的银行账户上，但这实际上是一笔亟须得到的资金。为什么企业很少注意合理管理这类资产？因为绝大多数公司都不知怎么管理。

二、应收账款要加强信用管理

　　能正确评价客户资信等级对是否成功收回应收账款起决定作用。对此，初创企业不可避免地要对客户的信用情况进行调查，广泛收集有关客户信用情况的资料，因此，为确保各项信用管理政策的有效实施，能设立一个独立的信用管理部门是非常必要的。信用管理部门不属于销售或财务部门是完全独立的部门由专人管理，信用部门强调的是事前防范，而不是事后处理。同时，通过与客户的日常交往、公共信息渠道等获得所需的资料来建立客户资信管

> **知识小贴士：企业信用管理的益处**
>
> 　　内蒙古天燃碱信用管理部门经理武燕凌说，公司原先一直处于盲目、无续放账的状态之中，应收账款逐年居高不下，自借助信用管理理念，成立信用管理部门后，应收账款占销售额的比例从一年前的10%降至2.8%，且处于可控状态。
>
> 　　Bristol-Myers Squibb公司经过一年的信用管理，企业的销售额上升了56%，坏账率从7.9%下降到2.5%，销售未清账期从83天降到55天，客户的数据库档案齐全，每笔交易都记录在册，客户的等级关系基本建立。各项指标全面超过行业平均水平，企业从年初的轻度亏损一越盈利5000多万美元。在随后的几十年中，Bristol-Myers Squibb公司的信用管理一直非常规范，信用部门成为公司最卓有成效的部门之一。

理体系，对所获得的资料进行整理、分析、建立客户数据库，对客户进行分类管理，对客户的信用状况进行动态跟踪管理，并采取"5C"法，即通过品质（Character）、资本（Capital）、偿付能力（Capacity）、抵押（Collateral）、条件（Conditions）五方面评估客户信用，如图9-1

所示。

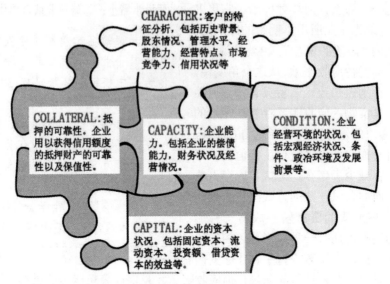

图 9-1　全面评估客户信用风险的"5C"法

对此，做为初创企业的你可以通过以下工作来加强企业的信用管理：一是汇集、整理销售和财务等部门提供的客户调研情况。汇集、整理销售部提供的客户跟踪情况和物流部所反映的发货有关情况、财务部提供的客户货款结算情况和应收账款余额情况，并从政府管辖的公共信息或中介机构提供的信用调查服务中获取信息。二是由专门的信用分析人员甄别对比各类渠道获得的信息。重点调查客户在经营、支付能力等方面的重大变化情况和违规事件，不断剔除虚假信息。用规范化的制度整理客户信息，避免客户信息被销售人员个人垄断，造成客户资源的分散或流失。三是建立专业化管理维护信息数据库。对客户资料不断更新，及时分析客户信用度变化情况，定期做出客户信用分析报告，提出销售策略以及欠款警戒线建议，以便及时调整销售方案。对个别重大或突发事件，应及时做出分析报告，以避免给企业造成损失。四是分析客户信用状况、对客户进行授信。客户授信工作的核心在于分析评价客户的信用状况，信用管理部门必须掌握信用分析评价技术。可采用定量分析方法和定性分析方法，定量方法比较多地依赖公司的财务数据，而定性评价则比较多地依赖专家综合判断。企业对客户授信，必须是建立在对客户进行信用调查和信用状况评价分析的基础上，并且对授信的信用条件、信用期限和信用标准进行综合选择之后，确定授信额度。

三、慎重对待客户赊销

赊销对于初创企业是既有利又有弊。一方面，初创企业要生存和发展，完全离开赊销不行，没有应收账款同样不行。另一方面，简单、随意地进行赊销显然更是不行。你作为初创企业者，应通过以下措施加强赊销业务管理，有效地控制赊销的成本和风险，最大限度地减少应收账款坏账损失。

（一）慎重选择赊销对象

首先根据市场供求关系的现状确定本企业产品销售条件。其次确定给予赊销的条件，对赊销对象的信用状况进行评估。企业内部有关部门应建立赊销对象信用档案，并定期更新。

再次是做好赊销业务的原始记录工作。一般不应向有延期付款记录的客户提供应收账款信贷。

（二）加强内部控制制度

这主要包括赊销制度与收账政策两方面。就赊销制度而言，初创企业应该建立审批负责制，对于发生的每一笔赊销和应收账款业务都要明确具体的责任人，以便于应收账款及时回收，减少坏账损失。就收账政策而言，应根据应收账款的具体情况，权衡利弊，处理好收账成本与坏账损失、收账成本与期望收回的应收账款之间关系，最大限度减少坏账损失。

（三）对应收账款进行分析

这主要包括开展跟踪分析、开展账龄分析两方面。就开展跟踪分析而言，初创企业要向客户销售产品，发生了赊销业务，是否能够按照事前的约定，及时、足额地收到货款，实现资金回笼，这主要取决于客户的信用品质、财务状况及是否可以实现该产品的价值转换或增值等因素。就开展账龄分析而言，企业通常情况下的赊销客户应收账款拖欠的时间越长，应收账款回收的难度就越大，企业发生坏账损失的概率也就越大。所以，企业可以通过对应收账款进行账龄分析，及时掌握应收账款的回收和情况变化。

（四）控制坏账风险

只要企业发生了赊销业务，就会存在应收账款无法收回的风险，企业也就存在发生坏账的风险。企业应该按照国家相关的制度规定，采取一定的措施，通过不同的方式，对可能发生的坏账损失进行合理预计，通过计提备用金的形式合理披露相关信息。同时，企业应加大坏账的处理力度，对已经确认为坏账的应收账款，不放弃对它的追索权，及时掌握债务人的偿债能力，及时、积极追偿。

四、谨防坏账/催账的技巧

催收欠款难，这是公认不争的事实，需要遵循一定程序的，如图9-2所示。但是作为初创企业，你更应该适当掌握以下贷款催收中的十二条技巧。

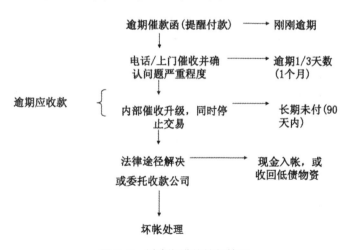

图9-2　循序渐进的催款管理

一是要想取得良好催收效果，自己就必须摆正自己的架势。所以见到欠款客户的第一句话就得确立你的优势心态。通常应当强调是我支持了你，而且我付出了一定的代价。尤其是对于付款情况不佳的客户，一碰面不必跟他寒暄太久，应赶在他向你表功或诉苦之前，直截了当地告诉他，你来的目的不是求他跟自己下订单，而是他该付你一笔货款，且是专程前来。

二是坚定信心，让欠款客户打消掉任何拖、赖、推、躲的思想。鉴于银行贷款的苛刻条件限制，融资是相当困难的事，于是很多客户或许做梦都想空手套白狼，认为欠账是一种本事，是融资能力超强的一种表现形式。面对这种情况，不下狠心是收不回来欠账的。所以，在向客户初次催款时，你应当将企业对于欠款管理的高度重视及催收手段的多样化等强势地展现出来，以坚定的口气告诉对方：宁可花两万也要收回欠款一万。

三是根据欠款客户偿还欠款的积极性高低，把握好催收时机。对于付款准时的客户，约定的时间必须前去，且时间一定要提早，这是收款的一个诀窍。否则客户有时还会反咬一口，说："我等了你好久，你没来。"还有可能致使原本该支付给你的货款，被客户挪作他用。事前上门催收时要先在公司内部做足功课，与财务部门、物控部门等对于发货、退货、开发票等数额都一一明确，确认对方所欠货款的确切金额，了解对方货款拖欠的具体时间。如果对方总是说没钱，你就要想法安插"内线"，必要时还可花点小钱让对方的人员为我所用。在发现对方手头有现金时，或对方账户上刚好进一笔款项时，即刻赶去，逮个正着。

四是到客户公司登门催收欠款时，不要看到客户有另外的客人就走开。你一定要说明来意，专门在旁边等候，说不定这本身对催收欠款还有帮助。因为客户不希望他的客人看到债主登门，这会让他感到难堪，在新来的朋友面前没有面子。倘若欠你的款不多，他多半会装出很痛快的样子还你的款，为的是尽快赶你走，或是挣个表现给新的合作者看。

五是有时欠款客户一见面就百般讨好你，心里想赖账，见面了却表现得很积极。他会假意让你稍稍等候，说自己马上去取钱还你。但跑一圈回来，十有八九是两手空空。这时他会向你表示对不起，另一方面还说自己已经尽力了，让你不好责备他。这是客户在施缓兵之计。这时，你一定要强调，今天一定得拿到欠款，否则，绝不离开。

六是在催收欠款时，如对方有钱故意吊你的胃口，那一定在准备下一步有扯皮之事发生，应及时找出对策。一般不能在此时去耐心地听对方说明，如客户确实发生了天灾人祸，在理解客户难处的同时，让客户也理解自己的难处，你可说就因没收到欠款，公司已让你有一个月没领到工资了，连销售部经理的工资也扣了一半。诉说时，要做到神情严肃，力争动之以情，晓之以理。

七是不能在拿到钱之前谈生意。此时对方会拿"潜在的订单"做筹码与你讨价还价。若你满足不了其要求，他还会产生不还钱"刺激"你一下的想法。此时一定要把收欠当成唯一的大事，如这笔钱不还，哪怕有天大的生意也免谈。

八是假如你这天非常走运，在一个还款本不积极的欠款客户那里出乎意料地收到很多欠款，最好提起包包赶紧离开，以免他觉得心疼反悔，或者觉得对你有恩而向你要好处。

九是有一种说法是：销售人员在把客户当上帝一样敬的同时，也要把他当"贼"一样地防。时刻关注一切异常情况，如客户资不抵债快要倒闭了，或是合伙的股东撤资转为某人单干了。一有风吹草动，得马上采取措施，防患于未然，杜绝呆账、死账。

十是可打银行的牌，对欠款客户收取欠款利息。事先发出有效书面通知，声称银行对公司催收贷款，并给公司规定出了还贷款期限，如公司没按期限归还银行贷款，银行将按"什么样的"措施处罚公司。因此公司要求销售欠款户必须在某期限还欠，否则只好被迫对其加收利息。如此一来，一般欠款户易于接受，使他们觉得公司是迫不得已而为之。

十一是对于经销商类的客户，暂且搁下欠款不提，但强调"要想再进货，一律现款"。

这样做可以稳住经销商，保持销量。等经销商销售公司的产品比较稳定，形成积重难返或难舍难分的局面时，压在公司的折扣的积累增加了，再让其偿还欠款容易得多。

十二是掌握打催收欠款电话的时机。在欠债人情绪最佳的时间打电话，他们更容易同你合作。例如下午 3：30 时开始打电话最好，因他们上午一般较忙，给欠债人留下上半天做生意是个好主意，这样他们有足够的时间进入正常的工作状态，下午是他们精神较为放松的时候一般心情都会比较好。此时催欠容易被接受。此外，必须避免在人家进餐的时间打电话。

思考题：

你认为最有效的催收款方式是什么？

第四节　企业成本控制管理

无论经济环境是否景气，企业的管理者都必须控制成本。消减不必要的开支，以便将节约下来的资源投入到回报更高的业务中去。成本控制不仅仅是一种技术，更是一种艺术。作为初创企业，资金的投入产出比是非常重要的，这就涉及企业成本控制问题。那么，作为初创企业的你是否能够厘清成本、费用与支出的区别？是否知道如何有效控制企业成本呢？

一、成本、费用与支出的区别

成本、费用、支出概念及其关系问题在实践中运用较乱、规范体系中也缺乏总体一致性。特别是做为初创企业，你更需要明确成本、费用、支出概念的内涵与外延，规范它们之间的相互关系。

（一）成本、费用之间的关系

成本与费用是两个并行的概念，也是经常被混淆的两个概念，尽管它们之间有一定的联系，但实际上它们之间有本质的区别。成本与企业特定资产或劳务相关，而费用则与特定期间相关；成本是企业为取得某种资产或劳务所付出代价的量度，而费用则是为取得收入而发生的资源耗费金额；成本不能抵减收入，只能以资产的形式反映在资产负债表中，而费用则必须冲减当期的收入反映在利润表中。但成本通过"资产化"，再通过耗费过程可以转化为费用（成本—资产—费用），如企业为了开展生产经营活动，必须购置某项设备而发生支出，形成固定资产的采购成本，设备安装完毕，交付使用并构成企业的一项固定资产（成本—资产）。如果设备是用于生产产品，则每期将固定资产的成本按一定的方法计提的折旧计入产品的生产成本（资产—成本）；如果设备是用于管理目的，则将各期计提的折旧费计入各期的管理费用（资产—费用）。又如，为了生产产品，企业必须采购材料而发生支出，从而形成材料的采购成本。材料验收入库后，采购成本转化为企业的存货成本（成本—资产），如果企业领用材料用于办公，则存货成本转化为管理费用（资产—费用）；如果领用材料用于生产产品，则存货的成本则转化为产品的生产成本（资本—成本），产品完工验收入库则生产成本又转化为存货的成本（成本—资产），将产品出售，存货成本则转化为销售费用（资产—费用）。这里必须强调指出的是：成本不可能直接转化为费用（成本—费用），费用则更不可能转化为成本（费用—成本)，所谓"费用的对象化就是成本"是与费用概念相悖的。长期以来，某些人正是利用人们对成本与费用之间的关系的误解，来达到进行财务造假的目的的。例如，该计入资产成本的支出而计入费用或该计入费用的支出而计入资产成本，故意混淆资产成本与费用之间的界限，达到他们随意调节利润的目的。这里还必须明确的是：成本是对象化的支出，而不是对象化的费用，没有对象的支出（除收益性支出，偿债性支出，权益性支出外）只能作为损失处理。同样，如果有对象的支出，但是不合理不必要的支出仍然不能对象化为成本，而应该作为损失处理。

（二）支出与费用、成本之间的关系

一方面，收益性支出形成费用。企业会计制度规定：凡支出的效益仅及于本年度（或一个营业周期）的，应当作为收益性支出。根据配比原则，收益性支出形成费用，计入当期损益。但划分资本性支出与收益性支出的时间标准如果以月为单位，可能更恰当，更容易使相关概念之间的协调，避免相互矛盾的产生。如制度规定，将资本性支出计列于资产负债表中，作为资产反映，以真实地反映企业的财务状况；将收益性支出计列于利润表中，计入当期损益，以正确地计算企业当期的经营成果。另一方面，资本性支出形成资产。企业会计制度规定：凡支出的效益及于几个会计年度（或几个营业周期）的，应当作为资本性支出。根据配比原则及资产的定义，由于资本性支出使几个会计期间受益，在发生的当期就不能作为费用计入损益，而应该作为资产在未来的受益期间内分期转作费用。因此，资本性支出形成资产，而资产的取得成本，就是全部资本性支出。如果企业不能正确区分收益性支出和资本性支出，账目应作为收益性支出的，而作为资本性支出就会虚增企业的资产和利润；相反，账目应作为资本性支出的，而作为收益性支出将会虚减企业的资产和利润，这两种现象都会影响企业提供的会计信息质量，误导会计信息的使用者，这都是现行制度或法规所不允许的。

二、实现"企业花钱是为了省钱"

在市场经济环境下，经济效益始终是企业管理追求的首要目标，特别是对于初创企业来说，控制成本是非常重要的一项工作。对此，初创企业在成本控制管理工作中应该树立成本效益观念，实现由传统的"节约、节省"观念向现代效益观念转变。特别是在我国市场经济体制逐步完善的今天，企业管理应以市场需求为导向，通过向市场提供质量尽可能高、功能尽可能完善的产品和服务，力求使企业获取尽可能多的利润。与企业管理的这一基本要求相适应，初创企业成本管理也就应与企业的整体经济效益直接联系起来，以一种新的认识观——成本效益观念看待成本及其控制问题。初创企业的一切成本管理活动应以成本效益观念作为支配思想，从"投入"与"产出"的对比分析来看待"投入"（成本）的必要性、合理性，即努力以尽可能少的成本付出，创造尽可能多的使用价值，为初创企业获取更多的经济效益。

值得注意的是："尽可能少的成本付出"与"减少支出、降低成本"在概念是有区别的。"尽可能少的成本付出"，不就是节省或减少成本支出。它是运用成本效益观念来指导新产品的设计及老产品的改进工作。如在对市场需求进行调查分析的基础上，认识到如在产品的原有功能基础上新增某一功能，会使产品的市场占有率大幅度提高，那么尽管为实现产品的新增功能会相应地增加一部分成本，只要这部分成本的增加能提高企业产品在市场的竞争力，最终为企业带来更大的经济效益，这种成本增加就是符合成本效益观念的。又比如，企业推广合理化建议，虽然要增加一定的费用开支，但能使企业获取更好的收益；引进新设备要增

加开支，但因此可节省设备维修费用和提高设备效率，从而提高企业的综合效益；为减少废次品数量而发生的检验费及改进产品质量等有关费用，虽然会使企业的近期成本有所增加，但企业的市场竞争能力和生产效益却会因此而逐步提高；为充分论证决策备选方案的可行性及先进合理性而发生的费用开支，可保证决策的正确性，使企业获取最大的效益或避免可能发生的损失。这些支出都是不能不花的，这种成本观念可以说是"花钱是为了省钱"，都是成本效益观的体现。

思考题：

你认为企业成本都包括哪些方面？应该从哪些方面强化企业的成本控制？

第五节　透析财务报表

企业财务系统都要产生资产负债表、损益表和现金流量表三种基本的财务报表。一套完备、详尽的报表资料就是一个企业的画像，是一个企业的解剖图，它们能够反映出企业过去或当前的经营状况，也能够预测未来的经营前景，有助于创业者较为准确地把握特定时期企业的偿债能力、营运能力及获利能力。因此，作为一个创业者必须具备识别财务报表的能力。

一、资产负债表

资产负债表是总括反映某一会计主体在特定日期（如年末、季末、月末）财务状况的会计报表，基本结构是以"资产＝负债+所有者权益"平衡公式为理论基础的，该等式的左方与右方分别代表着企业的资产、企业不同投资者（债务人、所有者）投入企业的资金及其留利部分。整张报表反映的是企业持有的经济资源及其产权归属的对照关系，如表9-4所示。作为创业者的你，资产负债表可以帮助你核查和分析创业企业的财务状况，特别是收入和支出方面。诸如，应收账款的周转时间是否在延长？收取账款能否更积极些？有些债务无法收回吗？创业企业因放慢应付款的支付速度是否预示了资金短缺的到来？此外，资产负债表还可以有存贷表、固定资产及累计折旧表和无形资产等附表。

表9-4　某公司资产负债表

单位：万元

项目	期初数	期末数	项目	期初数	期末数
流动资产			流动负债		
货币资金	5425437.78	4713342.90	短期借款	—	—
短期投资			应付票据		
应收票据	—	—	应付账款		
应收股利	—	—	预收账款		
应收利息			应付工资		
应收账款	2745705.00	1400000.00	应付福利费	—	—

项目	期初数	期末数	项目	期初数	期末数
其他应收款	7340130.34	7773261.14	应付股利	—	—
预付账款	—	1200000.00	应交税金	275016.20	240584.18
应收补贴款			其他应交款		
存货	—	—	其他应付款	12687100.14	12713900.14
待摊费用	117049.64	70082.92	预提费用		
一年内到期的长期投资	—	—	一年内到期的长期负债		
其他流动资产			其他流动负债		
流动资产合计	15628322.76	15156686.96	流动负债合计	12962116.34	12954484.32
长期投资：					
长期股权投资	7041087.14	7467753.82	长期负债：		
长期债券投资	—		长期借款	—	—
长期投资合计	7041087.14	7467753.82	应付债券		
固定资产：			长期应付款		
固定资产原价	1412324.85	1412324.85	专项应付款		
减：累计折旧	378678.91	463418.59	其他长期负债		
固定资产净值	1033645.94	948906.26	长期负债合计		
减：固定资产减值准备	—	—			
固定资产净额	1033645.94	948906.26	递延税项：		
工程物资	—	—	递延税款贷项	—	—
在建工程	—	—	负债合计	12962116.34	12954484.32
固定资产清理	—	—			
固定资产合计	1033645.94	948906.26	所有者权益：		
无形资产及其他资产：			实收资本	8600000.00	8600000.00
无形资产	—	—	减：已归还投资	—	—
长期待摊费用	—	—	资本公积	76320.95	76320.95
其他长期资产	—	—	盈余公积		
无形资产及其他资产合计	—	—	其中：法定公益金	—	—
递延税项：			未分配利润	2064618.55	1942541.77
递延税款借项	—	—	所有者权益合计	10740939.50	10618862.72
资产总计	23703055.84	23573347.04	负债及所有者权益总计	23703055.84	23573347.04

二、损益表

损益表是总括反映创业企业在一定期间内经营收支和经营成果的财务报表，是企业必须按月编报的报表之一。损益表有收入、费用和利润三大类项目，这三类项目之间的关系是"收入－费用＝利润"，如表 9-5 所示。作为创业者的你通过损益表能了解公司的收益和支出情况，哪些业务超过了预算等问题，因此有助于你及时掌握产品利润或销售成本急剧增长的情况。损益表有利润分配表、主管业务收支、产品生产成本表、主要产品单位成本表、产品生产销售成本表、制造费用明细表、销售费用表、管理费用明细表、营业外收支明细表、投资收益明细表等附表。

表 9-5　某公司损益表

单位：万元

项目	上年数	本年累计数
一、产品销售收入	309.7688	397.5200
减：产品销售成本	220	268.538
产品销售费用	17.44	18.858
产品销售税金及附加	1.802	16.942
二、主营业务利润	70.5268	93.1820
加：其他业务利润	3.44	9.8734
减：销售费用	10	13
管理费用	9.6968	13.98
财务费用	0.334	0.654
三、营业利润	53.936	75.4214
加：投资收益	1.8	2.8
补贴收入	0.89	0.94
营业外收入	1.896	1.088
减：营业外支出	6.42	
四、利润总额	57.88	80.2494
减：所得税	18.916	26.4822
五、净利润	38.964	53.7672

三、现金流量表

现金流量表是在现金的基础编制的，用于反映创业企业财务状况变动情况的财务报表。现金流量表中的现金包括"现金"账户核算的库存现金，还包括企业"银行存款"账户核算的存入金融机构、随时可以用于支付的存款，以及"其他货币资金"账户核算的外埠存款、银行汇票存款、银行本票存款和长途货币资金等，如表 9-6 所示。作为创业者的你，可以利用现金流量表正确评价创业企业当前及未来的偿债能力和支付能力以及创业企业当期以及以前各期取得利润的质量，较为准确预测企业财务状况。

表 9-6　某公司现金流量表

单位：万元

一、经营活动产生的现金流量：	
销售商品、提供劳务收到的现金	790
收到的税费返回	
收到的其他与经营活动有关的现金	
现金流入小计	790
购买商品、接受劳务支付的现金	540

续表

支付给职工以及为职工支付的现金	90
支付的各项税费	50
支付的其他与经营活动有关的现金	25
现金流出小计	705
经营活动产生的现金流量净额	85
二、投资活动产生的现金流量：	
收回投资所收到的现金	
取得投资收益所收到的现金	30
处置固定资产、无形资产和其他长期资产而收到的现金净额	
收到的其他与投资活动有关的现金	
现金流入小计	30
购建固定资产、无形资产和其他长期资产所支付的现金	50
投资所支付的现金	80
支付的其他与投资活动有关的现金	
现金流出小计	130
投资活动产生的现金流量净额	100
三、筹资活动产生的现金现量：	
吸收投资所收到的现金	60
取得借款所收到的现金	
收到的其他与筹资活动有关的现金	
现金流入小计	
偿还债务所支付的现金	
分配股利或利润和偿付利息所支付的现金	40
支付的其他与筹资活动有关的现金	
现金流出小计	
筹资活动产生的现金流量净额	20
四、汇率变动对现金的影响额	
五、本期现金及现金等价物净增加额	770

四、财务分析

财务分析以财务报告资料及其他相关资料为依据，采用专门的分析方法，对经济组织过去和现在有关筹资活动、投资活动、经营活动、分配活动、盈利能力、营运能力、偿债能力和发展能力状况等进行分析与评价的经济管理活动。作为创业者的你，可以通过财务分析来了解企业过去、评价企业现状、预测企业未来。

（一）财务报表的分析方法

作为创业者，你一定要会分析财务报表。财务报表分析最主要的方法是比较分析法和因素分析法。其中，比较分析法的理论基础是，客观事物的发展变化是统一性与多样性的辩证结合。共同性使它们具有了可比的基础，差异性使它们具有了不同的特征。在实际分析时，这两方面的比较往往结合使用。按比较参照标准可以分为趋势分析法、同业分析、预算差异分析等。比较法的主要作用在于揭示客观存在的差距以及形成这种差距的原因，帮助人们发现问题，挖掘潜力，改进工作。比较法是各种分析方法的基础，不仅报表中的绝对数要通过比较才能说明问题，计算出来的财务比率和结构百分数也都要与有关资料（比较标准）进行对比，才能得出有意义的结论。因素分析法是指整体分解为若干个局部的分析方法，包括财务比率的因素分解法和差异因素分解法。比率因素分解法是指把一个财务比率分解为若干个影响因素的方法。比如说，资产收益率可以分解为资产周转率和销售利润率两个比率的乘积。差异因素分解法是为了解释比较分析中所形成差异的原因，比如说，产品材料成本差异可以分解为价格差异和数量差异。

（二）企业财务分析的主要角度

你作为创业者，要懂得如何进行分析筹资活动、投资活动、经营活动、盈利能力、营运能力、偿债能力等。

一是筹资活动分析。这主要包括筹资规模与变动分析与筹资结构与变动分析。筹资规模与变动分析，主要借助于资产负债表中的负债和所有者权益的数据，利用水平分析法分析企业筹资规模的变动情况、观察其变动趋势，对其合理性进行评估。这样有助于初创企业的你了解，企业的经营资本从哪些渠道、以何种方式取得，所有者权益资本和负债资本应保持在何种水平等问题。筹资结构与变动分析需要与上个周期、同行业或标准水平进行比较，并且对筹资结构进行变化趋势的分析。这样有助于初创企业的你

二是投资活动分析。这主要包括资产规模与变动分析与资产结构与变动分析。资产规模与变动分析可采用水平分析法，从数量上了解企业资产的变动情况，分析变动的具体原因。这样有助于初创企业的你将企业控制在合理规模范围内，实现企业可持续经营。资产结构与变动分析可采用垂直分析法。通过计算报表中各项目占总体的比重，反映各项目与总体的关系情况及其变动情况。这样有助于初创企业的你合理配置企业资源。

三是经营活动分析。这主要包括利润额及结构变动分析、收入分析、成本费用分析等。利润总额是反映企业全部财务成果的指标。利润额变动可采用水平分析法，要编制水平分析表。水平分析表的编制采用增减变动额和增减变动百分比两种方式。利润构成变动分析可采用垂直分析法，即根据利润表中的资料，通过计算各因素或各种财务成果所占的比重，分析财务成果的结构及其变动的合理性。这样有助于初创企业的你了解企业的营业利润、对外投资收益，以及营业外收支情况等。企业收入分析主要从主营业务与其他收入的结构进行分析，不仅要研究其总量，而且应分析其结构及其变动情况，这样有助于初创企业的你了解企业经营方向和会计政策的选择。成本费用分析可根据产品生产、销售成本表的数据，采用水平分析法和垂直分析法进行分析。这样有助于初创企业的你了解企业实际投入状况。

四是盈利能力分析。这主要包括资本盈利能力分析、资产盈利能力分析、经营盈利能力分析等。盈利能力是指企业在一定时期内赚取利润的能力。初创企业的你可以主要对净资产收益率指标进行分析和评价。资本盈利能力分析的主要财务指标是净资产收益率（权益报酬率），其计算公式为：

净资产收益率＝净利润/[（期初所有者权益合计+期末所有者权益合计）/2]×100%。

资产盈利能力分析主要是对总资产报酬率指标进行分析和评价，表明资产的利用效率

越高，说明企业在增加收入和节约资金等方面取得了良好的效果。初创企业的你可以主要对主要财务指标是总资产报酬率，其计算公式为：

$$资产净利率＝净利润/[（期初资产总额+期末资产总额）/2]×100\%。$$

经营盈利能力分析包括收入利润率分析和成本利润率分析两方面内容。初创企业的你可以主要对销售净利润率，其计算公式为：

$$销售净利润率＝（净利润/销售收入）×100\%。$$

五是营运能力分析。这主要包括总资产营运能力分析、流动资产营运能力分析、固定资产营运能力分析等。总资产营运能力分析就是对企业全部资产的营运效率进行综合分析，反映总资产的周转速度，周转越快，说明销售能力越强。初创企业的你可以主要对总资产周转率进行分析，其计算公式是：

$$总资产周转率＝销售收入/[（期初资产总额+期末资产总额）/2]。$$

流动资产营运能力分析直接影响或决定企业全部资产的营运效率，初创企业的你可以运用流动资产周转率、存货周转率、应收账款周转率等指标。流动资产周转率反映了流动资产的周转速度，周转速度越快，会相对节约流动资产，相当于扩大资产的投入，增强企业的盈利能力；而延缓周转速度，需补充流动资产参加周转，形成资产的浪费，降低企业的盈利能力。存货周转率是存货周转速度的主要指标。提高存货周转率，缩短营业周期，可以提高企业的变现能力。应收账款周转率越高，说明其收回越快。反之，说明营运资金过多呆滞在应收账款上，影响正常资金周转及偿债能力。

$$流动资产周转率＝销售收入/[（期初流动资产+期末流动资产）/2]$$
$$存货周转率＝产品销售成本/[（期初存货+期末存货）/2]$$
$$应收账款周转率＝销售收入/[（期初应收账款+期末应收账款）/2]$$

固定资产营运能力主要体现在固定资产产出与固定资产占用之间的比率关系上，通常可用固定资产收入率反映企业固定资产的营运能力。

$$固定资产收入率＝销售收入总额/[（期初固定资产价值+期末固定资产价值）/2]$$

六是偿债能力分析。这主要包括短期偿债能力分析、长期偿债能力分析等。短期偿债能力就是指企业偿还流动负债的能力，作为初创企业的你在分析时要通过流动比率、速动比率、营运资金等指标进行计算和分析，说明企业短期偿债能力状况及原因。流动比率体现了企业的偿还短期债务的能力。流动资产越多，短期债务越少，则流动比率越大，企业的短期偿债能力越强。速动比率比流动比率更能体现企业的偿还短期债务的能力。因为流动资产中，尚包括变现速度较慢且可能已贬值的存货，因此将流动资产扣除存货再与流动负债对比，以衡量企业的短期偿债能力。营运资金实际上反映的是流动资产可用于归还和抵补流动负债后的余额。营运资金越多，说明企业可用于偿还流动负债的资金越充足，企业的短期偿债能力越强，债权人收回债权的安全性越高。

$$流动比率＝流动资产/流动负债$$
$$速动比率＝（流动资产-存货）/流动负债$$
$$营运资金＝流动资产-流动负债$$

长期偿债能力分析就是指企业偿还本身所欠长期负债（偿还期限在一年或一个营业周期以上的债务）的能力。对企业长期偿债能力进行分析，可通过对反映企业长期偿债能力的资产负债率、利息保障倍数等指标进行计算和分析，说明企业长期负债能力的基本状况及其变动原因。资产负债率反映债权人提供的资本占全部资本的比例。该指标也被称为举债经营比率。负债比率越大，企业面临的财务风险越大。利息保障倍数指标是企业经营业务收益与利息费用的比率，用以衡量企业偿付借款利息的能力，也叫利息保障倍数。只要已获利息倍数足够大，企业就有充足的能力偿付利息。

$$资产负债率＝（负债总额/资产总额）×100\%$$
$$利息保障倍数＝息税前利润/利息支出$$

此外，在财务分析中，综合性的分析也是比较重要的，其中杜邦财务分析体系较为常用。杜邦财务分析体系将若干反映企业盈利状况、财务状况和营运状况的比率按其内在联系有机结合起来，形成一个完整的指标体系，并最终通过净资产收益率来综合反映，如图 9-3 所示。

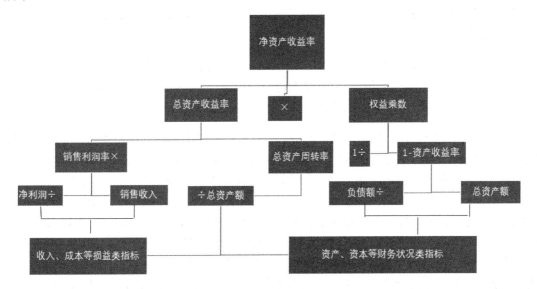

图9-3　杜邦财务分析体系

作为初创企业的你可以通过杜邦财务分析体系，一方面可从企业销售规模、成本水平、资产营运、资本结构方面分析净资产收益率增减变动的原因，另一方面可协调企业资本经营、资产经营和商品经营关系，促使净资产收益率最大化，实现财务管理目标。

习题：

你认为如何能够达到高效地进行财务分析？

第六节　企业避税方式

合理避税，顾名思义，就是合理地逃避纳税，它不同于偷税、漏税，它是企业以遵守税法为前提，以对法律和税收的详尽理解、分析和研究为基础，利用纳税筹划，以达到减少应纳税款的目的。避税是合法的，而偷税、漏税却是违法的，同样是少纳税款，差别怎么就这么大呢？因为做事的方式方法不同。所以说，在现行社会中，凡事讲究方式方法才是企业的立足之本。那么如何才能到合理合法地避税呢？本节就带领大家学习如何利用合法的手段缴纳最少的税款。

一、纳税筹划：合理避税就是创造利润

避税是随着税收的产生而产生，随着社会的发展而发展的。从古至今，不论在任何国家，只要税收存在，就会有避税现象的发生。他们可能采用变更住所、转移资金等一系列公开合法的手段，来最大限度地"推卸"纳税义务。

我国税法中存在大量的优惠政策，税收征管工作中也存在一些漏洞，在这种情况下，只要企业认真学习我国的税收政策，在法律允许的范围内进行缜密的税务筹划，就能实现最大限度地合理避税，这对企业来说也是一种创造利润的过程。那么怎样理解这句话呢？通过公式为大家分析：

$$营业利润＝主营业务利润+其他业务利润-期间费用$$
$$利润总额＝营业利润+补贴收入+投资收益+营业外收入-营业外支出$$
$$净利润＝利润总额-所得税$$

由以上公式可以看出：增加净利润的途径有两个，即加大利润总额、减少所得税。当收入已经达到极限或上升的空间已经很小时，要想加大利润总额，就只能减少期间费用和营业外支出，而这两项中包含了企业大部分的税务支出（除所得税外），因此我们可以得出结论：如果能减少企业的税务支出，就能使其净利润增加。企业可以用节省下来的资金，充实本企业实力，或是进行扩大再生产，或是进行其他方面的投资（如股票、债券等），以期为企业带来更大的经济效益，从而使企业进入一个健康有序的良性循环。

虽然避税行为被认为是不道德的，但它若是建立在依法尽其义务、按时足额交纳税款的前提基础上，避税就是合法的、不具有欺诈性质的，并作为企业的权利受到法律和社会的认可和保护。我们还可以从另一个角度来理解，避税是对已有税法的不完善或缺陷之处所作的显示说明，表明了现有税法还尚不健全，税务当局恰好可以根据这种显示说明对现有税法进行修改和纠正。所以，合理避税有助于保证政府和执法部门及时发现税制及税法中所存在的问题，进而健全税收制度、完善税法，实现经济生活规范化和社会生活规范化，同时帮助我国企业健康发展，促进社会经济的进步。

二、企业该交哪些税？

许多人只知道公司经营需要交税纳税，但是他们却并不知道到底要交哪些税，交多少，怎么交等一系列问题，这一部分就为大家讲解这些问题。

一般而言，企业的经济性质和经营业务决定了他们各自应缴纳的税种和所适用的税率。从交税的项目而言，大体要分为三项：流转税、所得税和一些其他税种。下面将详细地讲解内外资企业经营到底要交哪些税。

（一）流转税

流转税又称流转课税、流通税，是指以纳税人商品生产、流通环节的流转额或者流通数量以及非商品交易的营业额为征税对象的一类税收。它是商品生产和商品交换的产物，各种流转税是政府财政收入的重要来源。那么各种又是指哪些种类呢？

1. 增值税。是指对在我国境内销售货物或者提供加工、修理修配劳务以及进口货物的单位和个人，就其货物销售或者提供劳务的增值额和货物的进口金额作为计税依据而课征的一种流转税。因其是对商品生产和流通中各环节的新增或商品的附加值进行征税，所以称之为"增值税"。增值税按销售收入的13%（增值税一般纳税人）、11%（小规模生产加工纳税人）、

知识小贴士：

一般纳税人与小规模纳税人的认定条件的区别：

1. 主要从事生产或提供应税劳务（特指加工、修理修配劳务）的。年销售额在100万元以上的，可以认定为一般纳税人，100万以下的为小规模。

2. 主要从事货物批发零售的。年销售额180万以上的可以认定为一般纳税人，180万以下为小规模。工业企业年销售额在100万以下的，商品流通企业年销售额在180万以下的，属于小规模纳税人；反之，为一般纳税人。

税收管理规定的区别：

1. 一般纳税人。销售货物或提供应税劳务可以开具增值税专用发票；购进货物或应税劳务可以作为当期进项税抵扣；计算方法为销项减进项。

2. 小规模纳税人。只能使用普通发票；购进货物或应税劳务即使取得了增值税专用发票也不能抵扣；计算方法为销售额×征收率。

6%（小规模工业企业）、3%（商业企业纳税人）缴纳。其中，13%为基本税率。税种明细表如表9-7所示。

表9-7　税种明细表

纳税人分类	税目	税率
一般纳税人	销售货物或提供加工、修理修配劳务以及进口货物	13%
	粮食、食用植物油	9%
	自来水、暖气、石油液化气、天然气等	
	图书、报纸、杂志	
	饲料、化肥、农药、农机、农膜	
	销售自来水、文物商品、拍卖行的货物、建筑和生产建筑材料所用的砂、土、石料	6%
	运输发票上的运费金额	6%抵扣
	工厂回收的废物旧资	9%抵扣
小规模纳税人	工业企业和商业企业	3%

如表 9-7 所示，自实行"营改增"政策，即由缴纳营业税改为缴纳增值税后，在现行增值税 13%、11%和 3%档税率的基础上，新增 9%和 6%两档低税率，交通运输业适用 6%的税率，部分现代服务业中的研发和技术服务、信息技术服务、文化创意服务、物流辅助服务、鉴证咨询服务适用 6%税率，部分现代服务业中的有形动产租赁服务适用 13%税率。

增值税的特点有 4 个，分别是：

（1）普遍征收。从增值税的征税范围看，对从事商品生产经营和劳务提供的所有单位和个人，在商品增值的各个生产流通环节向纳税人普遍征收。

（2）税收负担最终由消费者承担。虽然增值税是向企业征收，但企业在销售商品时又通过价格将税收负担转嫁给下一生产流通环节，最后由最终消费者承担。

> **知识小贴士：**
>
> 　进项税额与销项税额相对应，两者的对应关系是上一环节销货方收取的销项税额，就是下一环节购货方支付的进项税额。增值税一般纳税人以其收取的销项税额抵扣其支付的进项税额后的余额，即为其实际缴纳的增值税。余额大于零，即为实际应纳税额；余额小于零，差额作为留抵税额结转下期继续抵扣。
>
> 　税法对不得抵扣的进项税额的项目做了严格的规定，不得抵扣的项目随意抵扣就将以偷税论处。

（3）实行税款抵扣制度。在计算企业应纳税款时，要扣除商品在以前生产环节已负担的税款，以避免重复征税。

（4）实行价外税制度。在计税时，作为计税依据的销售额中不包含增值税税额，这样有利于形成均衡的生产价格，并有利于税负转嫁的实现。

我国目前对一般纳税人采用的计税方式是国际上通行的购进扣税法，即纳税人销售货物或者提供应税劳务，应纳税额等于当期的销项税额减去当期的进项税额后的余额，即

$$应纳税额＝当期销项税额－当期进项税额$$

当期销项税额小于当期进项税额不足抵扣时，其不足部分可以结转下期继续抵扣。

（1）不含税销售额的计算

不含税销售额是指纳税人销售货物或提供应税劳务向购买方收取的全部价款和价外费用，但是不包括收取的销项税额。此时

$$销项税额＝收取的款项×适用税率$$

例题： A 企业为增值税一般纳税人，20x1 年 10 月 5 日销售一批货物，取得不含税销售额 100 万元，则 A 企业应交多少增值税？

解：应纳税额＝100×13%＝13（万元）

（2）含税销售额的计算。

含税销售额是指在收取的价款中包含销项税额。此时

$$销项税额＝\frac{含税销售额}{1+税率}×税率$$

例题： A 企业为增值税一般纳税人，10 月 5 日销售一批货物，取得税销售额 113 万元，

则 A 企业应交多少增值税？

解：应纳税额 $= \dfrac{113}{1+13\%} \times 13\% = 13$（万元）

（3）进项税额的计算

进项税额是纳税人购进货物或者接受应税劳务所支付或者负担的增值税额。此时

$$进项税额 = 买价 \times 税率$$

例题：A 企业为增值税一般纳税人，10 月 5 日买进一批货物，所付货物款项为 100 万元，则 A 企业应交多少进项税额？

解：进项税额 $= 100 \times 13\% = 13$（万元）

例题：某自营出口的生产企业为增值税一般纳税人，2019 年 3 月发生经营业务如下：买进原材料一批，取得增值税专用发票上注明的价款为 200 万元，进项税额允许抵扣；上月末留抵税款为 3 万元；本月销售货物，取得不含税销售额为 1000 万元，收款 1130 万元存入银行，试计算该企业当期应缴纳的增值税额。

解：销项税额 $= 1000 \times 13\% = 130$（万元）；

本月发生的进项税额 $= 200 \times 13\% = 26$（万元）；

进项税额合计 = 本月发生额 + 上月留抵额 $= 26 + 3 = 29$（万元）；

所以，应纳税额 = 销项税额 − 进项税额 $= 100 - 29 = 71$（万元）。

小故事：消费者是增值税的最终承担者

假定你是一个卖油糕的，有一个做油糕的公司。你从超市买糖、买面一共花了 117 元，这里面的 17 元是这一流通环节中所缴的增值税。在这一环节中，增值税纳税人是超市，但税款的实际承担者却转嫁给了你。你先以价款的方式将这 17 块的增值税给了超市，超市回头还要转交给政府的。转交那是超市的事，但这钱却真真切切是你出的，由于你是一个卖油糕的，你有机会将这 17 元再转嫁给买你油糕吃的那些伙计们。因此，在你的账里，你记一个 17 块的增值税进项税，是个借记，相当于以后你可以抵扣的。

然后你将一车油糕推到街上去卖，不大一会儿，就卖完了，你幸福地躲到一旮旯里数钱数到手发软啊，足足挣了 23400 块，这里面的 20000 块是属于你的，而其中的 3400 块是属于政府的，你只不过是先替政府将消费者交的增值税先收了。因此，你将这 3400 块记一个增值税销项税，是个贷记，代表你要交给税务局的钱。

于是你把增值税销项税减去进项税：3400-17=3383 元，这个钱就是你帮政府代收的，这是你要交给税局的钱。实际上你交的，是由面变为油糕后的"增值额"所计算出来的税，即（20000-100）×17%=3383 元，此谓增值税也。那些买油糕的伙计们，交给你的 3400 块税钱，实际上是帮超市和你买了税单。只有那些吃油糕的伙计才是真正从自己的腰包掏出税钱转移到了政府的腰包中。因此，在那些税收教科书中，将"增值税"归为间接税，因为税款的实际承担者是那些吃你油糕的伙计们。

案例来源：根据 https://www.zhihu.com/question/37114831 整理。

2. 营业税。是对在我国境内提供应税劳务、转让无形资产或销售不动产的单位和个人，就其所取得的营业额征收的一种税。自 2016 年 5 月 1 日起，我国开始全面实施营改增（以前缴纳营业税的应税项目改成缴纳增值税）政策，并将建筑业、房地产业、金融业、生活服务业全部纳入营改增试点，至此，营业税退出历史舞台。因增值税只对产品或者服务的增值部分纳税，这样就减少了重复纳税的环节，进而减轻了企业的税负，也将使增值税制度更加规范。

> **知识小贴士：**
>
> 　营改增前，即 2016 年 5 月 1 日前，城建税、消费税是以增值税、消费税和营业税三种税的税额之和为依据。

例题： 某企业兼有货物生产和技术服务业务，是增值税一般纳税人，2013 年 8 月技术服务业务纳入"营改增"试点。该企业 8 月销售货物取得不含税收入 200 万元；当月提供技术服务收取服务费金额 20 万元，则该企业当期应纳的增值税是多少？

解：当期货物销售应纳增值税＝200×17%＝34（万元）

当期提供技术服务应纳增值税＝20×6%＝1.2（万元）（原营业税）

当期应纳增值税合计＝34+1.2＝35.2（万元）

3. 城市维护建设税（简称城建税）。这是我国为了加强城市的维护建设，扩大和稳定城市维护建设资金的来源而开征的，以纳税人实际缴纳的消费税、增值税两种税的税额之和为计税依据一种附加税。企业所处的地方不同，所依据的税率不同，具体分配方法如表 9-8 所示。

表 9-8　城市维护建设税率表

档次	纳税人所在地	税率（%）
1	市区	7
2	县城、镇	5
3	不在市、县、城、镇	1

例题： 位于某县城的钢铁厂，2016 年 6 月应缴纳销售货物增值税 150 万元，应缴纳应税服务增值税 200 万元（原营业税），应缴纳消费税 100 万元，则该企业应缴纳的城市维护建设税税额是多少？

解：应缴纳城建税＝（150+200+100）×5%＝22.5（万元）

4. 教育费附加税。它是我国为了扩大地方教育事业，扩大地方教育经费的资金而征收的一种专项资金，是对缴纳增值税、消费税、营业税的单位和个人征收的一种附加费。教育费附加按缴纳的增值税和消费税的税额之和的 3%缴纳。

例题： 位于某县城的钢铁厂，2016 年 6 月应缴纳销售货物增值税 150 万元，应缴纳应税服务增值税 200 万元（原营业税），应缴纳消费税 100 万元，则该企业应缴纳的教育费附加税税额是多少？

解：应缴纳教育费附加税＝（150+200+100）×3%＝13.5（万元）

（二）所得税

所得税又称所得课税、收益税，是指国家对法人、自然人和其他经济组织在一定时期内的各种所得征收的一类税收。它包括企业所得税和个人所得税，本节主要讲述企业所得税。

企业所得税，是对我国境内的企业和其他取得收入的组织的生产、经营所得和其他所得依法征收的一种税，是国家参与企业利润分配的重要手段。企业所得税的纳税人包括中国境内的国有企业、集体企业、私营企业、联营企业、股份制企业和其他组织，不包括外商投资企业和外国企业。所得税的税率如表9-9所示。

表9-9 所得税税率表

适用企业	税率
一般情况，在中国境内设立机构场所的企业	25%
1. 符合条件的小型微利企业； 2. 在中国境内未设立机构、场所的。或者虽设立机构、场所但取得的所得与所设机构、场所没有实际联系的非居民企业	20%
国家需要重点扶持的高新技术企业	15%

所得税的特点有四个，分别为：

（1）税负不容易转嫁。所得税的课税对象是纳税人的最终所得额，纳税人就是负税人，税负一般不易转嫁。这一特点有利于政府直接调节纳税人的收入，缩小收入差距，实现公平分配的目标。

（2）税收弹性大，税收收入不够稳定。所得税的税收收入与国民收入的关系较为密切，能够比较准确地反映国民收入的增减变化情况，税收弹性大。与此相对应，由于易受经济波动的影响，不容易保持税收收入的稳定。

（3）税负较公平。所得税以所得额为课税对象，征收环节单一，只要不存在两个以上的课税主体，就不会存在重复征税。另外，所得

> **知识小贴士：如何进行纳税调整**
>
> 一般而言，针对收入项目，会计作为收入而税法作为非应税收入或免税收入的，应作纳税调减处理；针对支出项目，会计可以扣除而税法不可以扣除，以及会计全额扣除而税法限额扣除的，应作纳税调增处理。如果税法对某一收入和支出项目的税务处理没有明确规定，应基于税法合规性原则，将会计处理惯例作为税务处理的方法，此类项目也就不需要进行纳税调整。

税一般以净所得为计税依据，所得多的多征，所得少的少征，体现了量能负担的原则。

（4）计税较复杂，稽征管理难度较大。就企业而言，计算企业的应税所得涉及核算企业的收入、成本、费用、利润等。并且征收所得税客观上要求整个社会有较高的信息、核算管理基础，只有这样，才能有较高的征收效率。

企业的应纳税所得额的计算公式为：

应纳税所得额＝会计利润±纳税调整项目金额
应纳所得税额＝应纳税所得额×适用税率-减免税额-抵免税额

其中，会计利润＝主营业务收入+其他业务收入-主营业务成本-其他业务成本-营业税金及附加-管理费用-财务费用-营业费用+营业外收入-营业外支出。

企业的收入总额包括以货币形式和非货币形式从各种来源取得的收入，具体包括销售货物收入、提供劳务收入、转让财产收入，股息和红利等权益性投资收入、利息收入、租金收入、特许权使用费收入、接受捐赠收入、其他收入。其中，转让财产收入是指企业转让固定

资产、生物资产、无形资产、股权、债券等的收入。租金收入是指企业提供固定资产、包装物或其他有形资产的使用权取得的收入。

例题： 某国有企业在中国境内设立机构用于生产 A 产品，20x2 年度生产经营情况如下：销售收入 5000 万元，销售成本 3000 万元；销售费用 800 万元，其中广告费 720 万元，业务宣传费 80 万元；管理费用 500 万元，财务费用 100 万元，营业外支出 100 万元。假设该企业不存在纳税调整项目、减免税额以及抵免税额。请计算这个企业应纳所得税。

解：应纳税所得额＝5000-3000-800-500-100-100＝500（万元）

应纳所得税额＝500×25%＝100（万元）

（三）其他税种

1. 消费税，是对在中国境内生产、委托加工和进口应税消费品的单位和个人征收的一种间接税，可以对批发商或零售商征收。它的征收范围是对所有的消费品进行征收，包括生活必需品和日用品。消费税实行价内税，只在应税消费品的生产、委托加工和进口环节缴纳，在以后的批发、零售等环节不用再缴纳消费税，税款最终由消费者承担。标准如表 9-10 所示。

表 9-10　消费税税率表

税目	税率
鞭炮、烟火	15%
高尔夫球及球具	10%
高档手表	20%
木质一次性筷子	5%
实木地板	5%
化妆品	30%

消费税的特点如下：

（1）征税环节的单一性。消费税实行价内税，一般在应税消费品的生产、委托加工和进口环节缴纳，在以后的批发、零售等环节中不再征收消费税。但下列例外：从 1995 年 1 月 1 日起，金银首饰由生产销售环节改为零售环节征收；从 2002 年 1 月 1 日起，钻石以及钻石饰品由生产、进口环节改为零售环节征税。

（2）征税方法的多样性或灵活性。一般来说，一个税只有一种征收方法，要么从价定率征税，要么从量定额征税。但消费税两者都有，还有复合计税方法，消费税法规定：黄酒、啤酒、成品油适用从量定额税率；白酒、卷烟适用定额税率和比例税率相结合的复合计税办法；其他应税消费品一律适用比例税率，实行从价定率征税。

（3）税负具有转嫁性。消费税无论从哪个环节征税，也无论是实行价内税还是价外税，消费品中所含的消费额将会通过税负转嫁的方式落到消费者身上。

消费税应纳税额的计算分为从价定率、从量定额和从价从量混合计算的方法。

（1）从价定率的计算公式为：

应纳税额＝应纳消费品的销售额×适用税率

例题： 某化妆品生产企业为增值税一般纳税人，10 月 15 日向某大型商场销售化妆品一批，开具增值税专用发票，取得不含税销售额 30 万元，则该化妆品应缴纳的消费税是多少？

解：应纳消费税＝30×30%＝9（万元）

（2）从量定额的计算公式为：

应纳税额＝应纳消费品的销售数量×单位税额。

例题：某酒厂以自产特制的粮食白酒 2000 斤用于厂庆活动，每斤白酒应缴纳税额 0.5 元，计算应缴纳的消费税。

解：应纳消费税＝2000×0.5＝1000（元）

（3）从价定率和从量定额混合计算公式：

应纳税额＝应税销售数量×定额税率+应税销售额×比例税率

2. 城镇土地使用税。这是以城镇土地为征税对象，以实际占用的土地单位面积为计税标准，按规定税额对拥有土地使用权的单位和个人征收的一种税。城镇土地使用税的纳税人就是在城市、县城、建制镇、工矿区范围内使用土地的单位和个人，但外国企业和外商投资企业暂不缴纳城镇土地使用税。城镇土地使用税按实际占用的土地面积等级划分不同，缴纳的税款也不同。标准如表 9-11 所示。

表 9-11　土地使用税税率表

级别	人口（人）	每平方米税额（元）
大城市	50 万以上	1.5～30
中等城市	20 万～50 万	1.2～24
小城市	20 万以下	0.9～18
县城、建制镇、工矿区		0.6～12

城镇土地使用税的应纳税额的计算公式：

全年应纳税额＝实际占用应税土地面积（平方米）×适用税额

例题：长江实业有限公司 2012 年占用土地情况如下：该公司单独占用土地面积 40000 平方米，其中企业自己办的托儿所用地 200 平方米，企业自己办的职工医院占地 2000 平方米，其余为企业生产经营用地。当地人民政府核定每平方米税额 9 元，那么该公司应该缴纳多少城镇土地使用税？

解：按规定，企业自办的医院、托儿所占用的土地免征土地使用税

应纳城镇土地使用税＝（40000-200-2000）×9＝340200（元）

3. 印花税。它是对经济活动和经济交往中书立、使用、领受具有法律效力凭证的单位和个人征收的一种税。印花税由纳税人按应缴税的比例和定额自行购买并粘贴印花税票。购销合同按购销金额的 0.03%贴花；租赁合同按金额 0.1%贴花，贴花账本按 5 元/本缴纳（每年启用时）；年度按"实收资本"与"资本公积"之和的 0.05%缴纳（第一年按全额缴纳，以后按年度增加部分缴纳）。

公司成立后应缴纳第一笔税为资金印花税，计算方法：

资金印花税＝公司营业执照注册资本金额×万分之五。

例题：张三注册了一家 100 万元的广告公司，那么他应交的资金印花税为多少呢？

解：资金印花税＝1000000 元×0.05%＝500 元。

例题： 2022 年，某企业订立产品购销合同一份，所载金额为 100 万元，建立除资金账簿外的其他生产、经营账簿 6 本，计算该企业应缴纳的印花税。

解：订立购销合同应纳税额＝1000000×0.03%＝300（元）

其他生产、经营应纳税额＝6×5＝30（元）

三、你了解税收优惠政策吗？

税收优惠政策是指税法对某些纳税人和征税对象给予鼓励和照顾的一种特殊规定。比如，免除其应缴的全部或部分税款，或者按照其缴纳税款的一定比例给予返还等，从而减轻其税收负担。税收优惠政策是国家利用税收调节经济的具体手段，国家通过税收优惠政策，可以扶持某些特殊地区、产业、企业和产品的发展，

> **知识小贴士：**
>
> 如果你是新办企业，在前三个月的时间里如果没有收入的情况下可以在纳税申报中实行零申报，也就是前三个月不用交一分钱税款。

进而促进产业结构的调整和社会经济的协调发展。所得税优惠的具体内容如表 9-12 所示。

表 9-12　税率优惠

所得税税收优惠	具体项目
免征企业所得税	蔬菜、谷物、薯类、油料、豆类、棉花、麻类、糖料、水果、坚果的种植；农作物新品种的选育；中药材的种植；林木的培育和种植；牲畜、家禽的饲养；林产品的采集；灌溉、农产品初加工、兽医、农技推广、农机作业和维修等农、林、牧、渔服务业项目；远洋捕捞
减半征收企业所得税	花卉、茶以及其他饮料作物和香料作物的种植；海水养殖、内陆养殖
三免三减半政策（自项目取得第一笔生产经营收入所属纳税年度起，第 1 年至第 3 年免征企业所得税，第 4 年至第 6 年减半（按 25%税率）征收企业所得税	企业从事国家重点扶持的"公共基础设施"项目的投资经营所得，但是，企业承包经营、承包建设和内部自建自用的，不得享受上述企业所得税优惠；企业从事符合条件的"环境保护、节能节水"项目的所得
转让技术所得	符合条件的居民企业技术转让所得不超过 500 万元的部分，免征企业所得税；超过 500 万元的部分，减半征收企业所得税
抵扣应纳税所得额	创业投资企业采取股权投资方式投资于"未上市的中小高新技术企业"2 年以上的，可以按照其投资额的 70%在股权持有满 2 年的当年抵扣该企业的应纳税所得额；当年不足抵扣的，可以在以后纳税年度结转抵扣
低税率优惠	符合条件的小型微利企业：20% 国家需要重点扶持的高新技术企业：15%

其中，免税收入是指属于企业的应税所得但按照税法规定免征企业所得税的收入。减计收入是指企业以《资源综合利用企业所得税优惠目录》规定的资源作为主要原材料，生产国家非限制和非禁止并符合国家和行业相关标准的产品取得的收入，减按 90%计入收入总额。

公共基础设施是指企业从事公共污水处理、公共垃圾处理、沼气综合开发利用、节能减排技术改造、海水淡化等项目。

四、企业避税方式

越来越多的人开始自己的创业行程，越来越多的创业企业面临纳税这个难题。对中小企业，特别是创业者来说，就算是经听说过诸多的纳税筹划，却根本不知道自己该进哪个门，该走哪条道，甚至于哪部分行为属于纳税筹划，哪部分行为属于违法的偷漏税行为都分不大清楚。其实，纳税筹划并不是很难的事情，有时候就像是一层窗户纸，捅破了它，就看得很清楚了。当然，要捅开这层窗户纸，先要搞明白一个概念，即什么是纳税筹划？纳税筹划是指纳税人依据税法规定的优惠政策，采取合法的手段，最大限度地利用优惠条款，以达到减轻税收负担的合法经济行为。

在市场经济条件下，减少税负是提高企业竞争力的一个重要手段，如何在国家法律允许的范围内合理避税，使企业税负最轻，进而实现企业利润最大化，成为企业最关注的问题。接下来就为大家展示几种避税方式：

（一）转移定价法

转让定价，又叫"转移价格"或"划拨价格"，是公司集团内部或利益关联方之间为了实现其整体战略目标，有效协调集团内各个单位之间或利益关联方之间的关系，谋求整体最大限度的利润而实现的一种交易定价。它不依照市场均衡价格进行交易。采取这种方法有两个前提：一是两个企业存在关联关系，能够分享避税收益，二是两个企业适用不同的税率。一般只会发生在关联企业的内部交易，但也不排除有业务关系的企业互相勾结进行此类交易的可能。

例题：甲公司生产单位成本为 1000 元、市场售价为 2000 元的产品，2002 年度共销售 400 件，每件销售费用为 500 元，其他费用不考虑。甲公司适用所得税税率为 33%。则甲公司 2002 年度应交所得税额为：

$$[(2000-1000-500)\times400]\times33\%=66000（元）$$

2003 年，甲公司设立了一个具有独立法人资格的销售公司乙，用来销售甲的产品，其适用税率为 27%。甲对乙的销售价格为 1350 元，销售数量与去年相同。

则甲预计缴纳所得税额为 $[(1350-1000)\times400]\times33\%=46200$（元）

乙预计缴纳所得税额为 $[(2000-1350-500)\times400]\times27\%=16200$（元）

甲乙一共为 46200+16200＝62400（元）

比 2002 年少缴纳：66000-62400＝3600（元）

（二）筹资方案避税法

筹资方案避税法是指利用一定的筹资技术使企业达到最大获利水平和税负减少的方法。此法主要包括筹资渠道的选择及还本付息方法的选择两部分内容。

筹资渠道。一般来说，企业的筹资渠道包括：财政资金、金融机构信贷资金、企业自我积累、企业间拆借、企业内部集资、发行债券和股票、商业信用、租赁等形式。从纳税角度看，这些筹资渠道产生的税收后果有很大的差异，对某些筹资渠道的利用可有效地帮助企业减轻税负，获得税收上的好处。

站在避税的角度，企业内部集资和企业之间拆借方式效果最好，金融机构贷款次之，自我积累效果最差。其原因在于内部集资和企业之间的拆借涉及的人员和机构较多，容易使纳税利润规模分散而降低，出现"削山头"现象。同样，金融机构贷款亦可实现部分避税和较轻度避税：一方面，企业归还利息后，企业利润有所降低；另一方面在企业的投资产生收益后，出资机构实际上也要承担一定的税收，从而使企业实际税负相对降低。所以说，利用贷款从事生产经营活动是减轻税负合理避开部分税款的一个途径。企业自我积累资金由于资金所有者和占用者为一体，税收难以分摊和抵销，避税效果最差。

金融机构贷款计算利息的方法和利率比较稳定、幅度较小，实行避税的选择余地不大。而企业与经济组织的资金拆借在利息计算和资金回收期限方面均有较大弹性和回收余地，从而为避税提供了有利条件。其方法主要是：提高利息支付，减少企业利润，抵销所得税额；同时，再用某种形式将获得的高额利息返还给企业或以更方便的形式为企业提供担保等服务，从而达到避税目的。

例题：某公司实收资本 200 万元，经营所需资本共 3200 万元，不足资金 3000 万；每年有毛收入 6000 万元，不含利息的费用（成本）占 80%。不足资金部分，该公司可以通过向银行借款或吸收资金入股两种方式解决。

情况一：向银行借款解决资金缺口问题。

向银行借款 3000 万，按年利率 6% 计算，则每年需支付利息＝3000×6%＝180 万元。

应纳税所得额＝毛收入-费用（成本）-利息支出＝6000-6000×80%-180＝1020（万元）

实现节税额＝180×33%＝59.4（万元）

因为向银行借款会支出 180 万元的利息费用，即费用增加，相应利润减少，减少额为利息费用的应纳税额，即少交了利息费用的税，即节省了 59.4 万元。

税后净收益＝1020×（1-33%）＝683.4（万元）

也就是说，用 200 万元资本，取得了 683.4 万元的税后净收益。

情况二：吸收资金入股解决资金缺口问题。

吸收 3000 万股本（每股 1 元），不需要支付利息，但要参与分配。

应税所得＝毛收入-费用（成本）

＝6000-6000×80%＝1200（万元）

税后净收益＝1200×（1-33%）＝804（万元）

每股净收益＝804÷3200＝0.25（元／股）

这就是说，用 200 万元资本，取得 50（0.25×200）万元的税后净收益。同是原始股本 200 万元，情况一比情况二取得的税后净收益多 633.4 万元，同时情况一还产生了 59.4 万元的节税效应。因此，该企业可以采取向金融机构借款的方式弥补资金缺口。

例题：某企业用 10 年时间积累起 5000 万元，用这 5000 万元购买设备进行投资，收益期为 10 年，每年平均盈利 1000 万元，该企业适用税率为 33%，则：年均纳税 1000×33%＝330（万元），10 年总纳税 330×10＝3300（万元）；如果该企业从银行贷款 5000 万元进行投资，年平均盈利仍为 1000 万元，假设利息年支付额为 50 万元，扣除利息后，企业每年收入 950 万元，则：年均纳税 950×33%＝313.5（万元），10 年总纳税 313.5×10＝3135（万元）。即运用银行贷款有效避税 3300-3135＝165 万元。

在企业初创筹资时期，如果将注册资本限定得较小，而经营所需的资本较大，则可以采取向金融机构借款的方式弥补资金缺口，既能保证税后净收益的最大化，又能通过增加企业负债和支付利息的办法，增加企业所得的扣除额，达到减轻税负的目的。

（三）投资方案避税法

投资方案避税法是指纳税人利用税法中对投资规定的有关减免税优惠，通过投资方案的选择，以达到减轻其税收负担的目的。

1. 投资企业类型选择法

投资企业类型选择法是指投资者依据税法对不同类型企业的税收优惠规定，通过对企业类型的选择，以达到减轻税收负担的目的的方法。我国企业按投资来源分类，可分为内资企业和外资企业，对内、外资企业分别实行不同的税收政策；同一类型的企业内部组织形式不同，税收政策也不尽相同。因此，对不同类型的企业来说，其承担的税负也不相同。投资者在投资决策之前，对企业类型的选择是必须考虑的问题之一。

例题：某企业可选择A、B两个项目进行投资。预计投产后，年销售收入均为200万元，外购各种非增值项目含税支出均为180万元。A项目产品适用17%的增值税，B项目适用6%的营业税（现改收增值税）。

A项目：年应纳增值税为：（200-180）÷（1+17%）×17%＝2.9（万元）

税后净收入为：（200-180）÷（1+17%）＝17.1（万元）

B项目：年应纳增值税为：200×6%＝10（万元）（原营业税计算法）

税后净收入为：200-180-10＝10（万元）

在其他条件一致的情况下，投资两行业的净收入由于税负不同而相差。

2. 横向联合避税法

即为了获取税收上的好处，以横向联合为名组成联合经济组织。这种做法在税收上有2个益处：（1）横向联合后，企业与企业相互提供产品可以避开交易外表，消除营业额，从而避开增值税和营业税；（2）经济联合组织实现的利润，采用"先分后税"的办法，即由联合各方按协议规定从联合组织分得利润，拿回原地并入企业利润一并征收所得税。这就给企业在瓜分和转移利润上提供了机会。例如，为了鼓励再投资，中国税法规定，对向交通、能源、老少边穷地区投资分得的利润在5年内减半征收所得税，以分得的利润再投资于上述地区的免征所得税。作为企业就可以通过尽可能挂靠"老少边穷"和交通、能源，以达到避税的目的。但在实践中，横向联合避税法有其局限性：一是联合或挂靠本身有名无实，是否合法的问题；二是即使挂靠联合合法，也能享受税收优惠，但仍存在避税成本高低的问题。应择其优而选之。

3. 投资方式选择法

投资方式是指投资者以何种方式投资。一般包括现汇投资、有形资产投资、无形资产投资等方式。投资方式选择法是指纳税人利用税法的有关规定，通过对投资方式的选择，以达到减轻税收负担的目的。

投资方式选择法要根据所投资企业的具体情况来具体分析。以中外合资经营企业为例，投资者可以用货币方式投资，也可以用建筑物、厂房、机械设备或其他物件、工业产权、专有技术、场地使用权等作价投资。为了鼓励中外合资企业引进国外先进机械设备，中国税法规定，按照合同规定，作为外国合营者出资的机械设备、零部件和其他物料，或者经审查批准，合营企业以增加资本形式，增加国内不能保证供应的、新进口的机械设备、零部件和其他物料，可免征关税和进口环节的增值税。无形资产虽不具有实物形态，但能给企业带来经济效益，甚至可创造出成倍或更多的超额利润。无形资产是指企业长期使用而没有实物形态的资产，它包括专利权、非专利技术、商标权、著作权、土地使用权、商誉等。投资者利用无形资产也可以达到避税的目的。

例题：假设投资者欲投资办一个中外合资经营企业，该企业为生产高科技产品企业，需要从合资外方购进一项专利权，金额为 100 万美元；如果以该合资企业名义向外方购买这项专利权，该外商应按转让该项专利权的所得缴纳预提所得税 20 万美元，其计算公式为：100 万美元×20％＝20 万美元。如果改为外商以该项专利权作为投资入股 100 万美元，则可免缴 20 万美元的预提所得税。

那么以货币方式进行投资能否起到避税的效果呢？以中外合资企业为例，中外合资经营者在投资总额内或以追加投入的资本，引进进口机械设备、零部件等可免征关税和进口环节的增值税。这就是说合资中外双方均以货币方式投资，用其投资总额内的资本或追加投入的资本进口机械设备、零部件等，同样可以享受免征关税和进口环节增值税的照顾，达到避税的效果。

由此可知，只要合理利用有关法规，无论采用何种方式投资入股，均可达到避税目的。但在具体运用时，还应根据投资的不同情况，综合分析比较，以选择最佳方案。

假设有一个中外合资经营项目，合同要求中方提供厂房、办公楼房以及土地使用权等，而中方又无现成办公楼可以提供，这时中方企业面临两种选择：一种是由中方企业投资建造办公楼房，再提供给合资企业使用，其结果是，中方企业除建造办公楼房投资外，还应按规定缴纳固定资产投资方向调节税。二是由中方企业把相当于建造楼房的资金投入该合资经营企业，再以合资企业名义建造办公楼房，就可免缴固定资产投资方向调节税。

4. 投资产业选择法

投资产业选择法是指投资者根据国家产业政策和税收优惠规定，通过对投资产业的选择，以达到减轻税负的目的。

综合利用避税法即企业通过综合利用"三废"开发产品从而享受减免税待遇。综合利用减免税的范围：一是企业在产品设计规定之外，利用废弃资源回收的各种产品；二是废渣的综合利用，利用工矿企业采矿废石、选矿尾矿、碎屑、粉尘、粉末、污泥和各种废渣生产的产品；三是废液的利用，利用工矿企业生产排放的废水、废酸液、废碱液、废油和其他废液生产的产品；四是废气的综合利用，利用工矿企业加工过程中排放的烟气、转炉铁合金炉回收的可燃气、焦炉气、高炉放散气等生产的产品；五是利用矿冶企业余热、余压和低热值燃料生产的热力和动力；六是利用盐田水域或电厂热水发展养殖所生产的产品；七是利用林木采伐，造林截头和加工剩余物生产的产品。

企业采用综合利用避税法，应具备两个前提：一是使自己的产品属于减免税范围，并且得到有关方面认可；二是避税成本不是太大。否则，如果一个企业本不是综合利用型企业，为了获得减免税好处，不惜改变生产形式和生产内容，将会导致更大的损失。

（四）成本费用避税法

成本费用避税法是通过对企业成本费用项目的组合与核算，使其达到一个最佳值，以实现少纳税或不纳税的避税方法。采用成本费用避税法的前提，是在政府税法、财务会计制度及财务规定的范围内，运用成本费用值的最佳组合来实现最大限度地抵销利润，扩大成本计算。可见，在合法范围内运用一些技巧，是成本费用避税法的基本特征。

1. 折旧计算避税法

折旧是固定资产在使用过程中，通过逐渐损耗（包括有形损耗和无形损耗）而转移到产品成本或商品流通费中的那部分价值。折旧的核算是一个成本分摊的过程，即将固定资产取得成本按合理而系统的方式，在它的估计有效使用期间内进行摊配。这不仅是为了收回投资，使企业在将来有能力重置固定资产，还是为了把资产的成本分配到各个受益期，实现期间收入与费用的正确配比。

折旧方法的确定。最常用的折旧方法有直线法、工时法、产量法和加速折旧法。

年限平均法又叫直线法，它是以固定资产的预计使用年限为分摊标准，将固定资产的应计提折旧额等额地分摊到各使用年度的一种折旧方法。其计算公式为：固定资产年折旧率＝（1－预计残值率）÷预计使用寿命（年）×100%，固定资产年折旧额＝固定资产原价×年折旧率。

工作量法是以固定资产预计可完成的工作总量为分摊标准，根据各期固定资产的实际工作量计算每期应计提折旧额的一种方法。其计算公式为：单位工作量折旧额＝（固定资产原始价值－预计残值＋预计清理费用）÷预计总工作量，固定资产年折旧额＝当年产量×单位工作量折旧额。

双倍余额递减法是在不考虑固定资产预计净残值的情况下，根据每期期初固定资产账面余额和双倍直线折旧率计算固定资产折旧的一种方法。其计算公式为：固定资产年折旧率＝（1÷预计使用寿命）×2×100%，固定资产年折旧额＝每年初固定资产余额×年折旧率。

年数总和法又称合计年限法，是指以将固定资产的原值减去其预计净残值后的余额为基数，乘以一个以固定资产尚可使用寿命为分子、以预计使用寿命逐年数字之和为分母的逐年递减的分数计提各期折旧的一种方法。其计算公式为：固定资产年折旧率＝固定资产尚可使用年限÷预计使用寿命的年限之和×100%，固定资产年折旧额＝（原始价值－预计净残值）×年折旧率。

从各个具体年份来看，由于采用加速折旧方法（双倍余额递减法和年数总和法），使应计提的折旧额在固定资产使用前期摊提较多而后期摊提较少，必然使企业前期净利相对较少而后期相对较多，因而对纳税企业会产生不同的税收影响。企业可以对其进行比较和分析，从中选择出最好的折旧方法，达到最佳的税收效益。

例题：假设某有限公司，固定资产原值为200000元，预计残值为10000元，使用年限为5年。企业未扣除折旧的利润和产量如图所示，该企业适用25%的所得税率，资金成本率为10%。

年限	未扣除折旧的利润（元）	产量（件）
第一年	100000	1000
第二年	120000	1200
第三年	90000	900
第四年	80000	800
第五年	70000	700
合计	460000	4600

不同折旧方法下的所纳税额的比较：

（1）年限平均法

年限	年折旧额（元）	应纳税额（元）
第一年	38000	15500
第二年	38000	20500
第三年	38000	13000
第四年	38000	10500
第五年	38000	8000
合计	190000	67500

（2）工作量法

年限	年折旧额（元）	应纳税额（元）
第一年	41300	14675
第二年	49560	17610
第三年	37170	13207.5
第四年	33040	11740
第五年	28930	10267.5
合计	190000	67500

（3）双倍余额递减法

年限	年折旧额（元）	应纳税额（元）
第一年	80000	5000
第二年	48000	18000
第三年	28800	15300
第四年	16600	15850
第五年	16600	13350
合计	190000	67500

（4）年数总和法

年限	年折旧额（元）	应纳税额（元）
第一年	63333.33	9166.67
第二年	50666.67	17333.33
第三年	38000	13000
第四年	25333.33	13666.67
第五年	12666.67	14333.33
合计	190000	67500

在上述各种折旧方法中，运用不同的折旧方法所计算出来的折旧额在量上不一致，分摊到各期的固定资产成本也存在差异，进而影响各期营业成本和利润。这一差异为避税筹划提供了可能。由以上不同折旧方法下企业应纳所得税税额的比较可以看出，采用加速折旧法计算的第一年应纳税额最少，双倍余额递减法第一年只缴纳5000元，年数总和法第一年缴纳税款为9166.67元，而年限平均法下则需缴纳15500元。由此可以看出，加速折旧法使企业在

最初的年份提取的折旧较多，冲减了税基，从而减少了应纳税款，考虑到货币的时间价值，相当于企业在最后的年份内取得了一笔无息贷款，对企业来说达到了合法避税的功效。

2. 费用分摊避税法

企业生产经营过程中发生的各项费用要按一定的方法摊入成本。费用分摊就是指企业在保证费用必要支出的前提下，想方设法从账目找到平衡，使费用摊入成本时尽可能地最大摊入，从而实现最大限度的避税。常用的费用分摊法一般包括实际费用分摊、平均摊销和不规则摊销等。只要仔细分析一下折旧计算法，我们就可总结出普遍的规律：无论采用哪一种分摊，只要让费用尽早地摊入成本，使早期摊入成本的费用越大，那么就越能够最大限度地达到避税的目的。至于哪一种分摊方法最能够帮助企业实现最大限度地避税目的，需要根据预期费用发生的时间及数额进行计算、分析和比较并最后确定。通常所用的费用分摊方法主要有三种：

平均分摊法。把一定时间内发生的费用平均摊到每个产品的成本中，它使费用的发生比较稳定、平均。平均费用分摊法是抵消利润、减轻纳税的最佳选择，只需生产经营者不是短期经营而是长期从事某一种经营活动，那么将一段时期内（如1年）发生的各项费用进行最大限度的平均，就可以将这段时期获得的利润进行最大限度的平均，这样就不会出现某个阶段利润额及纳税额过高的现象。

实际费用摊销法。根据实际发生的费用进行摊销，多则多摊，少则少摊，没有就不摊，任其自然，这样就达不到避税的目的。

不规则摊销法。根据经营者需要进行费用摊销，可能将一笔费用集中摊入某一产品成本中，也可能在另一批产品中一分钱费用也不摊。这种方法最为灵活。企业如果运用得好，可以达到事半功倍的效果。特别是当企业的经营不太稳定，造成利润每月差别很大时，该方法可以起到平衡的作用，利润高时多摊，利润低时少摊，从而有效地避税。

习题：

1. 流转税是如何定义的？它又包括哪些税种？
2. 说说你还知道哪些税收优惠？

【实验项目】财务管理

【目的与要求】

财务管理处于企业管理核心地位。企业财务管理从资金的角度参与企业管理，凡涉及资金的任何方面都在财务管理的范围内，而企业的运营是离不开资金的，因而造成了财务管理的综合性。

【项目类别】

流程操作类

【项目准备】

提供终端设备能连接到服务器的计算机；创业者实验平台。

【实验内容】

财务管理可通过运用企业筹集资金、运用资金、分配资金和监督资金的管理职能，使企业经济效益得到价值的最大化提高。

1. 投资活动

如图 9-4、图 9-5、图 9-6 所示，通过分析经营报告里的本轮预算、未来几轮要的投入资金、总资产来计算是否做投资，投资的时长。

图 9-4　投资规则 1

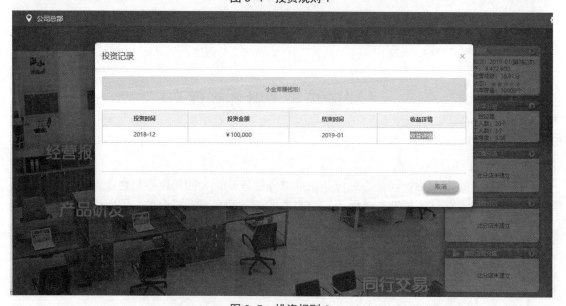

图 9-5　投资规则 2

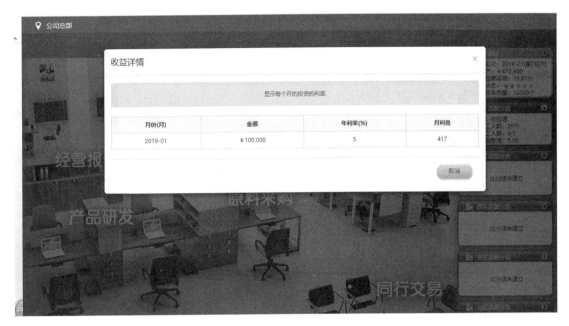

图9-6　投资收益

投资规则：企业闲置资金可用于固定收益的投资，每轮次按照固定投资收益率（年利率3%）取得相应收益，投资时间下一轮开始计算。投资期限到期后企业将收回剩余本金。

2. 银行贷款

如图9-7所示，通过分析经营报告里的本轮预算、总资产来计算是否贷款。

贷款规则：企业可向银行申请长期贷款，在贷款期限内不需要归还本金，但每轮次要按照贷款利率支付利息（年利率6%），到期归还本金。申请长期贷款的总金额不得超过所有者权益的80%。

图9-7　银行贷款

3. 记账凭证

财务记账凭证如图 9-8 所示。

图 9-8　财务记账凭证

4. 纳税

纳税为企业应尽的业务，按照国家规定的企业所得税缴纳。

5. 破产

企业资不抵债时（净资产为负），宣告破产，退出经营。

【实验项目】经营报告

【目的与要求】

财务管理处于企业管理核心地位。企业财务管理从资金的角度参与企业管理，凡涉及资金的任何方面都在财务管理的范围内，而企业的运营是离不开资金的，因而造成了财务管理的综合性。

【项目类别】

流程操作类

【项目准备】

提供终端设备能连接到服务器的计算机；创业者实验平台。

【实验内容】

1. 经营报表

企业经营者通过购买企业经营报告，如图 9-9、图 9-10、图 9-11 所示，获取经营报表，报表用于下一轮次的产品研发计划、生产计划、人员招聘等策略的制定。

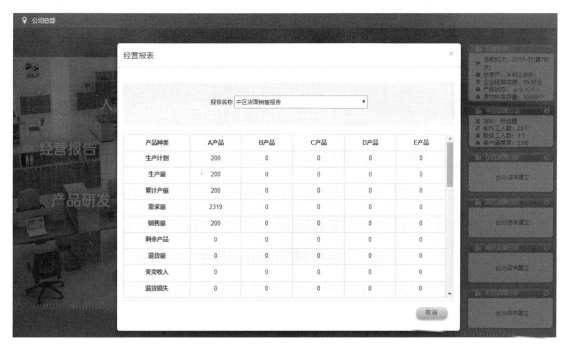

图 9-9 财务经营报表 1

图 9-10 财务经营报表 2

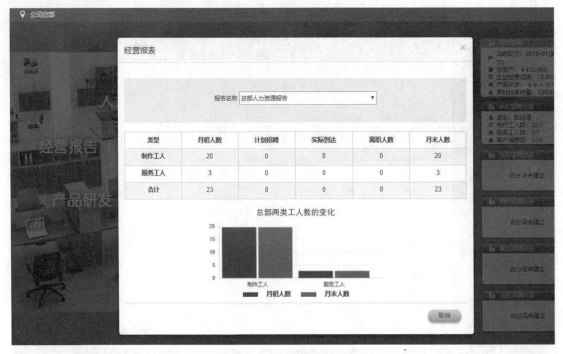

图 9-11　财务经营报表 3

2. 经营信息

在图 9-12、图 9-13 中，可查看每一经营周期企业的实际经营状况，包括销售量、生产量、店铺变化等。

图 9-12　企业运营一般信息 1

图 9-13　企业运营一般信息 2

3. 信息公告

如图 9-14 所示，通过信息公告了解最新最热点的市场事件，通过热点事件了解市场情况，制定相应市场策略。

图 9-14　企业信息公式

4. 预算查看

如图 9-15 所示，了解企业经营每周期的预算情况，根据预算制定相应经营计划。

图 9-15　分店经营情况

5. 实训报告

如图 9-16、图 9-17 所示，企业经营结束后，查看经营实训成绩报告，了解自身优缺点，有针对性地进行后续充电学习。

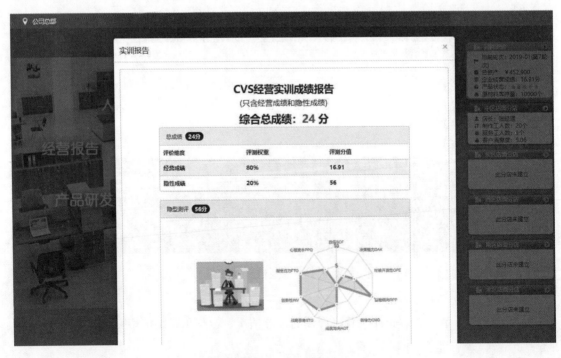

图 9-16　企业经营报告 1

图 9-17 企业经营报告 2

6. 创业能力报告

如图 9-18 所示，企业经营结束之后，系统会自动分析企业经营过程中的决策情况，通过精准算法得出创业能力报告，为模拟经营者创业和后期学习提供意见参考。

图 9-18 创业能力分析

第十章　创业降落伞

第一节　如何面对创业失败

【创业故事】

"90后"的大学毕业生小王一直想自己创业当老板，恰逢国家"大众创新、万众创业"的政策号召，小王和同学通过创业小额贷款合伙办了一家服装店，主要针对女大学生销售时装及饰品，起初小店办得有声有色，每月都有 3000～5000 元的纯收入，这使他掘得了人生"第一桶金"，然而，随着市场竞争的激烈及管理的缺失，加之公司刚起步没什么知名度，时常接不到订单，公司往往入不敷出，员工的工资也无法兑现。创业失败后，小王一度陷入了自责、绝望、抑郁的状态当中，认为自己以后也一定会一事无成，心情无比痛苦。

小王的经历是很多大学生创业失败后的真实写照，调整创业失败后的心理状态及情绪，及时走出创业失败的阴影对于大学生创业者来说显得尤为重要。

一、创业失败后的心态与情绪调整

（一）大学生创业失败后的心理变化

1. 从充满希望到悲观绝望

在国家"大众创业、万众创新"的政策引领下，全社会都在努力营造创新创业的大氛围，青年学生作为大众创新、万众创业最强的生力军，肩负着重要的时代使命。目前，各高校都在积极努力营造校内创新创业氛围，各大媒体通过树立典型的方式对大学生创业成功者进行大量报道和宣传，点燃了校内大学生的创业激情，让大学生对创业充满希望。然而，由于大学生缺少社会经验及生活阅历，对创业道路上的艰辛缺乏明确认知。很多大学生仅凭一时热情就开始盲目地创业，对创业的期望值过高，对市场及创业的风险缺乏必要的评估与考量，加之耐挫及心理承受能力低，一旦创业失败，就会产生巨大的心理落差，对创业前景从充满期望到悲观失望。

2. 从高度自信到严重自卑

大学生初出茅庐，身上总有一股子初生牛犊不怕虎的气势，自信爆棚。然而由于大学生缺少对自我的明确认知与规划，高估自己的能力，提出的创业目标与实际相距甚远。在创业前期的准备过程中，往往表现的志在必得，在遭遇创业过程各种困难之后，过大心理落差造成自尊心的强烈损伤，严重地对自己的能力进行全盘否定并产生自卑心理，妄自菲薄。

3. 从激情四射到焦虑恐慌

大学生在创业最初往往对创业结果做了许多美好的展望，甚至设想过创业第一桶金如何支配，创业初期充满干劲。然而，理想不等于现实，大学生创业者心理发展尚未完全成熟，在遭遇创业失败的时候容易产生焦虑与恐慌，对未来失去信心，更有甚者背上了沉重的精神负担，情绪变得不稳定，心烦气躁、意志消沉，情绪的转变影响了大学生的正常活动，造成自身适应能力的下降，抑制个人能力的正常发挥。

（二）造成大学生心理变化的成因分析

"以著名心理学家勒温为代表的需要和紧张的心理系统理论认为个体的需要若得不到满足就会出现紧张、焦虑等心理状态从而使心理失去平稳产生失败的情绪体验即挫折感。""产生挫折心理的原因是指构成挫折情景的、使个体的动机性行为不能达到目标的障碍和干扰因素。"

大学生创业挫折心理的产生有主客观两方面因素。

1. 主观因素

（1）缺少正确的创业观念

大学生创业之初的动因多数情况下一是来自求职的压力，据调查统计，大学生创业者的初衷 85%源于求职的压力与艰辛，或无法接受用人单位提出的条件，遵守用人的规章制度，其中本科生创业者持这种心态的高达 90%。创业的初衷不是来自对内在对创业成功的渴望与自信，而是源于外在求职的压力，在创业初期就埋下了失败的种子。二是，终于告别了寒窗苦读的学生时代，想极力摆脱学校、家庭的束缚，自己规划自己的人生，大学时代崇拜名人，羡慕成功人士，尤其是羡慕那些和自己出身相似、经历相同的大学生成功创业者，认为自己与他们没有区别，他们能成功自己也能成功，殊不知，自己只看到了光辉和荣耀的表象，忽视了创业过程中的艰辛与困难，为了追赶创业潮流而创业完全背离了大学生创业的初衷。

（2）缺少创业必备的知识、能力、素质

创业是一个漫长而艰辛的过程，需要长期的坚持。不仅需要高昂的热情来激发和推动，更需要具备较高的创业能力与创业素质。知识需要积累、能力需要锻炼，所谓冰冻三尺非一日之寒，需要通过长时间的艰苦探索和磨练，非一朝一夕之事。然而，由于当前创业教育的不足、大学生自身不重视等原因导致大学生的创业能力及创业素质不高，缺乏创新精神，企业整体运营观念，分析判断、商业运作、人际沟通、团队合作等意识淡薄，缺乏市场意识及市场观念。

2. 客观因素

大学生创业作为解决大学生就业的有效途径之一，早在党的十七大报告中就被提出。然而，由于我国大学生创业处于兴起阶段，很多配套机制还不完善。只有不断完善大学生创业模式、法律法规保障体制、创业教育机制体系、市场企业与创业团体生态链体系，大学生作为我国创业主力军之一。

社会创业环境不佳，大学生创业风险承担机制亟待建立，目前大学生创业时普遍缺乏创业资金。创业资金的来源有自筹、借贷和风险投资等渠道。大学生因缺乏经济基础做后盾靠借贷和目前尚未成熟的风险投资来融资还很困难。为加大对大学生创业的扶持力度国家先后就改善创业环境、强化创业培训、健全服务体系等方面出台了一系列政策但各项政策的具体措施仍需进一步细化并增强可操作性。社会创业氛围不浓对创业风险的宣传教育还有待进一步加强社会整体缺乏宽容、理解大学生创业失败的精神。创业总伴随着风险　但风险必须被合理的机制承担。相关职能部门必须尽早建立大学生创业风险承担机制让大学生面对风险敢于创业、让家长敢于支持子女创业。

学校创业教育不足，创业挫折心理教育亟待开展，目前高校的创业教育中还存在诸多问题主要有：1. 创业教育目标存在偏差，部分高校把创业教育简单理解为举办创业大赛等活动，创业教育内容偏重理论知识的灌输，严重忽视学生创业实践能力的锻炼，培养出来的学生具备较强的"写创业计划书"的能力，但创业实践能力却相当薄弱；2. 创业教育的课程设置不完善，部门高校的创业教育还停留在讲座、培训阶段，创业教育课程被边缘化，课程开设缺乏连贯性和独立性，远不能满足学生对创业教育的需求；3. 创业教育的专业师资匮乏，仅靠少量校内外兼职教师维持创业教育的开展。同时，对于大学生创业中呈现出的创业挫折心理教育等新课题，高校的重视度远远不够，甚至尚未关注这些问题。在创业过程中，部分大学生因各种原因遭遇挫折在所难免，一旦高校忽视了对这部分学生及时进行心理疏导，将会给学生、家庭和社会带来诸多问题。

二、如何调整这些负面心态？

1. 勇敢面对、坚定创业的信心

创业是一种积极的人生态度，是追逐个人梦想，施展智慧才能，实现远大抱负的奋斗过程，绝不单纯是为了积累财富、买房子、车子，改善个人的生活状况，而是体现作为具有崇高理想和强烈社会责任感的生命个体对所生活的社会和世界做出的应有回报和贡献。从这个意义来说，创业是具有更高级意义的生存方式。丹麦作家安徒生把追求理想比喻是在光荣的荆棘路上前行，在这条路上，磨难让信念更加坚定，困难使思路更加清晰，失败也令人的意志更加顽强，就像我国古人说过的那样，穷且意志坚定，不坠青云之志。这些应当是当代青年在追求理想的过程中所体现的最为显著的性格特征。所以，每个立志创业的同学都应该坚定信息，鼓足勇气，勇敢地投身到创业实践中去，用热情和汗水去铸造属于自己的美好未来。

2. 具有充分的心理准备

创业是开拓前进的过程，必定会碰到很多新情况、新问题、失败和挫折也在所难免，关键在于能不能以良好的心态去勇敢面对，从自己或他人的挫折失败中汲取教训、再接再厉，在实践中成长进步。有一位青年朋友，他大学毕业后几次创业都遇到过挫折和失败，但他从不气馁，一直坚持努力寻找新的发展途径，后来创办了商务信息公司。经理困难、挫折甚至失败并不可怕，可怕的是被眼前的困难所吓倒，遇到挫折后失去对未来的信心，甚至经历一次失败就彻底丧失了继续前进的勇气。

3. 在困难和挫折中积聚新的前进动力

创业对于刚出校门的同学来说是挑战未来，富有激情地扬帆远航。创业之初同学们都满怀热情和冲动，审慎客观地分析可能遇到的困难和问题，积极努力寻找解决问题、克服困难的措施和办法。出现问题，不要急于自责或者互相埋怨。

4. 理智地对待挫折

有"史家之绝唱，无韵之离骚"的作者司马迁，在遭受残酷的宫刑后曾准备一死了之，可他想到父亲的嘱托，想到自己酝酿成熟的《史记》，毅然从生死的徘徊中解脱出来，才有了历史巨著《史记》。学生感情丰富，富有激情，但容易冲动，理智往往控制不住感情。因此，在打击来临后，首先要有一个冷静、理智的头脑，认真分析挫折产生的原因及眼前的处境，审时度势。眼睛向着理想，双脚踏着现实，努力朝着目标前进。暗暗对自己说："这正是考验我的时候，正是体现我生命本色的时候。"对于不能实现的目标，我们可以用新的目标来代替。

其次，对自己要有一个全面清晰的认识，"认识你自己"十分重要，每个人都有自己的优缺点，我们应扬长避短，充分发挥自己的优势。五音不全者想当音乐家，色盲想当画家只能徒增烦恼。

5. 提高心理素质，学会自我调整

总之，失败并不像青面獠牙的恶魔一样让人可怕，我们都与它握过手。在我们学习那些坚韧不拔、百折不挠的生活强者时，我们也能将失败像蛛网那样轻轻抹去，只要我们心里有阳光，只要我们抬起不屈的头颅，我们就能说：命运在我手中，失败算得了什么！

要树立正确的人生观、世界观。要从全局着想，用发展的眼光看待眼前的挫折。那种具有远大理想、能用正确的积极的眼光去看社会看生活的人，往往更能够承受挫折带来的影响。

6. 要正视逆境

生活中有晴天也有雨天，有欢乐也有痛苦。挫折是不能避免的，我们一生必然要与挫折打交道。有人做过统计，发现成名的作家中，绝大多数都经历过坎坷的生活之路。凡成功者，都与挫折进行过无数次战斗，"宝剑锋从磨砺出，梅花香自苦寒来"。因此，平时要有良好的心态，有一种随时应付挫折的心理准备，要认为任何挫折的发生都是有可能的。这样，在挫折降临到自己头上时，就不会茫然无措，无所适从。同时看到挫折积极的一面。挫折能够提高我们的自我认识水平，发现自己的优缺点，培养我们坚强的意志，增长知识和才干，积累丰富的生活经验。正如列别捷夫所说："平静的湖水练不出精悍的水手，安逸的环境造不出时代的伟人。"

第二节　创业失败的原因分析与经验总结

一、创业失败的内因

引导语：现如今大学生创业已经成为一个司空见惯的寻常事，越来越多的大学生投身到自主创业的过程中来，但是大学生创业失败案例也是屡见不鲜。大学生创业容易失败的原因在哪呢？接下来，本文为您揭秘大学生创业容易失败的内因。

原因一：经验。

相信一面之词，大学生的创业经验比较少，社会阅历也不高，在面对一些说辞的时候总是很容易轻易地相信，所以相信别人的"一面之词"的现象比较多，这种轻易相信别人的思维很容易导致最终的失败，所以，给自己多留个心眼是很关键的。

不管是面对自己是员工还是自己的合作伙伴，都要给自己多考虑一些。

原因二：过多相信理论。

高学历的创业者往往有纸上谈兵的倾向，他们把各种营销曲线模型和时髦的商业模式理论背得滚瓜烂熟，可到了本土商业实战上，却寸步难行。

任何理论都有其边界和适用范围，特别是在中国这个转型期的市场经济初级阶段，商业生态极端复杂的现实面前，亦步亦趋地套用西方经济学模型显然是不行的。比如，谈到营销，那些 4P、4R、4S 理论很难有多大实际用处，反而关系渠道是制胜法宝。再比如，掌握 N 种商业计划书融资模式，但对于刚刚创业的公司而言，真正在资本市场上拿到风险投资的可能性略等于无。

导致这种局面的最终根源，就在于过于盲目地相信创业理论，而忽略了实践的作用。

原因三：一厢情愿。

总是"一厢情愿"，年轻人有一种不服输的精神，面对一些事情的时候也会很积极，创业者一定要有这种批判性思维，自己做自己的对立面，才能看到项目的全貌和真相。

原因四：过于崇拜偶像。

年轻人都容易将某个成功者当成偶像，并表示盲目地追从，而不会从自己的创业实际环境出发，这也是导致失败的一个主要因素。

创业者一定要因事因地独立自主思考和判断对那些成功案例中的方式方法也要有辩证的批评的眼光，不可简单照搬。

原因五：以你现有的经验、能力、资源、资金等，考虑你是要做名商人还是法人，小商人只需自己有能力，法人则要依靠运营系统。

如有可能，最好做到在外是商人，在内是法人。

原因六：无论你是做商人还是法人，首先要进入相对朝阳的产业。

须记住，90%的企业死在了行业选择的决策性失误里，剩余90%的企业则死在了她一直建不起来的企业系统里。

原因七：应考虑你所长，进入你熟悉的领域，不要全力投入你不熟悉的领域。

如果实在要做，应做好充足的资金准备，充分的勤奋准备，以及相应的得力人手。否则，及早退出。

原因八：进入一个市场，最重要的是要考虑你想解决什么问题，有多大空间，对手怎样，你应在何时用何种方式来解决；如果资金不多，赶紧找盈利的现金点和小模式，不可恋战。

原因九：用较长的时间来寻找适合的股东，不可侥幸；所谓成也萧何败也萧何，一个人做的风险远小于与不适合的股东合伙；且作为创业的掌盘者，应宽容、积极、善待你的股东。

原因十：公司开始运营，你当身先士卒；有20人时，根据2/8定律，应有4名骨干，你居中协调；有10来名骨干时，帅、将、兵应培养上，同时你自己退后，继续扶持、严管。

原因十一：管理就是奖和惩，再加企业文化的润滑。

管理没有捷径，你投入得越多，你的根基就越深，同时系统枝繁叶茂。领导者要建机制，管理者则首要的是管目标，其次是管人。

原因十二：领导者是开局者，管理者是服从者。

领导者要能听懂人言，善于纳谏，但要一个人拿主意，因为风险都是你的。决策既定，则要说服沟通后贯彻执行，不可朝令夕止。

原因十三：领导者最重要的四个素质，即洞察力——否则难以判断对人和事；全局能力——否则难以平衡人和事；用人能力——否则你累死也做不完；影响力——经常被别人影响就不是领导。

原因十四：企业家的四要素，即梦想——有梦想才有方向和目标；激情——激情是行动力是影响力；冒险——凡事走在前,成功概率越大竞争越激烈；责任——责任使你自律和坚韧。

原因十五：对于小企业融资，压上游和下游资金是上上策；降价成交、用预期换现、出租房屋是上策；找银行和机构贷款是中策；私人借款、内部集资是下策；信用卡透支、典当是下下策。

以上就是大学生创业容易失败的 15 个原因总结，明确创业失败原因所在，大学生们在今后的创业过程中就可以做好提前预防，避免犯同样的创业失误。渴望创业的大学生朋友们可以认真阅读参考。

二、创业起点过高

从调查来看，大学毕业即开始创业是理科或者经济、财经类学生出身。这些创业者除了因少数受经济等条件限制，开办小型饮食店等从事服务性行业外，大部分人把创业的起点放在了与自己专业相关的软件开发、程序设计、网络、电子等高科技领域，或开设名牌产品专卖店等，他们简单的任务自己已经掌握了较高水平的科学技术，科技带来的财富理应立竿见影。然而事实上，大学里学到的知识并不一定处于科技最前沿，并且书本知识要转化为具体的实际操作能力需要一个较长时间的不断探索过程。同时，高科技领域与大型商场等项目投资多、风险大，从技术开发研究到投资生产再到市场销售，名牌的产品经营与品牌战略等，都是十分复杂的系统工程，并不是刚刚走出校门的大学生能够轻易驾驭得了的。

三、创业资金短缺

大学生创业基本上是白手起家，资金来源于家人、亲戚、朋友外，部门是依靠银行的小额贷款，完全依靠"借"来的资金进行创业，风险很大，由于资金是借来的，使得大学生在创业投资过程中，顾虑过多，压力过大，畏首畏尾，或者目光短浅，出现决策失误。整个创业经常处于一种"走钢丝"的状态，很难制定长远的发展计划。

四、经营理念与手段与市场有一定差距

大学生创业很多是基于自身技术上的优势，但是，创业是一个系统工程，并不仅仅是技术上的较量，更是经营理念，经营手段等方面的竞争，要求创业者对营销、财务、管理、商务、税务、法律等都要有一定的知识积累，但年轻的创业者对这些知识比较匮乏。大学生创业者的经营理念和手段无法适应当前积累的市场竞争，必然处于劣势，并最终被市场所淘汰。

缺少吃苦耐劳和团队合作精神，思想不够成熟，缺乏对创业过程的反思。

缺少吃苦耐劳的精神，是大学生创业最大的缺陷。创业过程中，必然伴随着失败和成功。大学生由于年轻，接触社会较少，思想还未完全成熟，热情有余而吃苦精神不足，缺乏坚强的意志，不懂得对创业进行理性思考，往往是出现问题后头痛医头，脚痛医脚，没有长远计划。偶尔成功得意洋洋，不及时总结经验。遭遇失败垂头丧气，怨天尤人，容易互相扯皮推诿，不懂得汲取教训。

【实验项目】技能训练

【目的与要求】

1. 充分开发、组合和利用各种学习资源，扩展教育或学习空间，使教育摆脱学校为中心、课本为中心和教师为中心的束缚。

2. 突出学习信息单一化的局限，使学习信息的呈现形式多样化，图文并茂，情景交融，形声并举，提高教材的表现力，进而使更加有趣简便和有效。

3. 有效进行个别化教学，真正做到尊重学生的个体差异，因材施教；能充分调动学生积极参与教学，发挥主观能动性，养成自主性学习的习惯。

【项目类别】

知识拓展类

【项目准备】

提供终端设备能连接到服务器的计算机；就业创业服务平台。

【实验内容】

随着互联网的发展，教育行业在十年前就推广远程教育，通过互联网虚拟教室来实现远程视频授课，电子文档共享，从而让教师与学生在网络上形成一种授课与学习的互动，而随着 5G 时代的来临，更加方便的学习不仅仅通过笨重的计算机，只需一部有大流量的手机，通过 5G 的快速网络推进，我们就能更方便地直接地通过手机等掌上工具在线学习，而无线的网络使得人们的日常互动变得更加的有效！

在线学习的优势特点有：

（1）以主动探究为主；

（2）以学习者为主体、以教育者为主导；

（3）以能力教育为教学目的；

（4）以在网络平台上讨论、交流为主要特征；

（5）以自主探究、晒作业、互动、互助、过程评价为主要表现形式。

就业创业服务系统针对线上课程使用如下步骤：

（1）登录"就业创业服务系统"，进入"e+自主学习课程"系统，如图 10-1、图 10-2 所示。

图 10-1　就业创业服务系统

图 10-2　e+自主学习课程

（2）根据教学计划与安排，完成在线课程的学习，并取得学习成绩，如图 10-3、图 10-4 所示。

图 10-3　课程学习——文件与 backstage 视图课程

图 10-4　个人中心——我的课程

【实验项目】拓展训练——面试

【目的与要求】

面试可以初步判断应聘者是否可以融入自己的团队，是测查和评价人员能力素质的一种考试活动。

面试是一种经过组织者精心设计，在特定场景下，以考官对考生的面对面交谈与观察为主要手段，由表及里测评考生的知识、能力、经验等有关素质的一种考试活动。

面试给公司和应招者提供了进行双向交流的机会，能使公司和应招者之间相互了解，从而双方都可更准确做出聘用与否、受聘与否的决定。

【项目类别】

知识拓展类

【项目准备】

提供终端设备能连接到服务器的计算机；office办公软件。

【实验内容】

一、测试指标

1. 举止仪表

测评内容：仪表、举止、体态、外貌、气色、气质、精神状态等。

评分标准：穿着打扮得体、言行举止得当。

2. 言语表达能力

测评内容：表达的逻辑性、准确性、感染力、音质、音色、音量、音调等。

测评标准：口齿清晰、表达准确、用词得当。

3. 计划组织协调能力

试题形式：让考生进行角色扮演，组织一个活动，制定一个方案，进行计划组织和协调。

评分标准：考虑周全、计划可行、措施有力、协调有效。

4. 应变能力

试题形式：给考生一个突发情况，进行情况的处理。

评分标准：反应敏捷、考虑周全、行为有效。

5. 执行能力

试题形式：让考生陈述自己之前独立完成一件上级指派的任务。

评分标准：逻辑严密、事件清晰、符合事实、个人感悟。

6. 团队合作能力

试题形式：让考生陈述一件团队合作完成的任务。

评分标准：陈述清晰、定位准确、团队意识。

二、评价标准（详见表 10-1）

表 10-1 评价标准

评测指标	标度与评价标准			
	优（8~10分）	良（5~8分）	中（2~5分）	差（0~2分）
组织协调能力	能组织工作顺利开展，懂得授权，能良好地解决冲突，可以激励他人	组织工作顺利完成但过程有曲折，授权不足，具有解决冲突的能力，能带领他人一起工作	组织工作坎坷，几乎无法完成，个人承担任务过重，对冲突不能很好地解决，无法激励他人	组织工作开展失败，不会授权，面对冲突无能为力或惊慌失措，无法使他人工作
执行能力	目标明确，办事意愿强，办事能力强，完成结果好	目标明确，办事意愿强，办事能力一般，完成度一般	目标模糊，办事意愿一般，办事能力一般，完成度较差	目标不明，办事意愿低，办事能力低，完成情况差
团队协作能力	沟通能力强，懂得尊重包容他人，能获得大部分其他人的支持，愿意与他人共享资源	沟通能力强，能获得部分人的支持，大部分时候能对他人理解包容，并与他人分享资源	沟通能力一般，能获得的支持有限，对他人的包容理解不足，不太愿意与他人分享资源	沟通能力弱，获得的支持很少或没有，不能包容理解他人，不愿意与他人分享资源
应变能力	能在变化中产生应对的创意和策略，能审时度势随机应变，在变动中辨明方向，持之以恒	能在变化中产生的应对方法有限，能审时度势但不够随机应变，能较好地辨明并保持方向	在变化中不能想出好的应对方法，审时度势能力较弱且随机应变能力较弱，不能很好地辨明方向	在变化中完全没有应对办法，不能审时度势地随机应变，经历变化后方向混乱，无法继续前行

三、问题设计

1. 自我介绍

2. 机构化面试题目

（1）为在校大学生开展爱国主义教育，某学校部门团委计划准备举办一场读书竞赛活动，假如这一活动由你来负责，你准备怎样开展工作？

（2）一次你的朋友病了，你买了礼物去看望，在楼道中碰到单位领导的爱人，她以为你是来她家，顺手接过礼物，并说谢谢。你如何说明你的真实来意并不使对方尴尬？

（3）请你举一件你觉得自己完成的上级或老师交给你的较有难度的任务，并说明你是如何完成的。

（4）请你举例说明你曾经待过的团队里遇到的最困难的事情，你在团队解决这个问题的过程中起到了怎样的作用？结果如何？

四、原始记录表（详见表 10-2）

表 10-2　面试内容测试表

面试问题	所测标志	优 （8～10分）	良 （5～8分）	中 （2～5分）	差 （0～2分）	参考答案
为在校大学生开展爱国主义教育，某学校部门团委计划准备举办一场读书竞赛活动，假如这一活动由你来负责，你准备怎样开展工作？	组织协调能力	有较周全的计划安排与切实可行的活动方案	有计划安排但有些许漏洞	有计划安排但漏洞明显	计划安排漏洞较多	组织这样一项活动，由于规模比较大，牵扯的人、部门也比较多，所以首先要设立一个活动的具体目标，然后指定详细周密的计划，包括时间、地点、财务预算、人员分工、奖励机制等，同时要考虑到对计划实施的监督以及有关部门的协调
		对下属的权利责任分配明确合理，组织协调各方力量共同完成任务	对任务的分配明确，有组织各方的意愿，但想到的可协调资源不充足	任务分配给下属但不够合理有效，没有想到协调各方资源	缺少协调意识，或夸夸其谈，不中要害	
一次你的朋友病了，你买了礼物去看望，在楼道中碰到单位领导的爱人，她以为你是来她家，顺手接过礼物，并说谢谢，问你如何说明你的真实来意并不使对方尴尬？	应变能力	反应迅速并且自然	反应迅速但不太自然	反应较慢且不自然	反应迟缓不自然	我会说"您真是太好心肠了，谢谢您帮我拿东西，您打算和我一起去看我的朋友吗？听说他病了，我不太会买东西，您正好帮我看看是否合适"

续表

面试问题	所测标志	优 （8～10分）	良 （5～8分）	中 （2～5分）	差 （0～2分）	参考答案
请你举例一件你觉得自己完成的上级或老师交给你的较有难度的任务，并说明你是如何完成的？	执行能力	任务有一定难度	任务有一定难度	任务难度不高	任务难度非常低	言之有理即可，例如较有难度的任务是负责一场社区活动；在学校周围寻找有意愿合作的社区，与负责人详细商讨相关细节，如举办时间，节目形式，场地等相关问题；然后定期与社区联系了解近况，并且和组织内其他部门保持沟通，关系各部门工作进度；最后确认相关信息并且准备应急方案
		明确任务目标	任务目标较明确	目标模糊	目标不明	
		办事意愿强	办事意愿强	办事意愿一般	办事意愿低	
		有相应的办事能力	相应的办事能力有缺陷	办事能力一般	办事能力低	
		完成度高	完成度较高	完成度一般，或任务有难度，但能力不足或意愿不足致使完成度低	完成情况差	
请你举你曾呆过的团队遇到的最困难的事情，你在团队解决这个问题的过程中起到了怎样的作用？结果如何？	团队协作能力	与团队成员及相关人员进行了充分的沟通	与相关人员进行了充分的沟通	与相关人员的沟通不够充分	以其他人沟通不足	言之有理即可，例如我们团队遇到的最困难的事情是制作微电影；由于完全没有接触过微电影的制作所以任务举步维艰，这时我在团队扮演着鼓舞振奋士气的角色，并且在较短的时间内掌握了微电影的剪辑和后期制作，而且我也为电影情节提供了自己的创意和想法，最后我们成功地完成了这个任务
		倾听并尊重他人的感受与想法	倾听但不能很好地尊重理解他人的想法	对他人意见的倾听和理解不足	理解和倾听不足	
		自己的想法获得他人的支持	获得的支持有限	获得了一部分支持	获得的支持很少甚至没有	
		最后顺利解决困难	但对困难顺利解决起到了关键的作用	对困难解决做出的贡献很少或者困难没有得到很好的解决	困难没能解决或者对困难解决的贡献很少	

五、测试流程（详见图10-5）

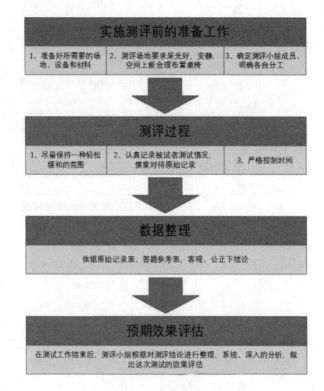

图10-5　测试流程示意图

六、结果统计表（详见表10-3）

表10-3　结果统计表

结果统计表											
序号		姓名		性别		年龄		文化程度		报考部门	
面试要素	举止仪表	言语表达	应变能力	计划组织协调	归纳能力	人际交往意识与技巧	执行能力	团队协作能力	求职动机与职位匹配性	综合分析	合计
权重	10%	12%	11%	8%	7%	14%	9%	9%	10%	10%	100%
满分											
要素得分											
考官评语											

参考文献

[1]林瑞青．大学生创业与就业指导[M]．北京：中国人民大学出版社，2015.

[2]施永川．大学生创业基础[M]．北京：高等教育出版社，2015.

[3]蔡剑，吴戈，王陈慧子．创业基础与创新实践[M]．北京：北京大学出版社，2015.

[4]张德山．大学生创业教育案例分析[M]．南京：江苏大学出版社，2015.

[5]任荣伟，梁西章，余雷．创新创业案例教程[M]．北京：清华大学出版社，2014.

[6]杨凤．创业理论与实务[M]．北京：清华大学出版社，2014.

[7]侯慧君．中国大学生创业教育蓝皮书——大学生创业教育实践研究[M]．北京：经济科学出版社，2011.

[8]初明利，于俊如．创业学导论[M]．北京：经济科学出版社，2009.

[9]李莉．创业基础实训教程[M]．北京：北京理工大学出版社，2015.

[10]刘沁玲，陈文华．创业学[M]．北京：北京大学出版社，2012.

[11]米歇尔·R.利恩德斯，哈罗德·E.费伦，P.弗雷泽·约翰逊，安娜·E.费林．采购与供应管理[M]．12版．赵树峰，译．北京：机械工业出版社，2003年.

[12]张鹏彪．人力资源管理实操从新手到高手[M]．北京：中国铁道出版社，2015.

[13]赫伯特·赫尼曼，蒂莫西·贾奇，约翰·卡迈尔-米勒．组织人员配置招募选拔和雇佣[M]．7版．徐世勇，苏中兴，李育辉，王桢，译．北京：中国人民大学出版社，2017.

[14]王贵军，丁雯，李明昱．招聘与录用[M]．3版．大连：东北财经大学出版社，2015.

[15]吴颖群，姜英来．人力资源培训与开发[M]．北京：中国人民大学出版社，2014.

[16]赵曙明．人力资源管理与开发[M]．2版．北京：高等教育出版社，2018.

[17]戴维·帕门特．关键绩效指标：KPI的开发、实施和应用[M]．3版．张丹、商国印、张风都，译．北京：机械工业出版社，2017.

[18]刘昕．薪酬管理[M]．5版．北京：中国人民大学出版社，2017.

[19]石川和幸．库存管理实践[M]．张丹蓉，译．北京：东方出版社，2019.

[20]菲利普·科特勒，凯文·莱恩·凯勒．营销管理[M]．14版．王永贵，于洪彦，陈荣，译．北京：中国人民大学出版社，2012.

[21]赵勇．精益生产实践之旅[M]．北京：机械工业出版社，2017.

[22]姚小风．工厂生产计划制订与执行精细化管理手册[M]．2版．北京：人民邮电出版社，2014.

[23]张强．现金管理经典案例评鉴[M]．北京：中信出版社，2010.

[24]杜晓荣，张颖，陆庆春．成本控制与管理[M]．2版．北京：清华大学出版社，2018.

[25]宫迅伟．全面采购成本控制[M]．北京：机械工业出版社，2019.

[26]王立彦，徐浩萍，饶菁，刘应文．成本会计——以管理控制为核心[M]．2版．上

海：复旦大学出版社，2011.

[27]刘月玲. 会计、出纳、成本、财务报表真账实操全图解[M]. 北京：中国铁道出版社，2018.

[28]卡洛斯·梅纳，罗姆科·范·霍克，马丁·克里斯托弗. 战略采购和供应链管理：实践者的管理笔记[M]. 张凤，樊丽娟，译. 北京：人民邮电出版社，2016.